퇴계의 독서법

퇴계의 독서법 - 그 활간活看의 미학

초판 인쇄 2016년 3월 5일
초판 발행 2016년 3월 10일

지은이 신태수
디자인 정재완
펴낸이 노석균
펴낸곳 영남대학교출판부

출판등록 1975년 9월 5일 경산 제16-1호
주소 경북 경산시 대학로 280
전화 053) 810-1801~3 | FAX 053) 810-4722
홈페이지 book.yu.ac.kr

ISBN 978-89-7581-519-5 93150
·값은 표지 뒷면에 있습니다.
·잘못 만들어진 책은 바꾸어 드립니다.

퇴계의 독서법 — 그 활간의 미학　신태수 지음

영남대학교출판부

머리말

독서인을 우주적 존재로 곧추세우는 비법, 퇴계의 독서법!

성리학에서는 人心에 우주가 담겼다고 한다. 心이 理와 氣로 구성되어 있고, 性과 情을 거느린다고 하여 이렇게 말한다. 心에 우주를 담은 인간존재는 위대하다. 어느 누구든 간에 心을 지닌 바이므로, 모든 인간존재는 주체적 입장에서 삼라만상의 이법에 관여할 수 있다. 예를 들면, 일정한 조건을 갖출 때 天地의 功能과 우주의 化育事業에 참여하게 된다. 정황이 이런데도 불구하고 대부분의 현대인은 자기 자신이 아무 것도 갖추지 못했다고 하며 좌절하고 절망한다. 왜 이런 양상을 보이는가? 성리학에 의거하면 자기가 우주만물의 주체임을 모르기 때문이다.

서양에서는 우주만물의 주체이면서 우주만물의 객체로 여기는 현상을 '자기 자신으로부터의 소외'라고 한다. 이른바 소외 상태를 극복하고자 하는 사람은 으레 바깥으로 눈을 돌린다. 자기 자신에게 없다고 여기는 대상을 얻어내고자 하니, 이런 방법 이외에는 달리 없을 것 같다. 자기 자신에게 있는 줄도 모르고, 없다고 하기 때문에 큰 문제이다. 맹자가 "만물이 모두 나에게 갖추어져 있다(『孟子』盡心 上)"라고 하고, 退溪 또한 "太極과 性은 理로서 천지의 태극이 인간의 性이다.(『退溪全書』卷22, 書, 答李剛而 別紙)"라고 하지 않았던가. 문제를 해결하는 방법은 간단하다. 소외 상태를 벗어나서, 갖춘 바를 갖추었다고 하는 데서부터 출발점을 삼으면 되리라 본다.

갖춘 바를 어떻게 점검하고 주체적 입장을 어떻게 확보할 것인지가 관건이다. 해답은 퇴계가 매우 잘 마련해 놓았다. 퇴계는 '心의 理와 우주만물의 理가 하나라고 하는 心與理一說'과 '心 속에 모든 理를 지녔다고 하는 心具衆理說'과 '인성이 곧 천리라고 하는 性卽理說'을 지침으로 삼으면 자기가 무엇을 갖추었는지를 알 수 있고, '已發·未發의 通貫動靜'으로 '理의 자발성과 활발발성'을 인식하고 '理一에 합당한 행동지침'을 설정한다면 心이 命物者라는 점을 체인하게 된다고 한다. 퇴계의 인간학은 그야말로 疏達曠坦하다. 인간존재가 명물자로서의 心을 지녔다고 하며, 心을 통해 廣大和諧 내지 保合大和의 웅혼한 우주적 가치를 천명하기 때문이다.

퇴계의 언급처럼 인간존재가 위대하다고 한들, 인식하지 못하면 소용이 없다. 수레에 가득 금은보화를 실었다고 해도 사용하지 못하면 무용지물인 것과 같은 이치다. 퇴계는 인간존재가 우주적 가치를 지녔다고 외치는 데 그치지 않고, 독서인들에게 우주적 존재 가치를 확인하는 방법까지 소상하게 제시하고 있다. 이른바 活看讀書法이 그것이다. 활간독서법은 금은보화의 사용방법에 해당되는 셈이다. 先代 성리학자들도 독서법을 거론했으나, 퇴계는 단순한 독서법이 아닌 활간독서법을 제창했다. 孔孟, 二程子, 張子, 朱子의 독서법을 수용하되 의리학적 차원에서 옥석을 가려내고 창의적 발상을 가미함으로써 가히 새로운 독서법을 제창해낼 수 있었다.

퇴계가 활간독서법을 제시하는 방법이 특이하다. 별도의 편명이나 논제를 마련하고 활간독서법의 여러 조목을 명시하지 않았기 때문에 이렇게 볼 수 있다. 편명과 조목을 일일이 명시한 주자 독서법의 경우와는 이 점에서 차이가 많다. 활간독서법의 실체를 확인하기 어려우냐 하면 그렇지는 않다. 『퇴계전서』의 與答書에는 독서와 관련된 내용이 담겨 있고, 그런 내용 가운데 활간독서법이 오롯이 나타나 있다. 단순한 독서법이 아닌 활간독서법인 까닭은 모든 독서법이 理의 發을 기조로 하며, '변화하는 사물의 원리나 법칙에 대한 의리학적 해석 방법'을 지향하기 때문이다. 發과 변화 그리고 이법의 요목이 있는 한, 퇴계 독서법은 틀림없는 활간독서법이다.

퇴계 활간독서법은 일종의 보물창고이다. 광대화해 내지 보합대화의 웅혼한 우주적 가치가 보물창고인 활간독서법 안에 수장되었기 때문이다. 전통 독서법과 활간독서법의 양상, 天人關係論, '生意'와 '樂'의 미학적 특징, 인성교육 방법론과 독서병통 치료 방법론 등이 활간독서법에 수장된 보물의 종류이다. 저자는 여러 보물들을 세밀하게 관찰하면서 이런 보물들이 어떻게 義理學的 차원에서 연관을 맺고 있으며, 인간존재를 어떤 방법으로 우주적 존재로 격상시키는지를 검토함으로써, 소외 상태에서 벗어나지 못하고 '탄식하고 절망하는' 현대의 독서인에게 한 줄기 서광을 비추고자 한다. 끝으로 拙筆을 기꺼이 보듬어주신 출판사 관계자께 머리숙여 감사드린다.

2016. 2. 25

아침 햇살이 눈부신 嶺南大 弱水齋에서

차례

머리말 5

제1장 퇴계의 독서법, 왜 활간活看인가? 11

'동태적인 理'를 활간活看의 개념으로 택한 까닭 12

퇴계의 독서법에서 활간이 지니는 비중 14

활간독서법의 의리학적 측면과 그 역사적 의의 15

활간독서법, 현대인에게 무엇을 시사하는가? 17

제2장 활간독서법의 선하先河, 『주자어류』〈독서법〉 21

I. 주자朱子의 활간론活看論 23

'활간'의 개념과 원칙 25

활간의 형식과 내용, 그 지향점 33

활간독서법의 성리학적 의의 48

Ⅱ. 주자 독서법의 구성주의적 시각 56

〈독서법〉의 인식 층위 60

층위 이동의 구성주의적 성격 71

〈독서법〉의 구성주의가 지니는 인식론적 의의 83

제3장 퇴계의 전통 독서법 인식과 활간독서법 93

I. 전통 독서법에 대한 퇴계의 인식 95

성리학 근거의 독서이론화 97

주자 성리학적 독서법의 계승과 확장 104

퇴계 전통 독서법 인식의 사상사적 위상 112

Ⅱ. 활간독서법의 근거, 목표, 양상 120

근거 130

목표 137

양상 148

제4장 퇴계 활간독서법의 지향과 미학 167

Ⅰ. 지향 169

天과 人의 合一 169

우주의 자아화, 자아의 우주화 201

Ⅱ. 미학 226

'生意' 사상의 구현 227

'樂'의 심미체계 262

제5장 퇴계 활간독서법의 확장 가능성 299

Ⅰ. 인성교육 방법론의 측면 301

활간독서법에 나타난 인성론 303

인성교육의 창의적 발현 양태 309

인성교육 방법론으로 본 퇴계 활간독서법의 방향 318

Ⅱ. 독서병통 치료방법론의 측면 325

독서병통의 증세와 원인 326

독서병통의 치료방법 367

참고문헌 405

찾아보기 410

제1장 퇴계의 독서법, 왜 활간活看인가?

'活看'은 만상의 理法을 생생하게 파악하고자 하는 인식 방법이다. 인식 방법으로서의 활간은 두 가지 의미로 받아들여진다. 정태적인 이법을 생생하게 파악한다는 의미와 원래부터 동태적이었던 이법을 생생하게 파악한다는 의미가 그것이다. 전자는 정태적인 理를 '멈추어 있는 그대로' 포착해내고자 하고, 후자는 동태적인 理를 '움직이는 그대로' 포착해내고자 한다. 전자와 후자는 같기도 하고 다르기도 하다. 전자와 후자가 모두 '있는 그대로'를 자세하게 포착하고자 한다는 점에서는 같고, 전자는 이법을 정태적으로 파악하고 후자는 이법을 동태적으로 파악한다는 점에서는 다르다. 퇴계는 후자 쪽을 定論으로 삼았다. 性理學의 宗主인 朱子가 전자 쪽을 정론으로 삼았음에 비추어 볼 때, 의외가 아닐 수 없다. 왜 이렇게 했을까?

'동태적인 理'를 활간活看의 개념으로 택한 까닭

문제를 해명하기 위해서는 주자와 퇴계를 견주어볼 필요가 있다. 주자는 '우주론적인 理'와 '心의 理'를 다르게 파악하는 데 반해 퇴계는 우주론적인 理와 心의 理를 동일하게 파악한다. 이 점을 좀 더 구체적으로 파고들어갈 필요가 있다. 주자는 우주론적인 理에는 情意·計度·造作이 없다고 하며 우주론적인 理를 정태적으로 파악했지만, 정작 수양론을 펼칠 때는 心의 능동성을 강조했다. 우주론적인 理가 심원하고 광대하기 때문에 心을 능동적으로 추스리지 않고서는 우주론적인 理를 파악할 수 없다고 여겼기 때문이다. '心合理氣'의 명제에 비추어볼 때 주자의 논리에는 균열이 있다. 理는 하나인데도 우주론적인 理는 정태적이고 心의 理는 동태적이라고 하니, 어찌 균열이 있다고 하지 않겠는가. 퇴계는 정태적인 理를 동태적인 理로 전환시켜 균열을 봉합하고자 했고, 이른바 '理發說에 입각한 활간론'을 세상에 출시했다.

퇴계는 理에 '能發能生하는 至妙의 用'이 있다고 하며, 理가 동태적이기 때문에 마땅히 理를 동태적으로 파악해야 한다는 논법을 세운다. 理가 눈에 보이지 않는 사물의 원리나 법칙이므로, 퇴계에 의하면 사물의 원리나 법칙은 동태적이다. 동태적이라 하여 사물의 원리나 법칙이 꿈틀거린다는 의미는 물론 아니다. 퇴계가 "사물은 각기 다르고 쉬임 없이 변화한다.(『退溪全書』言行錄, 卷4, 理氣)"고 했듯이, 쉼 없이 변화하는 사물의 理를 동태적이라고 지칭했다. 동태적인 理를 파악하기 위해서는 주목해야 할 요소가 많다. 왜 삼라만상이 변화하는지, 변화가 반복되면서 어떤 규칙이 나타나는지, 변화의 원리나 법칙에 윤리나 도덕이 어떻게 내재되어 있는지, 변화 양상이 인간존재에게 무슨 교훈을 주는지가 그것이다. 퇴계는 이 모든 요소들을 동태적인 理라는 이름으로 포괄하고, 활간이라는 인식 방법으로 접근하고자 했다.

문제는 유한한 인간존재가 과연 활간 방법을 구사할 수 있겠느냐 하는 데 있다. 퇴계에 의하면 인간존재는 활간 방법을 구유했다. 視界도 짧고 일관성도 미약하고 본능이 지배적이라고 생각했다면 인간존재가 활간할 수 없다고 하겠지만, 퇴계는 그렇게 보지 않았다. 인간존재의 心이 대우주와 마찬가지로 理와 氣로 구성된다고 하며 心을 小宇宙로 파악했다. 소우주를 갖춘 인간존재라면 소우주에 대한 활간 방법도 지녔다고 할 만하나, 대부분의 인간존재가 활간하지 못하는 까닭은 무엇인가? 수양을 통해 활간할 수 있는 능력을 일깨우지 못했기 때문이다. 수양하지 않으면 활간 방법을 지니고도 지닌 줄을 모른다. 좋은 측면이 있으면 나쁜 측면도 있게 마련이다. 즉, 인간존재는 위대하지만, 그만큼 이나 어깨의 짐도 무겁다. 퇴계가 활간을 강조하는 까닭은 인간 존재의 위대성과 수양론적 필연성을 깨닫게 하기 위함이다.

퇴계의 독서법에서 활간이 지니는 비중

활간이 독서법과 관련성은 있지만 독서법 그 자체는 아니다. 활간은 사물, 더 나아가 천지만물을 인식하는 방법이고, 독서법은 책읽기의 방법일 따름이다. 활간이 독서법에 적용될 때 비로소 독서법과 일체를 이룬다. 여태까지 활간과 독서법을 연관시킨 사례가 없으니, 활간과 독서법을 일체로 삼은 경우야 더구나 있을 리 없다. 필자가 처음으로 활간과 독서법을 묶어서 '활간독서법'이라고 지칭해본다. 활간이 독서법의 특징을 지니기 때문에 독서법을 강화시켜주는 효과가 있다. 활간독서법이라는 용어를 마련했다면 개념도 설정해야 한다. 활간에 입각한 독서가 활간독서법임을 고려할 때, '활간독서법'의 개념은 '활간에 입각해서 우주적 자아를 발견해내는 독서법'이 된다. 너무나 당연하지만 활간이 없는 독서법은 활간독서법이 아니며, 활간에 입각하지 않고서는 우주적 자아를 발견해 낼 수 없다는 입론이 가능하다.

퇴계 독서법이라고 하면 무조건 활간독서법을 가리키는지가 의문이다. 바꾸어 말해, 퇴계 독서법 가운데서도 활간과 무관한 경우가 있느냐 하는 의문이 된다. 결론부터 범박하게 말하면 퇴계 독서법이라고 하면 무조건 활간독서법이다. 그 근거를 두 가지로 들면 다음과 같다. 어느 독서법에서나 宇宙論的인 自我를 상정하고 있다는 점이 그 첫 번째이다. 독서인의 자아가 의리 가운데로 나아간다고 하거나 천리에 닿는다고 하는 데서 찾을 수 있다. 어느 독서법에서나 天人合一이 나타난다는 점이 그 두 번째이다. 性卽理, 理一分殊, 心與理一 등의 용어나 그런 취의가 반영된 어절에서 찾을 수 있다. 첫 번째와 두 번째에서 근거로 든 우주적 자아와 천인합일은 활간을 하지 않고서는 파악할 수 없다. 독서법마다 활간에 의해서만 포착하는 요목이 등장하기 때문에 퇴계 독서법이라고 하면 활간독서법이라고 할 수 있다.

퇴계 독서법에 있어서 활간은 절대적인 비중을 차지한다. 활간이 없으면 퇴계 독서법이 성립되지 못하기 때문에 이렇게 볼 수 있다. 퇴계가 활간에 절대적인 비중을 부여한 까닭이 무엇인지를 캐보지 않을 수 없다. 독서법에서 천리와 인사를 폭넓게 다루었기 때문이라고 한다면 활간이 필요한 이유를 해명하는 데 그칠 뿐이고, 활간이 퇴계 독서법에서 절대적 비중을 차지하는 이유를 해명해 주지는 못한다. 독서법에서 활간을 거론하는 경우는 주자에게서도 찾아볼 수 있다. 퇴계 독서법의 특징을 설명하기 위해서는 주자 독서법에 없는 요소를 주목해야 한다. 그것은 바로 理의 활발발성 즉 活理이다. 퇴계는 성현이 우주만물의 활리를 경전에 서술해 놓았기 때문에 오직 활간으로 접근해야 한다고 여기고, 활간에 입각해서 독서법을 마련했다. 퇴계 독서법에 있어서 활간이 절대적 비중을 차지했던 까닭이 바로 여기에 있다.

활간독서법의 의리학적 측면과 그 역사적 의의

퇴계는 朱子主義者이기도 하고 비주자주의자이기도 하다. "주자는 나의 스승이고 또한 고금의 종사이다.(『退溪全書』卷16, 書, 答奇明彦 論四端七情第一書)"라고 하는 데서는 주자주의자의 면모가 보이고, "선배면 어떠하고 후배면 어떠하며, 스승이면 어떠하고 제자면 어떠하며, 저것이면 어떠하고 이것이면 어떠하며, 취하면 어떠하고 버리면 어떠하겠습니까? 한결같이 지당하여 바꿀 수 없는 것을 취하면 되겠습니다.(『退溪全書』卷19, 書, 答黃仲擧論白鹿洞規集解)"라고 하는 데서는 비주자주의자의 면모가 보인다. 퇴계는 주자를 맹목적으로 추종하지 않고 正名論에 의거하여 주자를 따르기도 하고 물리치기도 했다. 正名論에 의거하여 대상을 판단하는 학문방법론을 義理學이라 할 때, 의리학을 기술한 대목에서 활간론이 나타난다. 의리학과 활간론이 범상치 않은 관계임이 분명한데, 어떤 관계인지 확인해볼 필요가 있다.

의리학적 차원의 서술에 활간독서법이 많이 발견된다. 모든 활간독서법은 의리학적 차원에 속하지만, 의리학적 차원이 모두 활간독서법은 아니므로, 활간독서법으로 보아서는 의리학적 차원이 필요충분조건이다. 해당 사례는 많지만, '의리'가 나타나는 부분만을 인용하기로 한다. '의리'라는 용어가 의리학을 잘 나타낼 터이기 때문이다. "본래 정해진 의리의 본분(『退溪全書』卷16, 書, 答奇明彦 論四端七情第一書)"이라는 어구와 "의리가 점점 무르익어서 마치 사탕수수의 달콤한 맛을 씹는 것과 같아 맛도 무궁하고 즐거움 또한 무궁할 것(『退溪全書』卷30, 書, 答金而精 別紙)"이라는 어구가 그것이다. 이 두 어구에는 '의리'라는 용어가 직접적으로 나타나고 도덕성, 현실 상황, 실천적 규범의 정황이 담겼으므로, 틀림없이 의리학적 차원에 입각해 있다. 활간독서법이 의리학적 차원을 겨냥한다는 점이 이로써 분명해진다.

활간독서법이 왜 의리학적 차원을 겨냥하는가? 두 가지를 생각할 수 있다. 한 가지는, 인간존재의 위상을 높이기 위함이다. 心의 理가 태극으로서 우주론적인 理와 같다고 하며 인간을 우주적 존재로 격상시킨다는 점을 상기해 봄직하다. 의리학의 요소 중에서 도덕성과 실천적 규범이 그 근거가 될 성싶다. 다른 한 가지는, 氣의 작용으로 촉발되는 권력, 이익, 욕심, 분쟁 등을 다스리고자 함이다. 활간이 理의 자발성과 활발발성으로 氣의 惡幾를 다스리고자 한다는 점에서 활간독서법이 의리학적 차원을 겨냥하는 데는 16세기의 혼란한 사회상을 바로잡고자 하는 측면이 없지 않다. 의리학의 요소 중에서 현실 상황이 그 근거가 될 성싶다. 두 가지를 연결해보면 활간독서법에는 인간존재의 위상을 높여서 순선무악한 세상을 만들고자 하는 소망이 담겼다고 할 수 있다.

활간독서법, 현대인에게 무엇을 시사하는가?

세상의 이치에는 덤이 없다. 알고자 하는 것만큼만 알고, 보고자 하는 것만큼만 본다. 만약 알고자 하는 것 이상으로 알고, 보고자 하는 것 이상으로 본다면 그 이상 좋을 수는 없다. 많이 알거나 보고 싶다고 해도 수단이 그릇될 경우에는 문제가 생긴다. 독서법은 알거나 보거나 하는 수단이다. 잘못된 독서법으로는 아무리 많이 알고 싶거나 보고 싶어도 목적을 이룰 수가 없다. 대부분의 현대인들이 이런 양상을 보인다. 지식과 정보를 재빠르게 습득하기 위해 속독과 다독의 방법을 택하다 보니, 독서를 통해 인성을 함양하고 심신을 수양할 수는 없게 되었다. 심각한 문제는 속독과 다독이 그릇된 독서법이라고 깨닫지 못하는 데 있다.

그저 독서법을 통해서는 인성을 함양하고 심신을 수양할 수 없다고 여기기만 한다. 활간독서법은 바로 이런 문제에 경종을 울리며, 독서인을 우주적 존재로 격상시키는 방안을 제시한다.

활간독서법이 독서인을 우주적 존재로 격상시킨다고 하는 근거는 무엇인가? 활간독서법은 理의 發을 기조로 삼는다. 〈天命圖說〉에 의하면 理의 發은 우주의 조화 현상으로 귀결된다. 理의 大德인 元亨利貞이 서로 인과 관계를 맺으면서 우주를 하나의 유기체로 묶어내기 때문에, 유기체로서의 우주는 곧 최고선으로서의 理의 發에 다름 아니다. 理의 發이 퇴계 독서법의 기본 틀로 자리매김한 이상, 퇴계 독서법은 우주론적인 차원으로 격상될 수밖에 없고 퇴계 독서법에 입각한 독서인은 우주적 존재가 될 수밖에 없다. 즉, 독서인은 우주적 자아로서 善意志를 구현하고 천지의 功能에 능동적으로 참여하는 주체이다. 이렇게 보니, 퇴계 활간독서법은 상당히 낙관적이다. 누구나 활간할 수 있고 우주적 존재가 된다고 하기 때문이다. 활간독서법으로 인해 독서인의 위상이 높아지기는 했지만, 수양의 의무도 그만큼 무겁게 주어졌다.

활간독서법이 부여하는 수양의 의무가 어느 정도인지를 확인하기 위해서는 활간독서법의 핵심 명제인 '性卽理說'을 보면 된다. '성즉리설'에서는 인성이 천리라고 하며, 심성을 함양해서 사회윤리를 뒷받침하라고 한다. 즉 자기의 상태를 점검해보고 '인성=천리'가 아니라면 '인성=천리'가 되도록 노력하라고 재촉한다. '인성=천리'는 엄청나게 어렵다. 인성 중의 기질지성을 억누르는 한편 본연지성을 함양해야 비로소 가능해지기 때문이다. 활간독서법은 바로 이런 수양론의 명제를 장착해놓고 독서인에게 압박을 가하고 있다. 현대인도 퇴계식의 심성론에서 예외일 수 없으므로, 활간독서법의 핵심 명제인 성즉리설 즉 '인성=천리'의 명제를 준수해야 한다. 바꾸어 말해, 현대인 또한 활간독서법의 교훈을 받아들여 심성을 수양해야 한다. 덤이란 없다. 느끼는 것만큼 부담을 안고 노력한 것만큼 위격이 높아질 따름이다.

제2장 활간독서법의 선하先河, 『주자어류』〈독서법〉

'활간독서법'의 주창자는 주자이다. 일반적으로 주창자라고 하면 겨우 용어나 개념을 거론하는 데서 그치는 경향이 있지만, 주자의 경우는 그렇지 않다. 『朱子語類』〈讀書法〉에서 매우 광대하고 심원한 논의를 펼치기 때문에 주창자이면서도 본격 독서이론가로서의 면모를 동시에 보여준다고 할 수 있다. 이와 같은 이중적 면모는 격물궁리의 접근 방법과 연관이 깊다. 즉, '왜 그런가?'라는 소이연의 차원에서 경전 읽기의 당위성이나 방법을 설명하다보니 단순히 문제를 처음으로 제기하는 주창자의 위치에 머무르지 않게 되었다. 『주자어류』〈독서법〉에는 '활간독서법'이 어떻게 나타나 있는가? 퇴계의 활간독서법이 『주자어류』〈독서법〉에 상당히 많은 빚을 지고 있기 때문에 반드시 따져야 하는 과제가 된다.

I. 주자朱子의 활간론活看論

『朱子語類』〈讀書法〉에서는 독서할 때 글의 의미를 고정시키지 말라고 한다. 사전적인 의미에 얽매이지 않고 전후의 맥락을 살펴 낱말이나 어절의 문장을 해석하라는 요청으로 이해된다. 이런 논의는 예로부터 있어 왔다. 예컨대 주자 이전의 佛家에서 사물을 인식할 때 고정관념이나 선입견에 사로잡히지 말라고 하며 '活法'을 그 대안으로 제시했으니[1], 이른바 활간론의 연원이 상당히 깊은 편이다. 활간론이라고 해도 차이는 있다. 주자 이전에는 사물인식의 측면에서 활간을 거론하는 정도였고, 주자 〈독서법〉 이후부터 활간이라는 범주 속에 독서의 자세, 태도, 방법, 필요성, 목적 등이 다루어지기 시작했다. 이런 측면에서 볼 때, 〈독서법〉의 조목 245개 가운데서 무려 70개의 조목이 활간론에 해당된다.[2]

지금까지 주자 〈독서법〉 연구가들[3]은 독서의 자세, 태도, 방법,

---

1 불교 臨濟宗 계통의 看話禪에서 活法을 많이 거론한다. 本來面目을 발견하는 방법이 활법이고 紙上面目에 머무르는 현상이 死法이다. 이 용어 외에도 活句와 死句이라는 용어도 많이 쓰인다. 활구와 사구라는 용어는 당나라 전후부터 발견되기 시작한다. 박문기, 「話頭의 내재적 구조 일고」, 『한국불교학』58, (한국불교학회, 2010), 10～22쪽 참조.

2 활간론에 의거해서 독서의 자세·태도·방법을 파악할 경우, 활간론에 의거하지 않고 독서의 자세·태도·방법을 파악하는 경우보다는 조목의 개수가 더 적다. 독서의 자세·태도·방법이 모두 활간론과 연관되지는 않기 때문이다.

3 활간을 염두에 두고 논의를 전개한 연구자를 추려서 소개하면 다음과 같다. 강영안, 「주자의 독서론」, 『철학연구』53, (철학연구회, 2009) ; 김기호, 「『朱子語類』〈독서법〉에 나타난 新意論」, 『인문연구』59, (영남대 인문과학연구소, 2010) ; 김은경, 「『주자어류·독서법』에 나타난 독서의 의미와 방법」, 『教員教育』22, (한국교원대학교 교육연구원, 2006) ; 이용주, 「독서와 수양 : 주자의 독서론1」, 『종교연구』15, (한국종교학회, 1998) ; 황금중, 「주자의 독서론」, 『教育哲學』47, (교육철학회, 2010).

필요성, 목적 등을 활간론이라는 각도에서 조명하지 않았다. 〈독서법〉의 활간론을 인식하지 못하는 이상, 이런 현상은 앞으로도 지속되리라 본다. 그 이유로는 두 가지를 들 수 있다. 첫째, 〈독서법〉에 '활간'이라는 용어가 나타나지 않는다는 점이다. '활간'이라는 용어를 통해 활간론을 확인하려는 논자라면 독서의 자세, 태도, 방법, 필요성, 목적 등이 활간론에 입각해 있어도 찾을 수가 없다. 둘째, 활간론이 산발적으로 나타난다는 점이다. 〈독서법〉의 여러 조목 속에 활간론이 여기저기 흩어져 있어서, 활간론의 체계를 파악하기가 어렵다. 독서의 자세, 태도, 방법, 필요성, 목적 등이 활간론을 형성하고 있음에도 불구하고 여태까지 발견하지 못했으니, 활간론에 대한 인식은 동양 고전 연구가들의 새로운 과제가 된다.

활간론은 구조적 차원의 논의를 필요로 한다. 주지하다시피 구조는 형식과 내용을 포괄하는 개념이다. 활간의 자세·태도·방법은 형식적 범주에 속하고 활간의 필요성과 목적이 내용적 범주에 속하므로, 활간론을 연구 대상으로 삼는다면 독서법을 구조적 차원에서 다룰 수밖에 없다. 구조적 차원의 연구는 기존 연구에서는 찾아보기가 어렵다. 여러 논자들이 독서법에 대해 다룬 바 있지만, 독서의 자세·태도·방법을 다루기만 했고 독서의 필요성과 목적 등에 대해서는 거의 다루지 않았다. 독서법의 형식적 범주만을 다룬 셈이기에 연구 대상은 달라도 論旨는 언제나 엇비슷한 양상을 보인다.[4] 이런 정황을 감안할 때, 활간론 연구는 그동안

4 김기호, 「고전 독서론 연구와 현황과 과제」, 『韓國思想과 文化』50, (韓國思想文化學會, 2009), 48~64쪽에서 이런 지적을 하고 있다.

내팽개친 독서법의 내용적 범주를 되찾는 한편, 독서법 전체의 실상을 복원해내는 의의도 동시에 지닌다. 활간론 연구를 서둘러야 하는 이유가 바로 여기에 있다.

저자는 『주자어류』〈독서법〉[5]을 대상으로 하여 활간론의 실체를 확인하고 그 의의를 조명하고자 한다. 목적을 달성하기 위해서는 방법론을 적절하게 구사하지 않으면 안 된다. 먼저, 구조적 차원에서 활간론에 접근하고자 한다. 활간론이 형식적 범주와 내용적 범주 모두에 걸쳐 나타나므로, 그 형식과 내용을 대별하되 총체적인 의미망을 탐색하는 방향으로 나아갈 필요가 있다. 그 다음으로, 활간론의 유학적 의의에 유의하고자 한다. 독서법을 연구한다고 하여 활간론을 만약 문학적 측면에만 가두어 둔다면 실체를 온전하게 파악하기가 어려워진다. 주자는 시대적인 과제를 유학적 차원에서 해결하고자 한 사람이기 때문에 유학적인 의의 조명도 반드시 필요하다. 이와 같은 방법론에 입각할 때, 활간론의 실체뿐만 아니라 활간론 대두의 필연성 및 그 의의가 분명히 드러나리라 본다.

'활간'의 개념과 원칙

'활간'의 사전적 의미는 '유동적으로 보기'이다. 주자에 따르면, '유동적으로 보기'를 하는 이유는 이치를 찾기 위함이다. 성인의 언어는 여러 겹으로 되어 있고, 그 속에 이치가 들어 있다.

5 송주복, 『朱子書堂은 어떻게 글을 배웠나』, (청계, 1999)의 번역본에 주로 의거한다.

이치를 포착하기 위해서는 여러 겹을 하나하나 벗겨가며 끝에까지 다다를 수 있어야 한다.[6] 끝에까지 도달하기가 무척 어렵다. 사람마다 겹에 대한 시각이나 방법이 다르고, 각기 다른 시각과 방법이 길을 잃게 만들기 때문이다. 정황이 이러하므로, 시각과 방법을 융통성 있게 지니지 않으면 안 된다. 즉, 겉은 같아 보여도 속은 다를 수 있고 겉은 달라 보여도 속은 같을 수 있다고 여겨야 한다. 주자는 이런 취지의 활간론을 『주자어류』 안의 〈독서법〉 밖에서 언급하고 있다. 활간론이 분명하게 나타나는 조목을 가려 인용해본다.

① 어떤 사람이 "맹자가 본성이 선하다고 말한 것"을 사례로 들었습니다. 주자께서 말씀하셨다. 그것은 본성이라는 낱말을 중시하고 선함이라는 낱말을 경시한 것이니, [선함과 본성을] 상대시켜 말한 것이 아닙니다. 문자는 반드시 유동적으로 보아야 합니다. 이것은 이것에 나아가 설명하고 저것은 저것에 나아가 설명하는 것이니, 고정적으로 볼 수는 없습니다. [만약] 이것을 끌어다 저것에 붙이면 곳곳에서 장애가 생기고 맙니다.
或擧孟子道性善 曰此則性字重 善字輕 非對言也 文字須活看 此且就此說 彼則就彼說 不可死看 牽此合彼 便處處有礙 (『朱子語類』卷5, 性理2, 조목16)

② (내[섭하손]가 물었습니다. "그 體를 易이라 부른다."에서 體는 무엇입니까? 주자께서 대답하셨다. [거기서] 體

6 『朱子語類』卷10의 조목11과 조목80에 이런 내용이 나온다.

는 본체의 작용이라고 할 때의 본체가 아닙니다. 체질이라고 말할 때의 體와 흡사하니, "그 체질을 역이라 부른다."고 말하는 것과 같습니다. 이치는 곧 본성이지만, 여기서는 당연히 [그 이치를 살펴] 유동적으로 보아야 합니다. 마치 마음이라는 낱말에도 각각 초점에 차이가 있다고 말하는 것과 같습니다. 예컨대 맹자는 "仁은 사람의 마음이다."라고 말씀하셨습니다. 仁은 곧 사람의 마음이니 여기서 말하는 마음은 이치를 합하여 말한 것입니다. 예컨대 "안회는 그 마음이 세 달 동안 仁을 거스르지 않았다."고 말한 것은 마음이 위주가 되어 있지만, 이치를 어기지 않았다는 것입니다. 초점을 살펴야 비로소 깨달을 수 있습니다.

賀孫問 其體則謂之易 體是如何 曰體不是體用之體 恰似說體質之體 猶云其質則謂之易 理卽是性 這般所在 當活看 如心字 各有地頭說 如孟子云仁 人心也 仁便是人心 這說心是合理說 如說顔子其心三月不違仁 是心爲主而不違乎理 就地頭看 始得 (『朱子語類』卷5, 性理2, 조목20)

③ 어떤 사람이 말했습니다. 생각건대 성인은 청명하고 순수한 기운을 품부했기 때문에 그가 죽으면 그 기운은 위로 올라가 하늘과 합치됩니다. 주자가 말씀하셨다. 물론 그렇습니다. 그 일도 또한 미묘하여 말하기 어려우니, 사람들이 스스로 깨달아야 합니다. 세상의 도리는 올바르고 마땅하여 쉽게 깨달을 수 있는 것도 있고 변화가 일정하지 않아서 헤아릴 수 없는 것도 있습니다. 그렇기 때문에 [그 이치를 깨달아야만] 바야흐로 그 도리를 생생하게 알 수 있습니다. 예컨대 "문왕께서 [천하

를] 오르내리며 상제의 곁에 있도다."라고 말한 것과 같습니다. 만약 지금 문왕이 정말로 상제의 곁에 있다고 말한다면 마치 세상의 진흙으로 만든 동상과 같은 상제가 진정으로 있게 되니, 진실로 옳지 않습니다. 그러나 성인이 그렇게 말했으니, 곧 그 이치는 있을 것입니다.

或曰 想是聖人稟得淸明純粹之氣 故其死也 其氣上合於天 曰也是如此 這事又微妙難說 要人自看得 世間道理有正當易見者 又有變化無常不可窺測者 如此方看得這箇道理活 又如云 文王陟降 在帝左右 如今若說文王眞箇在上帝之左右 眞箇有箇上帝如世間所塑之像 固不可 然聖人如此說 便是有此理 (『朱子語類』卷3, 鬼神, 조목57)

①과 ②의 활간론은 卷5에 나오고, ③의 활간론은 卷3에 나온다. 卷11과 卷12의 〈독서법〉에서는 '활간'이라는 용어를 구사하지 않으면서 활간론을 개진하므로, 卷3과 卷5의 ①~③은 지침을 언급했고 卷11과 卷12의 〈독서법〉은 주자와 그 제자들의 대화 사례를 통해 ①~③의 지침을 이모저모 구체화한다고 할 수 있다. 지침을 정확히 파악해야 주자와 그 자제들의 대화 사례도 명료해지므로, ①~③의 활간론을 우선적으로 검토하지 않을 수 없다. ①에서는 활간과 死看을 대비시켜 활간의 의미를 부각시키고 있고, ②와 ③에서는 사례를 통해 활간이 무엇인지를 구체적으로 소개하고 있다. 관심의 초점은 상호 다르지만 ①~③ 모두 활간의 개념을 거론한다는 점에서는 일치된다. 卷3과 卷5의 ①~③에 나타난 활간의 개념을 각기 정리하고 종합해 본다면, 활간의 일반적인 개념을 파악할 수 있으리라 본다.

①에서는 활간의 개념을 '大小 분별하기'라고 한다. ①에 의하면 사람들은 大와 小를 잘 분별하지 못한다. 가령, 맹자의 성선설

에서 언급한 '本性'과 '善'은 對言이 아닌데도 사람들은 종종 大小를 오인해서 본성과 善의 크기를 같게 여기곤 한다. 맹자가 善과 惡의 본성 중에서 善만 들어 本性을 거론했으므로, 본성은 크고 善은 작다고 해야 타당하다. '本性'과 '善'의 의미 범주를 헤아려야 대소를 분별할 터인데, 문장의 짜임새를 보고 착각해 버리기 때문에 이런 결과가 나온다. 의미 범주를 제대로 분별하기 위해서는 "같다고 여기면 같은 것 가운데 다른 것이 있고, 다르다고 여기면 같지 않았던 적이 없다."[7]는 이치를 상기해 봄직하다. '大小 분별하기'의 개념을 통해보니, ①에서는 대소의 인식 문제가 외양의 인식이 미흡한 데서 생긴다고 보고 정황과 실체를 근거로 활간해야 한다는 점을 역설했다고 생각된다.

②에서는 활간의 개념을 '초점의 차이 확인하기'라고 한다. 가령, '體'에는 몸이라는 사전적 의미에 본체나 체질이라는 이치가 얹혀 있고, '心'에는 마음이라는 사전적 의미에 본성이라는 이치가 얹혀 있다. 적지 않은 논자들은 사전적 의미에 멈추는지 이치를 거론하는지를 분별하지 못한다. 이와 같은 문제는 흔히 발견된다. 理氣 先後의 문제가 좋은 예이다. 理先氣後를 定論으로 인식하곤 하지만, 존재적으로 볼 때 先과 後를 가릴 수 없다.[8] 理를 먼저 말하고 氣를 뒤에 말하는 논자들이 理先氣後로 오인할 따름이다. 形而上·形而下의 문제 또한 마찬가지다. 필요에 따라 초점을 이동시켜 上下를 말할 따름인데,[9] 논자들은 초점의 차이를 인식하지 못하고 실제로 上下가 있다고 오인한다. 문제가 표현 논

---

7 以爲同則同中有異 以爲異則未嘗不同(『晦庵集』卷61의 答嚴時亨)

8 又按 理氣混融 本無先後(韓元震, 『朱子言論同異考』卷1, 理氣)

9 『朱子語類』卷94, 〈周子之書〉太極圖

리에 얽매이기 때문에 나타난다고 볼 때, ②의 개념은 표현 논리를 넘어서야 한다는 당위성을 지니고 있다.

③에서는 활간의 개념을 '이치에 입각해서 도리 파악하기'라고 한다. 도리를 파악하기 어려운 경우에는 정합성의 이치에 기대어 보편타당한 도리를 파악해야 하는데, 이것이 어렵다고 한다. 가령, 성인의 기운이 하늘과 합치된다고 할 때는 정합성이 있지만, 문왕이 산 채로 상제 곁에 있다고 할 때는 정합성이 없다. 기운이 하늘로 오른다는 판단과는 달리, 사람이 산 채로 하늘로 오른다는 판단은 불가능하기 때문이다. 부정합성의 상태에서 도리를 파악하고자 한다면 문제가 된다. 정합성을 지니지 못했기 때문에 1차 오류이고, 도리를 그릇되게 파악하기 때문에 2차 오류이다. 性과 氣의 문제도 곁들여서 거론해볼 만하다. 性과 氣를 一物로 보아야 할 자리에서, 二物로 본다든지 人物性의 도리를 판단한다든지 하는 경우[10]가 그 비근한 예이다. 이 점에서 이치를 찾은 뒤 도리를 외쳐야 한다고 믿는 자에게 ③의 개념은 좋은 지침이 된다고 할 수 있다.

대소 분별하기 --------------------- 외양의 인식 넘어서기
초점의 차이 확인하기 ------------- 표현 논리 넘어서기
이치에 입각해서 도리 파악하기 --- 정합성을 통해 법칙 파악하기

---

10 "其謂性同氣異四字 只作理同氣異看 而氣異處看性之不同則可矣 而若謂人物所稟性自同而氣自異 性氣二者 元不涉而判爲二物 則不可矣(韓元震, 같은 책, 卷1, 人物之性)"의 내용 참조.

①~③에서 거론한 개념을 모아보니, 각기 되새길 만한 특징을 지니고 있다. 순차적으로 나열하면 외양의 인식 넘어서기, 표현 논리 넘어서기, 정합성을 통해 법칙 파악하기가 된다. 이와 같은 세 가지의 개념은 두 축을 형성한다. '형식 논리 초월'이라는 축과 '이성적 판단'이라는 축이 그것이다. 외양의 인식 넘어서기인 대소 분별하기와 표현 논리 넘어서기인 초점의 차이 확인하기는 형식 논리 초월이라는 축을 형성하고, 정합성을 통해 법칙 파악하기인 이치에 입각해서 도리 파악하기는 이성적 판단이라는 축을 형성한다. 두 축은 서로 간에 의존성이 강하다. 이성적 판단이 선행되어야 형식 논리를 초월하리라는 점에서, 이성적 판단이라는 축은 형식 논리 초월이라는 축의 전제라고 할 수 있다. 이런 관계를 고려할 때 활간의 개념이 지닌 전체적 특징은 '이성적 판단에 의거해서 형식 논리 넘어서기'가 된다.

'이성적 판단에 의거해서 형식 논리 넘어서기'라는 활간의 전체적 특징은 개념론이면서 당위론이기도 하다. 정합성에 의거해서 표현 논리를 점검하고 대소를 분별해야 활간이 가능하기 때문에 이렇게 볼 수 있다. 정황이 이러하다면, 세 가지 개념 가운데서 어느 한두 가지라도 빠진다면 문제가 생긴다. 즉 ①의 언급에 따라 규정하면 死看이 되고 만다. 死看이란 성인의 언어에 담긴 다층적인 의미를 파악하지 않고 사전적 의미로만 고정시키는 폐단을 가리킨다. 의미를 고정시켜 보는 폐단은 곧 성인의 언어를 죽은 글로 만들어버린다. 다시 말하면, 의미 형성의 입체적이고 역동적인 과정을 포착할 수 없게 된다. 물론, 의도적으로 死看을 꾀하고자 하는 독서인은 없다. 대부분의 독서인이 의도하지 않는 가운데 死看에 빠지고 만다는 점에서, 활간의 개념 세 가지를 동시에 구현하기가 그만큼 어렵다고 할 수 있다.

개념을 구현하기 어려울수록 원칙에 충실하지 않으면 안 된다. 원칙에 입각하면 개념 세 가지를 동시에 구현하는 방법뿐만 아니라 문제의 원인까지 짚어낼 수 있기 때문이다. 주자가 활간의 원칙을 분명히 밝혔느냐 하면 그렇지는 않다. 활간의 당위성에 대해서는 많이 언급하면서도 정작 활간의 원칙에 대해서는 구체적으로 언급하지 않고 있다. 언급할 가치가 없어서라기보다 언급할 필요가 없다고 여겼기 때문으로 보인다. 당대에 그런 원칙이 너무나 상식적이고 당연하게 통용된다면 굳이 언급할 필요가 없다고 여길 법도 하다. 정황이 이러하므로, 활간의 개념을 통해 원칙을 구체화해 볼 도리밖에는 없다. 활간의 개념에 대해서는 앞에서 세 가지로 살펴보았으므로, 그 내용을 고려해서 활간의 원칙을 재구하기로 한다.

활간의 원칙

첫째, 판단 기준을 자기 자신에게서 구해서는 안 된다. 자기 자신이 간절하게 여기는 바를 체험하려는 자세를 갖추고[切己體驗], 글을 글로 보고[以書觀書] 사물을 사물로 보아야 한다[以物觀物]. 대개 체험하지 않고 선입견을 기준으로 사물을 보기[以己觀物] 때문에 문제가 생긴다.

둘째, 마음으로 뜻을 잡지[以意捉志] 말고 마음으로 뜻을 맞이해야[以意逆志] 비로소 초점의 차이를 분별해낼 수 있다. '맞이한다'는 기다림을 말한다. 마음을 비우고 꾸준히 기다리면 뜻은 반드시 찾아온다. 대부분의 독서인은 마음을 아주 급하게 먹고 미리 맞이하려고[急切尋求] 하기 때문에 문제가 생긴다.

셋째, 성인의 언어가 지닌 특징을 먼저 알아야 한다. 성인은 이치와 도리를 언어에 담았으므로[聖人言語 天理自然], 언어를 통해 이치와 도리를 탐색해야 한다. 즉, 이치와 도리를 紙面에서 구하지 말고, 모름지기 자기 자신에게 돌이킨 다음 점차 외부로 추론해 나아가며 연구해야 한다[就自推究]. 외양이나 표현 논리에 이끌려 외부에서 이치와 도리를 가져오기 때문에 문제가 생긴다.

활간의 형식과 내용, 그 지향점

활간론은 형식적 범주와 내용적 범주에 걸쳐 있다. 활간의 자세·태도·방법은 형식적 범주에 속하고 활간의 필요성과 목적은 내용적 범주에 속한다. 양자가 변별적 성격을 지니므로 나누어 짚어볼 필요가 있다. 물론, 나누는 것이 능사는 아니다. 활간론은 구조적 차원에서 따져야 할 대상이어서 형식과 내용의 전반적 고찰은 필수적이다. 전반적으로 고찰한다고 해서 활간론을 다룬 70개 조목을 일일이 논의하기는 번거로우니, 적게 다루면서 효과를 높이는 방안이 최선이다. 각 조목의 논점이나 성격을 고려하여 활간의 형식적 범주와 내용적 범주의 항목을 분별하되 각 항목을 대표하는 몇몇 조목을 논의의 대상으로 삼는다면 효율적이리라 여겨진다.

활간의 형식

〈독서법〉에는 활간의 자세·태도·방법에 대한 조목이 40개이다. 활간론을 다룬 조목이 70개임을 상기하면 절반을 상회한다. 이처럼 형식적 범주가 크게 나타나는 현상은 주자가 형식적 범주에 속하는 자세·태도·방법을 중시했기 때문으로 보인다. 형식적 범주인 방법과 자세·태도는 구별되지만, 자세와 태도는 類義語로서 구별이 잘 되지 않는다. 〈독서법〉에서는 자세·태도와 방법이 얽혀 있다. 즉, 자세·태도 속에 방법이 들어가 있고 방법 속에 자세·태도가 들어가 있다. 〈독서법〉에서 자세·태도와 방법을 분별하지 않았으니, 이 책에서도 구태여 분별하지 않기로 한다. 40개의 활간론 가운데서 내용이 뚜렷한 조목은 26개이다. 26개의 조목을 대상으로 자세나 태도를 집약하는 용어를 추출하고 해당 조목을 표시해 본다.

迎刃而解 : 글의 큰 절목[핵심]을 세 번에서 다섯 번 가량 철저하게 이해하면 그 다음에는 대나무의 첫 마디가 쪼개지면 나머지는 칼만 대도 나가듯이 쉽게 풀려 나간다. (상/ 조목14)

字看無去 : 매 글자마다 빠져 나갈 곳이 없도록 보아야 한다. (상/ 조목17)

擊首尾應擊尾首應 : 그 머리를 치면 그 꼬리가 응하고 그 꼬리를 치면 머리가 응해야 한다. (상/ 조목21)

一棒一條痕一摑一掌血 : 한 대 때렸으면 한 줄기 흔적이 남아야 하고, 한 번 쳤으면 한 웅큼 피가 묻어나야 한다. (상/ 조목24)

玩味心精 : 글의 의미를 이리저리 음미하면 마음이 정갈해진다. (상/ 조목29)

反覆玩味 : 이리저리 음미하며 반복해야 한다. (상/ 조목34)

少看極熱 : 책은 마땅히 조금씩 보아야 하고 지극히 깊게 읽어야 한다. (상/ 조목37)

小作大施 : 과정은 적게 잡고 노력은 크게 해야 한다. (상/ 조목39)

沉潛玩索 : 의미를 깊이 생각하고 이리저리 검토하지 않으면 안 된다. (상/ 조목64)

一重一重見髓 : 한 꺼풀 벗겨내서 한 꺼풀 보고, 다음날 또 한 꺼풀 벗겨내서 한 꺼풀 보아야 한다. 살갗을 다 벗겨내면 비로소 살이 보이고, 살이 다 발라지면 비로소 뼈가 보이며, 뼈가 다 드러나면 비로소 골수가 보인다. (상/ 조목80)

少少玩索 : 읽을 분량을 조금씩 하고, 내용을 이리저리 검토해야 한다. (상/ 조목99)

虛心去看 : 마음을 비우고 글을 보아야 한다. (하/ 조목9)

湛然凝定 : 담담하고 차분한 마음으로 글을 읽어야 한다. (하/ 조목16)

虛心涵養切己體察 : 마음을 비우고 책 속에 푹 빠져서 자신에게 간절히 성찰해야 한다. (하/ 조목21)

涵養究索 : 마음을 수양하고 논리적 근거를 찾아야 한다. (하/ 조목27)

以意逆志 : 마음으로 뜻을 맞이해야 얻게 된다. (하/ 조목30)

濯去舊聞以來新見 : 이전에 들은 것을 씻어내어야 새로운 것을 본다. (하/ 조목32)

沈潛反覆 ; 글을 볼 때 모름지기 마음을 고요하게 하고 생각을 너그럽게 하며 글에 푹 빠져서 반복해야 한다. (하/ 조목34)

以物觀物 : 물은 물로써 보아야 하고, 자신을 기준으로 사물을 보아서는 안 된다. (하/ 조목35)

以書觀書 : 글을 글로 보고 자신의 견해를 먼저 내세워서는 안 된다. (하/ 조목36)

就自推究 : 독서는 오로지 지면으로만 이치와 의미를 구하지 않아야 하며, 모름지기 돌이켜 자기 자신에게서부터 시작해서 외부로 추론해 나가면서 연구해야 한다. (하/ 조목39)

玩索窮究 : 이리저리 검토하는 것과 끝까지 깊이 있게 연구하는 것, 그 가운데 하나라도 버려서는 안 된다. (하/ 조목44)

熟看熟思 : 모름지기 오래도록 깊이 보고 깊이 생각하면 저절로 아주 타당한 도리를 이해하게 되는데, 이른바 글의 핵심이라는 것이 저절로 그 가운데 있을 것이다. (하/ 조목45)

所聞便行 : 배우는 사람은 들은 것이 있으면 모름지기 바로 행해야 한다. (하/ 조목47)

抉開縫罅 : 여기[본문의 句]에는 원래 꿰맨 틈새[이해의 실마리]가 있어서 마치 상자와 비슷하니, 단지 스스로 헤집어 열어야 한다. (하/ 조목60)

沈潛玩繹 : 남의 글을 볼 때는 부화뇌동하고 견강부회[隨

聲遷就]해서는 안 된다. 내가 옳다고 보았으면 그 때는 믿어도 된다. 모름지기 마음을 가라앉히고 깊이 생각해야 비로소 보이는 곳이 있게 된다. (하/ 조목67)

26개의 조목에는 활간의 자세·태도·방법이 다양하게 나타난다. 활간의 자세·태도·방법을 언급한 문장은 "~해야 한다"나 "~해서는 안 된다"의 어투를 보인다. 주자는 제자에게 활간의 과제에 대해 경각심을 일깨우기 위해 두 가지의 어투를 사용했다. 경각심을 일깨우려는 강도가 높다는 점을 감안할 때, "~해서는 안 된다"가 주자의 의도에 더 부합하는 표현이다. 글의 내용을 궁구하되 자기 기준으로 글을 보아서는 안 되고, 성인의 언어를 존숭하되 글의 뜻을 맹목적으로 따라서는 안 되고, 글의 뜻을 철저히 깨우치되 그 뜻이 마음에만 머무르게 해서는 안 된다고 하는 표현이 그것이다. "~해서는 안 된다"의 어투가 활간이라는 큰 범주에 속하는 금기 조항이므로, 주자는 제자에게 활간의 중요성을 강조할 때 'A하되 a해서는 안 된다'는 식의 어법을 사용했다고 할 수 있다. 이런 표현이 독서인을 긴장시키는 기능을 한다.

1) 글의 내용을 궁구하되 자기 기준으로 글을 보아서는 안 된다. : 虛心去看, 湛然凝定, 虛心涵養切己體察, 涵養究索, 濯去舊聞以來新見, 沈潛反覆, 以物觀物, 以書觀書, 沈潛玩繹
2) 성인의 언어를 존숭하되 글의 뜻을 맹목적으로 따라서는 안 된다. : 迎刃而解, 字看無去, 擊首尾應擊尾首應, 一棒一條痕一摑一掌血, 玩味心精, 反覆玩味, 少看極熱,

小作大施, 沉潛玩索, 一重一重見髓, 少少玩索, 玩索窮究, 熟看熟思, 抉開縫罅

3) 글의 뜻을 철저하게 깨치되 그 뜻이 마음에만 머물러서는 안 된다. : 所聞便行, 就自推究

'~하되 ~해서는 안 된다'의 표현 방식에 일련번호를 붙이고 해당 조목의 용어를 대응시켜 보았다. 빈도수에서 2)가 가장 많고 3)이 가장 적다. 많다고 해서 곧 중요하다고 하기는 어렵다. 각 조목에 여러 내용이 뒤섞였다는 점을 감안하면, 빈도수는 다양한 내용 가운데서 어떤 내용이 두드러지게 나타나는지를 말해 줄 뿐이다. 정작 눈여겨보아야 할 사안은 1)~3)의 상호 관계이다. 1)에서 자기 기준으로 글을 보아서는 안 된다고 했으니 선입견 버리기를 강조했고 2)에서 글의 뜻을 맹목적으로 따르지 말라고 했으니 조건과 정황 파악하기를 강조했고 3)에서 글의 뜻이 마음에만 머물러서는 안 된다고 했으니 뜻이 마음 밖으로 나아가기를 강조한 셈이 된다. 결국 1)~3)은 '선입견 버리기 → 글의 뜻 파악하기 → 마음 밖으로 나아가기'의 과정을 보이는데, 이것이 바로 1)~3)이 보여주는 내적 질서이다.

1)~3)이 보여주는 내적 질서는 〈독서법〉을 이해하는 데 큰 시사점을 준다. 활간의 형식적 질서, 나아가 〈독서법〉의 질서를 새로운 시각에서 보게 하기 때문이다. 주지하다시피 〈독서법〉은 주자와 그 제자들의 독서 관련 대화체이다. 제자들은 독서에 대해 이런저런 질문을 하고 주자는 隨人施教에 입각해서 답변하기 때문에 외관상으로는 무질서하다는 인상을 준다. 이런 인상은 1)~3)에 의해 깨어진다. '선입견 버리기 → 글의 뜻 파악하기 → 마음 밖으로 나아가기'의 과정이 활간론의 내적 질서를 형성한다는

점에서, 〈독서법〉에서야말로 뚜렷한 체계가 작동한다고 할 수 있다. 이로 보아 주자는 활간의 형식을 체계화하여 내적 질서를 부여했고, 그런 내적 질서를 〈독서법〉에 장착해 놓았다고 생각된다. 무질서해 보이는 〈독서법〉 속에 형식의 내적 질서가 숨겨진 셈이 된다.

활간의 내용

〈독서법〉에는 활간의 필요성과 목적에 대한 조목이 30개이다. 70개의 활간론 조목에 비추어 보면 절반에도 못 미치지만, 수치상으로 적다고 할 수는 없다. 주목할 바는 활간의 필요성과 목적이 활간론의 본질과 연관된다는 데 있다. '독서인이 글의 뜻을 유동적으로 보아야 하는 이유는 무엇인가?'가 활간의 필요성을 나타내고, '독서인이 글의 뜻을 유동적으로 볼 때 무엇을 얻을 수 있는가?'가 활간의 목적을 나타낸다. 어느 쪽의 설문이든지 간에 활간의 궁극적인 가치와 맞닿기 때문에 활간론의 본질과 연관된다는 언급이 가능하다. 활간의 궁극적인 가치는 무엇인가? 내용이 뚜렷한 23개의 조목 가운데서 논점을 집약적으로 나타내는 용어를 추출해 내고, 활간의 궁극적인 가치에 접근해 보기로 한다.

활간의 필요성

一重一重深沆有得 : 성인의 언어는 한 겹 아래 다시 한 겹으로 싸여 있으므로, 깊고 넓게 살펴야 비로소 바른 이해에 도달하게 된다. (상/ 조목11)

看著縫罅 : 꿰맨 틈새[이해를 위한 실마리]를 파악해야 비로소 도리를 철저하게 연구할 수 있다. (상/ 조목13)

庖丁解牛 : 백정이 소를 발라낼 때 눈에 온전한 소로 보이는 것이 없다고 했는데, 이와 같이 글을 분해해서 이해하면 멀리 나아가는 것과 같은 이치다. (상/ 조목15)

聖人言語如千花 : 성인의 언어는 마치 수많은 꽃과 같아서 아름답기 그지없다. (상/ 조목75)

聖人言語皆枝枝相對葉葉相當 : 성인의 언어는 모두 가지가 가지끼리 상대하고, 잎은 잎끼리 상대하니, 매우 깔끔하다. (상/ 조목76)

聖人言語天理自然 : 성인의 언어는 모두 자연의 이치이다. (하/ 조목24)

聖人言語當然之理 : 성인의 언어는 단지 하나의 이치를 말한 것이다. (하/ 조목86)

聖人言語有脈有在 : 성인의 언어는 본래 말의 맥이 있고 적절하게 배치되어 있으며 각각의 바른 자리가 있다. (하/ 조목125)

활간의 목적

自家道理浹合透徹 : 독서를 통해 자기와 도리를 서로 수긍하게 하고 꿰뚫게 해야 한다. (상/ 조목5)

一片書與自家滾作一片 : 한 편의 책과 자신을 한 조각으로 일체화해야 한다. (상/ 조목68)

讀書著意玩味方見得義理從文字中 : 독서할 때 마음을 잡고 이리저리 음미해야 비로소 의미가 글자 속에서 나

올 수 있다. (상/ 조목85)

讀得通貫義理自出 : 읽어서 철저히 이해한 뒤에는 의리가 저절로 나온다. (상/ 조목86)

人之爲學固是欲得之於心 : 사람이 배우는 것은 진정 마음에서 무엇인가를 얻어서 일체화하려는 데 있다. (하/ 조목1)

讀書窮理當體之於身 : 독서로 이치를 깊이 연구할 때는 마땅히 몸에서 그것을 일체화해야 한다. (하/ 조목2)

讀書攝心 : 사람이 항상 독서한다면 진정 이 마음을 붙들이 항상 존재하게 할 수 있다. (하/조목3)

每日讀書心不走作 : 매일 독서하면 이 마음은 달아나지 않는다. (하/ 조목4)

存心讀書一事 : 마음 지키기와 책 읽기는 하나의 일이 되어야 한다. (하/ 조목6)

博學篤志切問近思 : 널리 배워서 뜻을 두텁게 하고, 간절하게 물어서 생각을 가깝게 해야 한다. (하/ 조목15)

涵養本源玩味浹合 : 먼저 본원[마음]을 함양하고, 또한 이미 익숙해진 바른 이치를 이리저리 음미하여 그것이 푹 자신에게 젖어들어 일체화해야 한다. (하/ 조목16)

得熟會活 : 글을 반복적으로 이리저리 음미해서 글이 익숙해진 뒤에야 비로소 이해된 도리가 살아 움직일 수 있고, 살아 움직일 수 있어야 비로소 마음에 수용될 수 있다. (하/ 조목17)

切己體驗 : 독서는 모름지기 자신에게 간절하게 체험하려는 것이다. (하/ 조목37)

反求諸身 : 배우는 사람은 마땅히 성현의 말씀을 자신에게

돌이켜 구해야 한다. (하/ 조목38)

臨事卽理 : 독서하여 그 바른 이치를 강론하고 연구하여 그 시비를 판별하는 것은 일에 임하여 이 이치에 나아가려는 것이다. (하/ 조목48)

활간의 필요성과 목적을 정리해 보니 각기 내용이 판이하다. 활간의 필요성을 논의하는 조목에서는 성인의 언어가 지닌 특징이 전반적으로 나타나고, 활간의 목적을 논의하는 조목에서는 글의 뜻과 讀書人의 일체화 방안이 전반적으로 나타난다. 성인의 언어는 여러 겹으로 되어 있고, 꿰맨 틈새[11]가 있고, 깔끔하게 정비되어 있으며, 수많은 꽃과 같이 아름답다. 이 완벽한 언어 속에 자연의 이치가 들어 있으니 무심코 읽는다면 글의 뜻을 파악할 수가 없다. 여기서 활간의 필요성이 드러난다. 활간을 하면 글에 담겨 있는 도리·이치·의리를 파악할 수 있다. 도리·이치·의리의 파악이 궁극적인 지향점은 아니다. 도리와 이치와 의리가 독서인과 하나가 되고, 그 하나된 결합체가 마음 밖으로 나아가 자연의 이치와 하나가 될 때 지향점에 도달했다고 할 수 있다. 여기서 활간이 추구하는 목적이 드러난다.

일반 독서인이라면 거의 대부분 존재론적인 한계를 지니고 있고, 그런 한계로 인해 의문에 직면하리라 본다. 성인의 언어와 자연의 이치는 어떤 관계이며, 일체화의 대상이 어디까지인지가 그것이다. 첫 번째 의문은 성인의 언어가 수단인지, 목적인지와 연

11 '꿰맨 틈새[縫罅]'의 주체는 저작자이다. 독자가 저작자에 의해 재봉된 것을 읽는다는 의미로서, 독자가 분석하고자 하는 저작자의 문장을 가리킨다. 송주복, 앞의 책, 43쪽에 의하면, 주자가 처음으로 사용한 용어이다.

관된다. 성인의 언어는 수단이면서 목적이다. 자연의 이치를 형상화한다는 점에서 수단이고, 도리·이치·의리를 담았다는 점에서 그 자체가 목적이다. 두 번째 의문은 일체화의 구성요소와 연관된다. 일체화의 구성요소는 무한하다. 성현과 독서인, 글의 뜻과 독서인의 마음, 글의 의리와 인간의 도리, 마음의 이치와 자연의 이치가 그 대상이다. 이렇게 보니, 필요성과 목적은 성인의 언어, 독서인, 삼라만상을 떠나 논의될 수 없다. 성인의 언어나 독서인이나 삼라만상에 초점이 맞춰지면서 필요성과 목적에 대한 내용이 생겨나기 때문에 이렇게 볼 수 있다.

성인의 언어에 초점을 맞추는 경우 : 一重一重深沆有得, 聖人言語如千, 聖人言語皆枝枝相對葉葉相當, 聖人言語有脈有在

독서인에 초점을 맞추는 경우 : 看著縫罅, 庖丁解牛, 自家道理浹合透徹, 一片書與自家滾作一片, 讀書著意玩味方見得義理從文字中, 讀得通貫義理自出, 人之爲學固是欲得之於心, 讀書窮理當體之於身, 讀書攝心, 每日讀書心不走作, 存心讀書一事, 學篤志切問近思, 涵養本源玩味浹合, 得熟會活, 切己體驗, 反求諸身

삼라만상에 초점을 맞추는 경우 : 聖人言語天理自然, 聖人言語當然之理, 臨事卽理

세 가지 중, 독서인에 초점을 맞추는 경우가 가장 많은 조목을 거느린다. 해당 조목이 16개나 된다. 이 책에서 인용한 조목이 〈독서법〉 전체의 일부분에 불과해서 신뢰성에 의문을 표할 수도 있으나, 실상은 그렇지가 않다. 〈독서법〉 전체로 넓혀 보아도 사정은 마찬가지이기 때문이다. 독서인에 초점을 맞추는 경우가 제일 많은 까닭은 두 가지다. 〈독서법〉이라는 제목에 걸맞게 독서인의 사명을 강조하고자 한다는 점이 그 첫 번째이고, 성인의 언어가 지닌 이치와 삼라만상이 지닌 이치도 결국 독서인에 의해 드러난다는 점이 그 두 번째이다. 초점을 어디에 맞추든지 간에 활간의 궁극적 가치는 변하지 않는다. 활간의 궁극적인 가치는 '성인의 언어, 인간, 삼라만상을 관통하는 하나의 이치 찾기'이고, 활간의 내용에 속하는 필요성과 목적은 그런 가치 찾기가 독서인의 사명임을 알려준다.

형식과 내용의 지향점

〈독서법〉에는 분류상으로 섞을 수 없는 조목들이 뒤엉켜 있지만, 활간이라는 측면에서 볼 때는 사정이 달라진다. 특정 조목들이 서로 성격을 같이 하며 두 가닥으로 나뉘고, 그렇게 나뉜 가닥이 형식과 내용으로 자리매김된다. 성격이 다른 형식과 내용이라면 긴밀성이 없어야 할 듯하지만, 그렇지가 않다. 활간의 형식을 갖춘 질서와 활간의 내용을 갖춘 궁극적인 가치가 서로 호응하며 활간론이라는 거대한 담론을 형성한다. 이를 통해 형식과 내용의 관계가 어떠한지를 추론해 볼 수 있다. 작은 범위에서는 형식과 내용이 서로 맞서지만, 큰 범위 내에서는 형식과 내용이 활간이라는 공동 목표를 향해 서로 內應하는 관계가 아닌가 생각한다. 앞에서의 논의를 토대로 하여 이 점을 구체적으로 확인해보기로 한다.

활간의 형식-자세·태도·방법 : 선입견 버리기 → 글의 뜻

파악하기 → 마음 밖으로 나아가기

활간의 내용–필요성·목적 : 성인의 언어, 인간, 삼라만상을 관통하는 하나의 이치 찾기

활간의 형식이 갖춘 질서와 활간의 내용이 갖춘 궁극적인 가치를 한 자리에 정리했다. 형식과 내용이라는 용어만 주목하면 양자는 관련이 없어 보인다. 형식은 형식 그 나름대로 나아가고, 내용은 내용 그 나름대로 나아가는 것 같다. 실제로 양자가 관련이 없느냐 하면 그렇지 않다. 형식에 속하는 자세·태도·방법과 내용에 속하는 필요성·목적의 관계는 아주 긴밀하다. 자세·태도·방법의 계기적 과정과 필요성·목적이 상호 뒷받침하는 데서 이 점이 드러난다. 필요성·목적이 보여주는 상승 추이를 1단계, 2단계, 3단계라고 지칭할 때, 선입견 버리기는 1단계와 호응하고 글의 뜻 파악하기는 2단계와 호응하고, 마음 밖으로 나아가기는 3단계와 호응한다. 이렇게 보니, 활간의 형식과 내용은 도저히 떼낼 수 없는 불가분의 관계이다. 형식은 내용에 의존하고 내용은 형식에 의존한다는 언급이 여기서 가능해진다.

형식과 내용의 관계를 이처럼 이해할 때, 몇 가지의 의문에 부딪히게 된다. 한 가지는, 형식과 내용 간에 선후先後가 있느냐 하는 점이다. 예전부터 詩學論의 영역에서 현식과 내용의 선후 관계가 중요한 논점이 되었음[12]을 고려하면 이런 의문은 당연히 생

12 중국 남북조 양나라의 劉勰, 崔信浩 譯, 『文心雕龍』, (玄岩社, 1975), 131~147쪽에 이런 정황이 나타나 있다. 직접적으로 형식과 내용의 관계를 거론하지는 않았으나, 어떤 형식에는 어떤 내용이 담겨야 한다고 하거나 어떤 내용에는 어떤 형식이 설정되어야 한다고 하므로, 결과적으로 형식과 내용의 선후 관계를 다루었다고 할 수 있다.

길 수 있다. 다른 한 가지는, 마음 밖으로 나아가기와 3단계가 호응한 이후에는 어떻게 되느냐 하는 점이다. 시작이 있으면 끝도 있게 마련이라고 보면, 마음 밖으로 나아가기 다음에는 무엇이며 4단계가 과연 새롭게 전개되겠는가 하는 의문이 생길 수 있다. 또 다른 한 가지는, 형식과 내용이 호응하여 어떤 결과를 빚어내느냐 하는 점이다. 원인이 있으면 결과가 있게 마련이라고 볼 때 이런 의문은 당연히 생길 수 있다. 제기된 세 가지의 의문이 만만치가 않으므로, 위에서 논의한 바를 그래프로 나타낸 다음 하나하나씩 해결해 보기로 한다.

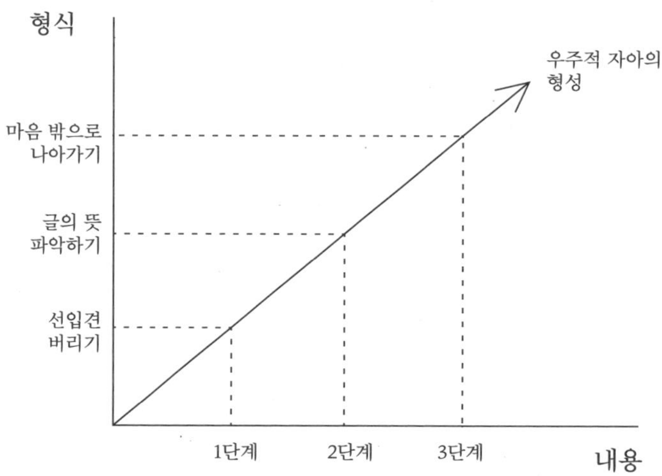

그래프에는 의문 해결의 단서가 갖추어져 있다. 의문이 표명된 순서대로 해결해 보기로 한다. 우선, 형식과 내용 간에는 先後가 없다는 점이다. 선입견 버리기와 1단계가 동시에 호응하고, 그 다음 순서도 또한 마찬가지다. 경우에 따라 어느 한 축에서 다른 한 축을 끌어당기는 수도 있겠으나 頻發하기는 어렵다. 동시 호응의 양상에 비해 지속성이 떨어지기 때문이다. 그 다음으로, 마음 밖으로 나아가기와 3단계가 호응할 때는 탐색 대상이 수없이 많이 앞에 놓인다는 점이다. 대상은 많고 탐색하는 데 장시간을 요하므로 쉽사리 끝나지 않는다. 이렇게 해서 하나의 과제가 해결되면 새로운 영역의 또 다른 과제 앞에서 형식과 내용이 호응한다. 그 다음에는 형식과 내용이 호응한 결과로 우주적 자아가 형성된다는 점이다. 가령 어느 독서인이 천지만물에서 하나의 이치를 확보했다면 우주의 순리를 따르면서 우주의 이법에 동참하는 자라 할 수 있고, 그런 자는 우주적 자아를 갖추었다고 할 만하다.

세 가지의 의문 중, 세 번째을 특히 주목할 필요가 있다. 형식과 내용의 지향점이 무엇인지를 보여주기 때문이다. 그것은 바로 우주적 자아의 형성이다. 우주적 자아는 현실세계에 발을 붙이되 활간의 형식과 내용을 구비한 자에게서 나타난다. 생득적으로 활간의 형식과 내용을 구비한 자는 없으며, 노력에 의해서만 구비할 수 있다. 『周易』의 언급[13]처럼 독서인이 敬으로써 내면을 곧게 하고 義로써 행동을 밖으로 드러낸다면 수직으로 상승하는 우주적 자아가 되고, 독서인이 敬은 지니면서 義를 떨치지 못한다면 상승세가 꺾이는 우주적 자아가 되고, 독서인이 人欲에 이끌려 마음에 병통을 지닌다면 우주적 자아와는 거리가 멀어진다. 이렇게 보니, 우주적 자아의 형성 요건은 활간이다. 〈독서법〉에서 독서인에게 활간하라고 하는 이유는 활간을 통해서만 우주적 자아를 지향할 수 있기 때문이다.

---

13 敬以直內 義以方外(『周易』坤卦文言)

활간독서법의 성리학적 의의

주자는 성리학의 완성자이고 유학의 집대성자이며 유가적 도통론의 정립자이다. 이런 주자가 활간론을 개진했으니, 활간론에 성리학적 이념이 녹아들 수밖에 없다. 활간론은 성리학적 이념인 수양론·인식론과 연관이 깊다. 수양론은 성인의 가르침을 통해 德을 높이고자 하는 학문이고 인식론은 지식의 기원·구조·범위·방법을 탐구하고자 하는 학문인데, 이와 같은 수양론과 인식론의 내용이 활간론의 골격을 이룬다. 활간론은 성인의 언어와 관련된 논의를 많이 담고 있기 때문에 수양론으로서의 성격이 강하고, 또한 격물궁리와 관련된 논의를 많이 담고 있기 때문에 인식론으로서의 성격도 강하다. 바로 이 점을 구체적으로 확인해 보고자 한다.

수양론적 근거로서의 성격

활간론에 나타난 성인의 언어에는 인간과 삼라만상의 이치가 담겨 있다. 인간과 삼라만상의 이치는 오직 하나이다. 그런데 성인의 언어에는 하나의 이치가 담겨 있지만, 대부분의 인간은 그런 이치를 발견하지 못한다. 독서병통으로 인해 성인의 언어를 이해하지 못하거나 글 밖으로 성인의 뜻을 가져가지 못하거나 하기 때문이다. 독서인의 단점을 교정하기 위해서는 활간이 그 한 방법이 될 수 있다. 활간에 대한 당위성만으로 독서인을 깨우칠 수는 없으므로, 주자는 〈독서법〉에서 성인의 언어를 읽어야 하는 이유, 독서병통과 그 해법 등을 구체적으로 제시하고자 했다. 활간론에 바로 이런 의도와 노력이 담겼다는 점에서, 성인의 언어를 둘러싼 일련의 논의는 수양론적 성격이 강하다고 할 수 있다.

논점을 다지기 위해서는 수양론의 발생 배경을 짚어볼 필요가 있다. 수양론은 人을 天 혹은 理와 동일한 위치에 올려놓는 데서 시작된다. 하위의 人을 상위의 天 혹은 理와 동일하게 설정하는 이론은 程朱의 '性卽理'說과 '理一分殊'說이다. 성즉리는 '人性이 天理'라는 의미다.[14] 이 단순한 언명이 天과 人의 간극을 허물어 뜨리고 인성의 실현을 우주 섭리의 구현으로 격상시키는 기능을 한다.[15] 이일분수는 '하나인 理가 개별적 계기에 의해서 분화한 다.'는 의미다.[16] 이 언명은 우주의 본체인 太極과 만물의 性을 동일하게 파악함으로써 人의 존재론적 위상을 높이고 人으로 하여금 우주 섭리에 능참하도록 하는 기능을 한다. 성즉리설과 이일분수설로 인해 人의 위상이 높아지면서 문제가 생긴다. 人이 天에 도달하지 못하는 현상을 설명하고 그 해법을 제시해야 한다는 점이 그것이다. 여기서 수양론이 대두한다.

수양론을 뒷받침하는 용어는 本然之性과 氣質之性, 道心과 人心, 天理와 人欲이다. 本然之性·道心·天理는 人의 존재론적 위상이 天에 근접한다고 할 때의 본성이나 마음이고, 氣質之性·人心·人欲은 人의 존재론적 위상이 天에 근접하지 못한다고 할 때의 본성이나 마음이다. 전자는 누구나 추구해야 할 본성이나 마음이어서 바람직하다고 할 수 있고, 후자는 누구나 지양해야 할 본성

14 天則理也 命則性也 性卽理也(『朱子語類』卷5, 性理2, 조목9)

15 林憲圭, 『儒家의 心性論 硏究』, (韓國學大學院, 1999), 60쪽 참조.

16 처음에는 불교 화엄의 理觀이었다. 程頤가 화엄의 이관을 성리학의 명제로 수용했고, 『西銘』에 관한 楊時의 의문에 답변하는 과정에서 理一分殊로 구체화했다. 주자가 이 명제에 도덕원리를 부여하면서부터 이일분수는 마침내 도리의 차원으로 발돋움했다.

이나 마음이어서 바람직하지 못하다고 할 수 있다. 전자와 후자의 위상이 너무나 차이가 난다. 차이를 좁히기 위해서는 특단의 수양 방법이 요구된다. 存心養性, 居敬窮理, 誠意正心[17] 등은 전자와 후자의 차이를 좁히기 위해 제시된 수양 방법이다. 이런 수양 방법은 활간독서에 힘입은 바가 크다. 그 영향이 어느 정도인지는 〈독서법〉의 활간론에 잘 나타나 있다. 〈독서법〉에서 해당 조목을 인용해서 확인해 보기로 한다.

> 대개 ①사람이 태어나면서 갖는 도리는 선천적으로 완전하게 구비된 것이지만, 독서해야 하는 까닭은 충분히 도리를 경험하지 못했기 때문입니다. 성인은 많은 것을 경험을 통해 이해했고, 그 이해한 것을 책에 기록하여 사람에게 보여준 것입니다. 그러므로 이제 독서는 단지 도리를 충분히 이해하려는 행위입니다. ②이해하고 나면, 결국 그 이해한 모든 도리들은 자신이 선천적으로 가지고 있던 것이고 자기의 외부로부터 굴러들어와 첨가된 것이 아닙니다.
> 蓋人生道理合下完具 所以要讀書者 蓋是未曾經歷見許多 聖人是經歷見得許多 所以寫在冊上與人看 而今讀書 只是要見得許多道理 及理會得了 又皆是自家合下元有底 不是外面旋添得來 (『朱子語類』卷10, 學4, 조목2)

이 조목에서는 人의 선천적인 도리에 대해 언급하고 있다. ①

---

17 존심양성은 『孟子』〈盡心 上〉에 처음 나온다. 거경궁리는 일종의 공동작이다. '거경'은 『論語』〈擁也〉에 처음 나오고 '궁리'는 『周易』〈說卦傳〉에 처음 나온다. 주자가 '거경'과 '궁리'를 조합하여 거경궁리라 하게 된다. 성의정심은 『大學』의 8조목에 처음 나온다.

에서는 독서를 통해 '선천적으로 갖추되 경험하지 못한 도리'를 경험한다고 한다. 선천적으로 갖춘 도리란 성즉리와 이일분수이다. 성즉리와 이일분수는 자연의 섭리로서, 人이라면 누구나 반드시 깨달아야 하는 도리다. 성인은 이런 도리를 體認했지만, 凡人은 그렇지 못하다. 기질지성이나 인심이나 인욕으로 인해 천지지성이나 도심이나 천리에 도달할 수 없기 때문이다. 활간독서는 이런 문제를 해결하는 열쇠이다. ②에서는 활간독서 이후의 상황을 설명한다. 글의 뜻을 이해하면 원래부터 모든 도리들을 구유했다는 점을 깨닫는다고 했으니, 활간독서가 존심양성, 거경궁리, 성의정심 등의 수양 방법을 이끌었다고 할 수 있다. 수양 방법을 쉽게 이끌 수 있느냐 하면 그렇지가 않다. 냉철하고 단호하지 않으면 수양 방법을 결코 이끌 수가 없다.

① 한 단락 한 단락을 모름지기 철저하게 이해해야 합니다. 그 머리를 치면 꼬리가 응하고 그 꼬리를 치면 머리가 응해야 합니다.

就一段中 須要透 擊其首則尾應 擊其尾則首應 (『朱子語類』卷10, 學4, 讀書法 上, 조목21)

② 모름지기 한 번 때렸으면 한 줄기 흔적이 남아야 하고, 한 번 쳤으면 한 웅큼 피가 묻어나야 합니다.

須是一棒一條痕 一摑一掌血 (『朱子語類』卷10, 學4, 讀書法 上, 조목24)

③ 글을 볼 때는 모름지기 맹장이 병사를 운용할 때 단 한 번의 陣으로 온힘을 다해 끝까지 싸우는 것처럼, 인정 없는 가혹한 형리가 형을 다스릴 때 끝까지 추궁하여 결코 범죄자를 용서하지 않는 것처럼 해야 합니다.

看文字 須是如猛將用兵 直是鏖戰一陣 如酷吏治獄 直是推勘到底 決是不恕他 方得 (『朱子語類』卷10, 學4, 讀書法 上, 조목25)

①~③은 활간독서가 수양 방법을 어떻게 이끄는지를 보여주는 단서이다. 활간독서는 단호하다. 머리와 꼬리가 응하게 하기도 하고, 흔적이 남고 피가 묻어나도록 때리기도 하고, 맹장처럼 온힘을 다해 싸우거나 가혹한 형리처럼 형을 집행하기도 한다. 그 지향점이 수양 방법을 견인하는 데 있다고 밝히지는 않았으나 활간의 형식과 내용을 고려하면 충분히 짐작할 수 있다. 앞에서 살폈듯이 활간의 형식적 특징은 '선입견 버리기 → 글의 뜻 파악하기 → 마음 밖으로 나아가기'이고, 활간의 내용적 특징은 '성인의 언어, 인간, 삼라만상을 관통하는 하나의 이치 찾기'이다. 형식적 특징과 내용적 특징은 마음의 작용이 철저해야 구현될 수 있으므로, 수양 방법을 반드시 필요로 한다. 너무나 당연하게 활간독서가 수양 방법을 이끈다는 점에서 활간독서야말로 수양론적 근거로서의 성격을 지닌다고 단언할 수 있다.

인식론적 방법으로서의 성격

〈독서법〉의 활간론에서는 성인의 언어를 언급하되 성인의 언어에 머무르지 않는다. 독서인은 성인의 언어를 궁구해서 자신의 마음과 일체화하고 그 성취 결과를 자기의 마음 밖으로 미루어 가라고 하므로, 성인의 언어는 기초 단계에 해당된다. '마음 밖으로 미루어 가라.'는 요청이 주목할 만하다. 이 요청은 성인의 뜻이 독서인의 마음을 빠져 나가게 하라는 의미가 아니다. 성인의 뜻으로 事事物物의 性을 탐색해 나가라는 의미다. 사사물물의 性

에 대한 탐색 방법을 성리학에서는 格物窮理라 한다.[18] 활간으로 인해 격물궁리가 가능하다고 볼 때, 활간은 곧 격물궁리의 전제이며 원인자이다. 활간이 이런 기능을 하는 요인은 무엇인가? 문제가 단순하지 않으므로 격물궁리의 성리학적 의미를 정리한 다음 논점에 접근하기로 한다.

격물궁리는 성즉리와 비견된다. 성즉리의 입장에서는 모든 이치가 마음에 구비되어 있어서 마음을 궁구하면 사사물물의 이치를 알 수 있다고 하고, 격물궁리의 입장에서는 현실의 이치를 탐구하여 자기 자신의 지식을 완전하게 할 수 있다고 한다.[19] 전자의 경우는 마음 밖으로 나아가지 않아도 되고 후자의 경우는 마음 밖으로 나아가야 하므로, 양자를 상충관계라 할 법도 하다. 주자는 상충관계가 아닌 보완관계로 정리한다. 성즉리는 마음을 밝히기 위해 필요하고 격물궁리는 외물의 이치를 밝히기 위해 필요하다는 『大學章句』 格物補亡章의 논조가 그것이다. 격물궁리를 이렇게 볼 때, 성즉리에 비해 다루어야 할 대상이 훨씬 많아진다. 마음을 대상으로 하는 성즉리와는 달리, 격물궁리는 무수한 외물을 대상으로 해야 하기 때문이다. 다루어야 할 대상이 많다면 활간은 선택사항이 아니라 필수사항이 된다.

격물궁리와 활간의 관계를 어떻게 파악할 것인지가 관건이다. 활간은 격물궁리를 포함하지 않지만, 격물궁리는 활간을 포함한

18 안은수, 『주희의 자연관 형성의 두 원천』, (문사철, 2010), 49~64쪽에서 격물궁리의 개념, 성격, 의의 등을 개관하고 있다.

19 "蓋人心之靈 莫不有知 而天下之物 莫不有理 惟於理 有未窮故 其知 有不盡也 是以 大學始教 必使學者 卽凡天下之物 莫不因其已知之理而益窮之 以求至乎其極 至於用力之久 而一旦豁然貫通焉 則衆物之表裏精粗 無不到 而吾心之全體大用 無不明矣 此謂物格 此謂知之至也(『大學章句』格物致知補亡章)" 참조.

다. 활간은 언어의 뜻을 유동적으로 보는 원칙이므로, 상황과 조건에 따라 언어의 뜻을 유동적으로 파악한 다음 그 뜻을 마음 밖으로 나아가게 한다. 마음 밖으로 나아간 언어의 뜻이 사사물물에 닿게 되면, 활간은 독자성을 잃고 격물궁리의 영역에 자리를 잡는다. 이 때부터 격물 대상은 언어가 아니라 사사물물이 되고, 대상을 파악하는 주체의 성격도 바뀐다. 주체가 동일한데도 활간만일 때는 독서인이고 격물궁리일 때는 격물자이다. 활간이 격물궁리에 자리잡으면서 격물궁리의 존립 근거가 된다는 점에서 활간을 격물궁리의 모태라고 해도 좋을 것 같다. 바꾸어 말해, 활간 독서법 안에는 언제나 격물궁리가 자라나고 있다고 해도 그리 어긋나지 않는다.

① 마음을 풀어놓고 그의 주장을 기준으로 그의 주장을 보고 사물을 기준으로 사물을 보아야지, 자신을 기준으로 사물을 보지 않아야 합니다.

放寬心 以他說看他說 以物觀物 無以己觀物 (『朱子語類』卷11, 學5, 讀書法 下, 조목35)

② 독서는 다만 오로지 지면에서 이치와 의미를 구하지 않아야 하며, 모름지기 돌이켜 자기 자신에게 나아가, [손가락으로 자기 자신을 가리키셨다.] 자기 외부로 추론해 나가면서 연구해야 합니다.

讀書 不可只專就紙上求理義 須反來就自家身上 以手自指 推究 (『朱子語類』卷11, 學5, 讀書法 下, 조목39)

③ 글을 볼 때는 우선 스스로 노력하여 먼저 자신이 간절하고 지극해져야 비로소 의심되는 것을 들추어 벗들과 강론할 수 있습니다. 설령 벗어 없더라도 오래되면 스스

로 능해지고 스스로 알게 됩니다. 대체로 많이 쌓아두면 홀연히 확 터져서 자연히 통합니다. 이것이 이른바 "저 하늘의 길이로다. 형통하구나"라고 말하는 것입니다. 대체로 쌓인 것이 극에 차면 통하니, 모름지기 쌓인 것이 극에 차야 통하게 됩니다.

看文字 且自用工夫 先已切至 方可擧所疑 與朋友講論 假無朋友 久之自能自見得 蓋蓄積多者忽然爆開 便自然通 此所謂 何天之衢 亨也 蓋蓄極則通 須是蓄之極 則通 (『朱子語類』卷11, 學5, 讀書法 下, 조목77)

①~③은 활간론 안에 격물궁리가 어떻게 자라는지를 보여준다. ①에서는 활간론의 범주를 넘어 격물궁리의 地境까지 들어가고 있다. 사물을 기준으로 사물을 본다든지 자신을 기준으로 사물을 본다든지 하는 데서 그런 점이 확인된다. ②에서 외부로 추론하면서 연구해야 한다는 언급이 격물궁리의 단초이다. 논점은 성인의 뜻을 끝까지 미루어간다는 데 놓여 있지만, 이 논점을 사사물물에 적용시키면 곧 격물궁리로 전환된다. ③에서는 활연관통에 대해 언급하지만, 격물궁리와도 무관하지 않다. 많이 쌓여 극에 도달하면 홀연히 통한다는 내용은 활간이나 격물궁리 모두에 해당되기 때문이다. 이런 점에서 격물궁리는 활간론 안에서 다양한 성장 단계를 보인다. 식물의 성장과 견주어보면, ①에서는 떡잎이 고개를 내미는 단계이고 ②에서는 발아 중에 있는 단계이고 ③에서는 이제 막 씨앗을 뿌리고자 하는 단계이다.

격물궁리가 활간론 안에서 자란다고 해서 모두 成體가 되리라는 보장은 없지만, 자란다고 하는 사실 그 자체가 중요하다. ①~③이 저마다 유형적 특징을 지닌다고 볼 때, ①~③의 모든 유형에서 격물궁리의 성체가 자라난다고 할 수 있다. 어떤 격물궁리의 논의에서든지 간에 활간이 전제 혹은 원인자가 되기 때문에 이런 언급이 가능하다. 주지하다시피 격물궁리는 인식론 가운데의 하나이다. 인식론은 인식의 기원과 본질, 인식의 형성 과정이나 한계 따위를 탐구하는 학문을 총칭하므로, 형상의 이치를 탐구하여 지식을 극대화하고자 하는 격물궁리는 당연히 인식론의 범주에 속한다. 인식론의 측면에서 볼 때 활간독서법의 의의는 매우 크다. 활간독서법이 격물궁리의 형성에 지속적으로 관여하며 방법론적 근거까지 제공하기 때문에 활간독서법 없이는 인식론의 중심축의 하나가 무너질 수 있다는 말도 가능하다.

Ⅱ. 주자 독서법의 구성주의적 시각

『朱子語類』〈讀書法〉에서는 天理[20]를 구현하기 위해 독서하라고 한다. 독서가 천리의 구현에 중요한 기능을 한다는 의미로 이해된다. 성리학에서는 천리를 '所以然'과 '所當然'의 측면으로 나누어 설명한다. 소이연은 존재법칙[21]이고 소당연은 당위법칙으로

20 천리란 크게 보아 우주 전체의 太極이고, 작게 보아 사물의 性이다. 태극이 사물의 성이 된다는 理一分殊說에 입각하면 천리는 태극과 성 모두를 가리킨다. "萬物只是一理 至如一物一事 雖小 皆有是理(『二程遺書』卷15)"과 "天則理也 命則性也 性卽理也(『朱子語類』卷5, 性理2, 조목9)"과 "散之在理 則有萬殊 統之在道 則无二致(『周易』序文)" 참조.

21 존재법칙에 있어서 '존재'란 정적인 '있음'이 아니라 생성과 변화의 과정에서 포착되는 '순간 상태' 혹은 '자신만의 순수한 존재 권역'을 의미한다. 최봉근, 「변화와 생성의 관점에서 본 퇴계철학의 소당연과 소이연」, 『동양철학연구』40, (동양철학연구회, 2004), 147쪽 참조.

서 소이연은 소당연보다 차원이 높은 윤리이다.[22] 소당연은 '이 일을 아는 것'에 해당되고 소이연은 '이 이치를 깨닫는 것'에 해당되기 때문이다. 소이연에 비해 소당연의 위상이 상대적으로 낮으므로, 소당연을 소이연에 일치시켜야 천리를 體認했다고 할 수 있다. 문제는 소당연 또한 차원 높은 천리의 한 측면이므로, 성인의 언어를 읽지 않고서는 소당연조차 확보하기 어렵다는데 있다. 결국, 독서는 소당연을 확보하고 더 나아가서는 소이연과 소당연을 일치시키기 위한 필수적 행위이다.

왜 독서 행위가 소이연과 소당연을 일치시키는 것일까? 인성과 천리가 동일하다고 하는 '性卽理'의 관점에서 볼 때, 인간은 본연지성을 지니고 태어났고 그런 본연지성으로 소이연과 소당연으로서의 천리를 파악할 수 있다. 이런 조건은 기질지성의 發이 惡이 되면서 깨어진다. 무엇인가에 탐닉하게 만들고 그로 인해 소이연과 소당연의 천리를 파악할 수 없게 하기 때문이다. 인간이 본연지성을 회복할 경우에도 문제가 소멸되지 않는다. 종종 소이연과 소당연이 일치되지 않기도 하므로, 문제가 여전히 잔존할 개연성이 높다. 성리학에 의거하면 문제 해결의 열쇠는 오직 성인의 언어에 있다. 독서가 소당연과 소이연을 일치시킨다고 하는 주장은 여기에서 비롯된다.

독서의 측면에서 볼 때, 〈독서법〉에는 두 개의 층위가 있다. 마땅히 깨달아야 할 이치를 깨닫지 못한다고 하는 현실 층위와 소이연과 소당연을 일치시켜야 한다고 하는 이념 층위가 그것이다.

---

22 "問 未知事物之所以然 何以能不疑 日 知事物之當然者 只是某事知得是如此 某事知得是如此 到知其所以然 則又上面見得一截(『朱子語類』卷23, 論語5, 조목98)"에서 그런 점을 확인할 수 있다.

현실 층위는 벗어나야 할 과제이고, 이념 층위는 도달해야 할 과제이다. 두 가지의 과제는 서로 맞물려 있다. 전자의 과제를 해결하면 후자의 과제로 이행할 수 있기 때문이다. 주자가 소이연과 소당연의 위상을 다르게 설정했기 때문에 현실 층위를 벗어나서 이념 층위의 소당연으로 나아가고 그 다음으로 소이연으로 나아가는 과정을 거치게 된다. 정황이 이러하므로, 전자의 과제를 해결한다고 하더라도 후자의 과제를 해결하는 데는 어느 정도의 시간을 요한다. 과제 해결의 동력은 독서이다. 독서가 현실 층위에 있던 독서인을 이념 층위로 옮기고 이념 층위의 소당연과 소이연을 일치시키므로, 독서는 그야말로 대단한 기능을 한다.

독서는 '성인의 언어 읽기'이다. 성인이 절대적 권위를 지니듯 성인의 언어 또한 그러하다. 절대적 권위를 좇아가는 독서인을 상정할 때 독서인의 개성이나 능동성은 필요없을 듯하나,[23] 그렇지 않다. 성리학에서는 이치는 하나이지만 이치를 깨닫는 방법은 여럿이라 한다.[24] 이치가 선험적·관념적이어서 독서인이 파악하는 이치가 고정될 수 없다고 보면, 독서인이 저마다 하나라고 주장하는 이치가 실제로는 여럿이고 다기한 접근 방법에 따라 그런 이치마저도 분화될 가능성이 있다. 주자는 이런 정황을 간파하고, 접근 방법으로서의 지식[25]이나 의미를 마음 밖에서 구하지 말

23 이런 관점은 목영해, 「왕양명의 『大學』이해와 그 교육적 함의」, 『교육사상연구』18, (교육사상연구회, 2006), 32쪽에서 드러난다. 주자와 왕양명을 비교하면서 주자는 객관주의를 표방하고 왕양명은 구성주의를 표방한다고 한다. 왕양명의 입장을 분명하게 드러내기 위해 주자의 관점을 편향되게 판단했다고 할 수 있다.

24 "天下之理一也 塗雖殊而其歸則同(『二程遺書』卷3)" 참조.

25 『朱子語類』卷23, 論語5, 조목98에서는 지식을 '知'라 했다. 편의상 '知'를 지식으로 표현하기로 한다.

고 독서인이 마음 안에서 구성해 나가라고 누차 당부한다.[26] 독서인이 성인의 언어를 읽되 성인이 제시한 이치를 능동적으로 구성해 나가야 이렇게 되므로, 결국 독서는 능동적인 지식이나 의미의 구성 행위에 다름 아니다.

주자 독서법은 결과적으로 '구성주의 독서'와 흡사하다. 구성주의 독서는 대상에 대한 접근 경험을 통해 지식과 의미를 조직하고 구성하는 독서방법이다.[27] 주자는 선험적 개념에 비추어 경험적 개념의 타당성을 점검하고자 하기 때문에 온전한 구성주의 독서를 주장한다고 하기는 어려우나, 그런 주장이 구성주의 독서와 무관하다고 할 수는 없다. 독서인 스스로 지식이나 의미를 조직하고 구성해서 현실 층위에서 이념 층위로 나아가고, 이념 층위 내에서 소이연과 소당연을 일치시키기를 종용한다는 점이 그 근거이다. 거대한 이념의 틀 속에서 경험적 개념을 비가시적인 선험적 개념에 맞추어 나가고자 한다는 점에서, 주자의 독서법은 서양의 구성주의와는 또 다른 '동양의 구성주의'라 해도 좋을 것 같다. 필자는 이런 점을 고려하여 현실 층위와 이념 층위의 틈새를 점검하고, 구성주의적 시각에서 층위 이동의 과정을 추적하기로 한다.

---

26 『주자어류』〈독서법〉에서 독서인의 마음을 강조한 조목이 많다. 대표적인 경우만 들기로 한다. 卷10의 1, 3, 4, 5, 29와 卷11의 1~7, 9, 11, 15, 18, 19, 21, 23, 35, 38~39, 67, 106가 그것이다.

27 구성주의 독서의 개념, 역사, 내용, 이론 전반에 대해서는 이상구, 『구성주의 문학교육론』, (박이정, 2002). 22~65쪽과 S.J슈미트·H.하우프트마이어, 차봉희 역, 『구성주의 문예학』, (민음사, 1995), 11~78쪽을 참조할 만하다.

〈독서법〉의 인식 층위

인식의 측면에서 볼 때, 〈독서법〉에서는 크게 두 가닥이 있다. 독서인이 잘못된 방법이나 태도를 지니고 있다고 하는 인식이 그 하나이고, 잘못된 방법이나 태도를 개량해서 바람직한 길로 나아가야 한다고 하는 인식이 그 하나이다. 두 가닥의 인식이 곧 주자의 인식이라고 볼 때, 전자에는 마땅히 깨달아야 할 이치를 깨닫지 못해서 문제가 생긴다는 주자의 인식이 담겼고 후자에는 소이연과 소당연으로서의 천리를 체인하고 상호 일치시켜야 한다는 주자의 인식이 담겼다고 할 수 있다. '있는 것'의 단계를 부정하고 '있어야 할 것'의 단계를 주창하기 때문에, 주자의 인식을 층위 개념으로 이해해도 좋을 것 같다. 전자를 현실 층위라 하고 후자를 이념 층위라 지칭한 다음, 두 층위의 특징을 구체적으로 살펴보기로 한다.

현실 층위

현실 층위에 속하는 조목은 〈독서법〉의 총 245개 조목 중의 39개다.[28] 39개 조목에는 하나같이 독서인이 병통을 지닌다는 내용을 담고 있다. 이 중에서 11개 조목에서 독서인이 '마땅히 깨달

---

28 卷10의 조목12, 조목31, 조목33, 조목45, 조목51, 조목53, 조목54, 조목57, 조목58, 조목62, 조목64, 조목67. 조목70, 조목71, 조목72, 조목79, 조목81, 조목83, 조목90, 조목91과 卷11의 조목7, 조목24, 조목25, 조목26, 조목27, 조목30, 조목31, 조목32, 조목35, 조목40, 조목41, 조목42, 조목64, 조목70, 조목71, 조목73, 조목98, 조목105, 조목116, 조목122이 그것이다.

아야 할 이치'를 이해하지 못해 병통을 지니게 되었다고 하고, 나머지 조목에서는 자세, 태도, 방법이 나빠서 병통을 지니게 되었다고 한다.[29] 이치와 직접적으로 연관된 11개 조목과 그 외의 28개 조목이 상이한가 하면, 그렇지는 않다. 28개 조목에서 이치를 이해하지 못해 병통이 생겼음을 암시하므로, 이치와 간접적으로 연관된다고 할 수 있다. 이치와 직접적으로 연관된 조목 중에서 대표적 사례를 점검하고 그 결과를 이치와 간접적으로 연관된 조목에 비추어 보면 현실 층위가 지닌 특징을 수월하게 확인할 수 있으리라 본다.

① 성인의 언어는 모두 자연의 이치라서 어디서든지 본래 평이하고 명백하지만, 한갓 사람들이 마음을 비우고 보지 않기 때문에 단지 자기 밖에서 그 이치를 도모합니다. 이해되지 않으면 바로 자신의 일반적인 생각으로 말을 꺼내고, 이것을 성인의 뜻이라고 여깁니다.
聖人言語 皆天理自然 本坦易明白在那裏 只被人不虛心去看 只管外面捉摸 及看不得 便將自己身上一般意思說出 把做聖人意思(『朱子語類』卷11, 讀書法 下, 조목24)

② 마음을 풀어놓고 그의 주장을 기준으로 그의 주장을 보고, 사물을 기준으로 사물을 보아야지, 자신을 기준으로 사물을 보지 않아야 이치에 도달할 수 있습니다.
放寬心 以他說看他說 以物觀物 無以己觀物 (『朱子語類』卷11, 讀

29 11개 조목은 卷10의 조목45, 조목51, 조목57, 조목64, 조목71과 卷11의 조목24, 조목27, 조목30, 조목31, 조목40, 조목64이고, 28개 조목은 11개를 제외한 나머지 조목이다.

書法 下, 조목35)

③ 무릇 독서는 그의 말을 이해한 뒤에 그 주장이 이치에 부합하는지 보아야 합니다. 이치에 부합하면 옳은 것이고 이치에 배치되면 그릇된 것입니다. 오늘날 사람들은 대부분 마음속에 먼저 하나의 생각을 품은 뒤에 다른 사람의 이야기를 갖고 자신의 생각을 말하는데, 거기에 일치하지 않는 것이 있으면 억지로 천착하여 일치되게 합니다.

凡讀書 先須曉得他底言詞了 然後看其說於理當否 當於理則是 背於理則非 今人多是心下先有一箇意思了 卻將他人說話來說自家底意思 其有不合者 則硬穿鑿之使合 (『朱子語類』卷11, 讀書法 下, 조목64)

①~③에서는 독서인의 문제점을 질타한다. ①에서 질타의 내용이 가장 자세하게 나타난다. '성인의 언어는 자연의 이치라서 본래부터 평이하고 명백하다.'고 하면서 독서인들이 '마음을 비우지 않은 채로 자기 밖에서 그 이치를 도모한다.'고 한다. 이 질타의 논조에 의거하면 마음을 비우고 자기 안에서 이치를 도모해야 옳을 터인데, 마음을 비우지 않으니 자기 안에서 이치를 도모할 수가 없다. 만약 마음을 비우지 않고 억지로 자기 안에서 이치를 도모하려고 한다면 문제가 생긴다. ②와 ③이 그런 점을 지적한다. ②에서처럼 '그의 주장을 기준으로 그의 주장을 보지 못하고' ③에서처럼 '다른 사람의 이야기를 갖고 자신의 생각을 말하'게 된다. ①~③ 모두의 내용을 조합하면, 독서인의 문제가 무엇인지가 확연히 드러난다. 마음속에서 마땅히 깨달아야 할 이치를 마음속에서 구하지 못한다는 점이 그것이다.

성리학에서 언급하는 '마음속에서 마땅히 깨달아야 할 이치'란 곧 성즉리이다.[30] '성즉리'란 성리학에 들어서기 위한 일종의 입장권으로서, 인성을 천리로 규정하는 형이상학적 명제이다. 이 짤막한 명제가 인간과 하늘의 간극을 허물어뜨리고 인성의 실현을 천리의 실현으로 격상시켰으므로, 인성론의 혁명을 가져왔다고 할 수 있다. 이 명제에 의하면, 인성은 인간 세계를 넘어서서 우주로까지 나아간다. 천리가 존재와 변화의 근거이듯 인성 또한 존재와 변화의 근거가 되기 때문이다. 성즉리라는 이 위대한 명제는 인간의 위상을 엄청나게 격상시키기도 하지만, 인간에게 엄청난 사명을 부여하기도 한다. 인간이라면 예외 없이 이치를 마음속에서 구한 다음 마음 밖으로 실현시키라[31]고 하는 데서 이 점이 드러난다. 이렇게 보니, ①~③의 질타는 성즉리를 깨닫지 못하는 독서인을 겨냥한다고 해도 과언이 아니다.

성즉리를 깨닫지 못하는 정도가 동일하지는 않다. 성즉리의 구현 과정을 '마음속에서 이치 구하기 → 마음 밖으로 이치 실현하기'라고 볼 때, ①은 '마음속에서 이치 구현하기'가 되지 않는 현실을 질타하고 ②·③은 '마음 밖에서 이치 실현하기'가 되지 않는 현실을 질타한다. 질타의 내용이 다르므로, 질타의 이유도 다르다. ①에서는 생득적인 성즉리를 알지 못하기 때문이라고 하고, ②·③에서는 선입견으로 사물을 보기 때문이라고 한다. 질타

30 『朱子語類』 도처에서 이에 대한 언급이 보인다. 그 중 하나를 임의로 예거해본다. "發用出來 蓋性中所有道理 只是仁義禮智 便是實理 吾儒以性爲實 釋氏以性爲空 若是指性來做心說 則不可 今人往往以心來說性 須是先識得 方可說"(『朱子語類』卷4, 性理1, 조목39)"의 줄친 부분 참조.

31 인용문 ②와 ③의 논지를 압축하면 '마음 밖에서 이치 실현하기'가 된다. ②와 ③ 모두 사물에 대한 올바른 인식 방법에 대해 언급하기 때문에 이런 이해가 가능하다.

의 이유를 근거로 할 때, 독서인의 부류는 두 가지다. 이치 구하기에 실패한 독서인과 이치 실현하기에 실패한 독서인이 그것이다. 후자보다 전자가 더 큰 문제를 갖고 있다는 점에서, 성즉리를 깨닫지 못하는 독서인의 부류에도 등급이 있다. 전자는 등급이 낮고 후자는 등급이 높다. 등급의 높낮이 문제는 이치와 간접적으로 연관된 조목에서도 나타나므로, 곁들여서 살피기로 한다.

④ 오늘날 사람들은 독서할 때 여기도 아직 다 보지 않았지만, 마음은 이미 다음에 가 있습니다. 여기를 보자마자 벗어나려고 합니다. 이와 같이 같이 하는 것은 단지 스스로 이해를 구하지 않는 것입니다.

今人讀書 看未到這裏 心已在後面 纔看到這裏 便欲舍去了 如此只是不求自家曉解 (『朱子語類』卷10, 讀書法 上, 조목46)

⑤ 대체로 천하의 의리는 단지 하나의 '是'와 '非'가 있을 뿐입니다. 是는 是고 非는 非입니다. 이미 의미가 낙착되었으면 비록 다시 읽지 않더라도 자연스럽게 도리는 자신과 하나가 되어서 잊혀지지 않고 기억됩니다. 예컨대 음식을 차분하게 씹으면 그 맛이 정말로 대단하지만, 대충 씹어서 대충 삼킨다면 끝내 맛을 알지 못합니다.

蓋天下義理只有一箇是與非而已 是便是是 非便是非 旣有著落 雖不再讀 自然道理浹洽 省記不忘 譬如飮食 從容咀嚼 其味必長 大嚼大咽 終不知味也 (『朱子語類』卷10, 讀書法 上, 조목64)

⑥ 독서는 마치 사람의 일을 묻는 것과 같습니다. 그 일을 알고 싶으면 모름지기 그 사람에게 물어야 합니다. 지금은 도리어 그 사람에게 묻지 않고, 단지 자신의 생각으로 헤아려서 '반드시 이럴 것이다.'고 말합니다.

讀書 如問人事一般 欲知彼事 須問彼人 今卻不問其人 只以己意料度謂必是如此 (『朱子語類』卷11, 讀書法 下, 조목66)

④~⑥은 이치와 간접적으로 연관된 30개 조목 중에서 가장 내용이 뚜렷한 조목이다. 이 세 조목은 하나같이 그릇된 태도나 방법이 어떤 결과를 낳는지를 설명하고 있다. ④에서는 조급한 마음으로 독서하면 어떤 능력도 지닐 수 없다고 하고 ⑤에서는 濫讀하면서 義理를 접하면 도리와 자신을 하나로 꿸 수 없다고 하고 ⑥에서는 선입견으로 독서하면 상대방을 합리적으로 판단할 수 없다고 한다. 내용으로 보아, ④와 ⑤·⑥는 서로 다르다. ④의 경우는 '마음속에서 이치 구하기'가 부족한 상태이고 ⑤·⑥의 경우는 '마음 밖으로 이치 실현하기'가 부족한 상태라는 점이 그 근거이다. 정황이 이러하므로 ④~⑥은 이치 파악의 문제를 언급한 ①~③과 그리 다르지 않다. ④는 ①과 같이 등급이 낮은 독서인과 연관되고 ⑤·⑥은 ②·③과 같이 상대적으로 등급이 높은 독서인과 연관되기 때문에 이렇게 볼 수 있다.

연관 관계를 근거로 할 때, ①~③과 ④~⑥의 구별은 큰 의미를 지니지 못한다. 우주적 인성론[32]이라는 하나의 범주 속에서 이치에 대해 언급하느냐 태도·방법에 대해 언급하느냐의 차이가 있을 뿐이므로, ④~⑥는 원인이고 ①~③은 결과라는 정도로 구별해 볼 따름이다. ①~⑥에서 가장 두드러지게 드러나는 의의는 독서인의 부류이다. 독서인으로는 ①·④와 같이 등급이 낮은 부류도

32 성즉리는 자연의 규범적 원리와 인문적 궤적을 등치시켜서 만든 이념이므로, 성즉리의 범주는 가히 우주적이다. 이 점에서 성즉리를 인성론적 측면에서 나타내자면 '우주적 인성론'이 된다.

있고, ②·③·⑤·⑥와 같이 상대적으로 등급이 높은 부류도 있다. ①·④의 독서인은 이치 구하기라는 1단계에서 나아가지 못한 상태이고 ②·③·⑤·⑥의 독서인은 1단계는 넘어서되 2단계인 이치 확장·실현하기에서 아직 나아가지 못한 상태이다. 이런 점을 고려할 때, 주자가 왜 현실 층위를 마련했는지를 가늠해볼 수 있다. 독서인의 실태를 보여줌으로써 독서인 스스로가 자기 등급을 점검하고 분발할 수 있도록 하기 위함이 아닌가 한다.

이념 층위

이념 층위에 속하는 조목은 〈독서법〉의 245개 조목의 전부가 해당된다. 현실 층위에 속하지 않는 조목은 말할 필요도 없고 현실 층위에 속하는 조목에서도 이념 층위의 내용이 나타나기 때문에 이렇게 볼 수 있다. 다만 직접적이냐 간접적이냐의 차이만 있을 뿐이다. 직접적이냐 간접적이냐의 차이는 소이연과 소당연의 語義를 어느 정도로 뚜렷하게 나타내었는가에 달려 있다. '그런 현상의 원리는 무엇인가?'의 내용이 분명하면 소이연을 직접적으로 나타내었다고 할 수 있고, '마땅히 그래야 한다'의 어의가 분명하면 소당연을 직접적으로 나타내었다고 할 수 있다. 원칙적으로 소이연과 소당연은 나누어지지 않는다. 필요에 따라 양자를 별도로 언급한다고 해도 '분리될 수 있기 때문에 분리한다'고 여길 수는 없다.

소이연과 소당연은 다같이 理의 한 측면이지만, 소당연이 더 기본적이면서도 현실적이다. 왜 그런지를 점검해보기로 한다. 소당연은 '마땅히 그래야 한다'로서 두 가지 뜻의 합성어이다. '그렇게 되어야 한다'인 당위와 '그럴 수밖에 없다'인 실제 혹은 사실의 의미가 그것이다.[33] 당위의 의미를 지니기 때문에 理의 한 측면이 되기도 하고, 실제 혹은 사실의 의미를 지니기 때문에 事가 되기도 한다.[34] 소당연이 양자를 겸하고 있기 때문에 인간의 가시권에 들어 있다. 理의 성향은 비가시적이어도 事의 성향은 가시적이어서 구체적 대상을 통해 나타난다는 점이 그 근거이다. 소당연의 측면이 포착된다면, 비로소 현상의 원리를 캐는 소이연으로 이행할 수 있다. 소당연이 더 기본적이면서도 현실적이라는 언급은 여기서 가능해진다. 소이연과 소당연이 직접적으로 나타나는 조목을 통해 이 점을 확인해 보기로 한다.

> ① ⓐ독서라는 것은 이미 두 번째 의의를 지닌다고 보아야 합니다.[35] 자기 일신상에 도리가 모두 구비되어 있는 것이지, 자기의 외부로부터 첨가되어 들어온 것이 아니기 때문입니다. ⓑ그러나 성인은 사람들을 교화시키면서 책을 읽게 했는데, 대체로 자신이 도리를 가지고 있다고 하더라도 모름지기 직접 경험해야 그 도리를 획득할 수

---

33 "如事親當孝 事兄當弟之類 便是當然之則(『朱子語類』卷18, 大學五或問 下, 조목93)"에 의하면, 어버이에 대한 효도와 형에 대한 공경이 소당연이다. 부모·형제와의 관계는 당위이면서 실제 혹은 사실이므로, 소당연에 '그렇게 되어야 한다'인 당위와 '그럴 수밖에 없다'는 실제 혹은 사실의 의미가 동시에 담겼다고 일반화할 수 있다.

34 理의 측면이 우세한가 事의 측면이 우세한가의 논란이 일어날 수도 있겠으나, 본고에서는 독서 혹은 독서 행위를 연구 대상으로 삼기 때문에 문제 삼지 않기로 한다. 독서 혹은 독서 행위는 理의 측면과 事의 측면을 동시에 지니므로, 굳이 우열 관계를 따져서 판가름할 필요가 없다.

35 독서가 왜 두 번째 의의를 지닌다고 했는지를 짚어볼 필요가 있다. 본연지성의 이치를 깨닫고 그런 이치를 회복하기 위해서 독서한다고 볼 때, 본연지성 깨닫기는 첫 번째의 의의가 되고 본연지성 회복의 차원에서 이루어지는 독서는 두 번째의 의의가 된다.

있기 때문입니다. 성인이 말씀하신 것은 바로 그가 경험했던 것입니다.

那讀書底已是第二義 自家身上道理都具 不曾外面添得來 然聖人教人 須要讀這書時 蓋爲自家雖有這道理 須是經歷過 方得 聖人說底 是他曾經歷過來 (『朱子語類』卷10, 讀書法 上, 조목3)

② ⓐ본심이 오랫동안 매몰되어 바른 이치가 깊숙이 스며들지 않을 때는 우선 마땅히 독서하면서 이치를 끝까지 연구해야 합니다. ⓑ언제나 독서를 중단하지 않을 수 있다면 물욕의 마음은 저절로 우세하지 않게 되고 본심의 바른 이치는 저절로 안정되어 견고해집니다.

本心陷溺之久 義理浸灌未透 且宜讀書窮理 常不間斷 則物欲之心自不能勝 而本心之義理自安且固矣 (『朱子語類』卷11, 讀書法 下, 조목35)

①과 ②는 소이연과 소당연이 직접적으로 나타나는 조목이다. 각 조목의 ⓐ는 모두 소당연에 입각해 있다. 즉, '그렇게 되어야 한다'인 당위의 의미와 '그럴 수밖에 없다'인 실제 혹은 사실의 의미를 동시에 내포한다. ①에서 언급한 '독서의 의의'나 ②에서 언급한 '독서를 통한 이치 확보'는 현실에서 목격되는 현상이기도 하고 또한 마땅히 구현해야 하는 과제이기도 하다는 점이 그 근거이다. 한편, 각 조목의 ⓑ는 '그런 현상의 원리는 무엇인가?'의 내용인 소이연에 입각해 있다. ①에서 언급한 도리의 획득이나 ②에서 언급한 본심의 바른 이치가 근원 혹은 원리에 해당된다는 점이 그 근거이다. ①과 ②를 보면, 소이연은 소당연을 전제로 한다. 서술 순서의 측면에서 ⓐ가 먼저이고 ⓑ가 나중이기 때문이 아니라 내용의 측면에서 ⓐ가 전제되어야 ⓑ가 나올 수 있

기 때문에 이런 언급이 가능하다.

주목을 요하는 바는 소이연과 소당연이 일치되어야 하는 이유이다. ①의 ⓐ에서는 경전에는 도리가 애초에 자기 자신에게 구비되어 있었음을 알려준다고 하고 ⓑ에서는 책을 읽어야 도리를 경험하고 획득할 수 있다고 한다. ② 또한 ①과 대동소이하다. ⓐ에서는 본심이 매몰되었을 때 경전의 이치를 연구해야 한다고 하고, ⓑ에서는 독서를 통해 본연지성을 되찾을 때 바른 이치가 저절로 견고해진다고 한다. ①과 ②의 각 ⓐ는 당위적 현실에 입각해 있고 각 ⓑ는 근본 내력이나 이치에 입각해 있다. ⓐ와 ⓑ의 관계가 긴밀하므로, 양자는 분리될 수 없고 분리되어서도 안 된다. 다시 말해, 근본 내력이나 이치를 모른다면 당위적 현실은 머지않아 방향을 상실하고 말기 때문에, 당위적 현실을 파악했을 경우 근본 내력이나 이치까지 습득해야 마땅하다. ①과 ②에서 ⓐ가 ⓑ에 일치되어야 하는 이유가 여기에 있다.

> ③ 글을 볼 때는 바로 가혹한 형리가 법을 엄격히 적용하여 사사로운 감정은 조금도 없이 범죄 사실을 추궁하는 것처럼 해야 합니다. 만약 요즘처럼 글을 등한히 보고 지나친다면 어떻게 도리의 깊은 맛을 보겠습니까?
> 看文字 正如酷吏之用法深刻 都沒人情 直要做到底 若只恁地等閑看過了 有甚滋味 大凡文字有未曉處 (『朱子語類』卷10, 讀書法 上, 조목26)
>
> ④ 독서의 방법은 먼저 숙독하려고 해야 합니다. 모름지기 앞을 보고 뒤를 보며 왼쪽을 보고 오른쪽을 보아야 합니다. 대부분의 독서인처럼 옳은 것을 보았더라도 바로 '옳다'고 단정하지 말고, 모름지기 반복해서 이치를 이

리저리 음미해야 합니다.

讀書之法 先要熟讀 須是正看背看 左看右看 看得是了 未可便說道是 更須反覆玩味 (『朱子語類』卷10, 讀書法 上, 조목34)

⑤ 독서로 이치를 깊이 연구할 때는 마땅히 몸에서 그것을 일체화해야 합니다. 무릇 평소 강론하여 파악하고 철저히 연구하던 대상의 이치를 날마다 마음속에서 보고 있는지 반문해 보십시오.

讀書窮理 當體之於身 凡平日所講貫窮究者 不知逐日常見得在心目間否 (『朱子語類』卷11, 讀書法 下, 조목2)

③~⑤에서는 소이연과 소당연의 불일치 상황이 나타난다. 불일치 상황이란 독서인 자신과 도리가 겉도는 현상을 가리킨다. ③에서 독서인이 도리의 깊은 맛을 보지 못한다고 하고 ④에서 독서인이 반복해서 이치를 음미하지 못한다고 하고, ⑤에서 독서인이 대상의 이치를 날마다 마음속에서 보지 못한다고 한 점이 그것이다. 책을 읽어서 도리가 무엇인지를 아는 소당연에는 이르되 도리가 왜 필요하며 어떻게 구현할지를 아는 소이연에는 이르지 못했다고 할 수 있다. 그 이유는 글의 뜻을 철저히 파악하지 않은 데서 비롯된다. ③에서 범죄 사실을 추궁하듯이 읽지 않았다고 하고 ④에서 전후좌우를 헤아리며 읽지 않았다고 하고 ⑤에서 이치를 깊이 연구하지 않았다고 하며 철저하게 글의 뜻을 파악하지 않은 사정을 전한다. 기질지성으로 인해 인욕이 생기고, 그런 인욕이 潛心熟讀을 저해했다는 의미로 이해된다.

③~⑤를 살펴보니, 이념 층위 내의 사정이 간단하지 않다. 대부분의 독서인이 소당연에는 이르되 소이연에는 이르지 못했다고 지적하기 때문이다. 독서의 폐단이나 병통을 지적하는 조목이

많고 ③~⑤는 그 중 몇몇 사례에 불과하다는 점을 고려할 때, 이념 층위 내의 상당수 조목에서 소당연과 소이연의 불일치 상황이 나타난다고 할 수 있다. 그런 상황이 왜 나타나는지를 대화체 구성인 〈독서법〉에서는 알기 어려우나, 〈독서법〉 밖의 논의에 기대면 그 이유를 알아내기 쉽다. 소당연은 성즉리를 아는 행위이고 소이연은 理의 구현에 能參하는 우주적 섭리이다. 주자는 행위가 섭리가 되어야 한다고 보기 때문에[36] 소이연과 소당연의 일치를 목청껏 외친다. 이런 주자에게 '기질지성에 얽매인 독서인'은 하나같이 소이연과 소당연이 일치하지 않는 경우가 된다. 그런 판난이 이념 층위를 단순하지 않게 만들고 있다.

층위 이동의 구성주의적 성격

현실 층위가 부정적이기는 하지만, 일상적인 독서인이 벗어나기가 쉽지 않다. 대부분의 독서인은 기질지성에 휘둘리기 때문에 추동력을 확보하지 못한다. 〈독서법〉에서는 이런 점을 고려하여 독서인이 왜 층위 이동을 해야 하며, 어떻게 해야 층위 이동을 할 수 있는지를 구체적으로 설파한다. 층위 이동에서 독서인 그 스스로의 역할이 무엇보다 강조된다. 독서인이 경전을 읽어서 지식과 의미를 조직하고 구성해 나가야 층위 이동을 할 수 있다고 보기 때문에 이런 언급이 가능하다. 이 점에서 층위 이동의 과정은

36 "此是一事一物之極 總天地萬物之理 便是太極 太極本無此名 只是箇表德(『朱子語類』卷94, 周子之書, 조목44)"에서 행위가 섭리가 되어야 하는 근거가 나타난다.

다분히 구성주의적이다. 〈독서법〉에서 층위 이동이 필요한 이유와 방법, 층위 이동의 과정에서 나타나는 구성주의적 성격을 면밀히 따지기로 한다.

층위 이동의 조건과 방법

이동의 주체는 독서인이다. 현실 층위와 이념 층위는 그대로 있고 독서인의 마음이 현실 층위에서 이념 층위로 이동한다. 대다수 독서인의 마음은 현실 층위에 놓여 있기는 하지만, 그런 마음은 선천적으로 이념 층위로 나아갈 자질을 품부한 바 있다. 주지하다시피 인간은 하늘으로부터 '형이상의 道이며 그 道를 뒷받침하는 理'를 性으로 받았기 때문에, 인간의 마음이 기질지성으로 인해 현실 층위에 놓인다 하더라도 고유의 性이 사라지지는 않는다. 기질지성을 억누르면 고유의 性을 회복하고 이념 층위로 나아갈 수 있다고 하는 근거가 여기에 있다.[37] 문제는 기질지성을 어떻게 억누르느냐에 있다. 〈독서법〉에서는 活看과 修養으로 기질지성을 억누르고자 하므로, 활간과 수양을 통해 문제 해결의 방안에 접근하기로 한다.

활간은 '유동적으로 보기'이고 수양은 '敬으로 마음 붙들기'이다. 활간과 수양은 기질지성의 한계를 극복하는 데 크게 기여하지만, 기여도가 항상 일정하지는 않다. 반대 세력의 정황과 독서인 그 자신의 노력에 따라 기여도가 달라지기 때문에, 반대 세력

37 "先生言氣質之性 日 性譬之水 本皆淸也 以淨器盛之 則淸 以不淨之器盛之 則臭 以汙泥之器盛之 則濁 本然之淸 未嘗不在 但旣臭濁 猝難得便淸 故'雖愚必明 雖柔必强 也煞用氣力然後能至(『朱子語類』卷4, 性理1, 조목66)" 참조.

의 정황과 독서인 그 자신의 노력을 기준으로 해서 활간과 수양의 기여도를 점검해야 옳다. 이런 관점에서 보면 두 가지의 입론이 가능하다. 독서인이 현실 층위를 벗어나고자 할 때 현실 층위가 독서인을 잡아당기리라는 점, 독서인이 이념 층위로 옮겨가려고 할 때 활간과 수양이 현실 층위의 임계점을 돌파해야 한다는 점이 그것이다. 사정이 이러하므로, 현실 층위가 어떤 강도로 독서인을 잡아당기는지, 활간과 수양이 어떻게 임계치를 넘는지를 따질 필요가 있다. 아래의 제시문은 이런 문제를 한꺼번에 보여주는 자료이기 때문에 눈길을 끈다.

> 처음 배울 때는 敬에 대해 단절이 있지만, 다만 단절된 것을 알았다면 바로 이 마음을 분발시켜야 합니다. 단지 이 사실을 깨닫기만 해도 敬은 이어집니다. 나는 사람들이 단지 독서에서 바른 이치를 몸으로 터득해야 한다고 봅니다. 매일 독서하면 이 마음은 달아나지 않습니다. 그러나 사물 속으로 섞이다 보면 이 마음은 쉽게 매몰되고 맙니다. 이와 같은 것을 알았다면 독서에서 바른 이치를 터득해야 이 마음을 전환시킬 수 있습니다.
>
> 初學於敬不能無間斷 只是才覺間斷 便提起此心 只是覺處 便是接續 某要得人只就讀書上體認義理 日間常讀書 則此心不走作 或只去事物中羇 則此心易得汨沒 知得如此 便就讀書上體認義理 便可喚轉來(『朱子語類』卷11, 讀書法 下, 조목4)

위 조목에는 세 가지의 내용이 담겨 있다. 첫째, 현실 층위가 독서인으로 하여금 이념 층위로 나아가지 못하도록 붙잡는다고 한다. 독서인이 사물 속에 매몰된다고 하는 표현이 그런 의미이다. 둘째, 활간을 통해 이치를 터득한다고 한다. 이치와 몸을 하나로 꿴다고 하는 데서 글의 뜻을 이리저리 보는 활간을 떠올릴 수 있다. 셋째, 敬의 수양으로 마음을 다잡는다고 한다. 敬이 단절된 줄 알고 분발하면 단절된 敬이 이어진다고 하는 데서 이 점이 드러난다. 세 가지 사항에 순서가 없으나, 성리학의 공부방법에 의거해서 가지런히 정리해볼 수 있다. 현실 층위가 마음을 매몰시킬 경우, 독서인은 敬으로 마음을 되살리는 한편 활간으로 마음을 열어젖힌다고 한다. 이런 해법도 강력한 현실 층위 앞에서는 한계를 드러내게 마련이므로, 현실 층위 이상으로 활간과 수양의 위력을 높이지 않을 수 없다.

현실 층위의 위력	**활간과 수양의 위력**
敬을 단절시킨다.	敬을 잇게 한다.
마음을 달아나게 한다.	마음을 바른 이치로 이끈다.
마음을 매몰시킨다.	마음을 이념 층위로 이동시킨다.

활간과 수양의 위력이 어느 선 이상이어야 하는지는 단언하기 어렵다. 인간에 따라 현실 층위가 다르게 나타나기 때문이다. 현실 층위가 이처럼 변화가 심하지만, 한 가지는 분명하다. 독서인이 자기의 마음을 근본으로 삼지 않으면 활간과 수양의 위력을 높일 수가 없다는 점이 그것이다. '敬을 단절시킨다'거나 '마음을 달아나게 한다'거나 '마음을 매몰시킨다'는 언급은 마음이 근본 토대가 되지 못한 상황을 나타낸다. 독서인이 자기의 마음을 근본으로 삼기 위해서는 현실 층위에 휘둘리지 않아야 하고 현실 층위의 최고 임계치를 예상하여 활간과 수양의 위력을 높여야 한다. 물론, 이런 동력은 독서로부터 나온다. 〈독서법〉에서 누차

언급했듯이 성인의 언어에 만상의 이법이 담겼고 그런 이법이 임계치를 돌파하게 하므로, 독서하되 단호하고 철저하지 않으면 안 된다.

독서의 궁극적 목적은 仁을 성취하기 위함이다. 仁이란 인간과 천지만물이 하나가 되도록 하는 사랑의 원리를 가리킨다.[38] 주자는 생물뿐만 아니라 무생물까지도 천지만물에 포함시키면서,[39] '저 한 단락'까지도 천지만물이고 仁의 원리를 품고 있다고 한다.[40] 仁을 실현하는 데는 단계가 있다. 자기 마음에 근본을 두고 '저 한 단락'의 뜻을 체인하는 소당연의 과정이 첫 번째 단계이고, '저 한 단락'의 근원이 仁에 있음을 알고 천지만물과 일체감을 느끼는 소이연의 과정이 두 번째 단계이다. 두 단계를 뒷받침하는 요인은 활간과 수양이다. 이리저리 유동적으로 보고 敬으로 마음을 붙들어야 仁의 두 단계가 구현될 수 있기 때문이다. 활간과 수양의 위력이 仁에 대한 각성과 실현 의지에 의해 결정된다는 점에서, 목표인 仁이 수단 내지 방법인 활간과 수양을 이끌어 나갈 때 이념 층위로 이행한다는 언급이 가능하다.

---

38 주자에 의하면, 仁은 천지만물과의 일체가 되는 원리이지 천지만물과 일체가 되는 현상이 아니다. 천지만물과 일체가 되는 현상은 도덕적 규범을 저버리고 의리지행에 어긋나기 때문에 仁이 될 수 없다고 한다. 『朱子語類』卷6, 性理3, 조목116 참조.

39 주자는 『朱子語類』卷69, 易5, 조목17에서 천지만물에는 생물과 무생물이 있고, 생물과 무생물은 각기 '天地生物之心'과 '生理'를 지니고 있다고 한다. 김영식, 『주희의 자연철학』, (예문서원, 2005), 292쪽 참조.

40 "讀書 須是要身心都入在這一段裏面 更不問外面有何事 方見得一段道理出 如博學而篤志切問而近思 如何卻說箇仁在其中(『朱子語類』卷11, 讀書法 下, 조목15)"의 줄친 부분에서 따온 말이다.

이동 과정의 경험 조직과 지식 구성

仁의 영역에 있는 소당연과 소이연은 같으면서도 다르다.[41] 다 같은 理이되 소당연은 실제적 현실과 연관되고 소이연은 높은 도덕적 경지와 연관된다. 독서인에게 소당연이라는 단계를 넘어 소이연의 단계로 나아가야 한다고 하는 까닭은 독서인이 높은 도덕심을 지녀야 한다는 성리학적 목표가 있기 때문이다. 높은 도덕심이란 仁의 근원인 愛之理를 가리킨다. 소이연으로서의 仁이 愛之理로서 등급상 더 높기 때문에, 이념 층위의 영역에 들어섰다고 한다면 소당연으로서의 仁에 멈추고 말 수가 없다. 어떻게 하면 소이연으로서의 仁에 진입할 것인지가 관건이다. 활간과 수양이 독서인을 현실 층위에서 이념 층위로 이동시키고 소당연으로서의 仁에서 소이연으로서의 仁으로 이동시킨다는 점에서, 활간과 수양이 문제의 열쇠가 된다고 할 수 있다.

활간과 수양은 성리학적 이념을 따른다. 소이연으로서의 仁이 天人合一과 物我一體를 전제로 한다는 점이 그 증거이다. 다시 말해, 인간이 마음을 주재로 삼아 하늘이나 사물의 이치에 부응해야 천인합일·물아일체에 이르고 소이연으로서의 仁도 구현할

41 仁도 理이고 소당연과 소이연도 理이다. 仁은 도덕법칙을 가리키고 소이연과 소당연은 각기 존재법칙과 당위법칙을 가리키기 때문에 원칙상 갈래가 다르지만, 도덕적 차원에서 존재나 당위의 문제를 다룰 때는 仁에 소당연과 소이연을 포함시킬 수 있다. "義禮智信皆仁也(『二程遺書』遺書, 卷2 上, 識仁篇)"라는 程顥의 언급에서 보듯이, 仁이 理이면서 五常을 통괄할 만큼 범위가 넓기 때문에 소이연과 소당연이 仁에 포함되어야 합당하다. 仁을 理로 보는 근거는 程朱에게서 찾을 수 있다. 程顥는 生生之理가 仁이라고 했고, 朱子는 心之德과 愛之理가 仁이라고 했다. "醫書言手足痿痺謂不仁 此言最善名狀 仁者以天地萬物謂一體 莫非己也(『二程遺書』2上)"과 "仁者 心之德 愛之理.(『孟子』梁惠王章句 上1)" 참조.

수 있다. 이처럼 소이연으로서의 仁이 규범적이기는 하나, 객관적 실재는 아니다. 소이연으로서의 仁과 그 전제인 천인합일·물아일체가 모두 비가시적인 理이기 때문이다. 도형에다 소이연으로서의 仁을 비유하자면 접근방법에 따라 사각형으로 인식될 수도 있고 삼각형으로 인식될 수도 있고 원형으로 인식될 수도 있다. 이런 정황을 독서인의 측면에서 볼 때, 활간과 수양으로 파악한 글의 의미를 성리학적 지침에 맞추어 조직·구성해야 소이연으로서의 仁을 그려낸다는 언급이 가능하다. 다음의 조목들은 바로 그런 점을 확인해볼 수 있는 자료이다.

① 성인의 언어는 한 겹 아래 다시 한 겹으로 싸여 있으니, 모름지기 깊이 있게 살펴야 합니다. 만약 단지 표피만을 벗기게 되면 잘못된 이해가 있게 되니, 깊게 들어가야만 비로소 바른 이해를 얻게 됩니다.

聖人言語 一重又一重 須入深去看 若只要皮膚 便有差錯 須深沉方有得 (『朱子語類』卷10, 讀書法 上, 조목11)

② '이해하면 그만 둔다.'고 해서는 안 됩니다. 지금 천 번을 보면 또한 이해하는 것이 다르고, 만 번을 보면 또한 이해하는 것이 다릅니다. 모름지기 책자가 없을 때라도 많은 절목과 차례가 전부 분명하고 뚜렷하게 자신 속에 있어야 비로소 됩니다.

莫說道見得了便休 而今看一千遍 見得又別 看一萬遍 看得又別 須是無這冊子時 許多節目次第都恁地歷歷落落 在自家肚裏 (『朱子語類』卷10, 讀書法 上, 조목69)

③ 도리를 이해하지 못했을 때, 그것은 마치 속이 포장되어 있는 여러 겹의 물체와 같아서 바로 들여다볼 수 있는

방법이 없습니다. 모름지기 오늘 한 꺼풀 벗겨내서 한 꺼풀 보고, 다음날 또 한 꺼풀 벗겨내서 한 꺼풀 보아야 합니다. 살갗을 다 벗겨내면 비로소 살이 보이고, 살이 다 발라지면 비로소 뼈가 보이며, 뼈가 다 드러나면 비로소 골수가 보입니다. 조바심내거나 화내거나 하지 않아야 합니다.

未見道理時 恰如數重物色包裹在裏許 無緣可以便見得 須是今日去了一重 又見得一重 明日又去了一重 又見得一重 去盡皮 方見肉 去盡肉 方見骨 去盡骨 方見髓 使粗心大氣不得 (『朱子語類』卷10, 讀書法 上, 조목80)

①~③은 서술방법이 상이해도 논점은 동일하다. 모두 단계적으로 이해의 폭을 넓혀가야 소이연으로서의 仁에 도달할 수 있다는 사실을 보여준다. 이해의 폭을 넓히는 방법은 熟讀과 多讀이다. 깊고 깊어야 한다고 하니 숙독이라 할 수 있고, 읽고 읽어야 한다고 하니 다독이라 할 수 있다. 이치 파악이라는 궁극적인 목적을 상기할 때, 숙독과 다독의 의의는 매우 크다. 객관적 사실과 기존 지식에 의존하기보다는 그 자신의 개념화와 지각경험을 통해서 지식을 구성하기 때문에 내부세계가 무엇보다 강조된다. 성리학에서 외부세계의 이치가 마음속으로 들어와서는 안 되고 마음속에서 찾아낸 이치가 외부세계로 나아가야 한다[42]는 점이 중시되는 이상 지식 구성은 전적으로 내부세계의 개념화와 지각경

42 "讀書 不可只專就紙上求理義 須反來就自家身上 推究(『朱子語類』卷11, 讀書法 下, 조목39)" 참조.

험에 의존할 수밖에 없다. 이와 같은 시각에 근거하여 ①~③에 나타난 특징을 정리해보기로 한다.

첫째, 외부세계의 존재에는 관심이 없고, 내부세계의 지식에 관심을 둔다. 즉, 외부에 '무엇이 있는가?'를 따지지 않고 마음속에서 '무엇을 아는가?'를 따진다. ①에서 '표피만을 벗기지 말고 깊게 파고들어가서 올바른 이해를 얻으라'고 하고 ②에서 '이해한 뒤에 그만 두지 말고 천 번을 거듭 보고 만 번을 거듭 보면서 이해도를 높여 나가라'고 하고 ③에서 '오늘 한 꺼풀을 벗겨내서 그 한 꺼풀을 보고 다음날 또 한 꺼풀을 벗겨내서 그 한 꺼풀을 보라'고 하는 데서 그런 점이 드러난다. 이처럼 천 번을 보고 만 번을 보고 한 꺼풀씩 한 꺼풀씩 벗기고자 하는 연유는 이치를 확고하게 체인하면 할수록 외부세계를 파악할 수 있는 역량도 그만큼 커지기 때문이다. 외부세계를 파악하기 위해서 내부세계를 철저히 다져야 하므로, 이치를 파악할 때 '무엇이 있는가?'가 아니라 '무엇을 아는가?'에 초점이 맞추어질 수밖에 없다.

둘째, 지식은 개념과 인식이 교직되는 과정에서 구성된다. 각 조목에서 언급된 '이해'는 지식을 가리킨다. '잘못된 이해'와 '이해하면 그만 둔다.'에서는 '이해'를 '지식'으로 바꾸어도 무방하고, '도리를 이해하지 못했을 때'의 '이해'는 '지식'의 의미를 함유한다고 보아도 무방하다. 이런 지식은 개념을 통해 구성된다. '깊이 있게 살펴야 한다.'와 '살갗을 다 벗겨내면'이 함유한 뜻이 '가지런하고 심도 있는 개념'이라고 볼 때, 여러 개의 개념이 맞물려 지식이라는 결정체를 생산한다는 사실을 알 수 있다. 한편, 지식은 '인식'을 통해 구성된다. '살갗 → 살 → 뼈 → 골수'의 방향이 인식의 축적을 의미하며, 여러 개의 인식이 쌓여 지식이라는 결정체를 생산한다. 개념이 생산한 지식과 인식이 생산한 지식이 모여 보다 확고한 지식을 구성한다는 점에서, 개념과 인식이 지식 구성을 위해 교직한다는 언급이 가능하다. 요컨대, 지식은 과정의 산물이다.

①~③의 특징을 정리하면, '내부세계의 지식과 그 지식의 형성 과정에 대한 해명'이 된다. ①과 ③에서 지적했듯이 지식은 크게 보아 두 가지 유형으로 나누어진다. 한 꺼풀만 벗겨서 얻는 협소한 지식과 두 꺼풀 혹은 세 꺼풀을 벗겨서 얻는 심대한 지식이 그것이다. 이런 지식의 유형은 仁의 소이연과 소당연에서 비롯된다. 즉, 현실 층위에서 소당연으로서의 仁에 도달하는 지식이 있고 소당연으로서의 仁에서 소이연으로서의 仁에 도달하는 지식이 있으므로, 두 유형의 지식이 나타나게 된다. 〈독서법〉에 의하면, 두 지식의 차이는 활간과 수양의 양적이고 질적인 차이에서 연유한다. 활간과 수양이 事와 物의 理를 확보하는 데서 그치면 현실 층위는 넘어서되 이념 층위의 '소당연으로서의 仁'에 그친다. 그러나 더 나아가 天地生物之心 즉 生意를 체인하고 愛之理를 우주 전체[43]에 구현한다면 이념 층위의 '소이연으로서의 仁'에 도달하게 된다.

> ④ 어떤 사람이 독서 공부에 대해 묻자 말씀하셨다. "이 일이라면 지금 말해주기 어려울 듯합니다. 가령 세상의 어떤 부류는 '책에 나아가 이해할 필요가 없습니다.'라고

43 仁을 원형이정의 四德과 관련시킨 데서 이 점이 드러난다. "仁爲四端之首 而智則能成始而成終 猶元爲四德之長 然元不生於元而生於貞 蓋天地之化 不翕聚則不能發散也 仁智交際之間 乃萬化之機軸 此理循環不窮 吻合無間 故不貞則無以爲元也(『朱子語類』卷6, 性理3, 조목75)" 참조.

말하는데, 이것은 진정 옳지 않습니다. 그렇지만 오로지 책에만 나아가 이해하고 자기 자신에게서 몸으로 인식하지 않으면 역시 일이 되지 않습니다. 가령 仁·義·禮·智·信을 말한다면 자신에 무엇이 仁이고 자신에게 무엇이 義이며 무엇이 禮이고 무엇이 智인지 이미 알고 있어야 합니다. 모름지기 자신에게서 몸으로 인식해야 합니다.

或問讀書工夫 日這事如今似難說 如世上一等人說道 不須就書冊上理會 此固是不得 然一向只就書冊上理會 不曾體認著自家身己也不濟事 如說仁義禮智 曾認得自家如何是仁 自家如何是義 如何是禮 如何是智 須是著身己體認得 (『朱子語類』卷11, 讀書法 下, 조목41)

⑤ 진정 이해한 것은 이해했다고 말하고, 진정 이해하지 못한 것은 이해하지 못했다고 말해야 합니다. 진정 이해한 것은 잊지 말아야 하고 진정 이해하지 못한 것은 어디가 막혔는지를 알아야 합니다. 모름지기 저 긴요한 곳을 기억하여 언제나 잊지 않아야 합니다. 이른바 '지혜로운 사람은 仁을 이롭게 여긴다.'고 하는 것은 바야흐로 구할 때도 마음은 진정 여기에 있고, 구하지 않을 때도 마음이 역시 여기에 있다는 것입니다.

眞理會得底 便道眞理會得 眞理會不得底 便道眞理會不得 眞理會得底固不可忘 眞理會不得底 須看那處有礙 須記那緊要處 常勿忘所謂智者利仁 方其求時 心固在此 不求時 心亦在此 (『朱子語類』卷11, 讀書法 下, 조목49)

④와 ⑤에는 두 유형의 지식이 나타난다. ④는 소당연으로서의

仁에 그치는 지식이다. '오로지 책에만 나아가 이해하고 자기 자신에게서 몸으로 인식하지 않는다.'고 하는 언급에 그런 내용이 담겨 있다. 책의 내용을 이해하기만 하고 몸으로 인식하지 않는다고 했으니, 愛之理는 이해하되 그 愛之理와 독서인이 서로 분리된다는 의미다. 生意를 체인해서 愛之理의 구현에 능동적으로 참여하지 못하는 현상을 지적했다고 볼 수 있다. 한편, ⑤는 소이연으로서의 仁에까지 나아가는 지식이다. '저 긴요한 곳을 기억하여 언제나 잊지 않아야 한다.'고 하는 언급에 그런 내용이 담겨 있다. '저 긴요한 곳'이 구체적으로 무엇이지 밝히지는 않았으나, 전후 맥락으로 보아 '生意 체인과 愛之理 구현'이 아닌가 한다. 요컨대, 生意 체인과 愛之理 구현이 있느냐 없느냐에 따라 독서인의 지식이 어느 유형에 속하는지가 판가름난다.

이념 층위에 나타난 지식의 두 유형은 시사하는 바가 크다. 어떤 지식을 지닐 것인지는 독서인에게 달렸기 때문이다. 즉, 生意 체인과 愛之理 구현 의지에 따라 소당연으로서의 仁에 그치는 지식이 될 수도 있고, 소이연으로서의 仁에까지 나아가는 지식이 될 수도 있다. 결국, 독서인 스스로의 의지가 관건이다. 독서인이 '소이연으로서의 仁에까지 나아가는 지식'에 대한 의지가 강하면 강할수록 그만큼의 활간과 수양을 할 터이고, 독서인이 '소이연으로서의 仁에까지 나아가는 지식'에 대한 의지가 약하면 약할수록 그만큼의 활간과 수양을 하는 데서 그칠 터이다. 이렇게 볼 때, 만약 이념 층위에 있던 독서인이 지식을 구성하려는 의지가 약해지기라도 한다면 언제든지 현실 층위로 떨어질 가능성이 있다는 의미가 된다. 독서인의 의지가 활간과 수양의 강도를 결정하고 고차원의 지식을 산출한다는 언급이 여기서 가능해진다.

주자의 〈독서법〉에는 두 차례의 이동 과정이 나타난다. 현실 층위에서 이념 층위의 소당연으로 이동하는 과정이 그 다른 하나이고, 이념 층위의 소당연에서 소이연으로 이동하는 과정이 또 그 하나이다. 독서인의 의지가 두 가지의 과정을 만들고 그 두 가지의 과정에서 仁에 도달하는 지식을 산출한다는 점에서 서양의 구성주의와 비견된다. 주자의 〈독서법〉이 仁을 절대적 가치로 인정하기 때문에 절대적 가치를 애초부터 고려하지 않는 서양의 구성주의와 상이한 측면이 있기는 하지만, 대상에 대한 능동적인 접근 경험을 통해 지식을 구성하는 서양의 구성주의와 상당 부분 유사한 측면이 있다. 구성주의라고 할 때 큰 범위에서 접근할 수도 있고, 작은 범위에서 접근할 수도 있다. 〈독서법〉의 지식 구성 과정을 큰 범위에서 보면 구성주의 독서이고 작은 범위에서 보면 주자식 구성주의 독서가 된다.

〈독서법〉의 구성주의가 지니는 인식론적 의의

〈독서법〉에 의하면, 독서인은 외부세계의 사실을 그대로 지식으로 여기지 않는다. 외부세계의 사실을 성리학적 틀 안에서 개념화하고, 개념을 토대로 인식한 결과를 지식이라고 여긴다. 외부세계의 사실에 대한 개념화와 지각경험을 지식으로 여긴다는 점에서, 주자식 구성주의 독서는 분명히 인식론의 범주에 속한다. 인식론이란 지식의 기원과 본질, 인식의 형성 과정을 탐구하는 학문을 총칭하므로, 주자식 구성주의 독서와 부합하는 측면이 강하다. 인식론적 측면에서 볼 때, 주자식 구성주의 독서는 크게 보아 두 가지의 의의를 지닌다. 지식 구성의 요건으로 도덕성과 지각경험을 들고 있다는 점과 師友 간의 토론을 통해 지식을 극대화할 수 있다는 점이 그것이다. 본 장에서는 바로 이런 사항을 구체적으로 점검해보기로 한다.

도덕성과 지각경험의 지향과 가치

독서인은 愛之理를 이해하고 天地之心에 대한 지식을 얻기 위해 책을 읽는다. 天地之心이란 '천지가 만물을 낳는 마음' 즉 生意[44]이므로, 天地之心에 대한 지식은 곧 生意에 대한 지식이 된다. 生意에 대한 지식을 지녀야 우주의 화육에 참여할 수 있다는 점에서, 우주의 화육에 참여한다면 生意에 대한 지식을 지녔다고 해도 무방하다. 生意에 대한 지식은 경전에 잘 나타나 있기 때문에, 독서인이라면 누구나 경전을 읽어야 한다. 경전에 갖추어진 生意가 독서인의 마음에 와 닿을 때, 독서인은 비로소 人事와 天理를 통찰하며 惻隱, 辭讓, 羞惡, 是非의 도덕적 주체로 발돋움한다.[45] 生意에 대한 지식을 어떻게 터득할 것인지가 관건이다. 주자는 生意에 대한 지식을 얻기 위해서는 도덕성과 지각경험[46]을 완숙하게 갖추어야 한다고 주장한다.

---

44 주자는 天地之心이 仁이고, 仁은 生意라고 했다. 天地之心이 仁이라고 하는 언급은 "又各得夫天地之心以爲心者 故語心之德 雖其總攝貫通 無所不備 然一言以蔽之 則曰仁而已矣(『朱熹集』卷67, 雜著·仁說)"에서 찾아볼 수 있고, 仁이 生意라고 하는 언급은 "生底意思是仁(『朱子語類』卷6, 性理3, 조목57)"에서 찾아볼 수 있다.

45 최정묵, 「朱子의 『仁說』에 대한 검토」, 『동서철학연구』21, (한국동서철학회, 2001), 91쪽 참조.

46 주자는 '지각'에 대해 情이 物을 통해 나타나는 마음의 작용이라고 규정한다. "心之知覺卽所以見此理而行此情也(『朱子集』卷55, 答藩謙之)" 참조. 이 점을 고려할 때 지각의 내용은 객관세계인 사물과 인간의 주관이 만나 형성된다고 할 수 있다.

① 성현은 배움의 길을 사람들에게 가르치면서 매우 분명하게 말씀하셨습니다. 무릇 배우는 사람은 독서할 때 의미를 끝까지 파고들어야 합니다. 『中庸』의 '묻고 배우는 길을 따른다.'는 것은 아주 중대한 일로 도리를 이해하여 인간의 완성을 이루려는 것입니다.

爲學之道 聖賢教人 說得甚分曉 大抵學者讀書 務要窮究 道問學是大事 要識得道理去做人 (『朱子語類』卷10, 讀書法 上, 조목5)

② 글을 볼 때는 모름지기 마음을 비워야 합니다. 먼저 자신의 뜻을 내세우지 않아야 합니다. 자신의 뜻을 내세우면 조금 지나서 모두 틀리게 됩니다. 또 말씀하셨다. 마음을 비우고 자신에게 간절하게 하세요. 마음을 비우면 도리는 분명하게 이해되고, 자신에게 간절하면 도리를 자연스럽게 몸으로 터득하게 됩니다.

看文字須是虛心 莫先立己意 少刻多錯了 又日 虛心切己 虛心則見道理明 切己 自然體認得出 (『朱子語類』卷11, 讀書法 下, 조목23)

①과 ②는 도덕성과 지각경험을 강조하는 조목이다. 도덕성은 ①의 道問學 즉 '묻고 배우는 길을 따른다.'[47]와 ②의 '마음을 비워야'에서 나타난다. 도문학은 학덕의 배양방법이고, 마음 비우기는 존천리알인욕의 수양방법이다. 이런 수양방법이 곧 독서이

---

47 도덕의 수양방법으로는 尊德性과 道問學을 들 수 있다. 존덕성은 선천적인 덕성을 존중·보존하고자 하는 수양방법이고, 도문학은 위 본문에서 언급했듯이 학덕의 수양방법이다. 주자는 이 중에서 도문학에 더 무게를 둔다. 선험적으로 갖추어진 지혜를 확장시키기 위해서는 격물궁리의 과정이 필요하다고 보고, 그런 이유로 존덕성 이상으로 도문학을 중시하게 된다. 이에 대해서는 신태수, 「退溪 讀書法의 樣相과 志向價値」, 『우리말글』46, (우리말글학회, 2009), 3~4쪽에서 논의한 바 있다.

므로, 독서가 필수적 요건이 된다. 한편, 지각경험은 ①의 '독서 시 의미를 끝까지 파고들어야 한다.'와 ②의 '자신에게 간절히 하라.'에서 나타난다. 의미를 추적하거나 자기 자신에게 간절하게 한다는 언급은 物을 통해 情을 드러낸다는 의미이다. 감각기관이 경전의 언어인 物과 교섭하면 할수록 生意의 토대가 굳건히 마련되는 법이니, 지각경험이 지식 획득에 필수적인 셈이다. 이렇게 보니 도덕성과 지각경험은 이념 층위의 한 도리이다. ①과 ②에서 언급한 '도리'가 바로 그런 점을 의미한다. 결국, 도덕성과 지각경험이 生意에 대한 지식을 담보한다는 언급이 가능하다.

生意에 대한 지식은 현실 층위의 '앎'이 아니다. 측은, 사양, 수오, 시비를 분별하는 앎이 生意에 대한 지식이므로, 生意에 대한 지식은 이념 층위의 영역에 속한다고 할 수 있다. 이념 층위에 속한다면 이념 층위에 걸맞는 성격을 지니게 마련이다. 그런 성격으로 두 가지를 들 수 있다. 도덕성이 뒷받침하는 德性知와 지각경험이 뒷받침하는 見聞知가 그것이다.[48] 성리학에서는 덕성지가 견문지를 포괄해야 바람직하다고 보나, 실제로는 그렇지 못하다. 현실세계에서는 견문지에서 그친 경우가 대부분이기 때문이다. 소이연·소당연과 지식의 관계를 다룬 지식 구성론에 비추어볼 때, 소이연의 단계에까지 이르면 견문지를 포괄한 덕성지를 얻

48 張橫渠가 『正蒙』〈大心〉에서 지식을 덕성지와 견문지로 구분했다. "見聞之知 乃物交而知 非德性所知 不萌於見聞" 참조. 이에 따르면 견문지는 현실 층위에 속하고 덕성지는 이념 층위에 속한다. 주자는 견문지와 덕성지라는 용어를 그대로 받아들이면서도 견문지와 덕성지를 모두 이념 층위에 배속시켰다. 왜 주자는 장횡거와는 달리 견문지를 이념 층위에 배속시켰을까? 단적으로 말해, 주자는 지각의 원리가 마음에 내재해야 견문지가 가능하다고 보아 견문지를 이념 층위에 배속시켰다. 이에 대해 김우형, 『주희철학의 인식론』, (심산, 2005), 216쪽에서 상론하고 있어서 도움이 된다.

고, 소당연의 단계에서 멈춘다면 견문지를 얻는 데서 그친다. 독서인이 견문지에서 안주할 수는 없으므로, 소이연의 단계로 나아가 견문지를 포괄한 덕성지를 지니지 않으면 안 된다.

견문지를 포괄한 덕성지는 활간과 수양을 요구한다. 전술한 바에 의하면 우주의 화육에 대한 앎이 곧 견문지를 포괄한 덕성지이다. 우주의 화육에 대한 앎은 매우 심대하므로, 한시적인 활간과 수양으로서는 부족하고, 끊임없는 활간과 수양이 무엇보다 필요하다. 만약 중간 어름에서 그쳐버린다면 견문지에 머무르고 만다. 이 점에서 활간과 수양은 자동차의 휘발유와 다르지 않다. 견문지는 시각을 통해 얻고 덕성지는 지각과 도덕을 통해 얻는다는 점을 상기할 때, 활간과 수양인 휘발유가 적게 공급되면 견문지까지만 주행할 수 있고 활간과 수양인 휘발유가 많이 공급되면 덕성지까지 주행할 수 있다. 이런 논의는 지각경험이 견문지와 덕성지의 토대이고 도덕성이 덕성지의 토대라 보기 때문에 가능하다. 도덕성과 지각경험, 활간과 수양, 덕성지와 견문지의 상관성을 정리하면 다음과 같은 '지식 구성도'를 얻을 수 있다.

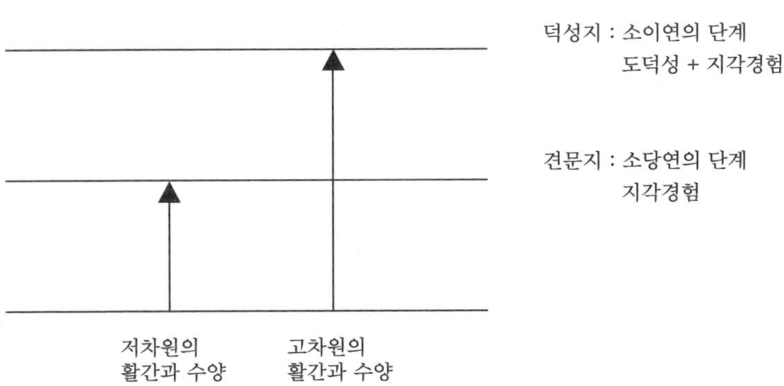

지식 구성도에서 보듯, '도덕성 + 지각경험'은 덕성지가 되고,

'지각경험'뿐이라면 견문지가 된다. 도덕성의 유무는 활간과 수양의 정도에 의해 좌우된다. 활간과 수양이 저차원일 경우에는 도덕성이 따르지 않으며, 활간과 수양이 고차원일 경우에는 도덕성이 따른다. 다시 말해, 소당연의 단계에서 얻는 지식은 견문지이고 소이연의 단계에서 얻는 지식은 덕성지이다. 견문지를 배제한 덕성지가 있을 수 없으므로, 덕성지라 할 때 견문지는 무조건적으로 포함된다. 독서인 모두가 도덕성으로 덕성지에 도달하고자 하나, 쉽지가 않다. 기질지성을 억누르고 고차원의 활간과 수양을 해야 도덕성으로 덕성지에 이를 수 있는데, 기질지성이 막강하기 때문에 도덕성을 지니기가 어렵다. 어렵다고 포기할 수는 없다. 독서인 모두에게 고차원의 활간과 수양으로 덕성지에 이르러야 하는 과제가 주어져 있기 때문이다.

주자는 도덕성과 지각경험을 지식 구성론의 원천으로 삼는다. 지각경험을 통해 이념 층위의 소당연으로 들어서게 하고 도덕성을 통해 이념 층위의 소이연으로 나아가게 한다. 이 중 지각경험을 소당연의 理라고 한 점이 특이하다. 현실 층위에 있다고 할 법한 견문지를 이념 층위의 소당연에 올려놓고 극복해야 할 과제라고 하므로, 견문지를 얻는 데서부터 이미 이념 층위로 들어가야 한다는 의미가 된다. 독서인에게는 힘겨운 과제가 되겠지만 주자는 과제 해결이 얼마든지 가능하다는 관점을 취한다. 저차원의 활간과 수양, 고차원의 활간과 수양이 어떤 결과에 이르는지를 보여주면서 모든 독서인이 고차원의 활간과 수양으로 도덕성과 지각경험의 통합 형태인 덕성지를 구성해야 한다고 권고한다. 주자의 권고대로라면, 도덕성과 지각경험을 적절히 구성할 경우 과제 해결이 아주 불가능하지는 않다.

사유 지평의 확장과 그 연대 가능성

지식은 성장한다. 지식 그 자체가 성장하기도 하고 한 지식과 다른 지식이 뭉쳐져서 큰 지식으로 성장하기도 한다. 전자의 근거는 지식이 生意를 지니기 때문에 가능하다. 天地之心이 生意이고, 生意는 지식의 원천이다. 生意가 私欲에 의해 병이 들기도 하나, 사욕을 제거하면 활기를 되찾고 꽃을 피운다. 꽃 피우기까지의 과정 하나하나가 지식 구성의 결과이므로, 지식은 生意를 떠나 논의될 수 없다. 한편, 후자의 근거는 개개인이 성리학적 과제를 감당하기가 벅차다고 여겨 토론을 강조하는 데 있다. 토론이라 하면 師友와의 講論을 가리킨다. 흔히들 글 속의 성현과 토론한다고 하지만, 사우와의 강론이 진정한 토론이다. 지식 성장에 있어서 전·후자가 긴밀한 관련이 있으므로, 면밀히 점검해서 그 관계를 따지기로 한다.

전자의 경지는 글의 뜻을 파헤치고 깊숙이 들어가는 데서 확보된다. 글의 뜻은 들여다보면 볼수록 더욱 새롭다. 오늘 한 꺼풀을 벗겨내서 그 한 꺼풀을 보고 다음날 또 한 꺼풀을 벗겨내서 그 한 꺼풀을 보면 어제 파악한 뜻과 오늘 파악한 뜻이 다르게 와 닿는다. 이런 과정을 거듭해서 살갗을 다 벗겨내면 살이 보이고 뼈가 보이고 드디어 골수가 보인다.[49] '살'이 먼저 표층적 의미라면 '뼈'는 심층적 의미이고 '골수'는 天理로서 궁극적 의미이다. 왜 처음부터 바로 궁극적 의미를 파악하지 않고 먼저 표층적 의미,

49 『朱子語類』卷10, 讀書法 上, 조목80의 내용으로서 〈독서법〉 245조목 가운데서 의미 파악의 과정을 가장 적실하게 보여준다.

심층적 의미를 탐구하는지가 의문이다. 구체적인 언급이 없기는 하나, 그 이유를 짐작하기 어렵지는 않다. 최종적으로 이치를 거머쥐기까지 敬의 수양으로 사욕을 제거하고 활간으로 이모저모를 살펴야 하기 때문이 아닌가 한다. 결국 지식의 성장 요건은 글 속에 깊이 파고들어가서 熟讀精思하는 데 있다.

숙독정사라 해서 깊이 들어가기만 하는 것은 아니다. 주자는 여러 조목에 걸쳐 깊이 들어갈수록 지식의 폭이 넓어지며 살아 움직인다고 한다. 『朱子語類』卷10, 讀書法 上의 조목5, 조목31, 조목68과 『朱子語類』卷11, 讀書法 下의 조목1, 조목2, 조목16, 조목17에 그런 내용이 보인다. 이들 조목에서는 하나같이 해설과 주석을 참고해서 내외의 뜻을 완벽하게 이해하고 도리와 마음을 일체화해서 도리가 살아 움직여야 비로소 지식이 마음에서 떠나지 않는다고 한다. 내외의 뜻을 완벽하게 이해하라고 하니 파고들어 갈수록 지식의 폭이 넓어져야 한다는 의미가 되고, 도리와 마음이 일체화하여 생기를 띠어야 한다고 하니 파고들어 갈수록 지식이 살아서 꿈틀거려야 한다는 의미가 된다. 두 가지를 조합하면, 글 속으로 깊이 들어가면 갈수록 지식의 폭이 넓어지고 지식의 생기는 더욱 더 짙어진다고 할 수 있다.

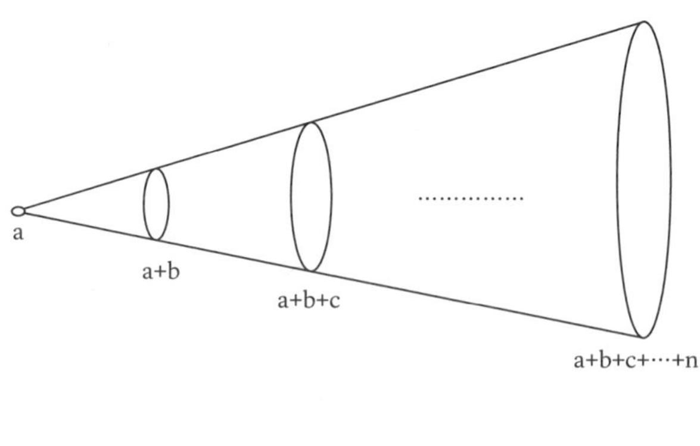

지식의 폭과 생기에 대한 전개 과정을 도표로 정리해 보았다. 도표에 의하면, 지식은 자연발생적이지 않다. 지식a가 형성되면 지식b와 지식c가 덧붙고, 지식c에 다시 지식d와 지식e가 덧붙는다. 덧붙이는 주체는 독서인뿐만이 아니다. 활간과 수양으로 모든 지식이 살아서 움직이며 서로 다른 지식을 끌어당기는 측면이 있기 때문에 지식 그 자체가 덧붙이기의 주체이기도 하다. 이런 식으로 여러 과정을 거치다 보면 하나의 과제에 대해 상당한 지식의 양이 쌓이고 지식의 폭도 넓어질 수밖에 없다. 도표의 원이 점점 커지는 이유가 이 때문이다. 하나의 과제에서 얻은 지식으로 豁然貫通의 경지에 오르느냐 하면, 그렇지는 않다. 어느 독서인이거나 간에 形氣의 지배로부터 자유롭지 못하기 때문에, 활간과 수양에도 한계가 있고 지식의 확장에도 한계가 있다. 하나의 과제 해결로 활연관통에 이르지 못한다면 과연 어떻게 할 것인지가 관건이 된다.

> 글을 볼 때는 우선 스스로 노력하여 먼저 자신이 간절하고 지극해져야 비로소 의심되는 것을 들추어 벗들과 강론할 수 있습니다. …… 대체로 많이 쌓아두면 홀연히 확 터져서 자연히 통합니다. 이것이 이른바 '何天之衢亨'이라 말하는 것입니다. 대체로 쌓인 것이 극에 다다르면 통하므로 모름지기 쌓인 것이 극에 차야 통하게 됩니다.
>
> 看文字 且自用工夫 先已切至 方可擧所疑 與朋友講論 …… 蓋蓄積多者忽然爆開 便自然通 此所謂何天之衢亨也 蓋蓄極則通 須是蓄之極則通 (『朱子語類』卷11, 讀書法 下, 조목77)

위 조목에서는 독서인이 어떻게 하면 활연관통의 경지에 이르는지를 설파하고 있다. 개개인이 여러 과제를 해결하기만 한다면 활연관통의 경지를 맛볼 수 있겠지만, 인간적 경계를 넘어서기까지 너무 많은 시일을 필요로 한다. 이러한 점에서 '벗들과의 강론' 즉 토론은 가장 효율적인 해법이다. 독서인 혼자서 풀지 못하는 문제를 놓고 사우와 토론을 전개하면 자기 자신의 의심을 풀 뿐만 아니라 사우가 지닌 의심까지도 풀 수가 있다. 서로서로에게 의심나는 문제를 질정하는 과정에서 사우의 지식은 자기 자신의 지식이 되고, 자기 자신의 지식은 곧 사우의 지식이 된다. 한꺼번에 명료한 지식이 온축·증폭되다가 임계점에 이르면, 어느 순간 홀연히 탁 터져서 사통팔달 즉 활연관통의 경지를 경험하게 된다. 독서인 본인의 지극한 노력을 전제로 하기는 하지만, '벗들과의 토론'은 人의 존재론적인 한계를 뛰어넘는 의의를 분명히 지닌다.

지식 구성은 존재론적인 한계를 뛰어넘기 위해 반드시 필요하다. 지식 그 자체가 아니라 '지식 구성'이라는 과정이 중요하다. 외부에서 지식이 주어지면 지식 그 자체로 의의가 크겠지만, 독서인의 내부에서 지식이 만들어지기 때문에 '구성'이라는 과정을 거쳐 형성된다. 이런 지식 구성을 통해서만 현실 층위에서 벗어나 이념 층위의 소당연의 단계로 나아갈 수 있고, 소당연의 단계에서 소이연의 단계로 나아갈 수 있다. '지식 구성'의 주체는 하나이면서 여럿이다. 독서인 개개인의 지극한 노력이 그 무엇보다 절실하므로 지식 구성의 주체는 하나이어야 하고, 한편 사우와의 토론으로 활연관통의 경지에 도달해야 하므로 지식 구성의 주체는 여럿이어야 한다. 주자는 〈독서법〉에서 하나에서 여럿으로 나아가는 지식 구성이 가장 바람직하다고 하면서, 독서인 개개인과 그 모두를 우주적 자아로 승격시키고자 한다.

제3장　퇴계의 전통 독서법 인식과 활간독서법

어떤 이론이든 어느 날 갑자기 하늘에서 뚝 떨어지는 경우는 없다. 수용과 모방과 창의의 복합적 과정이 작용하여 새로운 이론이 탄생하기 때문에 이런 언급이 가능하다. 퇴계 또한 마찬가지다. 孔子, 孟子, 二程子, 張子, 朱子 등의 유학 내지 성리학의 진수를 적극적으로 받아들이되 義理學이라는 학문방법론으로 이전에는 없었던 활간독서법이라는 거대 담론을 탄생시켰다. 거대 담론의 형성에 주자의 영향은 거의 절대적이었다. 퇴계 활간독서법에 주자가 사용한 성리학적 용어가 많이 들어와 있는 데서 이 점이 드러난다. 물론, 용어가 같다고 해서 개념까지 동일한 것은 아니다. 퇴계는 전통 독서법을 어떻게 수용했으며, 활간독서법을 어떤 방향으로 구사했는가? 『퇴계전서』에서 그 근거를 찾아 논의를 전개하기로 한다.

I. 전통 독서법에 대한 퇴계의 인식

퇴계는 독서법을 거론할 때 儒家諸說을 인용하곤 한다. 독서법에 孔子, 孟子, 二程子, 張子, 朱子 등의 諸說이 나타나기 때문에 이런 지적을 할 수 있다. 유가제설 전부가 독서법을 겨냥하지는 않지만, 퇴계는 독서법의 측면에서 諸說을 수렴해 내었다. 주지하다시피 이정자, 장자, 주자는 독서법을 직접적으로 거론했고, 공자와 맹자는 공부법을 거론했을 뿐 특별히 독서법을 거론하지는 않았다. 퇴계가 독서법을 직접적으로 거론한 경우는 유가제설의 의견을 그대로 수렴했으리라 생각되지만, 공부법만을 거론한 경우는 독서법을 수렴할 곳이 없다. 정황이 이런데도 불구하고 퇴계는 왜 공자와 맹자의 공부법으로부터 독서법을 수렴해낼 수 있었을까? 그 이유는 간단하다. 공부법과 독서법이 '가리켜 말한 바[所指]'[1]나 이치가 같다고 판단했기 때문에 가능했다.

공부법으로부터 독서법을 수렴하는 사상적 근거는 '같은 것 속에 다른 것이 있고 다른 것 속에 같은 것이 있다.[就同中 而知其有異 就異中 而見其有同]'는 논점이다.[2] 퇴계는 같은 것 속에 다른 것이 있는 사례로서 情을 든다. 자사와 맹자가 모두 情을 거론하되 양자가 '가리켜 말한 바'는 서로 다르다고 한다. 즉, 情 전체를 대상으로 하거나 情의 善한 부분만을 대상으로 하므로, 같은

---

1 퇴계의 이른바 '가리켜 말한 바[所指]'의 개념이 독특하다. '이론적으로는 둘로 분개되지만 물리적으로는 하나로 결합되어 있는 대상을 놓고 어느 한 쪽에 주안점을 두는 행위'를 지칭하므로, 사전적 의미를 넘어선다. 『退溪全書』卷16, 書, 答奇明彦 論四端七情 第1書와 第2書에 이 용어가 집중적으로 나타난다.

2 『退溪全書』卷16, 書, 答奇明彦 論四端七情 第1書에 이런 언급이 직접적으로 나타나고, 『退溪全書』遺集(外篇), 卷7, 四書總論에는 이런 취의에 입각해서 논의가 전개되고 있다.

것 속에 다른 것이 들었다고 본다.[3] 한편, 퇴계는 다른 것 속에 같은 것이 있는 사례로 誠을 든다. 『中庸』, 『孟子』, 『大學』은 '誠'을 언급하고 『論語』는 한 번도 '誠'을 언급하지 않았지만, 四書의 이치는 하나이기 때문에 언급은 하지 않았어도 언급한 바와 같다고 한다.[4] 공부법에서 독서법을 수렴해 내는 까닭이 여기서 밝혀진다. 공부법과 독서법이 같지 않지만, 다른 것 속에 같은 것을 주목했기 때문이 아닌가 한다.

독서법을 직접적으로 거론한 경우와 다른 것 속에 같은 것을 주목하여 독서법을 수렴해 낸 경우가 제각기 일정하지가 않다. 그 원인으로는 두 가지를 들 수 있다. 우선, 원래부터 유가 간에 지향하는 방향이 다르기 때문이다. 가령 程顥와 張載는 주기적 성향이 강하고 程頤와 朱熹는 주리적 성향이 강하기 때문에 동일한 용어를 거론해도 그 지향점은 서로 다르다.[5] 비록 성향이 같다고 해도 상황과 분위기에 따라 편차가 또한 생길 수 있으므로, 제가 간에 說이 분분할 수밖에 없다. 그 다음으로, 퇴계가 隨人施教의 원칙을 따르는 과정에서 애초에는 상이하던 유가제설이 같아지기도 하기 때문이다. 가령 정호·장재는 주희와 변별됨에도 불구하고 퇴계 독서법에서 동일한 논자로 분류되는 경우가 적지 않다.[6] 이

---

3 『退溪全書』卷16, 書, 答奇明彦 論四端七情 第1書-附奇明彦非四端七情分理氣辨 참조.

4 『退溪全書』遺集/ 外篇, 卷7, 四書總論 참조.

5 '仁'에 대한 해석을 그 사례로 들어본다. 정호와 장재는 '性과 氣의 相卽不離 관계라는 관점'에서 만물일체라 규정하고 정자와 주자는 '性과 氣가 相卽이되 氣보다 性(理)이 우위에 있다는 관점'에서 愛之理라고 규정했다. 氣의 위상을 어떻게 설정하느냐에 따라 仁에 대한 해석이 이처럼 달라진다. 仁의 논의는 임헌규, 「儒家 仁개념의 변환구조」, 『범한철학』34, (범한철학회, 2004) ; 최정묵, 「주자의 〈仁說〉에 대한 검토」, 『동서철학연구』21, (한국동서철학회, 2001)를 참조할 만하다.

6 예컨대, 『退溪全書』卷12, 書, 答宋寡尤에는 정호와 주자, 장재와 주자가 같이 묶여 있다.

런저런 이유로 독서법의 양상이 다기하게 나타나므로, 그 속성과 의도를 헤아려서 접근하지 않으면 안 된다.

필자는 이런 점을 고려하여 퇴계 독서법에 수용된 유가제설을 검토하고자 한다. 검토의 잣대는 주자 독서법이다. 주자는 宋學의 집대성자이기도 하고 본격 독서이론가이기도 하고 퇴계사상의 선도자이기도 하므로, 주자의 논설이 퇴계 독서법에서 가장 많이 인용될 수밖에 없다. 물론, 주자 독서법의 모방만으로 퇴계 독서법이 이루어진 것은 아니다. 퇴계 그 자신의 안목으로 유가제설을 선별적으로 수용하는 한편, 주자 독서법을 계승·확장시킨 결과가 바로 퇴계 독서법이다. 이런 측면을 고려하여 朱子 이전의 논설을 '성리학 근거의 독서이론화'라 지칭하고 주자 독서법에 대한 논설을 '朱子 성리학적 독서법의 계승과 확장'이라 지칭한 다음, 수용과 창의의 측면을 주목하고자 한다. 이렇게 할 때, 유가제설의 내용, 성격, 방향뿐만 아니라 유가제설을 활용한 퇴계 독서법의 의의가 잘 드러나리라 기대한다.

성리학 근거의 독서이론화

퇴계는 주자 등장 이전의 논설을 거론할 때 공자, 안자, 자사, 증자, 맹자, 한문공, 이정자, 장자, 양귀산을 등장시킨다. 이런 인물들이 모두 동등한 비중을 지니지는 않는다. 공자, 맹자, 이정자, 장자가 주인물이고, 그 외 인물은 주인물에 곁들여서 거론되는 보조인물이다. 인물 간의 비중이 이처럼 다르므로, 주인물에 초점을 맞추고 보조인물은 필요에 따라 거론하면 되리라 본다. 주인물을 다루기 위해서는 퇴계의 주인물 활용방법을 주목할 필요가 있다. 공자와 맹자는 공부론을 피력했고 이정자와 장자는 독서법을 피력했기 때문에, 퇴계는 공부론을 독서법의 논거로 활용하거나 독서법을 특정 방향으로 집중시키는 경향을 보인다. 이 점에 유의하면서 퇴계 독서법에 수용된 주자 등장 이전의 논설을 점검해볼 필요가 있다.

孔孟의 공부론 수용

퇴계는 독서법에서 크게 세 가지 측면에서 공자와 맹자의 공부론을 활용하고 있다. 세 가지 측면이란 '讀書之樂'과 '樂의 실천 방안'과 '공부론에서 취하는 독서법의 이치'이다. 열거된 순서대로 퇴계의 주관적인 견해가 높아진다. 즉, '독서지락'보다 '樂의 실천 방안'에서 퇴계의 주관적인 견해가 더 많이 나타나고, '樂의 실천 방안'보다 '공부론에서 취하는 독서법의 이치'에서 퇴계의 주관적인 견해가 더 많이 나타난다. 퇴계가 의도적으로 세 가지 측면 간의 관계를 점층적으로 설정했는지는 알 수 없지만, 결과적으로 세 가지 측면에서 나타나는 점층적인 관계들은 퇴계의 의도적인 소산이라 해도 좋으리라 본다. 세 가지 측면을 하나하나 살피면서 퇴계가 공자와 맹자의 공부론을 어떻게 활용했는지를 구체적으로 확인해 보기로 한다.

'독서지락'은 공자와 맹자에게서 그 근거를 찾고 있다. 공자의 경우는 공자의 自評에서 근거를 취한다. "發憤하여 먹는 것조차 잊고 道를 즐거워하여 걱정을 잊으니, 늙음이 닥쳐오는 것도 모른다."[7]

---

7 葉公問孔子於子路 子路不對 子曰 女奚不曰 其爲人也 發憤忘食 樂以忘憂 不知老之將至云

가 그 대목이다. 공자가 스스로 학문을 좋아한다고 술회한 대목[8]을 독서법에 가져온 까닭은 성인의 好學 태도가 독서지락에서 비롯된다고 하기 위함이다. 한편, 맹자의 경우는 義理論에서 그 근거를 취한다. "의리가 나의 마음을 즐겁게 하는 것이 마치 추환이 나의 입맛을 즐겁게 하는 것과 같다."[9]가 그것이다. 맹자가 의리를 고기의 맛으로 비유한 대목을 독서법에 가져온 까닭은 성인의 義理之悅이 독서지락에서 비롯된다고 하기 위함이다. 이렇게 보니, 퇴계는 호학과 의리의 근원이 독서에 있다고 여기고, 공부론의 취의를 독서법에 그대로 접목시키고자 한다. 독서지락이 호학과 의리를 가능하게 한다는 언급이 여기서 가능해진다.

'樂의 실천 방안'은 공자에게서 그 근거를 찾고 있다. 이른바 博文約禮의 '約禮'가 바로 樂의 실천 방안이다. "다만 널리 배우기만 하고 요약으로 돌아오지 않는다면 노는 말이 너무 멀리 나가서 돌아올 줄 모르는 것과 같은 폐단이 있을까 염려한다."[10] 고 하는 데서 퇴계가 '약례'를 낙의 실천 방안으로서 주목한다고 할 수 있다. '약례'는 그 전제 조건인 '박문' 없이는 불가능하므로, '박문'이 적실해야 '약례' 또한 적실해질 수가 있다. '박문'은 지식을 폭넓게 배운다는 뜻이고 '약례'는 예의범절에 맞게 행동을 통제하고 조절한다는 뜻이니, 결국 '박문약례'는 폭넓게 획득

爾(『論語』第7, 述而)

8 공자 스스로 학문을 좋아한다고 밝힌 대목은 두 군데 더 있다. "子日 黙而識之 學而不厭 誨人不倦 何有於我哉(『論語』第7, 述而)"와 "子日 十室之邑 必有忠信 如丘者焉 不如丘之好學也(『論語』第5, 公冶長)"가 그것이다.

9 心之所同然者 何也 謂理也義也 聖人先得我心之所同然耳 故義理之悅我心 猶芻豢之悅我口(『孟子』第7, 告子 上)

10 但或徒博而不反約 則恐有遊騎出太遠而無所歸之弊(『退溪全書』卷33, 書, 答許美叔)

한 지식을 일관된 도리로 통괄하고 도덕적 행위규범에 맞게 실천한다는 학문의 방법론이다. 이런 학문의 방법론이 퇴계 독서법에 들어와 있는 까닭은 학문의 근본인 독서로부터 樂을 얻고 그 樂을 실천해야 학문이 완성된다고 여겼기 때문으로 보인다.

'공부론에서 취하는 독서법의 이치'는 성현의 다기한 공부론이 독서법상으로는 하나의 이치라고 하는 데서 제기된다. 어떤 공부론이든 독서 행위를 떠나서 거론될 수 없다고 여기기 때문에 이런 주장이 나올 수 있다. 퇴계는 성현의 다기한 공부론을 예거하면서 "대체로 의리의 學과 정미한 이치는 반드시 마음을 크게 가지고 안목을 높여 절대로 먼저 일설로써 주장을 삼지 말고, 마음을 비우고 기운을 화평하게 하여 서서히 읽어서 그 의취를 관철해야 마땅하다."[11]고 한다. 독서 행위만이 다기한 공부론을 하나로 묶을 수 있다는 논법은 "나누어서 말하면 진실로 같지 않은 것이 있지만, 총체적으로 말하면 모두 하늘이 부여했다."[12]는 문제의식에서 나온다. 이렇게 보니, 다기한 공부론은 논자 각자의 입장에서 언급한 바이므로, 융통성 있게 읽고 분별한다면 '多則一'이라는 독서법의 이치가 도출된다고 할 수 있다.

퇴계 독서법은 심층적이면서도 거시적이다. 공부론을 파고들어가서 그 근원이 독서지락에 있다고 하기 때문에 심층적이고, 실천 방안을 모색하는 한편 다기한 공부론을 독서법의 이치로 통합해내기 때문에 거시적이다. 심층적이고 거시적인 퇴계 독서법은 강력하고 끝없는 수양을 요구한다. 독서지락, 樂의 실천 방안,

---

11 大抵義理之學 精微之致 必須大著心胸 高著眼目 切勿先以一說爲主 虛心平氣 徐觀其義趣(『退溪全書』卷16, 書, 答奇明彦 四端七情分理氣辨 第1書)

12 分而言之 固有不同 總而言之 皆天所賦(『退溪全書』遺集/ 外篇, 卷7, 四書總論)

공부론에서 취하는 독서법의 이치가 모두 주체성이나 인간성의 확립을 전제로 하기 때문이다. 당연히 공맹의 공부론은 爲己之學에 입각해 있고, 그런 공맹의 공부론에 토대를 둔 퇴계 독서법 또한 위기지학에 입각해 있다. 위기지학이란 자기반성에만 머무르지 않으며 반드시 도덕적 실천을 지향한다. 이 점에서 퇴계 독서법은 완결 상태가 아니다. 성인의 글에서 道와 樂을 느끼고, 느낀 바를 실천하고, 공부론으로부터 독서법의 이치를 탐색해야 하므로, 진행 상태라고 해야 옳을 것 같다.

二程子와 張子의 독서법 수용

퇴계 독서법에서 거론된 이정자와 장자의 독서법은 긴 편이다. 공자와 맹자의 경우와는 달리, 이정자와 장자의 독서법이 人性論의 범주를 벗어나서 우주론으로 확장되기 때문에 이런 현상이 생긴다고 본다. 퇴계가 이정자와 장자를 통해 파악한 독서의 궁극적 목적은 仁의 실현이다. 天人關係論을 개진하면서 성현의 글을 언급한 程顥와 程頤와 張載의 仁論이 독서의 궁극적 목적을 추론할 수 있는 단서가 된다. 정호와 정이와 장재는 각기 다른 관점에서 仁論을 개진했고, 이들의 논의를 활용하는 퇴계 또한 仁의 실현을 다각도로 강조한다. 心與理一의 차원과 體認方法의 차원과 體用分別의 차원이 그것이다. 仁에 대한 각 차원의 논의를 살피면서 퇴계가 이정자와 장자의 독서법을 어떻게 수용했는지를 확인해 보기로 한다.

心與理一의 차원은 程顥를 통해 나타낸다. 정호는 〈定性書〉에서 性을 안정시키는 방법을 논했고, 퇴계는 〈定性書〉를 心與理一의 차원으로 수용했다. 〈定性書〉의 "이른바 定이란 動해도 또한

定하고 靜해도 또한 定하여 보내고 맞이함이 없으며 안과 밖이 없다."[13]는 언급이 퇴계가 수용한 부분이다. 내용을 수용했다면 안과 밖을 일치시키는 독서법을 내놓을 만도 한데, 의외로 퇴계는 그렇게 하지 않았다. 안과 밖을 불일치시키는 독서법을 내놓고, 세상에는 그릇된 독서법이 판을 친다고 했다. 사물이 밖이라는 것만 알고 이치에 이쪽과 저쪽의 구분이 없다는 것을 모르는 경우와 사물이 밖이 아니라는 것만 인식하고 이치를 표준으로 삼지 않는 경우가 그것이다.[14] '그릇된 독서법'론에는 세인의 독서법을 질타하는 의미도 담겨 있고 그릇된 독서법 이외는 모두 올바른 독서법이라는 포괄적인 의미도 담겨 있으니, 퇴계가 이 둘을 동시에 겨냥했으리라 여겨진다.

體認方法의 차원은 程頤를 통해 나타낸다. 독서의 이유와 조건과 태도가 체인방법의 차원에 해당된다. 퇴계에 의하면, 정이는 천지만물의 理를 깨달으면 손과 발이 우쭐댔고,[15] 시간과 공간에 구애되지 않고 독서했고,[16] 글의 뜻을 가까운 데서부터 강구했고,[17] 靜을 주로 삼아 動을 잘 다스림으로써 中和의 극치에 도달했다.[18] 정이는 인성론, 우주론, 존재론, 가치론 등의 영역에 걸쳐 두루 의견을 개진했지만, 퇴계는 가치론에 맞추어 정이의 주장을 동원하는 경향을 보인다. 정이는 주리론자로서 문인들의 질문에 자상하게 답변했고 그런 답변이 문집에 실려 있으므로, 성리학자

---

13 所謂定者 動亦定 靜亦定 無將迎 無內外(『近思錄』第2, 爲學-定性書)
14 『退溪全書』卷13, 答李達李天機 참조.
15 『退溪全書』卷32, 書, 答禹景善近思錄問目 참조.
16 『退溪全書』卷35, 書, 答李宏仲 참조.
17 『退溪全書』卷28, 書, 與金而精 참조.
18 『退溪全書』卷42, 記, 靜齋記 참조.

라면 정이의 답변 내용을 모를 리가 없다. 퇴계는 정주학을 계승한 학자이니 정이의 답변 내용을 외웠을 만도 하다. 문인들이 '어떻게 독서하면 좋은가?'에 대해 묻기만 하면 곧장 정이의 답변을 동원한 까닭이 여기에 있다.

體用分別의 차원은 張載를 통해 나타낸다. 장재는 〈西銘〉에서 性으로서의 仁을 논했고, 퇴계는 〈서명〉의 내용을 체용론의 관점에서 수용했다. 즉 "乾은 父요 坤은 母라. 나의 이 조그마한 모습은 이에 혼연히 그 가운데에 있다. 고로 하늘과 땅 사이에 가득찬 것은 나의 형체요 하늘과 땅의 거느리는 이치는 나의 본성이다. 백성은 나의 동포요 만물은 나와 같은 무리라."[19]는 〈서명〉의 논점을 仁으로 보고, 그런 仁을 愛의 體로 규정했다. "모름지기 〈서명〉의 뜻을 익숙하게 완미하여 仁의 體를 알아라."[20]고 하는 데서 이 점이 드러난다. 장재가 〈서명〉에서 仁이 體라고 하지 않았음에도 불구하고 퇴계가 仁을 體라고 규정한 까닭은 用이요 情인 愛에 그치지 말고 體요 性인 仁을 파악하라고 하기 위함이다. 그 결과, 퇴계는 장재의 〈서명〉에 근거하여 仁의 실현을 독서의 궁극적인 목표로 설정할 수 있었다.

이정자와 장자를 통해본 퇴계 독서법은 수양론과 우주론과 인식론의 성향을 모두 함유한다. 세 가지 중에서 수양론은 가장 기본적이다. 퇴계 독서법에서 수양론을 뒷받침하는 心과 敬이라는 용어가 어디서나 나타나기 때문이다. 퇴계가 정자와 주자의 영향을 받아 人性이 天理에 합치되어야 한다고 믿고 있고, 그런 믿음

---

19 "乾稱父 坤稱母 予玆藐焉 乃渾然中處 故天地之塞吾其體 天地之帥吾其性 民吾同胞 物吾與也(『張載集』, 西銘)"에 이런 내용이 나타난다.

20 須熟玩西銘之旨 識得仁體(『退溪全書』卷28, 書, 答金惇敍)

을 독서법에다 담아낸다는 점이 그 근거이다. 문제는 우주론과 인식론이다. 心與理一의 차원은 우주론에 속하고 體認方法과 體用分別의 차원은 인식론에 속하는데, 우주론의 경우보다 인식론의 경우가 더 많이 나타난다. 이 점은 우주론에 대한 이정자와 장자의 위상을 시사한다. 이정자와 장자가 우주론적 성향을 보이기는 하되 체계적이거나 본격적이지 못하다고 여기고 인식론에 더 의존했던 것이다. 퇴계가 동양 사상사의 추이에 맞추어 이정자와 장자의 논의를 조절했으리라는 추측이 가능하다.

朱子 성리학적 독서법의 계승과 확장

주지하다시피 퇴계는 주자를 무척이나 존숭했다. 奇明彦과 四端七情論辨을 전개하면서 "주자는 내가 스승으로 삼은 분이며, 또한 천하고금의 宗師로 삼는 분"[21]이라고 한 데서 이런 태도가 드러난다. 이 발언의 내용만큼이나 퇴계는 독서법에서 주자의 논의를 전범으로 삼았기 때문에, 주자는 두 말할 필요 없이 퇴계의 스승이라 할 수 있다. 퇴계가 전적으로 스승의 울타리 안에 머물렀느냐 하면, 그렇지는 않다. 독서법에서 자기주장을 관철하느라 주자의 定論과는 상이한 '理의 능동성'을 주장했고, 그 결과 스승의 울타리를 넘어서게 된다. 스승이 언급했어야 하는 부분[22]을 파

21 朱子吾所師也 亦天下古今之所宗師也(『退溪全書』卷16, 書, 答奇明彦 論四端七情 第一書)

22 『退溪全書』卷18, 書, 答奇明彦 別紙에서 간접적으로 언급하고 있다. 理에 無情意와 無計度과 無造作인 體와 發·動·到의 至神之用이 있음에도 불구하고 至神之用을 인식하지 못해 理를 거의 死物로 볼 뻔했다고 한다. 주자가 理의 至神之用을 인정하지 않음에 비추어 볼

고들어 자기 나름의 독서법을 개창했으니, 독서법의 확장이라 부를 만하다. 퇴계는 주자 독서법을 어떻게 수용하고 확장했는가? 이 점이 여기에서 살펴야 할 과제이다.

계승의 측면

퇴계가 소개한 주자의 글은 독서와 관련된 논설뿐만이 아니다. 수양과 관련된 논설과 독서목적과 관련된 논설도 제시되곤 한다. 이들 논설은 제각기 별도로 제시되면서도 몇몇 항목끼리 유형성을 징하게 보인다. 독서법, 수양법, 독서목적이 그것이다. 독서법에는 迎刃而解[23]와 優游涵泳과 詳審精密이 속하고, 수양법에는 操存省察과 主靜持敬과 通貫動靜이 속하고, 독서목적에는 仁[24]의 체인이 속한다. 독서법, 수양법, 독서목적은 상위와 하위의 층차를 보인다. 수양을 통해 독서 행위를 하고 독서 행위를 통해 특정한 목적을 달성하고자 한다는 점에서, 수양법이 제일 밑에 놓이고 독서법이 바로 그 위에 놓이고 독서목적은 제일 위에 놓인다.

때 理의 至神之用은 주자가 언급했어야 하는 요목이 된다.

23 '迎刃而解'는 "文字大節目痛理會三五處 後當迎刃而解 學者所患 在於輕浮 不沉著痛快(『朱子語類』卷10, 讀書法 上, 조목14)"에서 따온 말이다. 『晉書』卷34, 杜預傳에 처음 나온다. 晉國 大將軍 杜預가 吳國을 치면서 '대나무의 처음 두세 마디를 쪼개면 그다음 마디가 손쉽게 쪼개지듯, 초기 戰線이 무너진 오국을 밀어붙이면 손쉽게 함락시킬 수 있다.'의 의미로 사용했다. 한낱 전쟁 용어에 불과하던 '영인이해'가 『朱子語類』에 들어오면서부터 의미 변화가 일어난다. 주자의 의도를 살려 해석해 보면, '글의 핵심을 철저하게 장악하면 그 나머지는 아주 쉬워지므로, 모름지기 핵심을 공략하라!'는 의미가 된다.

24 주자는 천지만물에도 仁이 들어 있고 심지어 '성현의 글 저 한 단락'에도 仁이 들어 있다고 하며 독서의 궁극적 목적을 仁의 체인에 두었다. 신태수, 「『朱子語類』〈讀書法〉의 層位와 그 構成主義的 性格」, 『嶺南學』21, (경북대 영남문화연구원, 2012), 316쪽 참조.

각각의 유형에 층위의 개념을 부여하면, 순차적으로 층위1, 층위2, 층위3이 된다.

층위1, 층위2, 층위3은 독자성과 의존성을 지닌다. 독자성은 퇴계가 주자 독서법으로 그 자신의 주장을 뒷받침하는 수단으로 삼지 않고, 주자의 논설로 지침을 삼고 그 자신의 주장을 보조수단으로 삼는 데서 연유한다. 퇴계가 주자의 書인 〈答李晦叔〉을 근거로 하여 金惇叙의 독서병통을 지적하는 경우[25]가 그 대표적 사례이다. 한편, 의존성은 층위1의 다음에 층위2가 필요하고 층위2의 다음에 층위3이 필요한 데서 연유한다. 독서법은 수양법에 의존하고 독서목적은 독서법에 의존하므로 의존성이 연쇄적이고 계기적이다. 따라서 주자의 논설은 독자적이면서 동시에 의존적이다. 층위1에 속하는 각 수양법이 그 자체로 완결된 의미를 지니면서 층위2를 겨냥하고 층위2에 속하는 각 독서법이 그 자체로 완결된 의미를 지니면서 층위3을 겨냥하기 때문에 독자성과 의존성이라는 두 축이 형성될 수 있다.

우연적이기는 하나 층위1과 층위2에 각기 세 개 항목의 수양법과 독서법이 있으므로, 각 항목 간에 어떤 관련이 있는지를 따지지 않을 수 없다. 세 개의 항목끼리는 그 위상이 같다. 층위1에 속하는 操存省察과 主靜持敬과 通貫動靜 각각은 수양법의 서로 다른 측면이다. 모두 心의 영역에 속하고 敬을 기본 요건으로 한다. 敬으로 心을 주재해야 操存省察과 主靜持敬과 通貫動靜이 가능하기 때문에 이렇게 볼 수 있다. 한편, 층위2에 속하는 迎刃而解

---

25 "朱子謂李晦叔曰 罷卻許多閒安排 除卻許多閒言語 只看操則存一句是如何 此是公當病之藥 試思之(『退溪全書』卷28, 書, 答金惇叙)" 참조.

와 優游涵泳과 詳審精密 각각은 독서법의 서로 다른 측면이다. 모두 주제 파악의 방법으로서 敬과 熟讀精思를 기조로 한다. 敬에 입각해서 읽어야 操存省察과 主靜持敬과 通貫動靜이 가능하기 때문에 이렇게 볼 수 있다. 세 개의 항목끼리 敬이나 熟讀精思를 기조로 한다는 점에서, 일정 부분 의미가 서로 겹쳐지면서 교차개념을 형성한다고 해도 좋을 것 같다.

층위3 : 독서목표	仁의 체인 ············	敬
	↑ ············	敬
층위2 : 독 서 법	영인이해, 우유함영, 상심정밀 ···	敬
	↑ ············	敬
층위1 : 수 양 법	조존성찰, 주정지경, 통관동정 ···	敬

이상의 논의를 토대로 하여 층위 간의 관계를 도표로 정리해 보았다. 얼핏 보면 퇴계가 상대 문인의 성향과 분위기에 따라 산발적으로 주자의 논설을 인용한 듯이 보이지만, 의외로 층위 간의 관계가 긴밀하다. 즉, 층위1 없이는 층위2와 층위3이 무의미하고 층위2와 층위3 없이는 층위1과 층위3 그리고 층위1과 층위2가 무의미하다. 주자가 층위1과 층위2와 층위3을 묶어서 통합적인 독서법 체계를 구상했을 개연성이 높고, 그런 점을 퇴계가 놓치지 않고 포착했다고 할 수 있다. 아마도 퇴계의 머릿속에는 주자의 통합적인 독서법 체계가 체계적으로 입력되어 있었을 것 같다.[26] 좀 더 자세하게 말한다면 퇴계가 주자의 머릿속에

26 李叔獻과 奇明彦에게 준 글에서 이 점을 확인해볼 수 있다. 이숙헌에게 준 글에서 '보는 곳

들어가서 체계적으로 고안해 놓은 통합적인 독서법 체계를 복사한 다음, 수요자의 성향과 분위기에 따라 하나 하나 끄집어내어 활용한다고 해도 그리 어긋나지 않는다.

주자가 실제로 통합적인 독서법 체계를 구상했는지는 알 수 없으나, 결과적으로 나타나는 독서법 체계는 주자의 몫이고 퇴계의 몫이다. 퇴계가 통합적인 독서법 체계가 필요하다고 믿고 그런 독서법 체계를 주자로부터 연역했기 때문이다. 주자의 몫과 퇴계의 몫을 분별하기 어려운 이상, 통합적인 독서법 체계는 주자의 결정체이기도 하고 퇴계가 구상하고 다듬어낸 결정체이기도 하다. 통합적인 독서법 체계는 특정 독서인을 겨냥하지 않는다. 바꾸어 말해, 수양법과 독서법을 잘 체득해서 실천하는 독서인이라면 어느 누구나 통합적인 독서법 체계의 층위3에 도달할 수 있다. 독서인 모두에게 도달 가능성이 열려 있다는 점에서 퇴계가 거론하는 주자의 통합적인 독서법 체계는 사뭇 개방적이다. 퇴계가 주자 독서법을 개방적으로 체계화했으니, 퇴계야말로 창조적 수용자라 해도 지나치지 않다.

마다 시비의 마음을 갖는다.'고 지적하고 기명언에게 준 글에서 '칠정 속에 사단을 포함시킨다.'고 지적하며, 이런 병통이 '옳은 곳을 찾아 궁구하여 찾아내는 명백하고 평실하고 정당한 도리'에 이르지 못하게 한다고 질타한다. '옳은 곳을 찾아 궁구하여 찾아내는 명백하고 평실하고 정당한 도리'를 퇴계 독서법에 비추어보면, 통합적인 독서법 체계에 다름 아니다. 요컨대 퇴계는 이와 같은 통합적인 독서법 체계에 입각해서 이숙헌과 기명언의 병통을 질타했다고 생각된다. 이숙헌의 경우는 『退溪全書』卷14, 書, 答李叔獻에 나타나고, 기명언의 경우는 『退溪全書』卷16, 書, 答奇明彦 論四端七情 第一書에 나타난다.

확장의 측면

퇴계가 소개하는 주자 독서법에 활간이라는 개념이 나타난다. 명시적으로 언급된 경우만 해도 두 군데이다.[27] '활간'의 사전적 의미는 '전후 맥락에 의거해서 글의 뜻을 융통성 있게 파악하는 방법'이다. 활간에 입각한 독서를 활간독서법이라 할 때 '활간독서법'이란 '이치에 입각해서 활간하고 본질을 파악해내는 독서법'이 된다.[28] 퇴계가 주자 독서법으로 활간독서법을 연역해 내었다면 활간독서법에 대한 양자의 논의가 같을 듯하나, 그렇지 않다. 주자와 퇴계가 모두 활간독서법의 목적을 '心與理一의 체인'에 두고 있기는 해도, 理의 속성에 대한 견해가 서로 다르기 때문에 활간독서법의 세부 내용은 같지 않다. 왜 같지 않으며 그 의미는 무엇인가? 퇴계 독서법에 나타난 주자 독서법을 검토하면서 이 점을 확인해 보기로 한다.

퇴계와 주자는 理發 문제를 놓고 서로 견해를 달리한다. 理에 대해 주자는 氣의 動靜 원리라고 하면서도 理發을 인정하지 않으려 하는 데 비해, 퇴계는 心을 살아 있도록 하는 天德이라고 하며 理發을 적극적으로 인정하려 한다. 퇴계가 이렇게 주장한 까닭은 心의 理를 통해 인간의 위상을 높이기 위함이다. 주자 所論인 '性卽理'說의 理가 發한다고 하지 않고서는 사회와 역사에 대한 人

---

27 출저는 『退溪全書』卷23, 書, 答趙士敬問目과 『退溪全書』卷29, 書, 答金而精이다. 활간이라는 용어를 직접적으로 사용하지 않으면서 그 취의를 활용한 경우는 문집의 도처에서 나타난다.

28 신태수, 「退溪 活看讀書法의 根據와 志向」, 『退溪學論集』11, (영남퇴계학연구원, 2012), 35쪽 참조.

의 주체성을 강조하기 어려우므로, 理의 體가 활발발하게 發한다고 하기에 이르렀다. 양자의 理觀이 서로 다르므로, 경전의 理에 대한 해석도 같을 수 없다. 理에 대해 퇴계는 활발발한 心과 천지 만물의 理라고 하고, 주자는 氣에 대한 동정 원리로서의 理라고 한다. 퇴계 독서법에서는 주자 독서법에 나타난 理를 發로 해석하려는 경향을 보이는데, 이는 주자가 理發로 보지 않는 문제를 놓고 퇴계가 理發로 읽어내려 한 것으로 볼 수 있다.

주자가 理發로 보지 않음에도 불구하고 퇴계가 理發로 해석하는 사례로 金而精에게 보낸 글을 들 수 있다. "주자가 黃義剛의 '心은 곧 이 한 덩어리가 아닌가.'라는 물음에 답하기를 '이것은 그런 心이 아니라 神明이 오르내리는 집이다.'라고 했다."가 그것이다.[29] 心을 神明의 집이라고 하여 心에 대한 개념 규정을 했는데, 이 개념 규정의 핵심은 바로 '神明'에 있다. 〈天命圖說〉에 의거하면, 神明은 理氣의 合으로서 體와 用을 포괄하는 용어이다. 퇴계가 이와 같이 언급한 心의 神明, 더 정확하게 언급하면 理의 用은 주자에게서는 나타나지 않는다. 주자학도인 퇴계의 고민이 여기에 있다. 주자의 정론을 지키면서 理發說을 고수하기 위해서는 體用論의 用에 理發을 배속시킬 수밖에 없다. 神明論은 그런 노력의 일환이다. 주자의 정론을 어기지 않는 듯하며 사실은 어긴 셈이니, 신명론이 꽤나 교묘하다고 하지 않을 수 없다.

신명론은 무늬만 理發說과 다를 뿐 내용은 理發說과 하등 다를 것이 없다. 독자의 입장에서 겉은 神明論이고 속은 理發說이라

---

29 朱子之答黃義剛心不是這一塊之問曰 此非心也 乃心之神明升降之舍(『退溪全書』卷29, 答金而精)

는 점을 간파하려면 독서법이 예사롭지 않아야 할 터인데, 퇴계는 그런 독서법을 설파할 때에도 '주자 동원하기'를 잊지 않는다. "①만약에 능히 주 선생의 독서법처럼 ②순서에 따라 마음을 전일하게 하여 익숙하게 읽고 정밀하게 생각하며 배부른 것처럼 푹 젖어서 오래 노력하여 쌓은 공이 깊어지면 맛이 없는 가운데 맛이 있게 된다."[30]는 언급이 그 대표적인 예이다. 퇴계가 빈번하게 物理의 활발발성을 음식의 맛에 비유한다는 점[31]을 상기할 때 '맛이 없는 가운데서 느끼는 맛'은 理發의 경지를 일컫는 비유어라고 할 수 있다. 理發說이 주자와 관련이 없는 이상, 퇴계가 자기 주장인 ②를 강조하기 위해 자기 주장과 직접적으로 관련이 없는 ①을 동원했다고 하지 않을 수 없다.

퇴계는 주자 독서법을 벗어났기 때문에 역설적으로 주자 독서법을 더욱 필요로 한다. 주자학도로서 주자 독서법을 벗어났으니, 겉모습이라도 같게 맞추어놓고 주자학도의 위치를 지키지 않으면 안 된다. 活看讀書法을 이런 차원에서 이해해볼 만하다. 속모습은 다를지언정 주자가 내세운 활간독서법의 겉모습을 그대로 가져오기 때문이다. 관심사는 물론 속모습이다. 속모습의 진수는 心與理一의 해석에서 나타난다. 퇴계는 주자와는 달리, 心의 활발발한 理를 추찰하여 원래부터 하나인 人과 天, 一理와 衆理의 원리를 깨달아야 활간독서법에 부응한다고 본다. 여기서 理發을 인정하지 않고 義理나 이치를 파악하는 데서 그치는 주자의 경우와는 현격히 달라진다. 퇴계는 주자로부터 활간독서법을 받아들이되 주자와

---

30 若能如先生讀書法 循序致一 熟讀精思 優游厭飫 力久功深 到得無味中有味(『退溪全書』卷28, 書, 答金惇叙)

31 신태수, 앞의 글, 47쪽 참조.

견줄 수 없을 만큼 그 범주와 내용을 확장시켰으니, 퇴계야말로 주자 독서법을 뒤바꾸어놓은 혁신가라 아니할 수 없다.

퇴계 전통 독서법 인식의 사상사적 위상

퇴계 독서법에는 수용과 창조의 두 축이 교직되어 있다. 퇴계가 義理[32]의 차원에서 성현의 논설을 취택하기 때문에 이런 현상이 생긴다. 의리의 근원은 『孟子』의 "理也義也"[33]에 있다. 『孟子』의 "理也義也"를 宋代 理學者들이 행위의 준칙으로 삼았고, 퇴계는 이런 준칙을 기꺼이 수용했다. 『退溪全書』의 글 130여 편에서 '의리'를 수백 차례나 사용한 데서 이 점이 드러난다. 퇴계는 '의리'를 사용하는 데서 그치지 않고 학문적 차원으로까지 끌어올리고 있다. 130여 편 중의 11편에서 사용한 '義理學'이 그런 점을 말해 준다. 흔히 의리학을 성리학의 별칭이라고 말하지만, 퇴계의 경우는 성리학의 별칭에만 머무르지는 않는다.[34] 거의 대부분 성리학 그 자체가 아닌 성리학의 학문 방법론을 지칭하고 있기 때문이다. 대표적인 경우를 들어본다.

---

32 의리의 사전적 의미에 대해서는 오석원, 『한국도학파의 의리사상』, (성균관대 출판부, 2005), 297~304쪽에 잘 정리되어 있다.

33 "人心之所同然者 何也 謂理也義也(『孟子』告子 上)"의 언급 속에 들어 있다.

34 엄밀하게 말해, 의리학과 성리학은 동의어가 아니다. 신유학을 놓고 格物致知하여 善을 밝힌다고 할 때는 성리학이라고 하고 도덕적 실천원칙에 입각하여 修己治人한다고 할 때는 의리학이라고 한다. 원시유학과 구별하기 위해 성리학을 신유학이라 하므로, 성리학과 신유학은 동의어이고 의리학은 성리학 내지 신유학의 학문 방법론이 된다. 성리학과 의리학의 관계에 대한 이상익, 「한국의 義理思想에 대한 접근법」, 『한국철학논집』33, (한국철학사연구회, 2012), 37쪽의 논의를 토대로 이런 언급을 해볼 수 있다.

① 대체로 의리의 학과 정미한 이치는 (단순하지 않아서) 반드시 마음을 크게 하고 안목을 높게 하여 반드시 먼저 일설로써 주장을 삼지 말고 마음을 텅 비우고 기운을 고르게 하여 천천히 그 의취를 살펴야 합니다. 같은 것 가운데 나아가 다름이 있음을 알고 다른 것 가운데 나아가 같은 것이 있음을 보며, 나누어서 둘로 해도 그 일찍이 떨어지지 않음을 해치지 않고, 합해서 하나로 해도 실제로는 서로 협잡하지 않음으로 귀착되어야만 두루 알고 치우침이 없게 되는 것입니다.

大抵義理之學 精微之致 必須大著心胸 高著眼目 切勿先以一說爲主 虛心平氣 徐觀其義趣 就同中而知其有異 就異中而見其有同 分而爲二 而不害其未嘗離 合而爲一 而實歸於不相雜 乃爲周悉而無偏也 (『退溪全書』卷16, 書, 答奇明彦 論四端七情第一書)

② 황이 명언이 사람됨을 매우 중히 여깁니다. 그는 이미 얻은 것이 있고 나서도 물러나 공부를 더하니, 이 한가지 일만 해도 남들이 따라가지 못하는 곳입니다. 다만 그 호기를 아직 제거하지 못하고 의리의 학에 정밀한 연구가 부족하여 겨우 남의 말을 듣자마자 자신의 견해에 맞지 않는 곳이 있으면 곧 붓을 휘둘러 한결같이 남을 공격하면서 이러니저러니 많은 말을 늘어놓아 자기를 내세우고 이기기를 구하는 뜻이 있으니, 이것이 아마 작은 병이 아닐 것입니다.

滉甚重明彦之爲人 其既得了 又退加工 只此一事 人所不及處 但其豪氣未除 於義理之學 尙未見細意硏精 才見人說話 有不合己見處 便奮筆作勢 一向攻他胡說將去 似有立己求勝之意 恐此不是小病) (『退溪全書』卷25, 書, 答鄭子中)

①과 ②는 각기 지향점이 다르지만, 성리학의 학문 방법론을 담고 있다는 점에서 일치한다. ①에서는 성리학이 정미한 道를 다루므로 활간이 필요하다고 한다. 성리학은 같은 것 속에 다른 것을 담고 다른 것 속에 같은 것을 담는다고 하면서 상황을 잘 판단하라고 하는 데서 이 점이 드러난다. 한편, ②에서는 논자들이 각자의 처지에서 실천적인 道理를 추구하므로 상황을 정밀하게 판단해야 한다고 한다. 특정한 학설이 그 나름의 상황에서 도출되었다고 하면서 정확한 판단 없이 남을 이기려고만 해서는 안 된다고 하는 데서 이 점이 드러난다. ①과 ②는 각기 성리학의 서로 다른 측면을 언급하고 있으면서도 긴밀한 관계를 유지한다. 둘을 묶어서 의리학의 조건을 규정한다면, 도덕성, 상황논리, 실천적 규범이 된다. 도덕성과 실천적 규범의 경우는 모든 성리학자가 동일하겠지만, 상황논리의 경우는 성리학자마다 그 의견이 다를 수 있다.

이와 같은 의리학의 요건에 입각할 때, 퇴계는 주자학도이면서도 주자학도가 아니다. 주자 독서법을 아주 많이 수용했기 때문에 주자학도이기도 하지만, 주자 독서법을 벗어나서 상황논리에 충실하기 때문에 주자학도가 아니기도 하다.[35] 사정이 이러하므로, 퇴계가 주자로부터 어느 정도로 영향을 받았는지만을 따지게 된다면 한계를 지닌다. 바꾸어 말하면, 퇴계의 상황논리를 인정하지 않으려 하거나 퇴계의 상황논리를 인정하더라도 주자의 정론에서 벗어나지 않았다고 변론하거나 해서는 안 된다. 영향 관

35 한형조, 『주희에서 정약용으로』, (세계사, 1996), 128～135쪽 참조. 저자는 퇴계가 理와 氣를 對擧시킴으로써 주자가 구상한 理氣의 구도를 심각하게 뒤흔들었다고 진단하고 있다.

계라는 협소한 틀에 갇히지 말고, 주자학도가 아니기도 한 면모를 포괄하는 방법을 찾아야 한다. 이 점에서 의리학을 주목할 필요가 있다. 주자학자이기도 하고 주자학자가 아니기도 한 측면을 한꺼번에 다룰 수 있는 방법이기 때문이다. 의리학으로 퇴계 독서법을 살필 때 다음과 같은 네 가지의 사실이 밝혀진다.

첫째, 독자적인 안목으로 성현의 공부론과 독서법을 취택한다. 취택의 증거는 세 가지이다. 우선, 공부론의 근원을 독서지락으로 보고 독서지락이 공부론을 견인한다고 한 점이다. 공맹이 설정하지 않은 독서지락을 공부론의 전제로 삼음으로써 독서지락과 공부론을 하나의 체계로 묶었다고 할 수 있다. 그 다음으로, 수양론을 공부론과 독서법의 기조로 삼았다는 점이다. 현실과 이상의 간극을 벌려놓고 독서인이 주체성 내지 인간성을 확립해야 한다고 함으로써 전체 학문 영역의 기조를 수양론으로 설정했다고 할 수 있다. 또 그 다음으로, 학문의 발달이 인성론과 존재론에서 우주론과 가치론으로 발전한다고 한 점이다. 시대별로 논자의 개성과 사상을 고려함으로써 학문의 발전 추이를 논했다고 할 수 있다. 퇴계가 통시적이고 공시적인 안목으로 대상을 점검했기 때문에 이와 같은 구도 설정이 가능했다고 생각된다.

둘째, 주자 독서법의 취의를 수용하되 독서법의 용어는 임의로 붙인다. 주자 독서법 중의 '迎刃而解'가 그 좋은 예이다. 영인이해는 '글의 핵심을 철저하게 장악하면 그 나머지는 쉬워지므로 모름지기 핵심을 공략하라'는 독서법 용어로서, 널리 알려진 주자 독서법 중의 하나이다. 퇴계가 '영인이해'라는 독서법을 알았을 터인데도 그 취의만을 따서 활용했을 뿐, 한번도 직접적으로 그런 독서법을 거론한 적이 없다. "처음에 한 겹의 장벽을 무너뜨리기는 극히 어려우나 그 다음에 한 겹을 무너뜨릴 때에는 힘이 조금씩 덜 든다는 것을 깨닫게 된다."[36]고 하는 정도, 즉 '消磨隔子'가 고작이다. 퇴계가 '영인이해'를 사용하지 않는 까닭은 영인이해가 '消磨隔子'보다 추상적이기 때문이 아닌가 한다. 비유어인 '대나무와 칼'보다 일상어인 '격자'가 더 구체적이라는 점을 감안할 때, 구체적 의미를 위해서 원래의 용어를 버렸다고 할 수 있다.

셋째, 理와 氣를 분리시키고 理를 活物로 설정함으로써 활간독서법이 대두하도록 한다. 퇴계는 程朱로부터 理氣論을 수용하되 理와 氣의 관계론까지 수용하지는 않았다. 즉, 퇴계는 理와 氣를 不相離 관계라 하는 정주와는 달리, 理와 氣를 不相雜 관계라고 했다. 氣는 理의 발용을 저지하려 하고 理는 氣의 저지선을 뚫고 發·動·到하려 한다고 보기 때문에, 理와 氣가 긴밀하다고 할 수 없었다. 이처럼 理를 氣와 분리시켜 놓으니, 心與理一의 '理'가 活物이라고 하기가 용이해졌다. 理를 활물이라 할 때 理가 들어 있는 心도 활물이 되고, 理가 들어 있는 만물도 활물이 된다. 心과 만물이 활물이니, 결국 天地의 모든 人과 物이 활물이다. 그런 활물성을 체인하기 위해서는 활간독서법 이외에 방법이 없다는 점에서, 활간독서법은 理의 활물성으로 인해 가능하고, 理의 활물성은 理와 氣의 대거로 인해 가능하다고 할 수 있다.

넷째, 仁의 구현이라는 목적을 내걸고 통합적인 독서법 체계를 마련한다. 주자가 독서와 仁을 긴밀히 관련시킨 이래 독서와 仁의 긴밀한 관계는 성리학적 정론이 되었다. 퇴계는 이 울타리 안

36 "初間消磨了這一重隔子 極難 次又消磨了一重 其難不至如前(『退溪全書』卷37, 書, 答李平叔問目)"의 '初間消磨了這一重隔子'에 있는 '消磨隔子'가 '영인이해'의 대응어가 될 만하다. '消磨隔子'는 추상적인 '영인이해'보다 더 구체적이고 현실적이다.

에 머물되 자기 시각으로 독서와 仁의 관계를 규정하고자 했다. 퇴계에 따르면 理가 發하기 때문에 體요 性인 仁도 發한다고 할 수밖에 없었고 仁의 신축성 또한 강하다고 할 수밖에 없었다. 즉, 仁의 체인이란 우주로까지 뻗어나갈 수도 있고 우주에서 지상으로 곤두박질칠 수도 있다.[37] 신축성이 큰 변동폭을 유발하니, 어떤 자리든 지속적이지 못하다. 퇴계는 이런 정황을 널리 알릴 장치가 필요하다고 느꼈고, 그 결과가 통합적인 독서법 체계로 나타났다. 통합적인 독서법 체계에서는 '층위1'에 머물다가 '층위3'으로 올라갈 수도 있고 '층위3'에 있다가 '층위1'로 내려앉을 수도 있는데, 이와 같은 역동적인 체계는 仁의 변동폭을 반영했기 때문이 아닌가 한다.

의리학의 측면에서 퇴계 독서법을 점검해보니, 퇴계가 무엇에 주안점을 두는지가 분명히 드러난다. 공맹이 설정하지 않은 독서지락을 공부론의 전제로 삼아 학문의 기본 토대를 소명해 낸다든지 영인이해의 취의를 적출한 다음 당대의 독서 분위기에 맞추어 '消磨隔子'를 구체화해 낸다든지 理의 활물성에 착안하여 독서인에게 활간독서법의 필요성을 규명해 낸다든지 통합적인 독서법 체계를 통해 仁의 체인 상태가 달라지는 현상을 구도화해 낸다든지 하므로, 역사적·사회적 요구를 감지하고 그것에 능동적으로 대처하는 데 주안점을 두었다고 할 수 있다. 결국, 독서인에 대한 역사적이고 사회적인 요구 조건을 인식하고 그렇게 인식한 요구 조건에 능동적으로 대처한 결과가 이른바 퇴계의 의리학이다. 이

37 "此仁者所以與天地萬物爲一體 惻隱之心 足以普四海彌六合也 然這也不是懸空底物事 人有腔子 乃其爲樞紐總腦處 故這箇物事 充塞在這裏 爲天下之大本 由其無方體無內外 故充塞在這裏底心(『退溪全書』卷19, 書, 答黃仲擧)"을 통해 이런 해석을 해볼 수 있다.

런 의리학은 당대 독서인에게 共同善의 원칙을 제공한다. '독서인의 존재론적 성찰과 우주적 자아의 확립'이 그것이다.[38]

의리학이 공동선의 원칙을 표방한다면 그런 공동선의 원칙은 사회적 차원의 공동선을 지향하게 마련이다. 퇴계는 개인적 차원의 공동선을 배격한다. 문인들에게 개인적 차원의 공동선이 사회적 차원의 공동선과 어긋난다고 하며, 사회적 차원의 공동선에 입각해서 개인적 차원의 공동선을 통제해야 한다고 주장한다.[39] 무엇이 사회적 차원의 공동선인지는 '독서인의 존재론적 성찰과 우주적 자아의 확립'에 비추어서 밝혀낼 수 있다. 독서인의 존재론적 성찰이란 '性善의 신념에 입각한 博文約禮'이고 우주적 자아의 확립이란 '활물성을 지닌 仁의 구현'이므로, '性善의 신념에 입각한 박문약례'와 '활물성을 지닌 仁의 구현'이 사회적 차원의 공동선이다. 바꾸어 말해, 이 두 가지 조건을 모두 갖춘다면 사회적 차원의 공동선이 된다. 퇴계의 통합적인 독서법 체계는 가장 대표적으로 거론할 수 있는 사회적 차원의 공동선이다.

퇴계는 사회적 차원의 공동선을 확보하기 위해 세 가지 방법론을 제시한다. 우선, 主理論과 맞서는 글도 수용한다는 점이다. 주기론자인 정호나 장재의 글을 仁論에서 수용[40]한 경우가 그 좋은

---

38 "存養惺惺而已 到講習應接時 方思量義理 固當如此(『退溪全書』卷14, 書, 答李叔獻 別紙)", "延平默坐澄心 體認天理之說 最關於學者讀書窮理之法(『退溪全書』言行錄, 卷1, 讀書)", "狀出仁體 因以破有我之私 廓無我之公(『退溪全書』卷7, 經筵講義, 西銘考證講義)" 등의 언급을 종합해 보면 이와 같은 논지를 얻을 수 있다.

39 心氣의 질환에 대한 『退溪全書』卷14, 書, 答南時甫 別幅의 논의와 학문의 頓悟 傾向을 비판하는 『退溪全書』卷14, 書, 答李叔獻 別紙의 논의와 혼륜 선호의 경향을 비판하는 『退溪全書』卷16, 書, 答奇明彦-論四端七情 第一書의 논의가 여기에 해당된다.

40 정호의 글은 『退溪全書』卷7, 箚, 進聖學十圖箚의 〈仁說圖〉에서 나타나고, 장재의 글은 『退溪全書』卷7, 經筵講義의 〈西銘考證講義〉에서 나타난다.

예이다. 그 다음으로, 개인적 차원과 사회적 차원의 공동선을 갈라내고 개인적 차원의 공동선을 비판한다는 점이다. 서화담의 氣論과 陽明心學이 사회적 차원의 공동선에 위배된다고 하며 통렬하게 비판한 경우가 그 좋은 예이다.[41] 또 그 다음으로, 정통 성리학자의 견해를 수용하여 사회적 차원의 공동선으로 삼는다는 점이다. 程朱로부터 수양론, 존재론, 우주론을 받아들여 퇴계식의 가치론으로 발전시킨 경우는 그 좋은 예이다. 이 중에서 마지막 방법론이 퇴계 독서법의 골간을 이루지만, 마지막 방법론이 곧 퇴계 독서법의 전부는 아니다. 의리학에 입각해서 정주의 견해를 수용했을 뿐이고 정주의 견해이기에 수용했다고 볼 수는 없다.

퇴계는 사회적 차원의 공동선을 확립하고자 한 학자이다. 공동선의 원칙은 의리학으로부터 나온다. 즉, 의리학은 전통 독서법의 취택 근거이고 공동선 형성의 가늠자이다. 공동선의 원칙은 개방적이면서도 단호하다. 독서인은 누구나 의리학의 주체가 된다는 점에서 개방적이라고 할 수 있고, 제3부-Ⅰ-2.1에서 살폈듯이, 층위3의 독서인도 수양을 게을리 하면 층위1의 독서인으로 내려올 수 있다는 점에서 단호하다고 할 수 있다. 개방적이고 단호한 사회적 차원의 공동선은 곧 개방적이고 단호한 의리학에서

41 『退溪全書』卷14, 書, 答南時甫 2통과 『退溪全書』卷25, 書, 答鄭子中講目과 答鄭子中 別紙에서 서화담을 혹평하고 있다. 이론이 정밀하지 못해 理를 氣로 오인한다고 하며 門徒들을 禪學 내지 佛道로 이끈다고 한다. 한편, 『退溪全書』卷41, 雜著, 傳習錄論辨에서 양명학을 비판하고 있다. 王陽明이 객관적 실재인 理를 주관적 心과 동일시하는 愚를 범했다고 하며 선유들의 정론을 자의로 부정한다고 한다. 두 경우 모두 그릇된 이론이 사회에 해악을 끼친다는 논점을 보이므로, 개인적 차원의 공리에 대한 부정적 견해를 표명한다고 할 수 있다. 李雲九, 「退溪의 斥異論 小考」, 『退溪學報』33, (退溪學研究院, 1982), 568~577쪽 참조.

비롯된다. 이렇게 볼 때, 퇴계는 주자의 시각으로 독서법을 구상하지 않고 의리학의 시각으로 독서법을 구상했다고 할 수 있다. 의리학의 시각으로 전통 독서법을 수용하기도 하고 창조하기도 하면서 사회적 차원의 공동선을 확립하고자 했으니, 퇴계를 주자학도라고 부르기보다는 의리학의 구현자라고 불러야 마땅하다.

II. 활간독서법의 근거, 목표, 양상

『퇴계전서』에서는 독서인에게 끊임없이 '활간'하라고 요구한다. 상당수의 書에서 '활간'을 언급하므로,[42] 퇴계가 얼마나 활간을 중시하는지 알 수 있다. 독서 방법으로서의 활간을 '활간독서법'이라 할 때, 활간독서법은 '전후 맥락에 의거해서 글의 뜻을 융통성 있게 파악하는 방법'을 가리킨다. 만약 융통성 없이 파악한다면 활간이 아닌 死看에 이르고 만다. 활간이 되기 위해서는 발화자의 처지를 잘 헤아려야 한다. 즉, 발화자의 의도나 가치관 등을 폭넓게 헤아려서 특정 字句의 의미를 정확하게 판단해야 활간독서법이 된다. 이와 같은 활간독서법은 朱子를 떠나 생각하기 어렵다. 『朱子語類』에서 보듯 주자가 二程子 및 張子의 독서법을

42 『退溪全書』에서 '활간'이라는 용어는 네 번 나오지만, '활간'의 취지를 언급한 부분은 아주 많다. 문인들과 독서법을 거론할 때는 으레 '活看'의 취지를 설파한다. '活看'이 너무나 당연하기 때문에 그 용어를 직접적으로 거론할 필요가 없었으리라 본다. '活看'을 직접적으로 거론한 곳을 예거하면 다음과 같다. 卷23, 答趙士敬問目 ; 卷24, 答鄭子中別紙 ; 卷25, 鄭子中與奇明彦論學 有不合 以書來問 考訂前言 以答如左 ; 卷29, 答金而精.

수용하여 활간독서법을 체계화했으니,[43] 활간독서법의 원조가 주자라 해도 과언이 아니다.

퇴계 활간독서법이 주자 활간독서법과 완전히 일치하느냐 하면, 그렇지는 않다. 퇴계가 理發, 理動, 理到의 論說을 통해 理의 능동성을 강조하면서부터 주자의 定論을 벗어나기 시작했기 때문에,[44] 퇴계 활간독서법이 주자 활간독서법과 완전히 일치한다고 할 수는 없다. 다시 말해, 겉은 같아도 속은 다르다. 겉으로는 퇴계와 주자 모두 문장의 전후 맥락을 겨냥하는 듯하나, 주자는 理致나 義理를 파악하는 데 중점을 두고 퇴계는 理의 능동성을 파악하는 데 중점을 둔다.[45] 정황이 이러하므로 주자와 퇴계가 모두 '활간'을 언급하더라도 퇴계 쪽이 더 강렬할 수밖에 없고, 주자와 퇴계가 모두 心, 性, 情을 독서법과 연결시키더라도 퇴계 쪽이 더 긴밀할 수밖에 없다. 퇴계 활간독서법이 주자 활간독서법과 같기도 하고 다르기도 하므로, 무엇이 같고 다른지를 예의 주시하면서 활간독서법의 의의를 따질 필요가 있다.

『퇴계전서』에 나타난 활간독서법의 논의는 산발적이다. 활간

---

43 이에 대해서는 신태수, 「『朱子語類』〈讀書法〉에 나타난 活看論」, 『韓民族語文學』60, (한민족어문학회, 2012), 126~152쪽과 「『朱子語類』〈讀書法〉의 層位와 그 構成主義的 性格」, 『嶺南學』21, (慶北大 嶺南文化硏究院, 2012), 314~322쪽에서 다룬 바 있다.

44 주자의 정론은 '理氣不相離'인 데 비해 퇴계의 정론은 '理氣不相雜'이다. 이 '理氣不相雜'은 理의 능동성을 담보하는 최소한의 조건이다. 즉, 理의 능동성을 주장하기 위해서는 四端과 七情을 對擧하고 理와 氣를 떼어내어야 한다. 대거하고 떼어낼 때 사단과 칠정이 情이기는 해도 그 所指와 所從來는 엄연히 구별되고 理와 氣도 물리적 차원에서는 함께 해도 그 所指와 所從來는 엄연히 구별된다고 하는 주장이 나올 수 있다.

45 문집에서 理의 능동성을 드러낸 부분을 찾아서 정리해보면 다음과 같다. 卷7, 進聖學十圖箚의 "四端理發而氣隨之" ; 卷8, 答奇明彦의 "理到" ; 卷13, 答李達李天機의 "太極之有動靜" ; 卷40, 答審姪問目의 "妙用顯行之妙"

독서법의 개념, 구도, 근거, 지향 등이 뒤섞여 있기 때문에 이렇게 볼 수 있다. 퇴계가 隨人施教의 방식에 따라 문인들의 질문에 답하다보니, 산발적인 현상이 나타났다고 생각된다. 논의의 효율성을 기하기 위해서는 독서법의 논의를 사안별로 묶어서 이해하지 않으면 안 된다. 이때, 활간독서법의 근거와 지향이 특히 주목을 요한다. 퇴계 활간독서법이 주자 활간독서법을 어떻게 확장·심화시키는지를 잘 보여주기 때문이다. 활간독서법의 근거를 논한 자료에서는 독서인이 性卽理를 구현하기 위해 활간해야 한다고 하고, 활간독서법의 지향을 논한 자료에서는 활간이 언어를 活物化하고 興과 樂의 정서를 감발시킨다고 한다. 한마디로 말해 퇴계 활간독서법은 성리학적인 性과 心을 온전히 구현하고자 하는 인성론적·존재론적·수양론적 과제가 된다.

필자는 『퇴계전서』의 독서법 논의에서 활간독서법의 실체를 확인하고 그 의의를 조망해보고자 한다. 소기의 목적을 달성하기 위해서는 최소한 두 가지의 방법론을 구사할 필요가 있다. 표층적 차원의 활간독서법 탐색이 그 첫 번째이다. 활간독서법의 개념과 근거가 여기에 해당된다. 개념과 근거는 『퇴계전서』의 문면에 그대로 나타나므로, 내용을 체계적으로 정리하기만 해도 전모가 밝혀지리라 본다. 심층적 차원의 활간독서법 탐색이 그 두 번째이다. 활간독서법의 목표가 여기에 해당된다. 목표는 『퇴계전서』의 문면에 잘 드러나지 않으면서 퇴계의 사상적 특징에 의해 뒷받침되므로, 퇴계의 사상적 특징을 면밀히 헤아리면서 목표를 판단하지 않으면 안 된다. 표층적 차원과 심층적 차원을 체계적으로 분석하고 종합할 때, '활간'이야말로 퇴계 독서법의 본령이요 요체라는 점이 생생하게 드러나리라 믿는다.

개념

전후 맥락에 의거해서 글의 뜻을 융통성 있게 파악하는 방법을 활간독서법이라고 할 때, '전후 맥락'과 '융통성 있는 파악'이 무엇을 의미하는지를 짚어볼 필요가 있다. 퇴계의 글은 '전후 맥락'의 振幅이 넓은 편이다. 아래로는 人事를 논하고 위로는 天理를 논하는 글을 많이 남겼기 때문이다. 동일한 용어가 인사에 귀착되기도 하고 천리에 귀착되기도 하고 인사와 천리 모두에 귀착되기도 하므로, '전후 맥락'은 天에서 人으로의 진폭을 지닌다. '전후 맥락'의 범주가 이처럼 넓기 때문에 '융통성 있는 파악'이 필요하다. '전후 맥락'과 '융통성 있는 파악'의 관계를 정확하게 포착하고 전체를 종합할 때 활간독서법의 개념과 방법이 선명하게 드러날 수 있다. '활간독서법'을 언급한 자료를 통해 이 점을 확인해보기로 한다.

① (問)'영락무상 영소무밀'에서 주자가 평소 사람들에게 독서를 가르치면서 상세하고 정밀하게 읽는 것을 가장 중요한 것으로 강조하셨는데, 여기서는 그렇지 않습니다. … 다만 여기서의 '略'은 總略의 略이지 忽略의 略을 말하는 것이 아니고, '疏'는 疏通의 疏이지 疏漏의 疏를 말하는 것이 아니며, '詳'은 자질구레함을 말한 것이지 빠짐없이 찬찬하다는 詳은 아니고, '密'은 구애되어 막히는 것을 말한 것이지 정밀하다는 뜻은 아닌 듯합니다. 글자의 뜻 또한 쓰인 자리에 따라 융통성 있게 보아서 마땅히 당시 가르침의 뜻을 잃지 않아야 할 듯합니다. 저의 생각이 옳은지 그른지를 알지 못하겠습니다. (答)

주자께서 이방자에게 "차라리 상세하게 읽을지언정 성글게 읽어서는 안 된다."는 등의 말씀을 하셨습니다. 말에는 본디 각각 마땅함이 있는 것입니다. 글자의 뜻 또한 그렇게 보는 것이 좋습니다.

寧略毋詳 寧疎毋密 朱先生平日教人讀書 詳審精密 最是第一義 而此則不然 … 但此略字 是總略之略 非忽略之謂 疎是疏通之疏 非疎漏之謂 詳則細瑣之謂 而非詳審之意也 密是拘滯之謂 而非精密之意也 字義亦隨處活看 當不失當時訓誨之意 不審然否 先生嘗語李方子 有寧詳毋略等語 言固各有當也 字義如此看 亦善 (『退溪全書』卷23, 書, 答趙士敬問目)

② 心은 하나일 따름이니 心中의 '心'字와 一心의 '心'字와 心先動의 '心'字가 어찌 두 개 세 개의 '心'이 있겠습니까? 또 대체로 '心'을 말함은 진실로 모든 方寸을 주로 해서 말한 것입니다. 그러나 그 體와 用이 가슴속[腔子]에 가득 차고 우주[六合]에 가득 차게 되니, 眞西山이 이른바 "방촌에 거두어들이면 태극이 내 몸에 있고, 만가지 사물에 흩어놓으면 그 用이 한이 없다."고 하는 것입니다. 마땅히 이와 같이 융통성 있게 보아야 할 것이지 다만 한 덩어리 혈육의 心을 心으로 삼는 것으로 인식해서는 불가합니다. 그러므로 주자가 黃義剛의 "心은 곧 이 한 덩어리가 아닌가."라는 물음에 답하기를 "이것은 心이 아니라 곧 心의 神明이 오르내리는 집이다."라고 했습니다.

心一而已 心中之心字與一心字之心 心先動之心 安有兩箇三箇心耶 且凡言心 固皆主方寸而言 然其體其用 滿腔子而彌六合 眞西山所謂斂之方寸 太極在躬 散之萬事 其用無窮 當如此活看 不可只認

一塊血肉之心爲心也 故朱子之答黃義剛心不是這一塊之問曰 此非心也 乃心之神明升降之舍 (『退溪全書』卷29, 書, 答金而精)

③ 氣의 시초가 착하지 아니함이 없다는 것은 곧 氣가 생겨나는 출발의 근원을 말하는 것이지, 부여받는 시초를 말하는 것은 아닙니다. 그러나 그 氣는 하루의 시초도 있고 한 달의 시초도 있으며 한 철의 시초도 있고 한 해의 시초도 있으며 한 원기의 시초도 있습니다. 그러나 이것 또한 대략 예를 들어서 말할 뿐입니다. 옮겨오고 옮겨가서 그 변화가 끝이 없으니 마땅히 경우에 따라 융통성 있게 보아야 하지, 어느 氣 하나만의 시초를 고집하여 정할 수 없습니다. 만약 한 가지 氣만을 인정하여 氣의 시초로 확정한다면 통하지 않으니 그 조화의 妙를 이루 다 할 수 없습니다.

氣之始無不善 乃氣生源頭處 非稟受之初也 然氣有一日之始 有一月之始 有一時之始 有一歲之始 有一元之始 然此亦槩擧而言之耳 推來推去 其變無窮 當隨處活看 不可執定爲某氣之始 苟指認一處爲定則不通 不足以語造化之妙 (『退溪全書』卷24, 書, 答鄭子中別紙)

①~③의 내용은 각기 다르다. ①의 경우는 조사경이 활간의 필요성을 제기하고 퇴계가 이에 찬동하는 내용을 담고 있다. 朱書의 字意를 놓고 활간론을 개진하기 때문에 활간독서법이라고 지칭해도 좋을 것 같다. ②의 경우는 퇴계와 김이정이 心字의 어의에 대해 辨證하고 있다. 두 사람 모두 성현의 글을 활간의 典據로 삼아서 자기 자신의 주장을 내세우기 때문에 활간독서법을 놓고 논쟁을 벌인 셈이 된다. ③의 경우는 퇴계가 程子의 견해를 수용

하여 氣의 惡도 性의 이치[46]라고 하는 정자중에게 氣를 어떻게 보아야 할지를 설명하고 있다. 성현의 뜻을 헤아려서 性의 작용과 이치를 분별하라고 하기 때문에 활간독서법의 당위성을 강조했다고 할만하다. 관심의 초점은 다르지만, ①~③ 모두 활간독서법을 거론한다는 점에서 일치한다. 활간독서법의 개념을 각기 정리한 다음 전체 개념을 추출해 보기로 한다.

①에서는 활간독서법의 개념을 意味論의 관점에서 밝히고 있다. 다의성이 있는 '略'과 '疏'와 '詳'과 '密'을 통해 字意 파악의 방법을 거론하기 때문에 의미론적 차원이 된다. 조사경과 퇴계 사이에 異見은 없어 보이지만, 논점상의 차이는 있다. 조사경은 두 가지의 견해를 제기한다. '영락무상 영소무밀'이 독서에 대한 주자의 정론과 다르다는 점이 그 한 가지이고, 활간독서법의 차원에서 '쓰인 자리'를 보고 글자의 뜻을 파악해야 한다는 점이 그 다른 한 가지이다. 퇴계는 두 번째의 견해에 대해서는 언급하지 않고 첫 번째의 견해에 대해서만 언급한다. 언급하지 않는 이유는 찬동하기 때문이고, 언급하는 이유는 미흡하기 때문이다. 말에는 본디 마땅함이 있다고 했으니, 퇴계가 말의 마땅함을 간파하지 못한 조사경을 훈도한 셈이 된다. 이렇게 보니, 활간독서법의 개념은 '마땅한 이치를 헤아려서 글자의 뜻 파악하기'이다.

②에서는 활간독서법의 개념을 體用論의 관점에서 밝히고 있다. 김이정이 여러 용례의 '心'字를 물리적인 '心'으로 해석하자,

46 그 근거를 "然惡亦不可不謂之性也(『二程遺書』卷1, 端伯傳師說)"에서 찾을 수 있다.

퇴계는 心을 體와 用으로 간명하게 규정한다.[47] 퇴계에 따르면, 心을 體로 보아서는 方寸에 국한되나 用으로 보아서는 우주에 찰 정도로 광대하다. 바꾸어 말해 心의 體는 물리적인 신체의 일부분이되 心의 用은 무한정으로 뻗어나갈 수 있는 의식이다. 퇴계가 心의 用을 우주로까지 확장시킨 까닭은 心의 用을 활간하라고 하기 위함이다. 활간의 필요성을 언급하느라고 心의 用을 강조하다 보니, 주자의 논설과 충돌하는 측면도 있다.[48] 心의 用이 情이라고 볼 때, 이 情의 범위가 광대해서 '心統性情'이라고 할 때의 心과 대등해진다. 心의 用인 情을 강조하면서 비난을 감수해야 했지만, 활간독서법의 개념이 '體와 用의 관계를 살펴서 大意 파악하기'라는 점은 분명히 밝힌 셈이 되었다.

③에서는 활간독서법의 개념을 理氣論의 관점에서 밝히고 있다. 氣의 시초가 착하지 아니함이 없다고 할 때, 源頭處를 가리킬 뿐이고 稟受之初를 가리키는 것은 아니라고 한다. 원두처란 천지의 氣가 형체를 이루는 이치를 가리키고, 품수지초는 만물이 천지의 氣를 받아 偏正의 차이가 나는 현상을 가리킨다. 형체의 氣가 일정하지 않아서 偏正의 차이가 난다는 점을 고려하면, 원두처는 惡이 작용하는 시점 이전이고 품수지초는 惡이 작용하는 시

47 체용론에 대한 주자와 퇴계의 개념을 정리해보기로 한다. 주자는 "體在天地後 用起天地先 對待底是體 流行底是用 體靜而用動(『朱子語類』卷65. 程端蒙錄)"라고 했고, 퇴계는 "是知無情意造作者 此理本然之體也 其隨寓發見而無不到者 此理至神之用也(『退溪全書』卷18, 答奇明彦別紙)" ; "滉謂體用有二 有就道理而言者 如沖漠無眹而萬象森然已具 是也 有就事物而言者 如舟可行水 車可行陸 而舟車之行水行陸 是也(『退溪全書』卷41, 雜著, 心無體用辯)"라고 했다.

48 金鍾錫, 「마음의 철학 : 退溪心學의 構造分析」, 『民族文化論叢』15, (영남대 민족문화연구소, 1994), 163~168쪽 참조.

점 이후이다. 氣가 착하지 아니함이 없다고 할 때 당연히 원두처를 가리키는 바인데, 사람들은 원두처를 종종 품수지초로 혼동한다고 한다. 혼동은 이뿐만이 아니다. 품수지초에도 여러 시점이 있게 마련인데, 대부분은 시점을 고정시킴으로써 조화의 妙를 다 알 수 없다고 한다. 이로 볼 때, 활간독서법의 개념은 '원두처와 품수지초를 분간해서 성현의 글을 파악해내기'이다.

> 의미론의 관점 -- 마땅한 이치를 헤아려서 글자의 뜻 파악하기
> 체용론의 관점 -- 體와 用의 관계를 살펴서 大意 파악하기
> 이기론의 관점 -- 원두처와 품수지초를 분간해서
> 성현의 글 파악하기

①~③에서 거론한 바를 수합하니, 마땅한 이치를 헤아려서 글자의 뜻 파악하기, 體와 用의 관계를 살펴서 大意 파악하기, 원두처와 품수지초를 분간해서 성현의 글 파악하기가 된다. 퇴계가 이처럼 관점을 달리 하면서 세 가닥으로 개념을 규정한 까닭은 활간독서법의 범주가 의미론, 체용론, 이기론에 걸쳐 있다고 여겼기 때문으로 보인다. 세 가닥의 개념은 선후 단계를 형성한다. 즉, 의미론은 문맥 파악이라는 1차적 단계에 해당되고 체용론과 이기론은 본질 파악이라는 2차적 단계에 해당된다. 이렇게 보면, '마땅한 이치를 헤아려서 글자의 뜻 파악하기'는 1차적 단계이고 '體와 用의 관계를 살펴서 大意 파악하기'와 '원두처와 품수지초를 분간해서 성현의 글 파악하기'는 2차적 단계이다. 1차적·2차적 단계를 고려할 때 활간독서법의 전체적인 개념은 '이치에 입각해서 활간하고 본질 파악하기'로 정리가 가능하다.

'이치에 입각해서 활간하고 본질 파악하기'는 활간독서법의 개

념론이면서 준칙론이기도 하다. 이렇게 볼 수 있는 근거는 『퇴계전서』에서 나타나는 활간독서법 관련 내용이다. 경우에 따라 경중은 있을지언정 활간독서법을 거론할 때는 으레 세 가닥의 개념을 벗어나지 않는다. 세 가닥의 개념이 모두 적용된다는 점에서, 퇴계 스스로 準則이라고 하지는 않았지만 준칙으로 여겼다고 해도 무방하리라 본다. 정황이 이러하므로, 퇴계 활간독서법의 개념을 단순히 개념론으로만 한정해 버린다면 문제가 생긴다. 퇴계의 의도와는 달리, 세 가닥 가운데서 어느 한두 가닥만 있어도 독자적인 개념론이라고 할 수 있기 때문이다. 활간독서법의 개념론이 곧 준칙론이기도 하므로, 어느 한 가닥도 빠질 수가 없다. 만약 어느 한두 가닥만을 개념으로 삼기라도 한다면 死看讀書法이거나 사간독서법에 가까워지고 말 것이다.

퇴계 활간독서법의 개념론에는 理의 능동성[49]이 토대를 형성하고 있다. 체용론에 입각한 ②와 이기론에 입각한 ③을 보더라도 이 점이 확인된다. ②에서 '體와 用이 가슴속에 가득 차고 우주에 가득 찬다.'고 했다. 心이 理氣之合이고 理와 氣 가운데서 理가 心의 우주적 속성을 형성한다는 점을 감안할 때, 心의 用을 理의 用으로 바꾸어서 이해해도 좋을 것 같다. 理의 用은 理의 능동성으로서 人의 주체성을 측정하는 가늠자이다. 즉, 理의 능동성이 心에 깃들 때 心의 주재자인 인간이 능동적 주체자가 되므로, 理의 능동성을 어느 정도 체인하느냐에 따라 인간이 지닌 주체성의

49 독서인이 수양을 통해 원래는 단순했던 理를 능동적으로 인식해 내느냐 수양을 통해 애초부터 능동적이었던 理를 인식해 내느냐 하는 의문이 생길 수 있다. 퇴계의 체용론에 입각하면 당연히 후자의 입장이다. "向也但有見於本體之無爲 而不知妙用之能顯行 殆若認理爲死物 其去道不亦遠甚矣乎(『退溪全書』卷18, 書, 答奇明彦別紙)"에서 이 점이 확인된다.

정도가 판가름난다. ③의 경우는 理의 능동성을 직접적으로 거론하지는 않았지만, 퇴계가 理貴氣賤의 관점을 견지하므로 理의 능동성을 유추해내기 어렵지 않다. 결국, 퇴계 활간독서법에는 직·간접적으로 理의 능동성이 굳건히 자리잡고 있다.

理의 능동성이 어떤 영향을 끼치는지가 관건이다. 퇴계 활간독서법이 독서인으로 하여금 성현의 글에서 理의 능동성을 心에 융섭하도록 하고 그런 心에 의거하여 人事와 天理의 능동적 주체자가 되게끔 한다. 만약 능동적인 理가 流行하지 않는다면 독서인이 결코 주체자가 될 수 없겠지만, 능동적인 理, 독서인, 天·人이라는 세 가지의 요건을 구도로 삼기 때문에 그런 일이 생길 수가 없다. 세 가지의 요건에도 경중이 있다. 능동적인 理가 天地에 유행하고 독서인을 견인하므로, 활간독서법의 구도에서 최대 비중을 차지한다. 이 점에서 퇴계 활간독서법은 주자 활간독서법과 차이를 보인다. 주자 활간독서법은 理의 능동성을 전제로 하지 않기 때문에 퇴계 활간독서법과 같은 구도를 구축할 수가 없다. 활간독서법에 관한 한, 후발 주자인 퇴계가 선발 주자인 주자를 앞선다는 언급이 여기서 가능해진다.

근거

퇴계가 활간독서법을 강조한 데는 그럴 만한 이유가 있다. 독서인이 도달해야 할 과업을 높게 설정했기 때문에 활간독서법이 아니고서는 소기의 목적을 이룰 수가 없다. 퇴계에 의하면 人性은 天理이고, 心은 太極이다. 이런 견해는 주자에게서도 나타나지만, 주자와는 적지 않게 거리가 있다. 理의 능동성에 대한 인식이 서로 다르기 때문에 다 같이 천리와 태극을 외쳐도 그 내용이 같을 수 없다. '방법으로서의 活敬'에 입각하여 '방법이 독서인을 이끌어간다.'의 패러다임을 표방하는 주자와는 달리, 퇴계는 '독서인의 활간'에 입각하여 '독서인이 방법을 이끌어간다.'의 패러다임을 표방한다. 이런 패러다임을 염두에 두고 '性卽理'와 '心爲太極'이 어떻게 해서 퇴계 활간독서법의 근거가 되는지를 짚어보기로 한다.

'性卽理'의 선험적 규범

퇴계는 理에 대해 두 가지로 설명하고 있다. 道體로서의 理가 유행할 때 인간의 의지 여하에 따라 멈추거나 쉬지 않는다고 한 점과 心과 理가 하나가 되면 도체에 결함이 없어진다고 한 점이 그것이다. 전자에서는 자연법칙적 관점에서 理와 인간의 불일치 현상을 설명하고 있고 후자에서는 형이상학적 관점에서 理와 인간의 일치 현상을 설명하고 있다. 양자 간에 엄청난 간극을 보이는 듯하지만, 인간을 매개체로 설정하면 사정이 달라진다. 인간이 操存과 省察에 주력하고 억지로 안배하지 않는다면 수양에 따라 인간과 理의 관계가 '인간≠천리'의 자연법칙에서 '인간=천리'의 형이상학으로 이동한다고 했으니, 인간의 노력 즉 수양의 정도에 따라 자연법칙과 형이상학은 얼마든지 일직선상에 놓일 수 있다는 의미가 된다.

문제는 퇴계가 언급하는 理가 능동적이라는 데 있다. 퇴계에 따르면, 理는 氣의 위상보다 더 높은 차원에 위치하며, 心을 움직이며 살아 있도록 만드는 生生力이다. 이런 관점은 주자의 정론과는 상이하다. 주자는 理에 대해 氣가 動靜하도록 하는 원리이고 선험적 원리나 이념이라고 했으니, 퇴계의 理觀과는 다르다고 할 수 있다.[50] 이처럼 퇴계가 주자의 정론을 벗어나서 理의 능동성을 주장하기 위해서는 理를 氣로부터 떼어내는 논리를 뚜렷하게 설정하지 않으면 안 된다. 四端과 七情을 포함 관계가 아닌 對擧 관계로 본다든지 本然之性과 氣質之性을 상하 관계가 아닌 좌우 관계로 본다든지 하는 입론을 모두 이런 차원의 노력으로 이해해 봄직하다. 퇴계가 '理의 능동성'이라는 입론을 감행했으니, 인간이 理를 따라잡는 데서도 주자 이상의 수양론을 제시하지 않을 수가 없게 되었다.

인간이 理를 따라잡을 수 있다는 논리가 '性卽理'이다. 性卽理는 程朱에 의해 정립된 선험적 규범으로서, 천리와 인성의 간극을 허물어뜨리고 인성의 실현을 우주 섭리의 구현으로 격상시키려는 노력의 소산이다.[51] 문제는 인성의 실현이 쉽지 않다는 데 있다. 氣質之性·人心·人欲이 天理에 이르지 못하도록 가로막기 때문이다. 氣質之性·人心·人欲을 억제하기 위해서는 천리와 인성 사이의 간극을 충분히 메울 만한 수양이 필요하다. 요구되는 수양의 量은 程朱의 경우에도 적지 않은 바인데, 퇴계의 경우에는 보다 많은 수양의 量이 요구된다. 性卽理의 '性'과 '理'가 능동적이기 때문이다. 능동적인 性과 理는 우주의 섭리요 대덕이므로, 수양방법도 거대하면서도 역동적일 수밖에 없다. "仁의 體를

50 한형조, 『주희에서 정약용으로』, (세계사, 1996), 132면에서 퇴계의 위상을 흥미롭게 표현하고 있어서 소개한다. "이황은 인간이 자연의 산물이 아니라 초월적 존재의 아들이라 여기는 점에서 서경덕을 넘어섰고, 초월적 존재가 저 너머가 아니라 내 가슴속에 살아 있다고 증거한 점에서 주희를 넘어섰다."

51 신태수, 앞의 글, 146~147면 참조.

드러내어 有我之私를 깨뜨리고 無我之公을 크게 열어주는"[52] 수양방법은 이 점에서 주목을 요한다.

無我之公의 상태가 性卽理이다. 현실세계의 人性이 선험적 규범인 天理와 합치될 때 비로소 無我之公의 상태가 되기 때문에 이렇게 볼 수 있다. 퇴계는 仁의 體가 드러나는 과정을 '단순한 無我之公'이라 하지 않고, '크게 열어주는 無我之公'이라 했다. '크게 열어주는 無我之公'은 고도의 수양방법을 요구한다. 이른바 存心養性, 居敬窮理, 誠意正心이 그것이다. 이런 수양방법은 활간독서법에 의거하지 않고서는 성취되기가 어렵다. 성현의 글에 나타난 存心養性, 居敬窮理, 誠意正心의 수양방법은 性과 理의 능동성을 깨닫는 수양방법이고, 性과 理의 능동성을 깨닫는 수양방법은 활간독서법에 의해서 비로소 성취될 수 있다. 활간독서법이 수양방법인 存心養性, 居敬窮理, 誠意正心의 토대가 되고 그 성취된 결과가 無我之公의 상태로 나타나므로, 無我之公의 상태 즉 性卽理를 구현하는 데 활간독서법이 아주 긴요하다.

퇴계 활간독서법에 있어서 독서인의 역할은 매우 중요하다. 性卽理의 진정한 구현자가 독서인 이외에는 있을 수 없기 때문이다. 독서인의 역할은 두 가지이다. 한 가지는, 활간으로 성현의 글에 구현된 '능동적인 性과 理'를 파악한다는 점이다. 활간에 입각할 때 형식논리를 벗어나 능동적인 性이 곧 능동적인 理이고 천지만물이 능동적임을 알게 된다.[53] 다른 한 가지는, 능동적인

52 狀出仁體 因以破有我之私 廓無我之公(『退溪全書』卷7, 經筵講義, 西銘考證講)

53 활간에 입각하지 않을 때는 정반대의 현상이 나타난다. 一本과 萬殊를 구별하지 못한 채 '천하의 이치는 오직 하나일 뿐'이라고 臆度하기도 하고, 함부로 按排하고 助長하며 쉽게 잊어버리기도 한다. 『退溪全書』卷25, 答鄭子中別紙와 『退溪全書』卷36, 書, 答李宏仲 참조.

理의 유행을 天·地·人의 섭리로 인식하고 능참의 동력을 얻는다는 점이다. 능참의 동력은 다름 아닌 '仁'이다.[54] 仁에 입각할 때 천지만물의 '능동적인 性과 理'에서 그 자신을 발견하고 그 자신에게서 천지만물의 '능동적인 性과 理'를 발견하게 된다. 퇴계 활간독서법은 독서인을 우주의 주체로 만드는 일종의 수양방법이다. '능동적인 性과 理'를 전제로 하기 때문에 활간독서법의 수양방법은 필연적이라고 할 수 있다.

'心爲太極'의 존재 법칙

퇴계는 남과 내가 없고 안과 밖이 없고 형체의 나눠짐이 없는 心의 미분화 상태를 '心爲太極'이라고 했다. 心爲太極이란 태극에 맞추어 규정한 인간의 본질로서,[55] 邵康節이 周敦頤의 〈太極圖說〉을 참조하여 만들어낸 용어이다. 성리학에서는 心爲太極이 지고지순한 인간의 本心을 가리킨다고 보고 '人極'이라 지칭하기도 한다. 心爲太極論에 따르면 인간은 만물 중에서 가장 탁월하고 신령한 존재로서 지고지순한 本心을 갖추고 태어났지만, 人欲에 의해서 그런 본심이 가려지고 말았다고 한다. 가려진 바를 들추어서 본심을 회복할 수 있다고 볼 때, 어떻게 들추어내고 회복할 것인지가 관건이 된다. 대원칙은 의외로 간단하다. 主靜의 상태에서 敬으로 動과 靜을 관통하고 心을 두텁게 함양해야 한다는

---

54 仁이란 人과 천지만물이 하나가 되도록 하는 사랑의 원리를 가리킨다. 『朱子語類』卷6, 性理3, 조목116 참조.

55 정병석, 「太極 개념 형성의 淵源的 배경과 해석」, 『철학』88, (한국철학회, 2006), 45~66쪽에서 태극의 개념을 전반적으로 풀이·정리해내고 있어서 참조할 만하다.

점이 그것이다.

대원칙에 부합하기만 하면 누구나 성인의 경지에 도달할 수 있지만 그 원칙에 부합하기가 매우 어렵다. 대원칙을 구현할 조건이 인간에게 갖추어지지 않았기 때문이다. 퇴계에 따르면 대부분의 독서인은 心氣의 질환을 앓고 있다. “이치를 살피는 데 투철하지 못해 허공을 뚫어 억지로 찾으려 하고, 心을 잡는 데 방향을 잃어 싹을 뽑아 억지로 자라도록 돕는”[56] 경우가 대표적인 심기의 질환이다. 심기의 질환을 극복하기 위해서는 事事物物의 대소와 경중을 가리고 太極의 動靜을 투철하게 응시할 수 있어야 한다. 이에 대해 퇴계는 매우 적극적인 방안을 내놓고 있어서 눈길을 끈다. “같은 것 속에 다른 것이 있음을 알고 다른 것 속에 같은 것이 있음을 보아서, 나누어서 둘로 만들어도 일찍이 떨어지지 않고 합쳐서 하나로 만들어도 실은 서로 섞이지 않는”[57] 義趣를 분별하라고 한 점이 그것이다.

퇴계가 제시한 방안이 ‘同 속의 異 찾기와 異 속의 同 찾기’이다. 이 방안은 거시·미시의 안목을 탄력적으로 적용해야 구현될 터인데, 퇴계의 논설 중에 훌륭한 예가 있다. 理發說이 바로 그것이다. 퇴계는 주자[58]와는 달리 理 그 자체의 發을 강조한다. 理와 氣가 섞인다고 할 경우 氣의 有惡性으로 인해 理가 훼손된다고 여기고, 氣가 미치지 못하는 極尊無對한 위치에 理의 위상을 설

---

56 心氣之患 正緣察理未透 而鑿空以强探 操心昧方而揠苗以助長(『退溪全書』卷14, 書, 答南時甫 別幅)

57 就同中 而知其有異 就異中 而見其有同 分而爲二 而不害其未嘗離 合而爲一 而實歸於不相雜(『退溪全書』卷16, 書, 答奇明彦 四端七情分理氣辨 第1書)

58 주자는 理를 氣發의 所以然으로 상정할 따름이고, 理 그 자체가 發한다고 보지는 않는다. 『朱子語類』卷94, 조목50의 ‘人乘馬 비유’에서 이런 관점을 찾아볼 수 있다.

정했다. 理의 위상을 높게 설정하니 연쇄적인 변화가 도래한다. '心合理氣'의 理가 극존무대해지면서 理가 들어 있는 心의 위상도 높아지고 心의 주체인 인간의 위상도 높아진다. '理 → 心 → 人'의 연쇄적 상승이 이렇게 해서 나타난다. 理發說은 기존에 제시된 바 없으므로, 그 내용을 파악하기 위해서는 활간 이외에는 방법이 없다. 이로 보면, 퇴계가 그 자신의 논설을 염두에 두고 활간독서법을 강조했을 개연성도 있다.

理의 發로 구현되는 태극의 대덕을 활간독서법으로 접응해야 한다고 할 때, 활간독서법에 의해서만 理發說을 해명할 수 있다는 의미가 된다. 활간독서법은 독서인의 지적 작용을 필요로 하므로, 자율적 의지와 깊은 관련을 지닌다. 퇴계에 따르면, 자율적 의지인 意가 활간독서법과 접응하여 理의 發을 체인하도록 한다. 意가 박약하면 惡이 되고 意가 강렬하면 善이 된다고 했으니, 善惡의 기미가 意에 달렸다는 언급이 가능해진다.[59] 善惡의 기미라고 하면 '性發爲情'의 情을 거론할 만도 한데, 퇴계는 의외로 '意爲心發'의 意를 거론했다. 情이 지닌 善惡은 기질적 조건에서 나타나고 意가 지닌 善惡은 자율적 의지에서 나타난다는 점을 고려할 때, 퇴계가 왜 情보다는 意를 앞세웠는지를 추론할 수 있다. 心發에 입각하여 독서인의 자율적 의지를 강조하느라고 意를 내세웠으리라 여겨진다.

주자는 인간을 설명할 때 性을 중심으로 하지만, 퇴계는 心을 중심으로 해서 인간을 설명하고자 한다. 그 이유가 무엇인지 따

---

59 於是意爲心發 而又挾其情而左右之 或循天理之公 或循人欲之私 善惡之分 由玆而決焉 此所謂意幾善惡者也(『退溪全書』續集, 卷8, 雜著, 天命圖說)

지지 않을 수 없다. 인간의 자율적 의지가 곧 意임을 고려하면, 心發說은 다름 아닌 우주론적 차원에서 인간의 주체적 위상을 높이고자 한다고 단언할 수 있다. 心發說에 입각해 있기 때문에 인간의 본심을 지고지순하다고 여기고 心爲太極이라고까지 상찬할 수 있었다고 생각된다. 만약, 心發이 아닌 性發의 차원에 입각해 있었다면 인간의 위상을 그리 높게 설정하지는 못했을 것이다. 善이나 惡이 모두 기질적 조건과 연관된다고 해야 하므로, 자율적 의지인 意를 강조할 수가 없게 되기 때문이다. 그러고 보면 인간의 주체적 위상을 드러내기 위해서는 心發과 心爲太極이 필수적이고, 이런 心發과 心爲太極을 파악하기 위해서는 역시 자율적 의지에 토대를 둔 활간독서법이 필수적임을 알 수 있다.

목표

앞에서 언급했듯이, 활간독서법은 독서인의 역할을 중시한다. 능동적인 性과 理를 파악하는 주체도 독서인이고, 心爲太極의 지고지순한 本心을 회복하는 주체도 독서인이기 때문이다. 물론, 독서인이 활간독서법을 구사한다고 해서 무조건 목적을 이룰 수 있는 것은 아니다. 싹이 틀 때 성급하게 助長하거나 억지로 이치를 찾으려 하거나 한다면 능동적인 理를 체인하여 本心의 至樂을 일깨울 수가 없다. 이런 정황을 감안할 때, 활간독서법을 구사하기 이전에도 수양이 필요하고, 활간독서법을 구사하는 과정에서도 수양이 필요하다고 할 수 있다. 수양과 활간독서법이 어떤 관계가 있으며, 활간독서법의 궁극적인 지향점은 과연 무엇인가? 본 장에서는 이 점을 구체적으로 해명해보기로 한다.

死物의 언어에서 活物의 언어로

퇴계에 의하면 성현은 만인의 스승이다. 凡人이 보지 못하는 바를 보기 때문에 이렇게 말한다. 성현은 活潑潑한 理가 有善有惡의 氣를 주재하는 우주의 섭리를 포착해 내고, 이렇게 포착한 섭리를 글 속에 온전히 남겼다. 우주의 섭리는 글 속의 행간에 녹아 있기 때문에 잘 드러나지 않으며, 잘 드러나지 않기 때문에 문장의 의미만을 내용의 전부로 알기 십상이다. 퇴계도 한때 그랬으니, 일반 독서인이야 말할 필요가 없다. 퇴계가 能發能生의 至妙之用을 깨닫지 못해 理를 거의 死物로 볼 뻔했다고 하듯,[60] 대부분의 독서인은 문장의 의미만을 파악하고 전부를 알아낸 양 자신하곤 한다. 문장의 의미에만 매달린다면 성현의 언어는 死物이 되고, 死物이라고 치부하는 성현의 언어에서 活潑潑한 理를 포착할 수는 없다.

① 만약 빨리빨리 말해 넘어가고 대충대충 외어버리고 만다면, 이것은 말마디나 외우고 듣는 말습에 불과하다. 비록 천 편의 글을 외우고 머리가 희도록 경전을 이야기한들 도대체 무슨 보탬이 있겠는가?
若忽忽說過 泛泛誦說而已 則不過章句口耳之末習 雖誦盡千編 白首談經 亦何益哉 (『退溪全書』言行錄, 卷1, 讀書)

② 가리키는 바가 같지 아니하면 말을 하는 뜻도 또한 다

60 是知無情意造作者 此理本然之體也 其隨寓發見而無不到者 此理至神之用也 向也但有見於本體之無爲 而不知妙用之能顯行 殆若認理爲死物 其去道不亦遠甚矣乎(『退溪全書』卷18, 書, 答奇明彦別紙)

르게 되니, 이치가 같다고 하여 합하여 하나로 말하면 안 됩니다.

所指之處不同 立言之旨 亦異 不可以理同 而袞合爲一說也 (『退溪全書』卷19, 書, 重答黃仲擧)

③ 연구하는 이치가 무르익어 자세히 이해할 수 있게 되고, 敬이 전일한 경지에 이르게 되는 것은 모두 학문이 깊이 나아간 뒤에라야 스스로 얻을 수 있을 따름입니다. 이것이 어찌 단번에 돈오하여 그 자리에서 당장 부처를 이루는 자들이나 어리둥절하고 어두운 곳에서 어렴풋이 영상을 보고서 문득 큰 일을 벌써 끝마쳤다고 바로 말하는 자들과 같을 수가 있겠습니까?

其理至於融會 敬至於專一 皆深造之餘自得之耳 豈若一超頓悟 立地成佛者之略見影象於怳惚冥昧之際 而便謂一大事已了耶 (『退溪全書』卷14, 書, 答李叔獻 別紙)

①~③에서는 어떤 상태에서 死物로 인식되는지를 보여준다. ①에서는 성급한 마음으로 경전의 내용을 읽는다면 무익해진다고 한다. 마음이 성급할 때 성현의 의취를 死物로 오인하고 인격을 향상시킬 수 없다는 의미로 여겨진다. ②에서는 성현의 말에서 所指를 찾아내지 못한다면 왜곡이 불가피해진다고 한다. 私意에 빠져서 성현의 의취를 死物로 볼 때 分開를 渾淪으로 오인하는 사태가 발생한다는 의미로 이해된다. ③에서는 主靜으로써 어둡고 적멸한 상태에 머무르며 박문약례를 번거롭게 여긴다면 禪의 말폐에 빠진다고 한다. 靜과 動을 아우르지 못할 때 성현의 글을 死物로 오인하고 종래에는 老佛의 영역으로 들어가고 만다는 의미로 이해된다. 死物의 상태는 다양하다. 인격을 향상시키지

못하거나 분개를 혼륜으로 오판하거나 노불의 영역으로 들어가거나 한다는 점이 그것이다.

퇴계에 따르면, 死物의 상태는 性理學의 敵이다. 死物의 상태에서는 活理를 死理로 알고 性卽理의 선험적 규범과 心爲太極의 존재법칙을 깨닫지 못하므로, 無我之公으로 나아가지도 못하고 자율적 의지인 意를 작동시키지도 못한다. 사정이 이러하니, 성리학에서 死物을 좋게 여길 리가 만무하다. 퇴계는 死物의 상태가 성리학자의 병통이라고 보아, 그 폐단을 지적하는 데 열의를 보인다. 知彼知己百戰百勝이라 하듯, 폐단을 알면 알수록 그만큼 폐단을 극복하는 길도 알게 된다고 여겼던 것 같다. 人欲을 天理로 오인하거나 氣로써 理를 논하거나 主靜만 표방하고 動을 거추장스럽게 여기거나 독서인 그 자신도 의식하지 못한 상태에서 老佛에 기울어지거나 하는 경우가 대표적인 폐단이다. 폐단을 극복하기 위해서는 어떻게 해야 하는가? 퇴계가 제시하는 극복 내용은 다음과 같다.

> ① 글 읽는 방법에 대해서 물으니, 선생이 대답하기를 "다만 익숙하도록 읽는 것뿐이다. 글을 읽는 사람이 비록 글의 뜻은 이해하더라도 익숙하지 못한다면, 읽더라도 곧 잊어버려서 마음에 간직할 수가 없다. 반드시 배우면 다시 복습하는 공력을 들인 뒤에야 비로소 마음속에 지닐 수 있어서, 흠씬 젖어드는 맛이 있는 것이다."고 했다.
>
> 問讀書之法 先生曰 止於熟 凡讀書者 須曉文義 若未熟 則旋讀旋忘 未能存之於心 必也 旣學而又加溫熟之功 然後 方能存之於心 而有浹洽之味矣 (『退溪全書』言行錄, 卷1, 讀書 (김성일록))

② 그러나 만약에 능히 주 선생이 글을 읽는 법처럼 순서에 따라 마음을 전일하게 하여 익숙하게 읽고 정밀하게 생각하며 배부른 것처럼 푹 젖어서 오래 노력하여 쌓은 공이 깊어지면, 맛이 없는 가운데 맛이 있고 긴요함이 없는 가운데 긴요함이 있게 될 것이니, 그 말이 어찌 끌어다 붙이는 병폐라 하겠소?

若能如先生讀書法 循序致一 熟讀精思 優游厭飫 力久功深 到得無味中有味 無緊要中有緊要 則此語豈有牽合之病 (『退溪全書』卷28, 書, 答金惇叙)

③ 의리와 취미로 마음과 가슴을 적시고 깊이 음미하고 푹 젖어서 그 속에서 노닐기를 하루에 하루를 더하여, 오래오래 차차 익히면 응당 힘을 얻는 때가 있을 것입니다.

須尋取所嘗用力處義理趣味 澆灌心胸 玩適游泳 日復一日 久久漸熟 則當有得力之時矣 (『退溪全書』卷12, 書, 答崔見叔)

①~③ 모두 '반복적으로 읽어야 이치를 체득할 수 있다.'고 한다. 이 주장을 『孟子』의 방식으로 표현하면 '優游厭飫'가 된다.[61] '우유염어'는 편안하게 노닐면서 물리도록 배부르게 먹는다는 의미로서, 다양한 수양방법을 필요로 한다. ①에서는 '복습하는 공

---

61 『孟子』離婁章句에 처음 나온다. '優游'는 '편안하게 노닌다'는 뜻을 지니고, '厭飫'는 '물리도록 배불리 먹는다'는 뜻을 지닌다. '優游'와 '厭飫'의 뜻을 합하면 '무엇을 습득하려면 서두르지 말고 천천히 하되 하나하나 익혀가면서 수없이 반복해야 한다.'로 정리할 수 있다. 책을 잘 읽는 방법을 설파했으니, '우유염어'를 독서법의 차원에서 보아도 좋을 것 같다. '우유염어'는 단순한 독서법이 아니다. 퇴계가 '우유염어'를 존심·양성의 수양론적 차원으로 끌어올렸기 때문에, '우유염어'는 독서인 모두에게 해당되는 '열린 독서법'이라 할 수 있다.

력 들이기'이고 ②에서는 '익숙하게 읽고 정밀하게 생각하기'이고 ③에서는 '의리와 취미로 마음과 가슴을 흠뻑 적시기'이다. 각기 다르게 수양방법을 제시하고 있으나, 모두 '우유염어'를 겨냥하고 있는 이상 함께 고려하지 않으면 안 된다. 즉, '복습하는 공력 들이기'와 '익숙하게 읽고 정밀하게 생각하기'와 '의리와 취미로 마음과 가슴을 흠뻑 적시기'라는 요건이 모여야 '우유염어'가 되고, '우유염어'가 되어야 이치를 체득할 수 있다. '이치'란 다름 아닌 '활발발한 理'를 가리키므로, '우유염어'의 수양방법이 활발발한 理를 포착하는 전제 조건인 셈이다.

이렇게 보니, 문제의 발생이나 문제의 해결은 모두 독서인에게 달려 있다. 즉, 死物에 빠져드는 주체도 독서인이고, '우유염어'의 수양방법을 구사할 수 있는 주체도 독서인이다. '우유염어'의 수양방법은 '人欲에 가려진 本心 들추기'로서, 存心養性, 居敬窮理, 誠意正心을 거쳐 현실성을 얻는다. 이렇게 해서 진정한 '우유염어'의 수양방법을 구사할 때, 독서인은 비로소 글 속의 理를 死物이 아닌 活物로 보게 된다. 퇴계는 活物로 보게 된 상태를 맛에 비유하고 있다. '단맛[甜]', '흠씬 젖어드는 맛[浹洽之味]', '사탕수수의 달콤한 맛[蔗佳境]', '글과 마음이 부합되는 맛[欣然會心之味]', '맛이 없는 가운데 느끼는 맛[無味中有味]' 등이 그 대표적인 사례이다.[62] 이처럼 성현의 글을 死物이 아닌 活物로 보게 되었을 때, 비로소 독서인은 우주 섭리의 맛을 체인하고 내외의 활발발한 理를 心에서 통합하는 경지에 이르게 된다.

62 순서대로 출처를 밝히면 다음과 같다. 권15, 與李大成暨諸昆季/ 言行錄, 卷1, 讀書 (김성일록)/ 卷30, 與金而精 別紙/ 卷15, 書, 答李大成/ 卷28, 書, 答金惇叙

활간독서법의 지향점은 성현의 글을 活物로 보는 데 있다. 독서인이 성현의 글을 活物로 보아야 하는 까닭은 성현 그 자체가 위대하기 때문이라기보다는 성현의 역할이 지대하기 때문이다. 성현이 활발발한 理를 체인하고 그 체인한 과정과 방법과 결과를 글로 기록해 놓았으니, 그 기록을 믿고 따라가면 시행착오를 줄일 수 있다. 과연 성현이 '활발발한 理'觀을 지녔던가 하는 문제는 그다지 중요하지 않다. 주지하다시피 성현의 논리는 보편적이고 추상적이어서 시각에 따라 여러 각도로 읽힐 수가 있다. 퇴계는 성현의 논리를 활간독서법에 입각해서 읽었고, 이런 활간독서법을 통해 우주만물의 이면에 있는 인간의 주체적 능력과 역사발전의 동력을 포착해 내었다. 이렇게 보니, 활간독서법은 死物에 머무를 수 있는 성현의 글을 活物로 전환시키고 인간과 역사의 동력을 포착하는 중요한 수단이라 아니할 수 없다.

厭動求靜에서 通貫動靜으로

퇴계는 靜 그 자체를 부정적으로 보지는 않는다. 周敦頤 〈太極圖說〉에서 聖人이 主靜으로 人極을 세웠다고 한 이래, 靜은 寂然不動한 本體이고 純粹至善한 實在라고 평가받아 왔다. 모든 인간이 靜을 유지하고 있지는 못하다. 거의 대부분은 人欲이 本性의 靜을 가린 바 되었으므로, 無欲 공부를 통해 靜을 회복하지 않으면 안 될 처지에 있다. 이른바 道南學이 이런 성향을 보인다. 도남학이 성리학의 핵심이냐 하면 그렇지는 않다. 성리학에서는 인간이 현실에 몸을 담은 이상 인륜도덕을 세워야 하는 과제도 동시에 안고 있다고 보기 때문에, 도남학에 그치지 않고 이른바 主動을 강조하는 湖湘學의 입장도 동시에 필요로 한다. 주자의 中

和新說이 바로 이런 필요성에서 비롯되었고,[63] 퇴계의 사상 또한 중화신설의 범주 안에 들어 있다.

① 그러므로 靜을 주로 삼아 動을 잘 다스리는 것은 성현이 中和로 하는 까닭이며 靜만을 탐하여 사물을 거절하는 것은 佛·老가 편벽되게 하는 까닭이다. 중화의 극치는 천지가 제 위치를 지켜 만물이 길러지게 하는 것이며, 편벽의 극치는 천리를 멸하고 인륜을 없애는 것이다. 그래서 정자와 주자의 문하에서는 이것으로 학자들을 누누이 경계시킨 것이다. 그런데도 문인중의 현자들이 이따끔 도교의 허무와 불교의 적멸에 흘러 들어가서 스스로 돌이키지 못하는 것은 어째서인가? 靜이 動에 골몰되는 것만 알아 마침내 動을 싫어하고 靜만을 구했기 때문이다.

故主靜而能御動者 聖賢之所以爲中和也 耽靜而絶事物者 佛老之所以爲偏僻也 中和之極 位天地而育萬物 偏僻之極 滅天理而殄人倫 故程朱門下 屢以是警切於學者 而門人之賢者 往往亦流入於虛無寂滅而不自返 何哉 知靜之汨於動 而遂乃厭動而求靜 (『退溪全書』卷42, 記, 靜齋記)

② 주자와 南軒이 논한 중화의 글보다 더 갖추어진 것이 없다. 그 말에 이르기를 "고요함을 말하게 되면 허무에 빠지니 이것은 참으로 염려되는 바이다. 천리로써 살펴

63 주자의 중화신설에 대해서는 최진덕, 「주자의 中和新說과 敬의 공부론」, 『철학연구』51, (철학연구회, 2000), 23~29쪽을 참조한다.

볼 것 같으면, 動에 靜이 없을 수 없는 것이 靜에 動이 없을 수 없는 것과 같다. 또 靜에서 마음을 기르지 않을 수 없는 것도 동시에 살피지 않을 수 없는 것과 같다. 다만, 하나의 動과 하나의 靜이 서로 근본이 되어 사이가 끊어지는 것이 용납되지 않는다는 뜻을 알았다면, 비록 '靜'字만 썼더라도 원래 죽은 물건이 아닌 것이다. 지극히 고요한 중에는 저절로 움직이는 단서가 있게 마련이니, 참으로 일을 멀리 하고 사물을 거절하며 문을 닫고 오뚝하게 앉아 고요함에 치우치는 것을 말하는 것이 아니다."라고 했다. 또 끝에 말하기를 "'敬'字 공부는 動과 靜을 관통한 것이다. 그러나 반드시 靜을 근본으로 삼는다."고 했다. 그리고 근세에 篁墩, 程敏政은 밤의 氣는 靜을 주로 한다는 뜻을 논했으나 마침내는 그 중요함을 敬에 돌렸다. 그러니 그들이 남에게 보인 뜻이 모두 깊고 절실하다고 할 만하다.

而莫備於朱子與南軒論中和之書 其言有曰 言靜則溺於虛無 此固當慮 若以天理觀之 動之不能無靜 猶靜之不能無動也 靜之不能無養 猶動之不可不察也 但見得一動一靜 互爲其根 不容間斷之意 則雖下靜字 元非死物 至靜之中 自有動之端焉 固非遠事絶物 閉目兀坐而偏於靜之謂 而終之曰 敬字工夫通貫動靜 而必以靜爲本 近世篁墩程氏論夜氣主靜之旨 而卒亦歸重於敬 其示人之意 皆可謂深且切矣 (『退溪全書』卷42, 記, 靜齋記)

①과 ②는 모두 『退溪全書』卷42, 記, 〈靜齋記〉의 인용문으로서, 주자의 중화신설에 대한 퇴계의 견해를 잘 담고 있다. ①에서는 厭動求靜의 문제를 소상하게 밝힌다. 靜에만 집착할 경우 사

물의 이치를 탐색하는 데 소홀하고, 위로는 天理를 멸하고 아래로는 人倫을 없앤다고 한다. 중화신설의 필요성을 제기한다고 해도 좋을 것 같다. 한편, ②에서는 주자와 張栻의 대화를 소개하며 문제의 대안을 모색한다. 주지하다시피 주자는 처음에 楊龜山의 도남학에 빠져 있었고, 그 이후 장식의 호상학으로 넘어가서 中和舊說을 수립했고, 또 그 이후 도남학과 호상학을 융섭해서 중화신설을 수립하기에 이르렀다. 퇴계는 ②에서 이 점을 제시하며, 주자의 중화신설에 전적으로 공감을 표명한다. 動과 靜이 단절되지 않아야 하며 敬으로써 動과 靜을 관통해야 한다는 通貫動靜의 논의가 이렇게 해서 나올 수 있었다.

통관동정의 '동정'은 未發已發과 상동성을 갖는다. 性·理의 측면에서 볼 때 天과 人은 동일하므로 우주론적 차원의 통관동정과 심성론적 차원의 미발이발은 구조적으로 동일하다고 볼 수 있다. 즉, 통관동정의 '동정'에서 '動'은 이발이요 '靜'은 미발이므로, '독서인이 敬으로써 미발시에는 戒愼恐懼하고 이발시에는 體察·精察한다.'는 수양론적인 의미를 지닌다. 독서인이 戒愼恐懼하거나 體察·精察하면 어떤 상태에 이르는지를 살필 필요가 있다. 퇴계가 動과 靜이 일체가 되고 體와 用이 합쳐질 때 바야흐로 궁극적인 경지에 도달한다고 했으니,[64] '궁극적인 경지'가 무엇인지를 밝히면 독서인이 어떤 상태에 이르는지가 드러난다. 퇴계가 『朱子全書』를 숙독하고 궁구하면 感發興起하여 한 마디 한 마디가 맛이 있다[65]고 한 점을 고려할 때, '궁극적인 경지'란 다름 아

64 而至於動靜一體用合 方爲究竟處耳(『退溪全書』卷28, 書, 與金而精)

65 "又日人能讀此 則可知爲學之方 旣知其方 則必此感發興起 從此做工 積習旣久 然後 回看四書 則聖賢之言 將節節有味於身上 方有受用處)(『退溪全書』言行錄, 卷1, 讀書)" 참조.

닌 감발흥기의 상태를 가리킨다고 여겨진다.

독서생활에서 감발흥기의 현상은 '樂'으로 나타난다. '興'도 없지는 않지만 독서생활과 연관이 되지 않는 편이므로, '樂'을 주목하면 된다. '樂'은 독서이론을 형상화한 詩, 즉 讀書詩에 두루 걸쳐 있다. 독서시의 '樂'은 단일하지 않다. 크게 보아 獨樂과 同樂이라는 두 가지의 유형이 발견된다.[66] 독락은 화자 단독의 '樂'으로서 주변 환경은 고정되고 화자 혼자서 일방적으로 '樂'에 빠져드는 경우이고, 동락은 화자와 주변 환경이 함께 나타나는 '樂'으로서 화자와 주변 환경이 서로 감정을 주고받는 경우이다. 두 경우 중에 활간독서법을 형상화한 시는 후자 쪽이다. 후자 쪽에 나타나는 화자는 하나같이 활간독서법을 통해 '天地가 수행하는 生生不窮'과 '태극이 부여하는 至神之用'을 체인하므로, 화자가 활간독서법을 구사해서 통관동정의 이치를 깨닫고 대상의 활발발성을 인식한다고 할 수 있다.

대상의 활발발성이란 性卽理의 선험적 규범과 心爲太極의 존재 법칙에서 理의 활발발성을 가리킨다. 우주만물의 理가 활발발하다고 여길 때 사물의 性도 활발발하다고 인식하게 된다. 理는 性이고 性은 理이기 때문에 理의 활발발성을 깨닫는다면 性의 활발발성도 당연히 깨닫게 마련이다. 한편, 心爲太極의 존재 법칙에는 활발발한 理가 내장되어 있다. 心은 理氣의 合이고 그 구성요소인 理가 활발발하므로, 활발발한 理가 내장된 心은 당연히 활발발하다. 氣의 과불급을 통제하기만 한다면 心 전체가 활발발

---

66 신태수, 「退溪 讀書詩에 나타난 '樂'의 層位와 그 性格」, 『嶺南學』17, (慶北大 嶺南文化研究院, 2010), 45쪽 참조.

해지고 그런 心의 주체인 독서인 또한 활발발성을 구현하게 된다. 독서인이 활발발성을 구현한다고 할 때 감발흥기는 필연적이다. 靜과 動을 관통하는 敬의 작용이 독서인의 활발발성이므로, 독서인이 활발발성을 구현한다면 心의 상태가 감발흥기일 수밖에 없다.

우주론적인 관점에서 볼 때, 활간독서법은 통관동정을 지향한다. 성현이라면 어느 누구나 통관동정하고 감발흥기의 상태에 이르렀으므로, 성현의 의취를 파악하기 위해서는 독서인이 활간독서법으로 성현의 글에 접근하지 않으면 안 된다. 활간독서법이 현상의 숲을 뚫고 그 裏面을 보게 하기 때문이다. 현상의 이면에는 성현이 맛본 독락과 동락이 있다. 이 가운데서 동락은 매우 중요하다. 천지만물과 독서인의 性·理가 동일하다고 느끼는 존재론적인 각성이기 때문이다. 독서시의 화자가 바람, 시냇물, 바위, 띠, 꽃에서 활기를 감지한 다음 화자 그 자신의 性과 일치한다고 느끼고, 종국에는 천지만물의 活理를 체인하는 경지에까지 나아가는 데서 이 점이 드러난다. 통관동정이 궁극적으로 物我同體와 맥이 닿는다는 점에서, 활간독서법이야말로 천인합일의 경지로 나아가는 수양방법이라 아니할 수 없다.

양상

퇴계는 활간독서법의 용어를 직접적으로 제시하지 않았다. 문인들이 '경서를 어떻게 읽을 것인가?'라는 질문을 던질 때, 화답 방식으로 활간독서법을 거론할 따름이다. 활간독서법의 용어를 별도로 마련하지 않았다고 해서 파악할 수 없는 것은 물론 아니다. 퇴계가 마련한 논점 속에 활간독서법의 요체가 엄연히 들어 있기 때문에 그런 요체를 추출하기만 해도 활간독서법의 용어가 된다. 이런 현상을 '무형식의 형식'이라 지칭해도 좋을 것 같다. 필자는 '무형식의 형식'을 표층으로 끌어올려 명시해도 퇴계의 의도와 어긋나지 않는다고 여기고, 활간독서법의 요체를 포착·제시하고 그 배경을 설명한 다음 출처를 명시하는 순으로 전개하고자 한다.

〈ㄱ〉

講究所疑

'의문점을 강구한다'는 뜻이다. '강구'를 문집의 취지에 비추어 보면 '여러 사람들이 모여 의문점에 대해 대책이나 방안 따위를 궁리하여 풀어낸다.'는 의미이므로, 요즘말로 보면 '스터디 그룹에서 읽고 토론하기'가 된다. '스터디 그룹에서 읽고 토론하기'는 독서를 집체 교육의 한 과정으로 보는 데서 나왔다. 궁극적 이치는 수겹의 꺼풀 속에 깊숙이 들어 있어서 혼자서 포착하기란 여간 어렵지 않다. 이 점에서 상대방과 의견을 주고받는 집체 교육 즉 공동 독서·토론 방식이 때로는 효율적일 수 있다. 공맹 이래로 집체 교육이 시행되었음을 감안하면, 효율성이 높다는 인식이 일찍부터 있었으리라 본다. 퇴계는 집체 교육이 수양론의 근거를 확장하는 데 유용하다고 보고, 공동 독서·토론 방식을 학단 외부로까지 확장시키려 한다. 비록 교통과 숙식 등의 문제로 시행에 한계가 있다고 해도 학단 간의 벽을 허물고 의리지행을 모색하려 했다는 점에서, 분명히 독서 행위를 수양론적 차원에서 확장하려 했다고 할 수 있다.

〈출처〉

지난달에 10여 명이 모였는데, 나도 피서할 겸 참석했으며, 의문점을 강구할 수 있어서 실로 대중을 떠나 혼자 공부하는 것과 비교할 수 없을 정도로 유익하다는 점을 깨달았습니다. 만약 지금 이후로 항상 이같이 하여 폐하지 않는다면 거의 학업을 이룰 수 있을 것이라고들 했습니다. 다만 작은 고을로 힘이 모자라 학문을 위한 도구를 마련하지 못하는 것이 많으니 오래 서로 모이기는 어려울 것 같습니다.

前月中 十餘人相聚 老拙亦以避暑往參 得以講究所疑 實非離羣獨學之比 深覺有益 若繼今以往 常能如此 不廢庶幾云云 但小邑欠事力 凡贍學之具 多未措辦 難於久相聚耳 (『退溪全書』續集, 卷4, 書, 答李剛而)

勤苦爛熟

'부지런히 힘써서 푹 익을 수 있게 읽어라.'는 뜻이다. 퇴계가 한결같이 주장하는 독서법 중의 하나이다. '익숙하게 읽고 정밀하게 생각하며 배부른 것처럼 푹 젖어서 오래 노력하여 쌓은 공이 깊어지면, 맛이 없는 가운데 맛이 있고 긴요함이 없는 가운데 긴요함이 있게 될 것(熟讀精思 優游厭飫 力久功深 到得無味中有味 無緊要中有緊要〈『退溪全書』卷28, 書, 答金惇叙〉)'이라든가 '의리와 취미로 마음과 가슴을 적시고 깊이 음미하고 푹 젖어서 그 속에서 노닐기를 하루에 하루를 더하여, 오래오래 차차 익히면 응당 힘을 얻는 때가 있을 것(義理趣味 澆灌心胸 玩適游泳 日復一日 久久漸熟 則當有得力之時矣〈『退溪全書』卷12, 書, 答崔見叔〉)'이라든가 하는 언급이 '勤苦爛熟'과 유사하다.

〈출처〉

무릇 글을 읽을 때는 부지런히 힘써 푹 익게 하는 것이 좋은 법입니다. 질의를 비록 자세하고 분명하게 한다고 해도 입에 오르거나 마음에 젖어들지 않으면, 끝내 자기 것이 되지 못하는데 무슨 유익함이 있겠습니까? 그대들은 매양 익숙하지 못해 곧 바로 잊어버리는 병통이 있으므로 이렇게 말하는 것입니다.

凡讀書 勤苦爛熟 爲上 質疑雖詳明 文不上口治心 則終不爲己有 何益之有 公等每有不熟旋忘之患故云 (『退溪全書』卷35, 書, 答李宏仲)

〈ㄹ〉

麗澤相資

'麗澤(리택)'은 '인접한 두 못이 서로 물을 윤택하게 한다.'는 뜻이다. 이 뜻을 학문 영역에 적용시켜 보면, '학우끼리 서로 도와 學問과 品性을 닦는 일'을 가리킨다. 퇴계는 '麗澤'을 독서 영역에 적용시켰으므로, '麗澤'은 '군자가 벗을 모아 강론하고 익힌다.'는 의미가 된다. 즉, 퇴계에 의하면, '麗澤'은 '함께 읽고 토론하기'이다. '함께 읽고 토론하기'는 서로를 이끌어 주는 역할을 하며 자신의 잘못된 견해를 깨치게 할 수 있는 기회를 제공한다. 두 못물이 서로 영향을 주고받아 유익해진다는 麗澤의 의미처럼, '함께 읽고 토론하기'는 서로에게 도움을 줄 수 있는 효용성을 지닌다고 할 수 있다.

〈출처〉

역동서원에 모여 있음은 실로 좋은 일입니다. 함께 『심경』

을 읽으면서 퍽이나 의논이 오고가 전일에 통투하게 보지 못한 곳이나 보았어도 끝까지 보지 못했던 곳을 통투하게 볼 수 있었고, 끝까지 볼 수 있었으며 간혹 잘못 보았던 곳도 그로 인해 깨달아 고칠 수 있었으니, 친구끼리 연마함이 서로 도움이 된다는 옛사람의 말씀이 참으로 헛소리가 아닙니다.

易東相聚 固是好事 共讀心經 甚有議論 從前看未透處 看未盡處 得以看透了 看到盡底 或有謬誤看處 因得省改 麗澤相資 古人所樂 方信不我欺也 (『退溪全書』卷36, 書, 答具汝膺)

차츰차츰 십여 인이 모여 함께 『심경』을 읽으며 강론하는 사이에 계발되는 바가 많아서 바야흐로 옛날에 애매하고 잘못 알았던 곳이 적지 않았던 것을 알았습니다. 진실로 獨學은 고루하고 麗澤은 滋益이 깊다고 하겠는데 다만 그대와 함께 이 즐거움을 같이 하지 못한 것이 한스러울 뿐입니다.

漸聚得十餘人 共讀心經 講論之際 多所開發 方知昔日昧誤處不少 信乎獨學成孤陋 麗澤深滋益 恨不得與君共此樂也 (『退溪全書』卷36 書, 答李宏仲)

〈ㅂ〉

剖析渾全

'부석'은 하나의 구조를 여러 개의 의미 단위로 쪼개는 독서법이고, '혼전'은 여럿을 혼융해서 이해하는 독서법이다. 퇴계는 고봉과의 사칠논변에서 四端이 七情에 포함되므로 理氣에 분속시킬 수 없다는 고봉의 주장을 반박하면서, 所從來를 따른다면 엄연히 理와 氣가 다르고 四端과 七情도 다르다고 한다. 퇴계가 고봉을 비판한다고 해서 '부석'을 '혼전'보다 우위에 올려놓았다고 할 수는 없다. 고봉이 '혼전'만을 주장하기 때문에 '부석'도 필요하다는 점을 확인시키기 위함이다. 퇴계가 반론을 펼치기 위해 '부석'을 최일선에 세웠다고 보면 된다.

〈출처〉

지금 그대의 변론은 이와는 다릅니다. 같은 것으로 보는 것은 좋아하지만, 분리된 것으로 보는 것은 싫어하고, 섞어서 온전하게 하는 것은 좋아하지만 쪼개어 나누는 것은 싫어합니다.

今之所辨 則異於是 喜同而惡離 樂渾全而厭剖析 (『退溪全書』卷16, 書, 答奇明彥 四端七情分理氣辨 第一書)

〈ㅅ〉

消磨隔子

본문의 大義를 파악하면 그 나머지의 의미는 손쉽게 파악할 수 있다는 뜻이다. 퇴계가 주자 독서법 중의 하나인 '迎刃而解'의 취의를 받아들여, 이와 같이 언급했다. 영인이해는 '글의 핵심을 철저하게 장악하면 그 나머지는 쉬워지므로 모름지기 핵심을 공략하라'는 의미를 지니고, 消磨隔子는 '처음에 한 겹의 장벽을 무너뜨리기는 극히 어려우나 그 다음에 한 겹을 무너뜨릴 때에는 힘이 조금씩 덜 든다는 것을 깨닫게 된다.'는 의미를 지니므로, 양자가 의미상으로는 다를 것이 없다. 퇴계가 '영인이해'라는 독서법을 알았을 터인데도 그 취의만을 따서 활용할 뿐 한번도 직접적으로 거론한 적이 없다. 퇴계가 '영인이해'를 사용하지 않는 까닭은 영인이해가 '消磨隔子'보다 추상적이기 때문이 아닌가 한다. 비유어인 '대나무와 칼'보다 일상어인 '격자'가 더 구체적이라는 점을 감안할 때, 구체적 의미를 위해서 원래의 용어를 버렸다고 할 수 있다.

〈출처〉

〈독대학법〉에서 주자가 말씀하시기를 "제1항에서 10분의 공부를 하고 나면 제2항에 가서는 8, 9분의 공부만 해도 된다."고 운운했는데, 독서법뿐만 아니라 의리를 궁구하는 데도 역시 그런 것이요. 하늘이 우리 인간에게 善의 이치인 하나의 근본을 부여해 주셨거늘 기질에 얽매이고 욕심에 가려짐을 말미암아 겹겹이 장벽을 이루게 되었소. 이치를 궁구함에 있어서 오랜 힘을 기울이고 정밀히 연구한다면 처음에 한 겹의 장벽을 무너뜨리기는 극히 어려우나, 그 다음에 한 겹을 무너뜨릴 때는 어려움이 앞서와 같지 않을 것이고 또 한 겹을 무너뜨릴 때는 힘이 조금씩 덜 든다는 것을 깨닫게 되어 의리의 마음이 문득 그 무너뜨린 분수에 따라 점차 드러나게 될 것이오

朱子曰 第一項 須著十分工夫了 第二項 只費得八九分工夫云云 非但讀書爲然 硏窮義理 亦然 降衷之理 與我本一 緣氣拘欲蔽 遂成遮隔重重了 窮理做工 用力硏精 初間消磨了這一重隔子 極難 次又消磨了一重 其難不至如前 次又消磨了一重 覺得爲力稍易 理義之心 輒隨消磨分數 漸次而見 (『退溪全書』卷37, 書, 答李平叔問目)

熟讀玩味

'숙독'은 차분하게 읽는다는 뜻이고 '완미'는 잘 씹어서 맛본다는 뜻이다. '숙독'과 '완미'의 뜻을 합하면, '문장의 대요를 잘 생각하면서 차분히 읽고 음미한다.'로 정리할 수 있다. '숙독완미'는 『주자어류』〈독서법〉의 '반복완미'와 유사하다. 주자의 영향을 받아 '숙독완미'를 강조했다고 보아도 좋을 것 같다. '숙독완미'는 공부의 가장 기본적인 방법이므로, 아무리 강조해도 지나치지 않다. 퇴계는 '숙독완미'를 독서병통인 '反涉私意'의 처방책으로까지 활용한다. 여타 유학자에 비해 활용 범위를 넓게 설정한다고 할 만하다

〈출처〉

글을 읽을 적에 句語 중에서 어떤 글자가 긴요한가를 보아야 한다는 것에 대해, 만약에 사람이 글을 읽을 적에 大意는 볼 줄은 모르고 반드시 먼저 어떤 글자가 요긴한 것인가 하는 생각이 가슴속에 가로놓여 있게 되면 보내온 글에서 말한 것과 같은 걱정이 없을 수 없겠지요. 그러나 만약에 능히 주 선생이 글을 읽는 법처럼 순서에 따라 마음을 전일하게 하여 익숙하게 읽고 정밀하게 생각하며 배부른 것처럼 푹 젖어서 오래 노력하여 쌓은 공이 깊어지면, 맛이 없는 가운데 맛이 있고 긴요함이 없는 가운데 긴요함이 있게 될 것이니, 그 말이 어찌 끌어다 붙이는 병폐라 하겠소?

讀書 句語中看何字要切 如人讀書 不知看大意 必先以何字要切之意橫在肚裏 則不無如來喩之患 若能如先生讀書法 循序致一 熟讀精思優游厭飫 力久功深 到得無味中有味 無緊要中有緊要 則此語豈有牽合之病 (『退溪全書』卷28, 書, 答金惇叙)

처음에는 번거로움을 이겨내고 괴로움을 참으면서 씹고 맛을 들이십시오. 입에 맞지 않는다고 해서 버려서는 안 됩니다. 오래도록 공을 쌓음이 많게 되면 점차로 쓴맛에서 단맛을 깨달을 수 있을 것이고 세월이 오래 되면 蔗境(자경 : 사탕수수를 먹는 경지, 즉 가경.)의 아름다운 날이 저절로 다가올 것입니다.

初間 須是耐煩忍苦 咀嚼玩味 不以不可口而厭棄之 至於積功之多 漸覺苦中生甜 歲月旣深 則蔗境之佳 當自漸入 (『退溪全書』卷15, 書, 與李大成曁諸昆季)

識得仁體

'익숙하게 완미하여 仁의 體를 안다.'의 뜻이다. 仁의 體란 '愛' 그 자체를 말하는 것이 아니다. '愛'는 情으로서 仁의 用일 따름이고 性이요 理를 가리키지 않기 때문이다. 주자에 의하면 '心之德'과 '愛之理'를 의미한다. 퇴계가 仁의 體라고 할 때는 주자의 견해와 동일하다. 주자가 맹자의 "무릇 우리에게 있는 四端을 모두 넓혀서 채울 줄 안다면 마치 불이 처음 타오르고 샘이 처음 나오는 것과 같은 것이니, 진실로 능히 채우면 족히 四海를 보호할 수 있다.(凡有四端於我者 皆擴而充之矣 若火之始然 泉之始達 苟能充之 足以保四海/『孟子』公孫丑 上)"의 견해를 그대로 수용했으니, 퇴계는 결국 주자를 통해 맹자의 견해를 받아들였다고 할 수 있다. 퇴계의 仁은 사회 공동체를 지향하고 있다. 〈서명〉을 통해 인용한 부모, 백성, 동포, 만물이 그 근거이다. 사회 공동체와 내면적 성찰을 동시에 겨냥한다는 점에서, 퇴계의 仁思想은 공동체로서의 인간의 삶을 무시한 楊朱나 인간의 내면을 전혀 고려하지 않는 墨子와 완전히 다르다.

〈출처〉

모름지기 〈西銘〉의 뜻을 익숙하게 완미하여 仁의 體를 알게 되면 자연 그 두 말의 의미를 알게 될 것입니다. 대개 仁한 이의 마음은 본래 그런 것이지, 잊지 않기를 생각한 마음에 잊지 않는 것은 아니지요. 그러나 또한 모름지기 자신의 마음이 그 올바름을 얻었을 때에 친절하게 이를 체험하여, 乾은 아버지요 坤은 어머니가 되며, 백성은 나의 동포요 만물은 나와 같은 무리임을 실제로 체득해서 모든 것을 포용하고 측은히 여김에 안과 밖이나 멀고 가까운 차이가 없으며, 어버이를 섬김과 하늘을 섬김이 참으로 한 이치이고, 눈에 들어오는 것은 이 일이 아님이 없어 한 순간의 정체도 용납되지 않는 것, 이에 대한 생각이 분명해져야 바야흐로 그것이 억지로 설정한 말이 아님을 알게 될 것이요. 그렇지 않으면 가령 樂正子春의 말과 같이 했다고 하더라도 이는 다만 효행을 돈독하게 하는 사람일 뿐일 것이고, 주자의 말씀에 대해서는 막연하고 황당해서 서로 연관됨도 없고 인정에도 가깝지 아니하게 되어 墨子의 兼愛 사상 쪽으로 흐르게 될 것이요.

須熟玩西銘之旨 識得仁體 則自知此兩語之味 蓋仁者之心 本自如此 非以不忘爲意然後不忘也 然亦須於自家心得其正時 親切體驗 實見得 乾父坤母 民胞物與 涵渾惻怛無內外遠近之間 事親事天 眞是一理 擧目莫非此事 靡容一息之停 意思分明 方知此非强設之言也 不然 假使 眞能如子春之言 要止是篤於孝行之人爾 若於朱子之言 則又莽莽蕩蕩 無交涉 不近情 而流於墨子之兼愛矣 (『退溪全書』卷28, 書, 答金惇叙)

〈ㅇ〉

優游厭飫

『孟子』離婁章句에 처음 나온다. '優游'는 '편안하게 노닌다'는 뜻을 지니고, '厭飫'는 '물리도록 배불리 먹는다'는 뜻을 지닌다. '優游'와 '厭飫'의 뜻을 합하면 '무엇을 습득하려면 서두르지 말고 천천히 하되 하나하나 익혀가면서 수없이 반복해야 한다.'로 정리할 수 있다. 책을 잘 읽는 방법을 설파했으니, '우유염어'를 독서법의 차원에서 보아도 좋을 것 같다. '우유염어'는 단순한 독서법이 아니다. 퇴계가 '우유염어'를 존심·양성의 수양론적 차원으로 끌어올렸기 때문에, '우유염어'는 독서인 모두에게 해당되는 '열린 독서법'이라고 할 수 있다.

〈출처〉

만약에 능히 주 선생이 글을 읽는 법처럼 순서에 따라 마음을 전일하게 하여 익숙하게 읽고 정밀하게 생각하며 배부른 것처럼 푹 젖어서 오래 노력하여 쌓은 공이 깊어지면, 맛이 없는 가운데 맛이 있고 긴요함이 없는 가운데 긴요함이 있게 될 것이니, 그 말이 어찌 끌어다 붙이는 병폐라 하겠소? 보내온 글에서 운운한 것은 마치 사람들이 음식을 먹다가 목이 메는 것을 보고, 온 천하의 먹을 것을 없애려고 하는 것과 같은 것이라고 하겠소.

若能如先生讀書法 循序致一 熟讀精思 優游厭飫 力久功深 到得無味中有味 無緊要中有緊要 則此語豈有牽合之病 來喩云云 似見人之噎而欲廢天下之食也 (『退溪全書』卷28, 書, 答金惇叙)

〈ㅈ〉

正坐莊訟

'正坐'와 '莊誦'의 합성어이다. '正坐'는 '허리를 펴고 꼿꼿하게 좌정하는 방법'으로서 '앉기'의 한 종류이다. 儒學에서는 外物에 의해 분산된 마음을 하나로 모으는 방법으로 제시하기 때문에 '靜坐'의 의미를 내포한다고 할 수 있다. '正坐'는 삿됨을 버리는 '心'의 수련법이다. '心'의 바탕은 虛靈하지만 人欲이 밀려들면서 흐려지고 만다. 만약, 욕심을 소거하지 않은 채 독서하면 책의 내용이 마음 밖으로 달아난다. '正坐'의 효능은 여기서 발휘된다. '情'의 상태를 '性'의 상태로, '已發의 妙用者'를 '未發의 全體者'로 바꾸어 주기 때문이다. 이런 경지에 도달할 때, 私意가 사라지고 '敬'이 마음의 主宰者로 자리잡을 수 있다. 한편, '莊誦'은 '우렁차게 朗誦한다는 語義'를 지닌다. '朗誦'을 우렁차게 할 때를 '莊誦'이라고 보면 된다. '朗誦'은 음악성을 지닌다. 字句나 文章에 節奏를 붙여서 특정 음절을 짧게 하거나 길게 하므로, 散文의 吟誦과 유사하고 韻文의 詠唱과는 다르다. '正坐'와 '莊誦'은 선후관계이다. '正坐'를 한 다음 '莊誦'의 단계로 나아갈 따름이지 '莊誦'을 한 다음 '正坐'의 단계로 나아가지 않는다는 점에서, 先正坐後莊誦이라 할 수 있다.

〈출처〉

선생이 글을 읽을 때는 단정히 앉아서 우렁차게 읽었으며, 글자마다 그 뜻을 찾고 구절마다 그 의미를 찾았다. 비록 한 자 한 획의 사소한 것이라도 그냥 지나치지 않고 '魚'를 '魯'로 쓴다든지 '豕'를 '亥'로 쓰는 것과 같은 잘못들을 기필코 찾아 바로잡고야 말았다.

先生讀書 正坐莊誦 字求其訓 句尋其義 雖一字一畫之微 不爲於過 魚魯豕亥之訛 必辨乃已 (『退溪全書』言行錄, 卷1, 讀書)

〈ㅊ〉

處心制行

'처심제행'은 '본성을 보존하고 행동을 다스린다.'는 뜻이다. 四七論辨을 전개하기 직전에 퇴계가 고봉에게 보낸 편지글 속에 들어 있다. '처심제행'에서 '처심'과 '제행'은 선후관계이다. '처심'이 앞서야 '제행'이 따르기 때문에 이렇게 볼 수 있다. '처심'이 되고도 '제행'이 되지 않을 수 있느냐 하면, 그런 경우는 없다. '처심'에 너무 오래 머무르고 '제행'으로 나아가지 않아서 다만 '제행'이 되지 않는 듯이 보일 따름이다. '처심'이 이처럼 절대적인 비중을 차지하는 까닭은 '처심'이 '存心'과 동의어로서 '敬'을 전제 조건으로 하는 데서 비롯된다. 『朱子語類』에서 주자가 敬에 대해 存養의 要法이라고 하고, 『聖學十圖』心學道說에서 퇴계가 敬에 대해 성인의 경지에 들어가는 요건이라고 했으니, '敬' 없이는 '처심'도 불가능하다고 보아도 무방하다. 정황이 이러하므로, '처심'이 되면 '敬'은 이미 마음을 주재한다고 할 수 있고 마음은 이미 몸을 주제한다고 할 수 있으며, '제행'으로 나아갈 준비를 이미 마쳤다고 할 수 있다.

〈출처〉

그리고 나에게 보여준 四端七情說은 공의 조예가 깊다고 이를 만합니다. 그러나 어리석은 나의 소견으로 헤아려 보건대 공의 학문이 정대광박한 경지에는 본 것이 있으나, 細密精微한 蘊奥는 통달하지 못한 듯하며, 공의 處心制行

이 疏達曠坦한 뜻이 많으나 오히려 收斂凝定의 공부는 부족합니다. 그러므로 언론으로 발하는 것이 무척 조예가 깊으나 더러 일정하지 않고 들쭉날쭉하여 서로 모순되는 병폐가 있음을 면치 못했습니다. 그 스스로 계획하는 것이 비록 보통 사람으로서는 미칠 수 없는 바이나, 오히려 의식적으로 안배하고 나아갔다 물러갔다 하는 사이에서 벗어나지 못했으니, 큰 일을 담당하고 큰 이름을 걸머지고서 바람이 휘몰아치는 격랑의 세파에 처신하자면 어찌 어려움이 없겠습니까?

而所示四端七情說 其所造亦可謂邃矣 然而自愚揆之 高明之學 有見於正大廣博之域 而或未融貫於細密精微之蘊也 其處心制行 多得於疎達曠坦之意 而尙欠於收斂凝定之功也 故其發爲言論者 雖甚超詣 而或不免有出入矛盾之病 其所自爲謀者 雖非常人所及 而猶未脫於安排前卻之中 則其於擔當一大事 佩負一大名 以處於衝風激浪之際 何可謂無難乎 (『退溪全書』卷16, 書, 答奇明彥)

〈ㅌ〉

通貫動靜

動과 靜을 하나로 관통하고자 하는 수양 방법이다. 주자가 세계의 본질을 운동과 정지로 설명하는 우주론적 관점을 심성론에 도입하면서 '통관동정'이라는 용어를 만들었다. 『주자어류』에 입각해서 '통관동정'의 근거 및 당위성을 정리하면 다음과 같다. 動은 靜에 의해서 靜은 動에 의해서 존재하고, 靜 가운데 動이 있고 動 가운데 靜이 있어서 양자는 불가분성을 지닌다는 점이 그것이다. 퇴계는 '통관동정'을 심성론에 적용시키되 한결같이 독서인의 위상을 강조한다. 독서인이 우주론적인 심성으로 '통관동정'을 감당한다고 하는 데서 이 점이 확인된다.

〈출처〉

또 끝에 말하기를 "'敬'字 공부는 動과 靜을 관통한 것이다. 그러나 반드시 靜을 근본으로 삼는다."라고 했다. 그리고 근세에 篁墩 程敏政(명나라의 학자. 호는 황돈.)은 밤의 氣는 靜을 주로 한다는 뜻을 논했으나 마침내는 그 중요함을 敬에 돌렸다. 그러니 그들이 남에게 보인 뜻이 모두 깊고 절실하다고 할 만하다. 생각건대, 남시보는 참으로 주자의 가르침을 따르고 황돈의 글을 참고하여 날로 공부를 새롭게 한다면 靜과 敬이 서로 본말이 되고 겸해서 靜을 주로 함을 거론하되 靜에 편중되지 않을 것이다.

而終之日 敬字工夫通貫動靜 而必以靜爲本 近世篁墩程氏論夜氣主靜之旨 而卒亦歸重於敬 其示人之意 皆可謂深且切矣 惟時甫誠能因朱子之訓 參以篁墩之書 而日新其功 則靜敬相須 本末兼擧 主靜而不偏於靜 (『退溪全書』卷42, 記, 靜齋記)

아무런 일이 없을 때는 마음을 자각적인 상태로 존양할 따름이고, 연구하고 사람과 접촉할 때가 되어 의리를 생각하게 될 때는 마땅히 그렇게 해야만 하는 것입니다. 왜냐하면 무릇 의리를 생각하면 마음은 이미 움직여서 안정이 되어 있는 때의 경지에 속해 있지 않기 때문입니다. 그러나 이 뜻은 분명해서 알기가 어렵지 않을 듯한데도 진실로 아는 이가 드물어서 안정한 때에 생각하지 않음을 어둡고 적멸한 것으로 여기고, 움직일 때 생각함을 어지럽게 사물을 쫓아다니면서 도무지 의리에 입각해 있지 않은 것으로 생각합니다. 이 때문에 말로는 학문을 한다고 하면서도 마침내 배움에 힘쓸 수 없게 되는 것이니, 오직 動과 靜을 일관하고 오직 敬을 위주로 삼아 나가야만 공부하는 데 어김이 없을 것입니다.

無事時 存養惺惺而已 到講習應接時 方思量義理 固當如此 蓋才思義理 心已動了 已不屬靜時界分故也 然此意分明 似不難知 而人鮮能眞知 故靜時不思 便認以爲窈冥寂滅 動時思量 又胡亂逐物去 都不在義理上 所以名爲學問 而卒不得力於學也 惟主敬之功 通貫動靜 庶幾不差於用工爾 (『退溪全書』卷14, 書, 答李叔獻 別紙)

〈ㅎ〉

虛心觀理

마음을 비우고 이치를 본다는 뜻이다. 마음을 비운다는 것은 한 걸음 물러나서 생각한다는 뜻이고, 한 걸음 물러나서 생각한다는 것은 마음으로 뜻을 맞이한다[以意逆志]는 뜻이다. 孟子는 詩를 말하면서 "마음으로 뜻을 맞이해야 얻게 된다."고 했는데, '맞이한다'는 것은 '기다림'을 말한다. 사람을 기다리다 오지 않을 때 마음을 아주 급하게 먹고 더욱 앞으로 나아가 미리 맞으려고 한다면,[急切尋求] 마음으로 뜻을 맞이하는 데 지나지 않는다. 즉, 急切尋求의 독서인은 책을 볼 때 먼저 스스로 자신의 뜻을 세운 뒤에 비로소 보는데, 옛사람의 언어를 모두 끌어들여서 자신의 의중으로 삼는 것이므로 옳지가 않다. 이렇게 보면 '虛心觀理'는 '以意逆志'와 뜻이 같다.

〈출처〉

텅 비운 마음으로 이치를 살피고 자기의 의견을 먼저 고집해서 정해 버리지 말아야 차츰차츰 쌓여가서 완전히 성숙하게 되는 것이니, 한 때나 한 달로 효과를 따져서는 안 됩니다. 얻지 않고서는 그만 둘 수 없다는 자세로서 평생의 사업으로 삼아야 하는 것입니다. 연구하는 이치가 무르익어 자세히 이해할 수 있게 되고, 敬이 전일한 경지에 이르게 되는 것은 모두 학문이 깊이 나아간 뒤에라야 스스로 얻을 수 있을 따름입니다.

虛心觀理 勿先執定於己見 積漸純熟 未可責效於時月 弗得弗措 直以爲終身事業 其理至於融會 敬至於專一 皆深造之餘自得之耳 (『退溪全書』卷14, 書, 答李叔獻 別紙)

活看

활간은 '전후 맥락에 의거해서 글의 뜻을 융통성 있게 파악하는 방법'을 가리킨다. 활간이 되기 위해서는 발화자의 의도나 가치관 등을 폭넓게 헤아려서 특정 字句의 의미를 정확하게 판단해야 한다. 이와 같은 활간은 朱子를 떠나 생각하기 어렵다. 『朱子語類』에서 보듯 주자가 二程子 및 張子의 독서법을 수용하여 활간을 체계화했으니, 활간독서법의 원조가 주자라 해도 과언이 아니다. 퇴계 활간독서법이 주자 활간독서법과 완전히 일치하느냐 하면, 그렇지는 않다. 퇴계가 理發, 理動, 理到의 論說을 통해 理의 능동성을 강조하면서부터 주자의 定論을 벗어나기 시작하므로, 퇴계 활간독서법이 주자 활간독서법과 완전히 일치한다고 할 수는 없다. 겉으로는 퇴계와 주자 모두 문장의 전후 맥락을 겨냥하는 듯하나, 주자는 理致나 義理를 파악하는 데 중점을 두고 퇴계는 理의 능동성을 파악하는 데 중점을 둔다. 정황이 이러하므로 주자와 퇴계가 모두 '활간'을 언급하더라도 퇴계 쪽이 더 강렬

할 수밖에 없다.

〈출처〉

心은 하나일 따름이니 心中의 '心'字와 一心의 '心'字와 心先動의 '心'字가 어찌 두 개 세 개의 '心'이 있겠습니까? 또 대체로 '心'을 말함은 진실로 모든 方寸을 주로 해서 말한 것입니다. 그러나 그 體와 用이 가슴속[腔子]에 가득 차고 우주[六合]에 가득 차게 되니, 眞西山이 이른바 "방촌에 거두어들이면 태극이 내 몸에 있고, 만 가지 사물에 흩어 놓으면 그 用이 한이 없다."는 하는 것입니다. 마땅히 이와 같이 융통성 있게 보아야 할 것이지 다만 한 덩어리 혈육의 心을 心으로 삼는 것으로 인식해서는 불가합니다.

心一而已 心中之心字與一心字之心 心先動之心 安有兩箇三箇心耶 且凡言心 固皆主方寸而言 然其體其用 滿腔子而彌六合 眞西山所謂 斂之方寸 太極在躬 散之萬事 其用無窮 當如此活看 不可只認一塊血肉之心爲心也 (『退溪全書』卷29, 答金而精)

氣의 시초가 착하지 아니함이 없다는 것은 곧 氣가 생겨나는 출발의 근원을 말하는 것이지, 부여받는 시초를 말하는 것은 아닙니다. 그러나 그 氣는 하루의 시초도 있고 한 달의 시초도 있으며 한 철의 시초도 있고 한 해의 시초도 있으며 한 원기의 시초도 있습니다. 그러나 이것 또한 대략 예를 들어서 말할 뿐입니다. 옮겨오고 옮겨가서 그 변화가 끝이 없으니 마땅히 경우에 따라 융통성 있게 보아야 하지, 어느 氣 하나만의 시초를 고집하여 정할 수 없습니다. 만약 한 가지 氣만을 인정하여 氣의 시초로 확정한다면 통하지 않으니 그 조화의 妙를 이루 다 할 수 없습니다.

氣之始無不善 乃氣生源頭處 非稟受之初也 然氣有一日之始 有一月之始 有一時之始 有一歲之始 有一元之始 然此亦槩擧而言之耳 推來推去 其變無窮 當隨處活看 不可執定爲某氣之始 苟指認一處爲定則不通 不足以語造化之妙 (『退溪全書』卷24, 答鄭子中別紙)

제4장　퇴계 활간독서법의 지향과 미학

활간독서법은 퇴계 사상의 분신이다. 퇴계가 천리와 인사를 관통하기 위해 활간독서법을 마련했으므로, 퇴계의 가치관과 세계관을 떠나서 활간독서법을 거론할 수 없다. 퇴계와 활간독서법의 관계를 어떻게 추적할 것인가? 문제를 풀기 위한 방법은 두 가지다. 퇴계의 가치관과 세계관를 고려하여 활간독서법을 탐색하는 방법이 그 한 가지고, 활간독서법에서 퇴계의 가치관과 세계관을 추출한 다음 전반적 의미를 탐색하는 방법이 그 다른 한 가지다. 필자는 후자를 택한다. 외적 준거에 휘둘려서 퇴계가 지닌 고유의 특징을 놓치지 않기 위함이다. 활간독서법을 파고들면 퇴계로부터 '무엇을 겨냥하는가?'와 '어떻게 구현하는가?'의 고민이 발견되므로, 이 점에 착목하여 지향과 미학의 차원으로 나누어 고찰해보기로 한다.

I. 지향

활간독서법은 경전의 문면을 넘어 행간의 의미를 찾는 독서법이다. 행간의 의미란 성현이 경험하거나 인식한 천리와 인사이다. 천리와 인사는 둘이면서 하나이다. 서로 별개이기 때문에 둘이고, 법칙이나 원리로 묶여 있기 때문에 하나이다. 활간독서법은 후자 쪽을 이해하는 데 매우 중요하다. 성현이 생성과 변화의 관점에서 천리와 인사의 두루 관찰하고 '우주 전체를 관통하는 도리'를 주창했으니, 활간독서법이 아니고서는 소기의 목적을 거둘 수 없다. '우주 전체를 관통하는 도리'가 활간독서법에 의해 읽혀질 수 있다면, 활간독서법이 지향하는 바가 '우주 전체를 관통하는 도리'라고 이해해도 좋을 것 같다. '우주 전체를 관통하는 도리'란 무엇인가? 天과 人, 자아와 우주의 관계를 통해 이 문제에 접근해보기로 한다.

天과 人의 合一

『퇴계전서』에는 독서법과 공부방법에 대한 논의가 뒤섞여 있다. 즉, 독서법의 논의에 공부방법이 이입되거나 공부방법의 논의에 독서법이 이입된다. 퇴계가 독서법과 공부방법의 경계를 밝히지 않았기 때문에, 후대인들이 양자를 분별해 내기가 쉽지 않다. 주지하다시피 독서는 공부의 수단이다. 독서법이 공부방법의 하위개념이라는 점에서 독서법은 공부방법의 범주에 속하지만, 공부방법은 독서법의 범주에 속하지 않는다고 할 수 있다. 이와 같은 기준을 확보할 때, 독서법의 윤곽이 잡힌다. 공부만을 언급하는 경우는 독서법일 수 없으며, 읽기를 언급해야 독서법일 수 있다.

독서법의 범주는 형식과 내용으로 나누어진다.[1] 독서의 태도와 자세, 독서의 유형, 독서병통의 증세 및 그 치료방법 등은 독서법의 형식적 범주이고, 경전에 나타난 誠과 敬, 자연의 生意나 仁, 성현이 지향하는 物我一體나 天人合一[2]은 독서법의 내용적 범주이다. 독서법에서 형식과 내용이 어긋나는 경우는 거의 없다. 으레 형식이 갖추어지면 내용이 뒤따르거나 내용이 갖추어지면 형식이 뒤따르거나 하므로, 형식과 내용은 상호 어긋나지 않는다. 즉, 형식이나 내용 가운데서 어느 한 쪽이 미약한 경우가 있기는 해도, 전적으로 어느 한 쪽만 있는 경우는 없다. 지금까지는 독서법이라고 할 때 형식적 범주만을 거론하고 내용적 범주를 배제하는 경향이 있었다. 내용과 형식의 관계를 헤아리고 독서법의 실체를 확인하기 위해서는 우선적으로 그릇된 관행을 면밀히 진단할 필요가 있다.

내용과 형식이 별개라고 여기는 대표적인 경우가 '天人合一 思想'이다. 독서법을 거론할 때 천인합일 사상을 독서법과 연관시켜 다룬 연구자가 없다는 점이 그 증거이다. 천인합일이라 하면 성리학의 이상적 목표일 뿐이고 독서법과 무관하다고 생각하기

---

1 『退溪全書』言行錄, 讀書條에 독서법의 형식적 범주와 내용적 범주가 모두 나타난다. 문집 편찬 담당자들이 퇴계의 삶을 충실히 반영하여 독서조를 설정했을 터이므로, 문집에 나타난 독서조의 구성은 퇴계 독서법의 실상을 반영한다고 해도 과언이 아니라고 할 수 있다.

2 '天人合一'에 있어서 '天'과 '人'의 의미는 다양하다. '天'은 천지만물, 우주, 자연, 자연계 등의 의미를 지니고, '人'은 인류, 인간, 인간계 등의 의미를 지닌다. 사용자에 따라 특정 의미를 지칭하기도 하나, 대체로 포괄적인 의미로 사용하는 편이다. 본고에서도 포괄적인 의미로 사용하고자 한다.

때문이 아닌가 한다. 독서의 '서'는 경전을 가리키고 경전에는 천인 관계에 대한 성현의 관점이 담겼으므로,[3] 성현의 어록에는 천인합일 사상이 나타날 수밖에 없다. 정황이 이러하다면 독서법의 내용에 '천인합일 사상을 파악하기 위한 자세·태도·방법'이 당연히 나타난다고 보아야 한다. 독서법과 천인합일 사상을 연관지우지 못하는 현상은 독서법의 내용적 범주를 공부방법으로 오인한 데서 비롯된다. 형식적 범주에서 눈을 돌려, 그동안 공부방법에 맡겨둔 독서법의 내용적 범주를 되찾아야 독서법 전체의 실상을 복원해낼 수 있으리라 본다.

필자는 독서법에 나타난 천인합일 사상을 주목하고자 한다. 천인합일 사상이 독서법 속에 있을 때와 독서법 밖에 있을 때가 나르다는 점이 주목의 이유이다. 독서법 속에 있을 때의 천인합일 사상은 독서법 밖에 있을 때의 천인합일 사상과는 달리, 당위적이고 비판적 측면과 긴밀한 관련을 맺는다. 즉, 천인합일 사상은 당위적 측면의 근거로서 독서의 원칙을 형성하기도 하고, 비판적 측면의 척도로서 독서병통을 진단하기도 한다. 이처럼 독서법과 천인합일 사상과의 관계를 주목할 때, 본고가 얻을 수 있는 의의는 최소한 두 가지다. 내용적 범주와 형식적 범주가 별개라고 여기는 천인합일 사상을 다룸으로써 독서법 전체의 실상을 복원할 수 있고, 천인합일 사상에 대한 독서법의 접근 방법을 탐색함으로써 천인합일 사상의 기능과 독서법의 의의를 규명할 수 있다는 점이 그것이다.

3 『朱子語類』卷11, 學5 讀書法 下, 24조목에서 "聖人言語 皆天理自然"이라고 했다. 경전에 천인관계론이 담겼다는 의미로 해석해도 좋을 것 같다.

이런 과제를 수행하기 위해서는 '천인합일 사상이 들어 있는 독서법'을 독서이론 속에서 찾아내야 한다. 독서의 태도·자세·유형, 독서병통의 증세 및 그 치료방법 등이 곧 독서법이므로, 이런 독서법 속에 들어 있는 천인합일 사상을 찾아내면 된다. 독서법이라고 하면 정도의 차이가 있기는 해도 거의 모두 천인합일 사상을 직·간접적으로 다루고 있다. 본고에서는 천인합일 사상이 직접적으로 나타나는 경우만을 주된 자료로 삼고자 한다. 천인합일 사상이 독서법에 나타난다고 해서 독서법 밖에서 언급한 퇴계의 천인합일 사상과 무조건 다른 것은 아니다. 독서법 속에 있으면서 독서법 밖의 천인합일 사상과 일치하기도 하고 일치하지 않기도 하다는 점에서, 양자를 분별하는 작업도 중요하다. 이런 점을 충분히 헤아려 과제를 수행할 때, 퇴계 독서법의 진면목을 확인하는 계기가 되리라 믿는다.

독서법 밖의 天과 人

퇴계는 독서법을 거론할 때보다 독서법을 거론하지 않을 때에 天과 人의 관계에 대해 더 많이 언급한다. 독서법 속에서는 제약을 받지만, 독서법 밖에서는 상대적으로 제약을 덜 받기 때문에 이런 현상이 생긴다고 여겨진다. 독서법 밖에서의 天과 人은 일정하지 않다. 기본적으로 주자학의 범주에 머물기는 하나, 특정 부분에서는 주자학의 범주를 벗어나기도 한다. 주자학의 범주를 벗어나는 경우를 퇴계 사상의 독자성이라고 지칭해도 좋을 것 같다. 퇴계는 주자와는 달리 理의 능동성을 주장하므로, 理의 능동성이야말로 퇴계 사상의 독자성이다.[4] 理의 능동성이 과연 어떻게 구현되는가? 퇴계가 보는 天과 人을 구별해서 다룬 다음, 전체 사상의 맥락에서 天과 人의 관계를 종합적으로 살피기로 한다.

퇴계의 天觀

퇴계의 天觀은 『聖學十圖』의 〈太極圖說〉과 〈西銘圖〉, 〈天命新圖〉와 〈天命圖說後序〉에서 잘 나타난다. 이런 논저를 통해 보면 퇴계는 天의 개념을 도덕적 차원에서 설정하고 있다. 즉, 퇴계는 '사회의 질서와 원리'라는 도덕률을 '질서와 원리의 근원인 天'으로부터 연역해 내고자 한다. 〈天命圖說〉에서는 天이 元亨利貞의 四德으로써 사물을 생성·변화시키며 계절의 순환 과정을 관장한다고 하고, 『聖學十圖』의 〈太極圖說〉에서는 태극으로부터 비롯된 자연법칙이 곧 易의 원리라고 하고, 『聖學十圖』의 〈西銘圖〉에서는 乾道와 坤道가 부모가 되어 천지만물을 낳고 그 천지만물은 仁을 매개로 하여 하나가 된다고 하는 데서 이 점이 확인된다. 퇴계가 파악한 天은 고정되어 있지 않다. 盈虛消息하면서 生意를 지닌다고 하므로, 天을 살아서 움직이며 변화하는 주체로 파악했다고 해도 좋을 것 같다.

天이 생의와 변화의 주체라는 점에서, 운동성과 변화 과정은 天의 목적 의지에서 기인한다고 할 수 있다.[5] 즉, 외부의 작용에 의해 天이 인과적으로 움직이지 않고, 태극에 내재하는 유기체적

---

4 이에 대해서는 朴洪植, 「退溪 性理學의 獨自性 問題」, 『退溪學報』103, (退溪學硏究院, 1999), 7~34쪽에서 구체적으로 다루고 있다.

5 尹絲淳, 「退溪에서의 自然과 人間」, 『退溪學報』75·76, (退溪學硏究院, 1992), 24쪽과 申龜鉉, 「李退溪의 自然哲學」, 『退溪學報』75·76, (退溪學硏究院, 1992), 6쪽의 논의 참조.

작용 원리에 의해서 자발적으로 움직인다. 〈天命圖說〉에서 태극이 스스로 움직여서 四德을 구현한다고 한 논의가 바로 이런 측면을 지적하고 있다. 태극 곧 理가 스스로 움직인다고 하는 견해가 예사롭지 않다. 퇴계가 주자와도 견해를 달리 하기 때문이다. 주자는 理란 '動靜을 가능하게 하는 원리'일 뿐이고, 스스로 동정하지는 않는다고 한다. 퇴계는 주자의 견해가 소극적이라고 생각하고, 體用論을 도입하여 動靜의 가능 원리는 體이고 動靜 그 자체는 用이라는 논점을 세운다.[6] 理氣論의 理動, 格物說의 理到, 四七論의 理發은 理를 적극적으로 해석하려는 퇴계의 의지가 얼마나 강한지를 잘 보여준다.

퇴계가 理의 用을 강조한 까닭은 天에 주체성을 부여하기 위함이다. 朱子의 시각처럼 天의 개념을 '수동성과 타율성을 지닌 자연법칙' 정도로만 파악한다면,[7] 天은 한낱 우주만물의 근원에 불과하고, 도저히 운동성과 변화 과정을 주도한다고 할 수 없게 된다. 바꾸어 말해, 만물을 낳고 사계절을 낳는 주체는 天이 아닌 다른 무엇이라 할 수밖에 없다. '다른 무엇'의 가능성을 차단하고 天이 바로 운동성과 변화 과정의 주체라고 하기 위해서는 天의 개념을 '능동성과 자발성을 지닌 자연법칙'이라고 해석하지 않으면 안 된다. 理(天)가 氣를 주도하여 天地의 功能을 이룬다는 언급[8]은 곧 天의 주체성을 확보하기 위한 노력으로 이해된다. 이렇

---

6 無情意造作者 此理本然之體也 其隨寓發見而無不到者。此理至神之用也(『退溪全書』卷18, 答奇明彦)

7 주자에 따르면, 理(天)는 스스로 동정하지 않으며 氣를 動靜하도록 하는 所以然일 따름이다. "而其動靜 則必有所以動靜之理焉 是必所謂太極也"(『朱子大全』卷45, 答楊子直)에 이런 언급이 나타난다.

8 理爲氣之帥 氣爲理之卒 以遂天地之功(『退溪全書』續集 卷8, 雜著, 天命圖說)

게 보면, 天이야말로 우주적 도덕 체계를 스스로 수행하는 주체이다. 만물의 생성 원리와 화육 원리를 자기 내부에 갖추고 있기 때문에 이런 지적이 가능하다.

퇴계의 人觀

퇴계의 人觀은 天觀의 경우와 마찬가지로 〈天命圖說〉, 『聖學十圖』의 〈太極圖說〉과 〈西銘圖〉에서 잘 나타난다. 人觀이 天觀과 같은 논저에서 나타나는 이유는 天이나 人의 궁극적인 근원이 동일하기 때문이다. 〈天命圖說〉에 의하면 水가 四德 가운데서 貞의 德을 이어받아 生物之源을 이룬다고 하는 데 이 점이 드러난다. 물론, 貞의 德이 끝이 아니다. 元의 德으로 다시 돌아가서 始物, 長物, 遂物, 成物의 과정을 거치므로, 순환하되 멈추지 않는 天의 법칙에 의해 만물이 생겨나고 또 생겨난다. 만물 가운데서 人은 物보다 더 빼어나다. 人은 陽의 正氣를 품수한 데 반해, 物은 陰의 偏氣를 품수했기 때문이다. 正氣라고 해서 모두 동일한가 하면 그렇지는 않다. 正氣의 淸·濁·粹·駁에 따라 人 또한 賢愚로 나누어진다. 淸·粹를 지닌 上智와 濁·駁을 지닌 下愚와 그 중간인 中人이 그것이다.

上智, 中人, 下愚의 등급이 고정된 것은 아니다. 上智의 마음에도 形氣가 발하고 下愚의 마음에도 天理가 발하므로, 노력 여하에 따라 등급이 바뀔 여지가 없지 않다. 이런 정황을 감안할 때, 上智는 자만하지 말아야 제 등급을 지킬 수 있고 中人과 下愚는 분발해야 더 높은 등급으로 올라설 수 있다. 中人과 下愚가 등급을 올릴 수 있는 방법은 심신의 수양뿐이다. 심신의 수양은 무척 까다롭다. 敬으로써 본능을 억제하고, 지식을 넓히고 힘써 실천해야 하기 때문이다. 퇴계는 일희일비하지 말고 꾸준하게 자신을 가다듬는 것밖에는 달리 방법이 없다고 한다. “舜은 禹가 大聖人인 줄 알면서도 ‘오직 정밀하게 하고 오직 전일하게 하라[惟精惟一]’고 가르쳤고 공자는 顔子가 大賢人인 줄 알면서도 ‘널리 글로써 배우고 간략히 예로써 표현하라[博文約禮]’고 가르쳤다.”[9]고 한 데서 이 점이 드러난다.

수양 목적은 上智에 이르는 데 있지 않다. 上智의 위치는 수단이고, 上智의 위치에서 체인하는 心의 우주적 위상이 그 목적이다. 心이 우주적 위상을 지니는 근거는 ‘心合理氣’와 ‘心統性情’이다.[10] 心合理氣란 우주론적인 理와 氣가 心의 구조를 형성한다는 의미이고, 心統性情이란 心이 ‘의식의 未發 상태’인 性과 ‘의식의 已發 상태’인 情을 거느린다는 의미이다. 性은 우주론적인 理이고 情은 우주론적인 氣 작용과 관련되므로, 性情은 理氣와 아울러 心의 우주적 위상을 담보한다고 할 수 있다. 心의 주체가 人이라는 점을 감안할 때, 결국 人이 우주적 위상을 지닌 셈이 된다. 이렇게 보니, 人의 존재는 心의 우주적 위상을 통해 설명이 가능하다. 심신의 수양이 心의 우주적 위상을 드러내고 心의 우주적 위상은 人의 존재를 부각시킨다는 점에서, 人은 수양을 전제로 하는 우주 그 자체라고 할 수 있다.

퇴계의 관점에서 본 天觀과 人觀의 關係

퇴계철학에서 天과 人은 매우 긴밀한 연관을 지닌다. 형상이 서로 다르기는 하지만, 만물간의 감응·소통의 원리가 작용하기

---

9 禹 大聖人也 而舜必勉之以惟精惟一 顔子 大賢人也 而夫子必道之以博文約禮(『退溪全書』 續集 卷8, 雜著, 天命圖說)

10 金鍾錫, 『퇴계학의 이해』, (일송미디어, 2001), 104쪽 참조.

때문에 긴밀한 연관성이 생길 수 있다. 『周易』〈睽卦象辭〉에서 "천지가 비록 어긋나지만 그 하는 일은 같고, 남녀가 비록 어긋나지만 그 뜻은 서로 통하며, 만물이 서로 어긋나지만 그 하는 일은 비슷하다."[11]고 한 바, 만물간의 내재적 긴밀성을 이런 방식으로 표현했으리라 본다. 내재적 긴밀성이 생겨나는 근거로는 두 가지를 들 수 있다. 첫째, 궁극적인 근원이 동일하다는 점이다. 天과 人의 근원은 모두 太極의 四德이고, 四德의 始物, 長物, 遂物, 成物의 과정을 거쳐서 끊임없이 생겨난다. 둘째, 質料가 동일하다는 점이다. 天과 人은 모두 氣를 바탕으로 하며 태극의 理를 개체의 性으로 삼는다. 결국, 天과 人은 형성 토대가 동일하기 때문에 상호간에 긴밀성을 지닐 수밖에 없다.

天과 人이 내재적으로 긴밀하다고 해서 실제로 긴밀하게 나타나는 것은 아니다. 人이 天의 개념을 이해하려고 노력해야 내재적 긴밀성이 실제의 긴밀성으로 나타나는데, 人마다 기질의 높낮이가 달라서 그렇게 되지 않는다. 기질이 낮은 경우에는 특히 인욕이 천리보다 더 강하다. "들불 꺼지지 않아 봄풀이 또 돋으리라"[12]는 퇴계의 언급은 인욕이 어느 정도로 강한지를 보여준다. 강한 인욕을 향해 준비없이 덤벼든다면 심각한 문제가 생긴다. 〈心統性情圖〉 圖說에 나타난 程林隱의 언급을 빌어보면, 未發 단계에서 性을 통섭하지 못함으로써 性을 쓸데없이 괴롭히기만 하고, 已發 단계에서 情을 통섭하지 못함으로써 情을 무원칙하게 만든다. 무모하기만 해서는 마음이 性情에 대한 주재적 기능을

11 天地睽而其事同也 男女睽而其志通也 萬物睽而其事類也(『周易』卷2, 下經, 睽卦象辭)

12 野火春風草又新(『退溪全書』卷2, 詩, 閒居 次趙士敬 具景瑞 金舜擧 權景受諸人唱酬韻 十四首/ 其二)

다하지 못하기 때문에 天과 人의 내재적 긴밀성을 실제적 긴밀성으로 구현하지 못한다고 할 수 있다.

天과 人의 긴밀한 관계를 실제적으로 드러내기 위해서는 仁에 대한 각성이 필요하다. 퇴계의 <仁說圖>에 의하면 仁은 我와 物을 일체화하는 氣이다. 우주론적인 氣가 人에게로 들어와서 仁이 되므로, 仁은 밖으로부터 수용해야 할 대상이 아니라 반성하고 회복시켜야 할 대상이다. 程朱學에서는 이와 같은 仁의 개념을 우주론적 차원에서 정립했고,[13] 퇴계 또한 여기서 벗어나지 않는다. 仁을 우주론적 차원에서 수용하고 체인할 때 드디어 天과 人의 긴밀성이 드러나고, 人은 孟子가 언급한 心之所同然者 즉 '仁과 義의 주체'가 될 수 있다.[14] '仁과 義의 주체'가 수행하는 과업은 다름 아닌 天人合一이다. 天人合一은 仁으로써 天의 대덕을 人의 삶 속에 표현하고, 義로써 人의 잠재력을 天의 완성으로까지 고양하는 경지이다. 이런 경지에 도달할 때, 廣大和諧 내지 保合大和라는 우주적 가치의 단초가 열릴 수 있다.

독서법 속의 天과 人

독서법 속에 天과 人의 관계가 세세하게 나타나지는 않는다. 天人關係에 대한 전체적인 의미망이 크기 때문에 독서법 속에 모두 담기가 어렵고, 또한 독서법의 강화 차원에서 天과 人을 동원하기 때문에 전체적인 의미망을 고스란히 담을 필요도 없다. 天

13 仁의 우주론적 개념 및 성격에 대해서는 郭信煥, 「易學과 退溪의 天命思想」, 『퇴계학논총』 1, (퇴계학 부산연구원, 1995), 598~600쪽을 참조할 만하다.

14 心之所同然者 何也 謂理也 謂義也(『孟子』告子章句 上)

과 人을 거론할 때 主旨만을 나타내는 까닭이 여기에 있다. 물론, 天과 人의 主旨가 나타난다고 해서 主旨 그 자체만을 주목해서는 안 된다. 주지의 세부 내용을 담은 原文, 더 나아가서는 원문의 기반인 天人關係論 전반을 가늠할 수 있어야 한다. 이 점에서 독서법을 파악하기 위해서는 원문에 대한 포괄적인 이해 능력뿐만 아니라 추리·추론·상상 능력까지 지녀야 한다고 할 수 있다. 필자는 이런 점에 유념하면서 天과 人의 형상과 기능을 구체적으로 살피기로 한다.

天과 人의 형상

퇴계가 독서법 속에서 天과 人의 형상을 직접적으로 설파한 적은 없다. 직접적으로 설파하지 않았다고 해서 형상을 감지할 수 없는 것은 아니다. 직접적으로 설파한 것 이상으로 그 형상이 뚜렷하게 드러나므로 독서법 속에서 특별한 방법을 구사한다고 보아도 좋을 것 같다. 물론, 天과 人의 형상이 동일하게 감지되지는 않는다. 天은 전체성과 합목적성을 지니고 있어서 기민할 뿐 아니라 정치하다는 느낌을 주고, 人은 개별성과 비합목적성을 지니고 있어서 느릴 뿐만 아니라 둔하다는 느낌을 준다는 점이 그것이다. 양자의 형상이 어떤 방법을 통해 드러나며 그런 형상이 어떤 특징을 지니는지를 살필 필요가 있다. 天과 人의 관계를 분명하게 표출한 『聖學十圖』의 〈天命圖說〉과 〈西銘圖〉를 자료로 삼고자 한다.

> ① 위의 것은 주돈이와 주자가 스스로 만든 그림과 해설입니다. 평암 섭씨는 "이 그림은 계사에서 '『易』에 태극이 있으니 이것이 兩儀를 낳고 양의가 四象을 낳는다.'는

뜻을 미루어 밝힌 것이다." 다만 『易』에서는 卦爻를 가지고 말했으며 이 그림에서는 조화를 가지고 말했습니다. 주자는 "이는 도리의 큰 두뇌가 되는 것이요, 또 백세 도술의 근본이다."라고 했습니다. 지금 『성학십도』 가운데서 이 그림을 첫머리에 내세운 것은 역시 『근사록』에서 이 〈태극도설〉을 첫머리에 둔 의도와 같습니다. 무릇 성인을 배우는 사람은 근본을 여기에서부터 추구하고 『小學』과 『大學』 등에 힘써 노력하여 그 효과를 거두는 날에 이르러, 하나의 근원을 끝까지 거슬러 올라간다면 이것이 이른바 "理를 궁구하고 性을 다하여 命에 이른다."는 것이니, 이른바 "神을 궁구하고 조화를 알아 덕이 성한 사람이 된다."는 것입니다.

右濂溪周子自作圖幷說 平巖葉氏謂此圖 卽繫辭易有太極 是生兩儀 兩儀生四象之義 而推明之 但易以卦爻言 圖以造化言 朱子謂此是道理大頭腦處 又以爲百世道術淵源 今玆首揭此圖 亦猶近思錄以此說爲首之意 蓋學聖人者 求端自此 而用力於小大學之類 及其收功之日 而遡極一源 則所謂窮理盡性 而至於命 所謂窮神知化 德之盛者也 (『退溪全書』卷7, 第一 太極圖)

② 앞의 銘은 장횡거가 지은 것입니다. 처음에 '訂頑'이라 이름 붙였는데, 정자가 고쳐서 '〈서명〉'이라 했고, 거기에 林隱 程氏가 이 그림을 만들었습니다. 무릇 성학의 목적은 仁을 구하는 데 있습니다. 모름지기 仁의 뜻을 깊이 체득해야 내가 천지만물과 한몸임을 알 수 있습니다. 진실로 이 같은 경지라야 仁을 실현하는 공부가 비로소 親切有味하고 茫茫하여 손댈 수 없는 걱정을 면할 것이요 또 남[物]을 자기로 잘못 아는 병통도 없어져 심

덕이 온전할 것입니다. 그러므로 정자는 말하기를, "〈서명〉이야말로 그 뜻이 지극히 완비했으니 곧 仁의 형체[體]이다."고 했고, 또 "이 仁이 가득할 때 성인이 된다."고 했습니다.

右銘 橫渠張子所作 初名訂頑 程子改之爲西銘 林隱程氏作此圖 蓋聖學在於求仁 須深體此意 方見得與天地萬物爲一體 眞實如此處爲仁之功 始親切有味 免於莽蕩無交涉之患 又無認物爲己之病 而心德全矣 故程子曰 西銘意極完備 乃仁之體也 又曰 充得盡時聖人也 (『退溪全書』卷7, 第二 西銘圖)

①은 〈태극도설〉의 일부이고 ②는 〈서명도〉의 일부이다. 〈태극도설〉에서는 無極 또는 太極으로부터 음양오행이 분화·결합하면서 남녀가 태어나고 만물이 생성된다고 한다. 『역』, 『근사록』, 『소학』, 『대학』 등을 통해 〈태극도〉의 원리를 설명하기 때문에 독서법의 내용적 범주에 주안점을 둔다고 할 수 있다. 한편, 〈서명도〉에서는 인간은 하늘과 땅의 산물이기 때문에 타인이나 만물과 형제이므로 다 함께 천지의 이치에 따라 살아가며 仁을 실현해야 한다고 한다. 우주의 만물이 다함께 살아가야 할 이유를 공자의 '仁'사상에서 찾고 있기 때문에 독서법의 내용적 범주에 주안점을 둔다고 할 수 있다. ①에서는 우주 질서와 인간존재 원리를 다루고 ②에서는 理一分殊에 입각한 도덕법칙을 다룬다는 점에서, 논의의 방향이 상당히 다르다고 할 수 있다. 天과 人의 형상 또한 같지 않으리라 여겨진다.

①에서는 天과 人의 원리가 동일하다고 하며 그런 상태를 '조화'라고 규정했다. 『주역』에서 태극이 兩儀를 낳고 양의가 四象을 낳는다고 한 점에서, '조화'란 理인 태극의 운동성을 가리킨다

고 할 수 있다. 이런 관점에서 퇴계가 〈天命圖說〉에서 天을 理라 한 언급을 풀어보면, 태극과 天은 곧 理이고 그 理는 운동성을 지닌다는 의미가 된다. 운동성을 지닌다고 할 때 태극 혹은 天이 실제로 움직이는지가 관건이다. 퇴계는 태극 혹은 天이 '운동의 내재적 원리'이고 그 스스로는 운동 주체가 아니라고 하는 주자와는 달리,[15] 퇴계는 태극 혹은 天이 실제적으로 움직인다고 한다.[16] 이에 반해 人은 움직이지 않는다고 본다. '하나의 근원을 끝까지 거슬러 올라간다면'이라는 가정에서 보다시피, 人은 운동 상태에 있지 않다.[17] 운동 능력이 없어서가 아니라 운동의 의사가 없기 때문에 이런 현상이 생긴다. 결국, 天은 광범위하게 운동하는 데 반해 人은 한 자리에만 고정되어 있다.

②에서는 만물이 개별성을 넘어서서 전체성을 지향할 때 비로소 仁이 이루어진다고 한다. 이런 주장은 天과 人이 하나의 이치라고 여기기 때문에 제기될 수 있다. 현상적으로 볼 때는 天과 人은 별개이다. 天도 저마다 별개이고 人도 저마다 별개이니, 天과 人이라는 이름은 아주 다양한 현상을 포괄한다. 이치상으로 天과 人은 하나인데도 만물 중의 人은 私欲에 빠져서 하나인 줄을 알지 못한다. 결국, 天을 天으로만 알고 人을 人으로만 안다. 〈서명〉의 애초 이름인 '訂頑'의 '頑'이 바로 이런 점을 가리킨다. 대부분의 인간은 '頑'의 상태를 벗어나지 못한다. '모름지기 仁의 뜻을

15 고려대 민족문화연구원 한국사상연구소 편, 『역주와 해설 성학십도』, (예문서원, 2009), 153쪽 참조.

16 天地非無動 動而不見其跡耳 然而四時自行(『退溪全書』卷35, 書, 答李宏仲)

17 움직임이 없다고 할 때 人이 天人合一의 노력을 제대로 하지 않는다는 의미이다. ①에서 언급한 '하나의 근원을 끝까지 거슬러 올라가지 않는다.'가 이에 해당된다.

깊이 체득해야'라고 하거나 '진실로 이 같은 경지라야'라고 하며 당위성을 강조하는 데서 '頑'의 상태가 얼마나 뿌리깊고 만연한지를 알 수 있다. 당위성을 벗겨놓으면 人이 자기 자신과 하나인 天을 하나가 아닌 개별자로 오인하는 모습이 드러난다.

①에서도 天과 人의 관계가 나타나고 ②에서도 天과 人의 관계가 나타난다. ①의 天과 ②의 天이 별개가 아니고 ①의 人과 ②의 人이 별개가 아니므로, ①과 ②를 한꺼번에 묶어서 天과 人의 관계를 정리해볼 필요가 있다. ①에서는 우주가 생성된 다음 인간이 생겨났다고 했으므로 天과 人을 수직적인 차원에서 다루었다고 할 수 있고, ②에서는 天이 전체성의 이치라고 하고 人이 개별성의 인식 양태를 보인다고 했으므로 天과 人을 수평적인 차원에서 다루었다고 할 수 있다. 수직적인 차원에서 다루든지 수평적인 차원에서 다루든지 간에, 天은 태극이고 理이며 形而上者이고 人은 만물 중의 일원이며 形而下者이다. 가치론적 규정으로서의 形而上者와 形而下者는 양립이 불가능하다. 즉, 形而上者인 天은 形而下者가 될 수 없고, 形而下者인 人은 形而上者가 될 수 없다. 이 점에서 天과 人은 대립적이다.

天과 人을 대립적으로 파악한 경우는 대체로 독서법 안에서 나타난다. 독서법 밖에서는 天을 통해 人을 거론하거나 人을 통해 天을 거론하는 경우는 많아도 天과 人을 대척적 위치에 놓지는 않는다. 그 원인으로는 두 가지를 손꼽아볼 수 있다. 우선, 天과 人을 形而上者나 形而下者로 규정함으로써 양자의 간격을 한껏 넓힌다는 점이다. 天은 운동 상태에 있는 데 반해 人은 운동 상태에 있지 않고 天은 形而上者인 데 반해 人은 形而下者이니, 양자의 거리는 실로 현격하다. 그 다음으로, 당위적인 측면에서 人의 분발을 촉구한다는 점이다. 人은 느리고 고정되어 있고 낮은 곳에 있지만 언제까지나 개별자로 남을 수는 없으므로, 天의 이치를 파악해서 전체성을 확보하지 않으면 안 된다. 결국, 人으로 하여금 더욱 분발하게끔 하기 위해 天과 人의 거리를 한껏 넓히는 방법을 구사했다고 할 수 있다.

	天	人
A.	理一이다.	인식 능력을 발휘하지 않는다.
B.	운동 상태에 있다.	정지 상태에 있다.
C.	전체성의 원리에 입각해 있다.	개별자의 위상을 지닌다.
D.	形而上者이다.	形而下者이다.

天과 人이 어느 정도 넓어졌으며 그 형상이 어떤지를 가늠하기 위해 각각의 특징을 A~D로 정리해 보았다. A~D를 통해 나타나는 天과 人의 특징은 너무나 차이가 심해서 그 거리가 도저히 좁혀질 것 같지 않다. 거리의 현격성은 곧 형상의 현격성을 암시한다. 天은 전체성을 지니고 운동 상태에 있으며 形而上者이므로, 그런 주체라면 세계와 화동하는 우아한 형상이거나 세계를 하나로 묶어내는 숭고한 형상을 지녔다고 할 수 있다. 반면, 人은 개별자의 위상을 지니며 정지 상태에 있으며 形而下者이므로, 그런 주체라면 세계와 어울리지 못하고 외떨어진 구석에 내몰린 方外者의 형상을 지녔다고 할 수 있다. 문제는 오로지 人에게서 비롯된다. ①과 ②의 당위론에서도 드러나듯, 人이 개별자여서는 안 되고 天과 연대해서 전체성의 원리를 확보하지 않으면 안 된다. 人의 행동이 느리니, 그 짐이 무겁게만 느껴진다.

天과 人의 기능

天과 人의 거리가 넓혀졌다고 해서, 넓혀진 그 상태로 멈추어 있지는 않는다. 天이 운동성을 띠며 人에게로 다가가고 人은 수양을 통해 天에 다가가기 때문에, 天과 人의 거리는 점차로 좁혀진다. 人이 수양을 통해 天에 다가간다는 주장은 孔子 이래로 끊임없이 제기된 바이지만,[18] 天이 운동성을 띠며 人에게로 다가간다는 주장은 퇴계에 의해 새롭게 제기된 바이다. 문제는 독서법에 天과 人의 능동적인 관계가 담기면서 기왕의 범주에 확장이 일어난다는 데 있다. 퇴계는 天과 人의 관계를 통해 무엇을 주장하고자 했으며, 그런 주장이 담기면서 독서법의 범주가 어떻게 확장되었는가? 天의 운동성과 天과 人의 관계에 대한 글을 자료로 삼아야 할 터인데, 〈天命新圖〉와 〈天命圖說後序〉가 그 좋은 자료가 된다.

> ① 태극에 動靜이 있음은 태극이 스스로 동정하는 것이며, 천명이 유행함은 천명이 스스로 유행하는 것이지 어찌 다시 시키는 자가 있겠는가? 다만 無極과 陰陽理氣와 五行이 묘하게 합하고 엉키어 만물을 화생한 데서 보면 주재가 있어 운용하여 이렇게 되도록 하는 이가 있는 것 같으니, 즉 『書經』의 이른바 "상제께서 衷을 백성에게 내리셨다."고 한 것이라든지 程子의 이른바 "주재하는 편으로 말하면 宰라고 한다."고 한 것이 이것이다.

---

18 공자가 『論語』에서 性品說을 언급한 이래, 孟子와 二程子 그리고 朱子를 거치면서 天人關係論이 본격적인 체계를 갖추게 된다. 이에 대해서는 林憲圭, 『儒家의 人性論 硏究』, (한국학대학원 박사논문, 1998)에서 상세하게 다루어 놓았다.

대개 理와 氣가 합하여 物을 명하니 신묘한 운용이 스스로 이와 같을 뿐이요 천명이 유행되는 곳에 또한 따로 시키는 자가 있다고 말할 수 없다.

太極之有動靜 太極自動靜也 天命之流行 天命之自流行也 豈復有使之者歟 但就無極二五妙合而凝 化生萬物處看 若有主宰運用而使其如此者 即書所謂惟皇上帝 降衷于下民 程子所謂以主宰謂之帝 是也 蓋理氣合而命物 其神用自如此耳 不可謂天命流行處亦別有使之者也 (『退溪全書』卷13, 書, 答李達李天機)

② 이전에 내가 잘못된 說을 바꿀 줄 몰랐던 까닭은 주자가 理는 情意도 없고 計度도 없고 造作도 없다고 한 說만 지켜, 내가 物理의 極에 窮到할 수 있지 理가 어찌 극처에 스스로 이를 수 있겠는가 하고 생각했기 때문이다. 그리하여 格物의 '格'이나 無不到의 '到'를 모두 내가 '格'하고 내가 '到'하는 것으로 보았다. …… 그러나 주자는 또 말하기를 "理에는 반드시 用이 있으니 어찌 또 心의 用을 말할 필요가 있겠는가."라고 했다. 그러나 그 用이 비록 人心을 벗어나는 것은 아니지만, 그 用의 妙를 이루는 까닭은 실로 理의 發現 때문이니 理는 마음이 이르는 데 따라 이르지 않음이 없게 된다. 그러므로 나의 格物이 이르지 못함을 걱정할 뿐 理가 自到하지 못할까 걱정할 것은 없다.

前此滉所以堅執誤說者 只知守朱子理無情意無計度無造作之說 以爲我可以窮到物理之極處 理豈能自至於極處 故硬把物格之格 無不到之到 皆作己格己到看 …… 然而又曰 理必有用 何必又說是心之用乎 則其用雖不外乎人心 而其所以爲用之妙 實是理之發見者隨人心所至 而無所不到 無所不盡 但恐吾之格物有未至 不患理不

能自到也 (『退溪全書』卷18, 書, 答奇明彦別紙)

①과 ②는 天의 운동성을 알려주는 자료이다. ①에 의하면 태극 혹은 天은 스스로 動靜한다. 만물 화생의 현상을 보면 태극 혹은 天에게 명령하는 존재가 별도로 있어 보이지만, 태극과 天의 신묘한 운용이 이런 착각을 불러일으킬 따름이다. 이와 같은 태극이나 天의 능동성은 『주역』에 토대를 두었다는 점에서 독서법의 내용적 범주에 해당된다고 할 수 있다. ② 또한 독서법의 내용적 범주에 속한다. 태극과 天의 능동성을 언급하는 데서 그치지 않고 그런 태극과 天이 理로써 格物者에게 스스로 도래한다는 점을 언급하고 있기 때문이다. 퇴계는 주자의 理有體用論을 근거로 理의 用을 거론하고 있지만, '理는 情意도 없고 計度도 없고 造作도 없다.'는 설명이 주자의 定論이고 보면,[19] 理有體用論은 퇴계의 독자적인 이론이다. 결국, 퇴계는 주자의 견해를 활용해서 독서법의 내용적 범주를 최대로 확장시켰다고 할 수 있다.

독서법의 내용적 범주를 확장시킨다고 할 때, 두 가지의 의문이 제기된다. 天이 내용적 범주를 어떻게 확장시키느냐 하는 의문이 그 첫째이고, 天이 무조건 人에게로 다가가느냐 하는 의문이 그 둘째이다. 첫 번째의 의문은 天의 영향력과 연관된다. 天이 능동성을 띠면서 어떻게 독서법의 여타 구성 요소를 살아 움직이게 하느냐 하는 문제를 제시하기 때문이다. 한편, 두 번째의 의문은 天의 지향성과 연관된다. 天의 능동성이 天이 어딘가를 지

19 蓋氣則能凝結造作 理却無情意無計度無造作 只此氣凝聚處 理便在其中(『朱子語類』卷1, 理氣 上)

향하는 현상을 가리킨다고 볼 때, 天이 人에게로 나아갈 수 있다는 의미인지, 아니면 天 스스로가 人에게로 나아간다는 의미인지가 관건이다. 결국 天의 목적성 여부를 묻고 있으므로 天의 지향성 문제라는 언급이 가능하다. 독서법 형성에 대한 天의 영향력과 天의 목적 수행을 위한 지향성이 의문의 핵심이라는 점에서, 이 의문을 해결해야 天과 人의 기능이 명확해질 수 있다.

첫 번째의 의문은 일견 거창해 보이기는 하나, 상식에 충실하면 의외로 손쉽게 풀린다. 天의 능동성은 자연적인 하늘인 天의 능동성을 뜻하지는 않는다. 天은 천지만물, 우주, 자연, 자연계 등을 통칭하는 용어이므로, 천지만물, 우주, 자연, 자연계에 의해 만들어진 음양오행, 더 나아가서는 남녀까지를 모두 포괄한다고 보아야 한다. 이렇게 보면 天의 능동성은 곧 삼라만상 전체의 능동성이 된다. 天이 독서법 속에 이입되었을 경우, 어떤 변화가 일어날 것인지는 불문가지다. 天이 능동적이기 때문에 기왕에 靜的으로 있었던 독서법 속의 구성 요소가 모두 동적으로 바뀌리라 여겨진다. 독서법 속의 구성 요소란 독서법의 형식적 범주인 독서의 태도, 자세, 유형, 병통 및 그 치료방법과 내용적 범주인 誠, 敬, 生意, 仁, 物我一體, 天人合一 모두를 가리키므로, 天의 능동성으로 인해 이 모든 구성 요소가 活物로 변한다.

두 번째의 의문은 天과 人의 관계가 해명되어야 풀려지므로, 그리 간단하지가 않다. 동양에서는 天과 人을 종속적 관계이면서도 상보적 관계라고 인식한다. 즉, 人은 天의 섭리를 따르는 동시에 天의 화육 사업을 완성시켜주는 존재이다. 섭리라는 측면에 주목하여 天이 人에게로 나아갈 수 있다고 할 법도 하고, 화육 사업이라는 측면에 주목하여 天이 人의 도움을 받느라고 스스로 나아간다고 할 법도 하다. 후자는 타당하지 않다. 天이 人에게로 다가간다는 후자의 의견은 전자의 의견이 구현되는 과정에서 나타나는 단편적 현상이기 때문에 독자성을 지닌다고 하기는 어렵다. 天이 人의 요청에 부응하여 나아간다는 점에서, 天의 능동성이 人과의 관계를 설명해주는 만능열쇠는 아니라고 할 수 있다. 결국, 人이 수양을 통해 진정으로 天을 부를 때 天이 人에게로 나아갈 수 있다는 주장이 가능해진다.

첫 번째와 두 번째의 의문을 해명해보니, 독서법의 내용적 범주는 원래부터 그렇게 되도록 정해진 자연적 확장이 아니다. 天이 독서법 속의 구성 요소에 생기를 불어넣는 한편 人의 요청에 부응하여 거리를 좁혀 나가므로, 의도적이고 작위적인 확장이다. 퇴계 독서법은 두 차례의 확장을 꾀한다. 天과 人의 거리를 벌려 독서법의 경계를 한껏 넓히기 때문에 제1차 확장이고, 天에게는 운동성과 능동성을 부여하고 人에게는 수양을 통해 天의 섭리에 호응함으로써 지경 내의 빈틈을 메워가기 때문에 제2차 확장이다. 人이 天의 섭리 속으로 들어간다고 하여 확장이 아니라고 할 법도 하나, 적절한 반론이 아니다. 天은 삼라만상 그 자체이면서 理이지만 人으로 인해 天의 가치가 확인된다는 점[20]에서, 人이야말로 확장을 담보하는 조건이 된다. 결국, 독서법이 지닌 내용적 범주의 확장은 격물자인 人이 활물자인 天을 통해 만들어낸 작품이다.

독서법 밖에서는 天과 人의 긴밀한 관계가 형성되지 않느냐 하면, 그렇지는 않다. 태극의 원리는 內外精粗가 없으므로, 天과 人

20 그 방증으로 다음 시의 줄친 부분을 참조해볼 만하다. "人巧能離物 離寧巧得人 謂知能格物 取譬恐非倫 離而能詣極 詣者豈非人 謂物離能詣 言何太不倫(『退溪全書』續內集 卷5, 詩, 辨存齋辨物理之極處無不到詩 二首)"

의 관계는 당연히 독서법 밖에서도 나타난다. 주렴계의 〈태극도설〉에서 보듯, 독서법 밖에서 天人關係를 논하는 자들은 대체로 天은 人을 만든 근거이고 人은 天의 소산이라고 하며, 자식인 人이 天의 뜻을 거슬러서는 안 된다고 한다. 문제는 天과 人의 확장 현상이 독서법 밖에서는 제대로 나타나지 않는다는 데 있다. 부모인 天은 고정되어 있고 자식인 人이 다가가는 측면만 언급하고 있어서, 확장 현상은커녕 축소 현상만 보인다. 이처럼 天과 人의 거리를 벌려 독서법의 경계를 한껏 넓히는 제1차 확장 현상이 나타나지 않으니, 지경 내의 빈틈을 메워가는 제2차 확장 현상도 나타날 수가 없다. 이렇게 보니, 독서법 밖에서는 天과 人의 관계가 긴밀하기는 해도 확장 현상은 나타나지 않는다.

결론적으로 퇴계 독서법 속의 天과 人이 수행하는 기능은 독특하다. 퇴계 독서법 속의 天과 人이 퇴계 독서법 밖의 天과 人과 다르기 때문에 퇴계 독서법 속의 天과 人이 수행하는 기능은 퇴계 독서법 그 자체의 변별적 자질이라 해야 타당하다. 퇴계 독서법에는 경계가 있고 天과 人은 그런 경계 내에서 확장을 꾀한다. 경계의 지표는 성현의 말·저서·사상이다. 퇴계가 독서를 지향하는 성현의 말·저서·사상을 인용하거나 퇴계 자신의 독서 방법론 속에 성현의 말·저서·사상을 근거로 삼기 때문에 그런 글이 퇴계 독서법이 된다는 점을 감안할 때, 天과 人이 퇴계 독서법 안에 들어 있을 때 확장을 꾀한다고 보면 된다. 확장의 주체는 퇴계이고 天과 人은 확장의 수단이고, 활물화는 天과 人이 수행하는 기능이다. 결국, 퇴계는 天과 人으로 하여금 독자적 위치에서 활물의 기능을 수행하게 함으로써 독서법 전체에 생생력을 불어넣고 있다고 생각된다.

독서법 속의 天과 人이 지니는 미학적 특징

독서법 속의 天人이 동태적 성격을 지닌다면 퇴계가 나름대로의 심미안으로 天人의 특징을 파악했다는 의미가 된다. 퇴계는 어떻게 동태적인 기미를 포착했는가? 이 문제는 결국 미학적 차원의 과제가 된다.[21] 미학이론에 입각해야 미학적 차원의 논의가 되는 것은 아니다. 미학이론이 등장하기 이전에 이미 미학적 관점이 있었고 그런 미학적 관점이 독서법 속에 용해되어 있기 때문에 미학적 차원에서 논의할 수 있다. 미학적 차원이라고 할 때 미학적 범주인 天人合一을 미학적 관점이라고 하는 경우가 다반사인데, 범주와 관점을 구별하지 않기 때문에 이런 현상이 생긴다.[22] 범주를 관점으로 오인하지 말고 범주 안으로 파고들어가서 관점을 검출할 필요가 있다.

天의 미학적 특징 : 숭고미

天은 두 가지의 특징을 지닌다. 天이 본연의 실체로서 生物之心을 지니고 있어서 자연스럽게 陰과 陽을 생성시킨다는 점이 그 하나이고, 天이 우주적 원리로서 人之心의 목표가 된다는 점이 그 다른 하나이다. 전자의 경우라면 天이 人과는 무관하게 존재한다고 할 터이고 후자의 경우라면 天이 人의 知覺에 의해 윤곽

---

21 미학적 차원의 논의는 조동일, 「미적 범주」, 『한국사상대계 1』, (성균관대 대동문화연구원, 1973), 312쪽에 의거한다.

22 이에 대해서는 신태수, 「退溪 讀書詩에 나타난 '樂'의 層位와 그 性格」, 『嶺南學』17, (경북대 영남문화연구원, 2010), 56~57쪽에서 전반적으로 논의한 바 있다.

을 드러낸다고 할 터이다.[23] 미학적 논의에서 볼 때 전자보다 후자가 더 주목을 요한다. 天이 지닌 美의 본질이 人의 마음에 의해 규정되고 발현되기 때문이다. 바꾸어 말해 人이 존재하지 않거나 존재하더라도 天과 무관하다면 天의 미학적 특징은 드러나기가 어렵다고 할 수 있다. 후자에 입각한 天의 특징은 〈天命圖說〉과 〈天命圖說後敍〉에 잘 나타나 있으므로, 해당 부분을 인출해서 따져보기로 한다.

① 천명의 의미에 관해 설명해 줄 수 있는가? 天은 곧 理이다. 그 德은 네 가지이니 元亨利貞이 이것이다. 네 가지의 實을 誠이라 한다. 대개 元이라는 것은 시작의 理이고 亨이라는 것은 통함의 理이고 利라는 것은 이루어짐의 理이고 貞이라는 것은 완성의 理이니, ⓐ이 네 가지가 순환하여 ⓑ그치지 않음이 ⓒ진실하여 거짓됨이 없는 묘함이 이른바 誠이다.

問 天命之義 可得聞歟 日 天卽理也 而其德有四 日元亨利貞是也 四者之實日誠 蓋元者 始之理 亨者 通之理 利者 遂之理 貞者 成之理而其所以循環不息者 莫非眞實無妄之妙 乃所謂誠也 (『退溪全書』續集 卷8, 天命圖說)

② 천지의 性에는 인간이 가장 귀중하다. 『周易』에 이르기를, '하늘의 도를 세움은 陰과 陽이요, 땅의 도를 세움은 柔와 剛이요, 사람의 도를 세움은 仁과 義라.'고 했으니,

23 중국 유가에서는 지각을 心의 핵심 기능으로 본다. 지각에 대한 논의 즉 지각설은 周敦頤, 張載, 胡宏 등을 거쳐 朱熹에 이르러 체계적인 논의로 발전한다. 이에 대해서는 김우형, 『주희철학의 인식론』, (삼산, 2005), 33~40쪽에서 구체적으로 다루고 있다.

이것은 ⓓ인간이 인극을 세우면 천지와 더불어 참여됨을 말한 것이다. 천지의 도는 북쪽을 위로 하고 남쪽을 향했으며 사람은 그 사이에서 태어나 음을 등지고 양을 안고 있으며, 또한 북쪽을 위주로 하고 남쪽을 향해 서 있으니, 이것이 올바른 위치이다. 여기에서 천지와 더불어 참여하여 三才가 되는 귀중함을 볼 수 있는 것이다.
天地之性 人爲貴 易曰 立天之道曰陰與陽 立地之道曰柔與剛 立人之道曰仁與義 此言人極之立 與天地參也 天地之道 主北面南 人生其間 背陰抱陽 亦主北面南而立 是爲正位 可見其與天地參三之貴矣 (『退溪全書』卷41, 雜著, 天命圖說後敍)

ⓐ~ⓓ는 人의 입장에서 바라본 天의 모습이다. 人이 격물의 자세로 삼라만상에 내재한 天의 섭리를 읽어내기 때문에 이런 모습이 나타날 수 있다. 人은 보고 天은 보이므로, 天理에서 人事를 연역해 낸다기보다는 人事에서 天理를 연역해 낸다고 하는 쪽이 더 합당하다. 四德의 원리를 '시작'과 '통합'과 '이루어짐'과 '완성'이라는 人事로 풀어내는 것은 그 좋은 예이다. 이런 각도에서 볼 때, 天의 특징은 곧 '人에 의해 포착된 天의 美'와 다르지 않다. 즉, ⓐ는 人이 경험한 天의 活潑潑性을 나타내고 ⓑ는 人이 목격한 天의 영원성을 나타내고 ⓒ는 人이 찬탄하는 天의 無妄性을 나타내고 ⓓ는 人이 증언하는 天의 호응성을 나타낸다. ⓐ~ⓓ가 각기 天의 특징을 거론하면서도 상호 보완적이라는 점에서, 결국 天은 활발발성, 영원성, 무망성, 호응성이라는 美를 모두 지녔다고 보아도 좋을 것 같다.

天의 美에 대한 人의 인식은 두 가지로 나누어진다. 활발발성·호응성의 美와 영원성·무망성의 美가 그것이다. 전자는 일상에서 발견되는 인간의 모습이고 후자는 인간존재를 넘어서는 초월자의 모습이다. 天이 인간의 모습이기도 하고 초월자의 모습이기도 한 까닭은 人의 인식 태도가 이중적이기 때문이다. 즉, 人이 天에게서 인간적인 美를 찾아내기도 하고 초월자의 美를 찾아내기도 하기 때문에 두 개의 층위가 나타난다. 층위의 요인은 '경험-초경험'이다. 경험적 영역에서 四季의 流轉과 삼라만상의 변화를 주목할 때는 天을 인간의 모습으로 포착하고, 초경험적 영역에서 五常과 四德의 대응을 주목할 때는 天을 초월자의 모습으로 포착하게 된다. 경험적 영역과 초경험적 영역에서 天에 대한 인식이 다른 까닭은 무엇인가? 제시문을 구체적으로 들여다보면서 의문을 해결해보기로 한다.

경험적 영역에서 포착되는 활발발성·호응성의 美는 天人相應論에 토대를 두고 있다. '사람의 五性과 四端은 진실로 하늘의 四德과 상응'한다는 점이 천인상응론의 근거이다. 물론, 天人이 상응한다고 해서 활발발성·호응성의 美가 저절로 형성되지는 않는다. 天이 人에게 다가가지 못하면 활발발성·호응성과 거리가 멀어지기 때문이다. 이에 퇴계는 天이 仁愛의 마음을 지닌다고 한다. 天이 人을 귀중하게 다독이며 人과 일체가 된다고 하는 데서 그런 점이 드러난다. 활발발성·호응성의 美와 仁愛의 마음 사이에는 간격이 크지만, 퇴계의 의도를 짐작하기 어렵지는 않다. 仁愛가 동작성을 내포한다는 점[24]에서 퇴계는 아마 仁愛의 마음으로 인해서 활발발성·호응성의 美가 나타난다고 말하고 싶었던

24 '仁'의 동작성은 『聖學十圖』〈仁說圖〉에서 나타난다. 〈인설도〉에 따르면, 仁이란 '천지가 만물을 낳는 마음'이고, 生의 性이면서 운행과 작용의 주체이다.

것으로 보인다. 결국, 仁愛의 마음이 천인상응론의 조건이고 활발발성·호응성의 美를 담보한다고 할 수 있다.

초경험적 영역에서 포착되는 영원성·무망성의 美는 天人之分論에 토대를 두고 있다. '天命'과 '誠'이라는 용어가 천인지분론의 근거이다. 주지하다시피 天命은 天의 의지를 표현한 말로서, 인간의 행위와 만물의 생성·변화를 총괄한다는 의미를 담고 있다. 천명이 天의 사명을 가리키므로, 천명을 거론하는 이상 人 그 자체로서는 독자성을 지니지 못한다는 의미가 된다. 誠 또한 이와 다르지 않다. 『中庸』에서 誠을 天道라 했듯이,[25] 天이 인간과 만상을 주재하는 모든 섭리를 誠이라 하므로 人은 자동적으로 독자성을 지니지 못하는 존재가 된다. 天과 人이 유별하다는 각도에서 보면, 天과 人은 정반대이다. 天이 영원성·무망성의 美를 지닌 데 반해, 人은 한시성·유망성의 醜를 지닌다. 결국, 人의 한시성·유망성의 醜가 천인지분론의 조건이고 영원성·무망성의 美를 담보한다고 할 수 있다.

人의 입장에서 바라본 天의 美는 숭고하다. 人이 天을 높은 위치에 올려놓기 때문에 이렇게 볼 수 있다. 天을 높이는 까닭은 소망을 성취하기 위함인데, 천인관계론에서 人을 주목한다면 무슨 소망을 성취하려 하는지가 잘 드러난다. 제시문에 의거할 때, 경험적 영역에서는 天이 仁愛로써 人을 다독여주기를 바라고, 초경험적 영역에서는 天이 항구적이며 眞實無妄한 섭리로써 人의 師表가 되기를 바란다. 이렇게 보면 人이 天을 높은 위치에 올려놓는 이유가 분명해진다. 높은 위치가 시혜의 입장을 가리킨다고

---

25 誠者 天之道也 誠之者 人之道也(『中庸』4)

볼 때, 人이 天의 시혜를 소망한다고 해도 좋을 것 같다. 人에게 부족한 仁愛를 天에게서 구하고, 人에게 없는 항구적이며 진실무망한 섭리를 天에게서 구한다는 점에서, 人의 한계 인식은 두 층위의 소망을 낳고 두 층위의 소망은 숭고미라는 미적 범주를 형성한다고 할 수 있다.

人의 미학적 특징 : 우아미 + 비장미

人은 天을 따르기 위해 행동하고 지각한다. 행동 그 자체는 美와 관련이 없지만 지각은 美와 관련이 있다. 주지하다시피 지각은 사물을 인식하는 마음의 작용을 말한다. 퇴계는 『聖學十圖』 제8 〈心學圖〉에서 心을 體와 用으로 나누고, 虛靈을 體라고 하고 知覺을 用이라고 했다. 用의 語義에서 보듯 心의 用인 지각은 千變萬殊이다. 즉, 人이 天을 볼 때도 다양한 지각이 있고 人이 자기 자신에 투사된 人을 볼 때도 다양한 지각이 있다. 人의 心에 투사된 人은 물리적 실체가 아니고, 추상적 개념으로서의 人이다. 외부 세계의 人이 지닌 자질을 이미지화해서 心에 담아두기 때문에 추상적 개념으로서의 人이 될 수 있다. 추상적 개념으로서의 人은 물리적 실체인 人의 활간에 의해 생기를 띠고 외부세계를 바라본다.

추상적 개념으로서의 人이 생기를 띠고 외부세계를 바라볼 때 미학적 특징이 생겨난다. 한낱 개념에 불과하던 人이 활물이 되어 외부세계의 美를 탐색하기 때문이다. 추상적 개념으로서의 人이 활물이 되지 않는다면 어떻게 되는가? 이때의 人은 미학적 범주에 속하지 않는다. '사람은 밥을 먹고 산다.'고 할 때의 '사람'은 추상적 개념이지만, 추상적 개념으로서의 人이 활물이 아니어서 미학적 범주에는 속할 수 없다. 반면, '사람은 누구나 性善

을 지키기 위해 形氣와 치열하게 맞서고자 한다.'고 할 때의 '사람'은 추상적 개념이면서 활물이 되어 있고 그런 상태에서 성선과 형기의 대결이라는 본질적 문제에 관여하기 때문에 미학적 범주에 속한다고 할 수 있다. 이와 같은 人의 특징은 天의 경우와는 아주 다르면서 독특한 미학적 범주를 형성한다는 점에서, 눈여겨 살피지 않을 수 없다.

추상적 개념으로서 人이 미학적 범주의 대상이라고 한다면, 天에 대해서는 어떻게 보아야 하는지가 관건이다. 주지하다시피 天과 人은 天·地·人 三才 가운데서 최고 요목으로서 이들 개념과 서로 긴밀히 얽혀 있다. 人이 투사 대상으로서 추상적 개념이라고 한다면 天 또한 당연히 투사 대상으로서 추상적 개념이 된다. 人이 天과 동일한 속성을 지녔다고 해서 人이 항상 天에게 다가갈 수 있느냐 하면, 그렇지는 않다. 人이 추상적 개념이라고 하더라도 물리적 실체인 人을 토대로 해야 하는 이상, 물리적 실체인 人이 지닌 形氣로부터 자유로울 수 없다. 물리적 실체인 人이 형기의 극복 여부에 따라 天에게 다가가기도 하고 다가가지 못하기도 하듯, 지각에 의해 투사된 人 또한 天에게 다가가기도 하고 다가가지 못하기도 한다. 그 전반적인 양상을 〈天命圖說〉과 〈進聖學十圖箚〉를 통해 확인해보기로 한다.

> ① 사람의 五性과 四端은 진실로 하늘의 四德과 상응하여 각기 속하는 바가 있다. 오직 七情의 구분은 들쭉날쭉한 것 같지만, 유추해보면 각기 합하는 바가 있다. 마치 喜와 愛는 木에, 樂은 火에, 怒와 惡은 金에, 哀는 水에 합하고 欲은 土에 짝이 되면서 다른 데도 관여하지 않음이 없는 것과 같은 것이다. 이것이 하늘과 사람이 일체

가 되는 까닭이다.

人之五性四端 固與天之四德相應 而各有所屬矣 唯七情之分 似爲參差 然以類推之 亦各有合焉 若喜愛之於木 樂之火 怒惡之於金 哀之於水 欲之配于土而無不在焉 是也 此天人之所以爲一體也 (『退溪全書』續集 卷8, 天命圖說)

② 일찍이 듣건대 맹자의 말에 마음의 기능은 생각하는 것이니, 생각하면 얻고 생각하지 않으면 잃어버리고 만다고 했고, 기자가 무왕을 위해 〈홍범〉을 진술할 때도 생각하는 것은 睿요 睿하면 聖이라고 했으니, 무릇 마음은 방촌에 갖추어 있어서 잡념이 없는 것입니다. 그 이치는 도설에 나타나 있사오니 지극히 확실하고 지극히 진실한 것입니다. 지극히 영묘한 마음을 가지고 지극히 확실하고 진실한 이치를 구하면 마땅히 얻지 못할 것이 없습니다. 생각하면 얻고 睿하면 성인이 되는 것이 어찌 오늘날이라 하여 징험이 되지 않겠습니까. 그러나 마음이 영묘한 것이라 하더라도 만약 그 主宰가 없으면 일을 당해도 생각을 얻지 못합니다. 이치가 확실하고 진실한 것이라 하더라도 만약 보살피지 않으시면 항상 눈앞에 있을지라도 보이지 않습니다.

竊嘗聞之 孟子之言曰 心之官則思 思則得之 不思則不得也 箕子之爲武王陳洪範也 又曰 思曰睿 睿作聖 夫心具於方寸 而至虛至靈 理著於圖書 而至顯至實 以至虛至靈之心 求至顯至實之理 宜無有不得者 則思而得之 睿而作聖 豈不足以有徵於今日乎 然而心之虛靈 若無以主宰 則事當前而不思 理之顯實 若無以照管 則目常接而不見 (『退溪全書』卷7, 箚, 進聖學十圖箚)

①과 ②는 天에 대한 人의 상태를 나타낸다. ①에서는 人이 天에 다가가는 경우를 상정한다. '사람의 五性과 四端은 진실로 하늘의 四德과 상응하여' '하늘과 사람이 일체가 된'다는 천인상응론이 그 근거이다. 한편, ②에서는 人이 天에게 다가가지 못하는 경우를 상정한다. '생각하지 않으면 잃어버리고 만다'고 하고 '만약 그 主宰가 없으면 일을 당해도 생각을 얻지 못합니다'라고 하고 '만약 보살피지 않으시면 항상 눈앞에 있을지라도 보이지 않습니다'라고 했으니, 人이 天에 다가가지 못한다는 天人相違論을 표명했다고 할 만하다. 천인상응론과 천인상위론은 본질론에 해당한다. 천인상응론과 천인상위론 모두 人의 존재론적 근거인 性理·修養의 결과로 생겨났기 때문이다. 본질을 거론한다면 본질의 美를 들추어내게 마련이므로, ①과 ②에 대한 미학적 범주에서의 논의는 필수적이라 할 수 있다.

①에서 나타나는 미학적 범주는 優雅美이다. 우아미는 현실세계와 이상세계가 간격 없이 융화된 상태에서 구현되는 미의식을 가리킨다. 제시문에서 현실세계인 人의 五性·四端이 이상세계인 天의 四德과 상응함으로써 天人合一에 이르렀다고 했으니, 人의 본질이 지닌 美는 다름 아닌 우아미의 경지이다. 우아미의 경지는 人 그 자체가 이미 보유하고 있다. 〈태극도〉에서 天과 人의 궁극적 근원이 동일하다고 한 점이 그 근거이다. 즉, 天과 人이 모두 四德에서 나왔고 氣를 바탕으로 하여 理를 개체의 性으로 삼는다고 했으므로, 노력 여하에 따라 人은 얼마든지 天의 四德에 동참할 수 있다. 이와 같은 천인관계론의 우아미는 그 연원이 깊다. 張朱를 거치며 우아미가 우주적 가족주의라는 거대 담론으로 발전했음을 감안할 때, 퇴계는 성리학의 전통 속에서 우아미론을 충실하게 전개했다고 할 수 있다.

②에서 포착할 수 있는 미학적 범주는 悲壯美이다. 비장미는 현실세계와 이상세계가 조화를 이루지 못하고 이상세계가 일방적으로 우위에 선 상태에서 나타나는 미의식이다. 즉, 본질을 추구하려는 '나'의 의지가 현실적 여건 때문에 좌절될 때 비장미가 나타난다. 제시문에서 人이 뜻을 이루지 못한다고 한 여러 사례들은 비장미가 人의 본질이 지닌 또 다른 美임을 표현했다고 생각된다. 人은 그 자체로 비장미의 요소를 내장하고 있다. 퇴계의 〈答趙起伯〉에 의하면, 天道는 私意가 없으나 음양오행의 氣가 人에게 들어올 때 私意가 나타나고, 그런 私意를 다스리지 못하면 천인합일의 과업을 달성하지 못한다.[26] 이런 내용은 수양론을 강조하는 성리학자에게서 으레 나타나는 바이므로, 퇴계는 성리학적 전통에 힘입어 천지운행의 질서 속에 이미 人의 비장미가 있다는 사실을 재확인하고자 했다고 여겨진다.

물리적 실체인 人이 자기 자신에게 투사하여 찾아낸 人의 양상은 이중적이다. 한편으로는 천인합일을 구현해서 우아미를 드러내기도 하고, 또 다른 한편으로 천인합일을 구현하지 못해서 비장미를 드러내기도 하기 때문이다. 이런 이중성은 人의 본질이 갖춘 이중성에 기인한다. 人은 天理와 私意를 동시에 지녔다. 天理만 취하고 私意를 버리면 될 듯하나, 그럴 수가 없다. 私意가 太極의 운행 과정에서 생겨났고 人이 임의로 조정할 수 없다는 점이 그 근거이다. 퇴계에 따르면, 私意를 근절할 수 없고 일시적으로 제거할 수는 있으므로 敬에 입각한 독서로써 私意를 부단히

26 天地生人 或淸或濁或粹或駁者 何歟 天道至公 而賦予純駁之不一 非有私意於其間 二五之氣 運行交錯 升降往來 紛綸雜糅 其端千萬 其於妙凝成物之際 所値之氣 自不能無純駁邪正之不齊 雖天地造化 亦不柰他何耳(『退溪全書』卷38, 書, 答趙起伯大學問目) 참조.

제거하고 天道에 참여해야 한다. 私意에 초점을 맞추면 비장미가 나타나고 敬의 독서에 초점을 맞추면 우아미가 나타난다는 점에서, 퇴계가 '독서/ 미독서'를 미학적 범주의 구획 요건으로 설정했다고 할 수 있다.

우주의 자아화, 자아의 우주화

퇴계의 독서이론에는 性과 心이라는 용어가 빈번하게 나타난다. 이른비 '心統性情'이라든가 '存心養性'이 그 대표적인 경우이다. 性과 心이 人을 설명하는 장치라고 해서 독서이론이 人에만 국한된다고 할 수는 없다. 주지하다시피 성리학에서는 우주론적 차원의 理와 氣를 삼라만상 어디에나 대입시키기 때문에, 범박하게 말해 人에 결부된 性과 心은 모두 우주론의 범주에 놓인다고 할 수 있다. '性卽理', '心爲太極', '天地生物之心'[27] 등이 그런 예이다. 퇴계는 정통 성리학자이기 때문에, 퇴계의 독서이론은 人論이면서 天論의 성격을 지닌다. 퇴계의 독서이론에서 수양적 차원의 天人關係가 나타나는 데서 이 점이 확인된다. 퇴계의 독서이론을 거론할 때 天論 혹은 天人關係論을 피해갈 수 없는 이유가 여기에 있다.

人이 天은 아니듯 人論이 곧 天論은 아니다. 人論이 天論이 되려면 人의 실존적 측면을 강조하지 않을 수 없다. 그런 측면에 합

27 '性卽理'는 程頤가 한 말로서 선험적 규범을 가리키고, '心爲太極'은 邵雍이 한 말로서 존재법칙을 가리키고, '天地生物之心'은 朱熹가 한 말로서 우주의 생성법칙을 가리킨다.

당한 용어가 바로 '自我'이다. 자아는 '인식의 주체'로서 개념의 신축성이 강한 용어이다. 인식의 주체인 자아가 외부세계에 어떻게 반응하느냐에 따라 작용 권역이 커지기도 하고, 작아지기도 한다. 자아의 개념은 천인관계론을 해명하는 데 유용하다. 人이 仁을 체인하고 天과 합일되는 광폭의 과정을 설명하기에 적절하기 때문이다.[28] 心의 情이나 意가 확장되었다고 하면 더 적절할 듯하나, 꼭 그렇지는 않다. 情이나 意는 무한정으로 확장되거나 축소된다고 하기는 어렵다.[29] 퇴계는 이런 점을 깨닫고 천인관계론에서 실존적 차원의 '我[自我]'를 빈번하게 상정하고 있다. "仁의 體를 드러내어 有我之私를 깨뜨리고 無我之公을 크게 열어준다."[30]고 한 언급은 그 대표적인 예이다.

'자아'는 명시되기도 하지만, 명시되지 않기도 한다. 실존적 차원에서 心의 理을 거론할 때는 자아를 명시하지 않아도 존재한다고 해야 옳다. 心의 理 그 개념 자체가 신축성을 지닌다고 하기는 어렵다. 운동성을 지니고 理를 추동하는 수단이 필요한데, 이때 그런 수단으로는 자아가 제격이다. 자아의 범위는 일정하지 않다. 우주적 입장에서 자기 자신을 투시하면 자아의 범위는 넓어지고, 자기 자신에게만 얽매여 살아가면 자아의 범위는 좁아진다. 퇴계는 우주 변화의 중심에 인간을 놓고 그 자아가 성장해야

---

28 성리학적 자아론을 개진한 대표적 논자를 들기로 한다. 이동희, 「유가사상에 있어서 '자아'와 '개인'의 문제」, 『儒教文化研究』15, (성균관대 유교문화연구소, 2010), 5~25쪽 ; 김기현, 「퇴계의 수행정신에 담긴 우주적 대아의 이상」, 『퇴계와 함께 미래를 향해』, (안동대 퇴계학연구소, 2001), 345~381쪽.

29 情은 性의 發을 가리키고, 意는 이성에 기초한 자율적 의지를 가리킨다. 전자는 자연발출의 성격을 지니는 데 비해 후자는 의도적·작위적 성격이 강하다.

30 狀出仁體 因以破有我之私 廓無我之公(『退溪全書』卷7, 經筵講義, 西銘考證講義)

한다고 역설한다. "다만 말없이 더욱 노력하여 전진하기를 그만 두지 않고 오래도록 연습을 쌓아 완전히 숙달되기를 이르면 心과 理가 하나 된다."[31]고 한 언급은 바로 이런 의미이다. 요컨대, 자아론의 측면에서는 人이 우주의 중심이다. 人이 자아의 활동으로 天의 德을 완성하기 때문에 이렇게 볼 수 있다.

퇴계 독서이론에 의거하면, 자아는 우주와 불가분의 관계에 있다. 원래 人과 天이 한 가지였으니 人의 인식 작용인 자아와 天의 구현 양상인 우주는 원칙적으로 하나이다. 人과 天이 모두 理와 氣로 구성되고 人의 五常과 天의 四德이 상동성을 지닌다는 점이 그 근거이다. 문제는 人이 지닌 氣의 偏正에 있다. 偏氣는 인욕을 불러일으키고 본체론적 理로부터 멀어지게 한다. 그 결과 人은 五常을 지니지 못하고 天의 四德으로부터 이탈하고 만다. 성현의 글을 읽으면 곧 바로 正氣를 회복하느냐 하면 그렇지도 않다. 의욕만 앞서서 성급하게 읽을 경우에는 소득이 없다. 오로지 敬의 자세로 꾸준하게 활간해야 人의 자아가 우주로까지 뻗어나가고, 그런 자아로 인해 正氣가 갖추어진다. 正氣를 갖추는 데 성현의 글 이외에는 별반 다른 대안이 없으므로, 독서인이라면 성현의 글에 매달리지 않을 수가 없다.

본고에서는 퇴계 독서법에 나타난 자아와 우주의 관계를 다루고자 한다. 독서법은 독서이론 가운데 규정적이고 명료하기 때문에 자아와 우주의 관계를 살피기가 용이하다. 독서법을 통해 다루고자 하는 주안점은 두 가지이다. 첫째, 자아의 우주화와 우주

---

31 但能默默加工 向前不已 積習久久 至於純熟 則自然心與理一 而無隨捉隨失之病矣(『退溪全書』卷24, 書, 答鄭子中 別紙)

의 자아화이다. 자아의 우주화는 偏氣의 자아가 正氣를 회복하는 양상을 가리키고 우주의 자아화는 正氣의 자아가 우주의 섭리에 능참하는 양상을 가리킨다. 독서법에서 독서인이라면 이 모두를 갖추어야 한다고 주장하므로 우주화와 자아화는 반드시 살펴야 할 과제이다. 둘째, 자아화와 우주화 과정에 독서가 끼치는 영향이다. 독서는 人의 자아를 키우는 특효약이다. 독서법에서 활간이 자아 확장의 특효약 구실을 하므로, 활간과 자아의 추이를 살펴야 한다. 이 두 가지의 과제를 수행할 때 독서법에 나타난 자아와 우주의 관계를 밝혀낼 수 있으리라 믿는다.

자아와 우주, 그 시작과 끝

퇴계가 파악한 자아는 그 폭이 매우 넓다. "의리와 취미로 마음과 가슴을 적시고 깊이 음미하고 푹 젖어서 그 속에서 노닐기를 하루에 하루를 더해, 오래오래 차차 익히면 응당 힘을 얻는 때가 있다."[32]고 하거나 "이치를 궁구하고 궁구해 나가면 쌓이고 깊이 익숙해져서 자연히 마음이 점차 밝아지고 의리의 실체가 점차 눈 앞에 나타나게 된다."[33]고 하는 데서 이 점이 드러난다. '그 속에서 노닐기'와 '마음이 점차 밝아지고'의 주체는 다름아닌 자아이다. 자아는 고정되어 있지 않다. 敬의 자세로 공력을 들이면 들일수록 자아가 깊고 넓게 뻗어나가, 마침내 天理에 닿고 動과 靜을

---

32 義理趣味 澆灌心胸 玩適游泳 日復一日 久久漸熟 則當有得力之時矣(『退溪全書』卷12, 書, 答崔見叔)

33 如是窮來窮去 積累深熟 自然心地漸明 義理之實 漸著目前(『退溪全書』卷14, 書, 答李叔獻別紙)

관통하기에 이른다. 퇴계의 자아론이 心·性·情과 理·氣에 결부되어 있다는 점을 감안하면, 心의 자아는 그야말로 우주적인 광폭을 보인다고 할 수 있다.

자아의 범주가 원시유학에서는 그다지 넓게 나타나지 않는다. 논자에 따라 다르기는 하지만, 대체로 자아의 범주는 협소한 편이었다. 공자와 맹자의 자아론을 통해 이 점을 확인해볼 필요가 있다. 공자는 자기 자신이 하늘로부터 德을 받았다고 하면서 자아를 하늘의 측면에서 보았고, 맹자는 浩然之氣가 우주로까지 뻗어나간다고 하면서 자아를 사람의 측면에서 보았다.[34] 이들의 주장은 하늘의 측면과 사람의 측면으로 서로 엇갈리는 바, 공자는 자아를 좁게 파악하고 맹자는 자아를 넓게 파악한다고 할 수 있다. 이런 차이는 어디까지나 상대적인 차이다. 맹자가 공자에 비해 자아를 넓게 파악하기는 했지만, 인성론적 차원에서 자아를 거론했기 때문에 우주론적 차원의 자아론과는 일정한 거리가 있다. 인성론적 측면에서 자아를 강조하려고 우주론을 거론했으므로, 우주적 자아론은 곁가지에 불과하다.

신유학시대에 이르면 사정이 달라진다. 주지하다시피 신유학이 발흥한 宋代에는 도교와 불교가 성행했다. 도교는 자연을 중심으로 한 우주론을 구축하고 있었고 불교 특히 華嚴思想은 無盡緣起의 법칙을 중심으로 우주론을 구축하고 있었다. 신유학은 종교·철학적 차원에서 격동기의 시대적 사명을 감당하고자 했으므로, 나름대로의 우주론을 갖출 필요가 있었다. 이런 필요성에 입

34 "天生德於予 桓魋其如予何(『論語』述而, 第七)"와 "其爲氣也 至大至剛 以直養而無害則塞于天地之間(『孟子』公孫丑, 上)"에 이런 내용이 담겨 있다. 이동희, 앞의 글, 8~14쪽 참조.

각해서 신유학에서는 모방과 초월의 방법을 택했다. 도교와 불교의 광대하면서도 정치한 우주론을 본뜨는 한편 도교·불교와는 달리 우주론을 인륜과 도덕에 접목시킨 데서 그런 점이 드러난다. 우주론이 인륜과 도덕에 접근하면서 '人事=天理'라는 등식이 생겨났다. 그 결과, 자아론이 확장되는 일대 혁신이 일어났다. 인성론적 차원의 자아론이 우주론적 차원의 자아론이기도 했고, 우주론적 차원의 자아론이 인성론적 차원의 자아론이기도 했다.

주자는 '인성론적 차원의 자아론=우주론적 차원의 자아론'의 등식을 본격적으로 마련한 자이다. "독서를 통해 성현의 뜻을 보고 성현의 뜻을 통해 자연의 이치를 본다."[35]고 하는 데서 그런 점이 드러난다. 주자에 따르면, 성현은 누구나 우주론적인 시각에서 인륜과 도덕을 마련하고 항구불변하는 지표를 제공하고자 했다. 삶의 양태는 시대마다 사람마다 다르기 때문에 공동체의 항구불변하는 지표를 마련할 필요가 있다. 항구불변하는 지표란 초역사적인 법칙이다. 삶의 양태를 지배하는 이치를 찾아내고 인륜과 도덕이라는 의의를 부여해야 초역사적인 법칙이 된다. 주자는 성현의 글이 모두 이러하다고 하며, 그런 공력을 파악하기가 쉽지 않다고 한다. 심오한 공력을 파악하기 위해서는 읽고 또 읽어야 한다. "천 번을 보면 이해도가 다르고 만 번을 보면 또한 이해도가 다르다."[36]고 한 까닭이 바로 여기에 있다.

천 번 만 번 읽기만 해서는 부족하다. 많이 읽으면 이해의 폭이야 넓어지겠지만, 이해된 도리가 살아 움직인다는 보장은 없

35 讀書以觀聖賢之意 因聖賢之意 以觀自然之理(『朱子語類』卷10, 學4, 조목7)
36 而今看一千遍 見得又別 看一萬遍 看得又別(『朱子語類』卷10, 學4, 조목69)

다. 도리가 살아 움직이기 위해서는 모름지기 활간을 해야 한다. 활간이란 대소를 분별하고 초점의 차이를 확인하고 이치에 입각해서 도리를 파악하는 독서방법이다. 한마디로 말해서 활간이란 '이성적 판단에 의거해서 형식논리 넘어서기'로서[37] 우주적 자아 형성의 필수 조건이다.[38] 활간의 개념이 이와 같으므로, 독서인은 누구나 활간을 해야 한다. 주자가 이런 언급을 했지만, 朱子式으로 하면 우주적 자아가 형성될지는 의문이다. 주자가 마련한 준거는 이치나 의리를 파악하는 데 중점을 두었을 따름이고 이치와 의리를 능동적으로 파악하는 데는 미치지 못하는 편이다.[39] 독서법에 관한 한, 주자의 언급은 실제적인 방법론이라기보다는 당위적인 필연성에 주안점을 두었다고 해야 옳을 것 같다.

활간독서법에 입각한 자아론은 퇴계에 이르러 완성되었다. 퇴계는 理의 능동성에 입각하여 활간독서법을 마련했기 때문에 당위적인 필연성에 그친 주자의 논의를 넘어섰다. 이치를 헤아려 글자의 뜻을 파악하고 體와 用의 관계를 살펴서 大意를 파악하고 원두처와 稟受之初를 분간해서 성현의 글을 파악한다는 원칙을 설정하고, 死物의 언어를 活物의 언어로 전환시키는 한편 厭動求靜에서 通貫動靜으로 전환시켰다. 우주 섭리를 감각적인 '맛'으로 나타내고 讀書時의 感發興起 현상을 심미적인 '樂'으로 나타낸 점이 그 증거이다. 감각적인 '맛'과 심미적인 '樂'에 이르기

---

37 신태수, 「『朱子語類』<讀書法>에 나타난 活看論」, 『韓民族語文學』60, (한민족어문학회, 2012), 130~133쪽 참조.

38 "須是玩味反覆 到得熟後 方始會活 方始會動 方有得受用處(『朱子語類』卷11, 學5, 조목3)"의 언급을 이런 차원에서 이해할 수 있다.

39 이치와 의리를 능동적으로 파악하기 위해서는 理發, 理動, 理到의 입론이 필요한데, 주자는 그런 입론을 하지 않았다.

위해서는 독서인의 자아가 활발하면서도 정치하지 않으면 안 된다. 퇴계가 心에 대해 "體와 用이 가슴속[腔子]에 가득 차고 우주[六合]에 가득 찬다."[40]고 한 언급은 이런 취지로 이해된다. 자아의 개념, 작용 범위가 이처럼 퇴계에 의해 갖추어졌으니, 퇴계야말로 자아론을 통해 인성론과 우주론을 통합시켰다고 아니할 수 없다.

인성론과 우주론을 통합시킬 수 있는 동력은 '자아의 지향성'이다. 자아는 본질적으로 끊임없이 움직인다. 그런 증거를 퇴계가 南時甫에게 준 〈靜齋記〉에서 찾아볼 수 있다. "(心은) 원래 죽은 물건이 아니다. 지극히 고요한 가운데 저절로 動의 단서가 있으니, 참으로 事를 멀리 하고 物을 거절하며 문을 닫고 오똑하게 앉아 靜에 치우치는 것을 말하지 않는다."[41]라는 언급이 그것이다. 퇴계는 南時甫에게 未發이 動의 단서를 지닌다고 설명했지만, 이 설명이 心의 작용에 대한 언급인 이상, 자아론의 성격도 동시에 지닌다고 볼 수 있다. 즉, 未發이 動의 단서를 지닌다면 '외부세계에 직·간접적으로 반응하는 인식의 주체'인 자아가 未發時부터 이미 지향성의 단초를 지닌다고 해도 무방하다.[42] 자아의 지향성은 未發에서부터 나타나므로, 未發의 공부인 戒愼恐懼의 수양[43]이 자아의 지향성을 도모하는 공부도 된다.

만약 계신공구의 수양이 따르지 않을 경우, 자아는 엉뚱한 길

---

40 然其體其用 滿腔子而彌六合(『退溪全書』卷29, 書, 答金而精)

41 元非死物 至靜之中 自有動之端焉 固非遠事絶物 閉目兀坐而偏於靜之謂(『退溪全書』卷42, 記, 靜齋記)

42 李承煥, 退溪의 未發說 釐淸, 『退溪學報』114, (退溪學硏究院, 2004), 101쪽 참조.

43 "其所謂至靜之中 有動之端者 亦非謂已動也 只是有動之理云耳 故此亦當屬之未發也 未發則爲戒愼恐懼之地 已發則爲體察精察之時 而所謂喚醒與提起照管之功 則通貫乎未發已發之間 而不容間斷者 卽所謂敬也(『退溪全書』卷42, 記, 答黃仲擧)" 참조.

로 나아간다. 인성론적 차원은커녕 우주론적 차원은 꿈도 꿀 수 없다. “허공을 뚫어 억지로 찾으려 하고 마음을 잡는다고 하면서 방향을 잃어 싹을 뽑아 자라도록 한다.”[44]고 한다든지 “氣로써 性을 논하는 과오에 빠지고 또한 人欲을 天理로 여기는 과오에 떨어지게 된다.”[45]고 하는 데서 그런 점이 드러난다. ‘허공을 뚫어’나 ‘과오에 빠지게 되며’라는 표현은 자아의 지향성이 방향을 잃었다는 의미가 된다. 자아가 지향성을 잃을 때 사리 분별이 불가능해진다. 퇴계가 高峯에게 보낸 四七論辨 第一書에 그런 점이 잘 나타난다. 高峯이 四端과 七情을 분별하지 못하고 七情 속에 四端을 포함시켜버린다고 하며, 이런 현상을 鶻圇呑棗라고 규정했다.[46] 골륜탄조가 ‘방향을 잃은 자아의 지향성’을 가리킨다고 볼 때, 계신공구의 수양은 선택사항이 아니라 필수사항이 된다.

계신공구의 수양에 철저하면 자아가 格物窮理에 이르고, 그로 인해 融會貫通에 이르게 된다. 격물궁리란 氣의 種相에 얽매이지 않고 個物 혹은 事事物物의 理를 극처에까지 궁구하는 수양 방법이고 융회관통이란 天·人·物의 理一 즉 天人合一을 체인하는 수양 방법이다.[47] 이런 수양 방법은 활간을 반드시 필요로 한다. 보

---

44 鑿空以强探 操心昧方而揠苗以助長(『退溪全書』卷14, 書, 答南時甫 別幅)

45 入於以氣論性之蔽 而墮於認人欲作天理之患矣 奚可哉(『退溪全書』卷16, 書, 答奇明彦-論四端七情 第一書)

46 “且來喩旣云 子思孟子 所就而言之者不同 又以四端爲剔撥出來 而反以四端七情爲無異指 不幾於自相矛盾乎 夫講學而惡分析 務合爲一說 古人謂之鶻圇呑棗 其病不少 而如此不已 不知不覺之間 駸駸然 入於以氣論性之蔽 而墮於認人欲作天理之患矣 奚可哉 (『退溪全書』卷16, 書, 答奇明彦-論四端七情 第一書)” 참조.

47 신태수, 「퇴계 독서병통 치료사례와 그 현대적 의의」, 『嶺南學』19, (경북대 영남문화연구원, 2011), 360~365쪽 참조.

이는 것만이 전부가 아니고 있는 것만이 전부가 아니기 때문에 보이지 않는 것과 없는 것까지 체인하기 위해서는 활간 이외에는 대안이 없다. 앞에서 언급했듯이, 활간은 理의 능동성에 바탕을 두는 독서 방법으로서 우주적 자아를 확보하는 전 과정에서 두루 구사되어야 한다. 퇴계의 자아론에 의거하면, 계신공구의 수양으로 활간이라는 기본 능력을 확보한 다음 人事와 天理를 대상으로 격물궁리해야 융회관통이라는 인성론적 차원의 자아뿐만 아니라 우주론적 차원의 자아를 확보하게 된다.

퇴계의 자아론은 다른 유학자에 비해 체계적이고 견고하다. 우주론을 거론하면서 孔孟의 자아론을 넘어섰고, 활간을 강조하면서 주자의 자아론을 넘어섰다. 퇴계의 자아론이 이처럼 위력을 지닐 수 있었던 요인은 무엇보다도 '理의 능동성'에 있다. 理의 능동성이 활간을 추동하고 이런 활간이 자아를 추동하면서 아래로는 人事를 향해 힘차게 펴져나가고 위로는 天理를 향해 힘차게 뻗어나갈 수 있다. 자아가 아래와 위로 힘차게 펴져나가거나 뻗어나감으로써 자아의 활동량이 왕성해진다. 자아의 왕성한 활동량은 '천하만물은 각기 달라도 그 이치는 하나다.'고 하는 理一의 주장에 강력한 위상을 부여했고, 理一의 명제를 구호로만 외치는 유학자들을 관념에 치우쳤다고 비판할 수 있게 되었다. 이로 인해 퇴계의 자아론은 독서법에서 명시적으로 거론되지는 않았으나 실체와 기능이 뚜렷한 이론이 되었다고 할 수 있다.

자아와 우주의 관련 양상

서론에서 언급했듯이 퇴계 독서법에 나타나는 자아와 우주의 관계는 두 가지이다. 자아의 우주화와 우주의 자아화가 그것이다. 자아의 우주화는 心與理一[48]의 선험적 법칙이고, 우주의 자아화는 內聖外王의 수양 방법이다. 선험적 법칙으로서의 자아의 우주화와 수양 방법으로서의 우주의 자아화는 선후관계에 놓인다. 독서인이라면 전자를 먼저 이룬 다음 후자를 이루어야 하기 때문에, 전자와 후자의 선후 관계는 독서인에게 있어서 일종의 의무이다. 물론, '작위적으로 해야 할' 의무가 아니라 '그렇게 되도록 해야 할' 의무이다. 퇴계는 독서법에서 자아와 우주의 관계를 왜 이렇게 설정했는가? 관련 자료를 탐색하면서 이 점을 하나하나 따져보기로 한다.

자아의 우주화

퇴계에 따르면, 독서의 궁극적인 목적은 心與理一의 경지를 확보하는 데 있다. 퇴계 이전의 유학자들도 이 점을 주장한 바 있다. 孟子는 "천하의 모든 이치가 내 마음속에 갖추어져 있다."[49]고 했고, 주자는 "心과 理가 하나이니, 理가 心에 앞서 있는 어떤 것이 아니다."[50]라고 했다. 주자가 맹자의 논설을 그대로 받아들였다고 할 때 퇴계 또한 주자의 논설을 그대로 받아들였다고 할 수 있겠는가? 용어는 받아들였으나, 의미까지 그대로 받아들이지는 않았다. 주자와는 달리, 퇴계는 理가 능동성을 지닌다는 전제 아래 理를 心論의 범주에서 다루면서 心을 잘 다스리면 理의 능동성을 잘 구현할 수 있다는 논법을 취했다. 心이 活物이고 理 또한 활물인 이상, 心與理一라는 '자아의 우주화' 과정 또한 활물

48 『朱子語類』卷5, 性理2, 조목32에 나오는 말이다.
49 萬物皆備於我(『孟子』盡心 上)
50 心與理一 不是理在前面爲一物(『朱子語類』卷5, 性理2, 조목32)

의 차원에서 이해된다.

'자아의 우주화' 과정에 心이 중요한 위상을 차지하므로, 心을 구체적으로 살펴볼 필요가 있다. 心은 理氣之合이다. 理氣之合이라는 개념은 心의 위상을 나타낸다. 성리학에 있어서 理와 氣는 우주를 설명하는 기본 개념이므로, 心 또한 하나의 우주를 의미한다고 보아도 좋다. 즉, 理와 氣로 이루어진 천하만물을 대우주라 한다면 理와 氣로 이루어진 心은 소우주가 된다. 心이 사람에 배속되어 있되 그 본질이 우주론적이란 발상은 사람이 우주의 넓은 범주 속에서 이해되어야 한다는 점을 시사한다. 사람을 우주 속에서 이해해야 한다고 할 때, 그 이해방법이 관건이다. '體天盡道'라는 말에서 보듯, 心이 갖춘 理와 천하만물이 갖춘 理가 같다고 인식하고 하나하나씩 탐색해 나가야 한다. 이렇게 해서 心의 理가 천하만물의 理를 모두 찾을 때, 人事와 天理를 우주 속에서 판단하는 거시적 시각을 확보할 수 있다.

거시적 시각은 知覺의 범위가 넓다는 의미이다. 지각은 虛靈으로부터 나온다. 허령의 '虛'는 理요 '靈'은 理와 氣의 결합물이다. 理인 '虛'가 心의 본체이므로, 心을 지배해야 하는 쪽은 '靈'이 아닌 '虛'이다. '虛'가 心의 본체 노릇을 감당할 때 천하만물의 理를 지각할 수 있다. "理와 氣가 합해 心이 되므로 자연히 虛靈知覺의 妙理가 있다."[51]고 한 까닭이 여기에 있다. 본체라면 靜하고 動하지 않을 듯하지만, 그렇지 않다. 퇴계에 의하면 理가 發·動·到하므로 理인 虛 또한 발·동·도한다고 보아야 한다. 氣도 發하고 理도 발하므로 허령이 만들어내는 지각의 범위는 그야말로 광대무

51 理氣合而爲心 自然有虛靈知覺之妙(『退溪全書』卷18, 書, 答奇明彦 別紙)

변이다. 자아론의 측면에서 볼 때, 지각은 자아이고 지각의 범위는 곧 자아의 활동폭이다. 자아의 활동폭은 허령이 만들어내므로, 허령을 확보해서 자아의 활동폭을 최대한 넓히지 않으면 안 된다. 퇴계가 "얻지 않고는 그만 둘 수 없다는 자세로써 평생 사업을 삼아야 한다."[52]고 한 언급을 이런 차원에서 이해할 수 있다.

허령을 확보하기 위해서는 어떻게 해야 할 지가 관건이다. 퇴계는 독서법을 제기할 때마다 그 방법에 대해 설파한다. 중요한 어구를 표집하면, "敬 그것을 잊지 말고 깊고 두텁게 함양하여 응접할 때 발용하되 함부로 쉽게 여기거나 방심하지 않아야 하고"[53] "오직 뜻을 두지 않지도 않는 사이에 잘 살피고 잘 관리하여 마음속에 잊지 말아야 한다."[54]로 정리가 가능하다. 이때 허령을 확보하기가 매우 까다로운데, 까다롭다고 해서 멈출 수는 없다. 허령이 자아의 활동폭을 결정하는 한, 허령을 확보해도 그만이고 확보하지 않아도 그만인 것은 아니기 때문이다. 만약 허령을 확보하지 않으면 자아의 활동폭을 넓힐 수 없고 자아의 활동폭을 넓힐 수 없으면 心與理一의 경지는 기대하기 어렵다. 이렇게 보면 허령을 확보해서 자아의 활동폭을 최대한 넓힐 때 자아의 우주화 과정이 완성된다고 할 수 있다.

우주의 자아화

퇴계는 〈啓蒙傳疑〉, 〈西銘考證講義〉, 〈天命圖說〉 등에서 우주

52 弗得弗措 直以爲終身事業(『退溪全書』卷14, 書, 答李叔獻 別紙)
53 只當敬以無失 涵養深厚 而發於應接者 不敢輕易放過(『退溪全書』卷24, 書, 答鄭子中)
54 惟非着意非不着意之間 照管勿忘(『退溪全書』卷14, 書, 答南時甫)

가 덕목을 지닌다고 한다. 우주의 섭리를 인간 사회의 질서와 대응시키기 때문에 우주의 덕목을 거론했으리라 생각된다. 퇴계에 따르면, 우주는 造化와 胎育의 理法을 따르고 그런 理法은 元, 亨, 利, 貞의 四德을 구현한다. 우주의 섭리를 인간 사회의 질서에 比擬하면서 造化와 胎育의 이법이라든가 元, 亨, 利, 貞의 四德이 나타난 바이므로, 범박하게 말해서 퇴계의 우주론이 인간학의 범주에 속한다고 할 수 있다. 이런 언급을 자아론의 범주에서 바라보았을 때, 자아가 인간학적 차원에서 心與理一에 仁이라는 덕목을 부여한다고 해도 좋을 것 같다. 자아의 인간학적 해석 행위에서 우주의 도덕적 관점이 나타났으니, 이런 현상을 우주의 자아화 과정이라 부를 수 있다.

우주의 자아화 과정은 자아, 心與理一, 仁의 관계를 통해 이루어지므로, 이 삼자의 관계를 구체적으로 살펴볼 필요가 있다. 우주를 流行하는 자아 즉 우주적 자아가 삼라만상을 통관하면서 心與理一의 경지에 도달하고, 이 경지에 도달한 우주적 자아가 인간학적 차원에 서면 仁이 대두한다. 다시 말해, 우주적 자아가 도달한 경지가 心與理一이고 이런 경지를 인간학적 차원에서 인식할 때 仁이라 한다. 仁이라는 규정은 작위적이지 않고 자연적이다. 우주적 자아가 인간학적 차원에 서기만 하면 心與理一의 경지가 仁이 되기 때문이다. "지나가는 물건은 스스로 비추지 아니함이 없다."[55]고 한 언급이 바로 그런 의미를 담고 있다. 우주적 자아가 心與理一의 경지를 인간학적 차원에서 인식하는 이유는 자명하다. 인간존재를 우주의 일원으로 설정함으로써 만물의 化

55 物之過者 自無不照(『退溪全書』卷28, 書, 答金惇敍)

育事業에 참여시키기 위함이다.

인간존재가 仁의 차원에 서 있는 이상, 만물의 화육사업을 거부할 권리는 없다. 仁의 차원에 서 있는 인간존재는 삼라만상을 元, 亨, 利, 貞의 四德으로 변화시키는 주체이다. 즉, 자연 법칙에 의해서 삼라만상을 '始 → 通 → 遂 → 成'의 단계로 순환 혹은 변화시키기 때문에,[56] 인간존재는 이미 能産者의 위치에 서 있다. 물론, 인간존재가 한번 능산자가 되었다고 해서 계속적으로 능산자의 위치에 머물 수 있는 것은 아니다. 情이나 意가 惡으로 기울 경우, 인간존재는 능산자의 위치에서 所産者의 위치로 전락한다. 즉, 삼라만상을 '始 → 通 → 遂 → 成'의 단계로 순환 혹은 변화시키는 주체가 되지 못하고, '始 → 通 → 遂 → 成'의 단계별 순환 혹은 변화의 대상이 된다. 결국, 인간존재는 仁의 차원에 있을 때만 능산자이고 不仁의 차원에 있을 때는 소산자이다. 만물의 화육사업에 대한 참여 여부는 여기서 판가름난다.

仁·不仁이라는 인간존재의 이중적 속성 때문에 독서법이 필요하다. 독서법에는 능산자의 위치에서 소산자의 위치로 전락한 까닭을 心病이라 진단하고, 그런 心病을 다스릴 묘책을 여러 가지로 내놓고 있다. 즉, "心은 신명하여 이루 헤아릴 수 없다. 변화하고 두루 흘러서 잡으면 보존되어 고요하고, 놓으면 흩어져서 어두워진다."[57]고 하면서 성현의 글에 담긴 理를 체인하라고 한다. 門人들이 병통에 막혀 체한 곳이 있다고 하자, 퇴계가 "理에 밝으

56 問 天命之義 可得聞歟 日天卽理也 而其德有四 日元亨利貞是也 四者之實日誠 蓋元者 始之理 亨者 通之理 利者 遂之理 貞者 成之理而其所以循環不息者(『退溪全書』續集, 卷8, 書, 天命圖說)

57 心之神明不測 變化周流 操則存而靜 舍則散而昏(『退溪全書』卷12, 書, 答崔見叔問目)

면 없어질 것"[58]이라고 한 대답은 그 좋은 예이다. 자아의 측면에서 볼 때, 心은 方寸이 아니라 우주이다. 心의 상태에 따라 자아가 능산자로 격상되기도 하고 소산자로 전락하기도 하므로, 우주의 자아화 과정을 성취하기 위해서는 理를 밝히고 체인하여 心의 상태를 고도로 순선하게 만드는 길밖에 없다. 적어도 이렇게 하는 동안에는 능산자의 위치에 머물 수 있다.

우주화와 자아화의 추이

자아의 우주화 과정과 우주의 자아화 과정은 서로 어떤 관계인가? 자아의 우주화 과정에서는 자아가 心與理一의 경지에 도달하는 데 주안점을 둔다. 자아가 心의 理와 삼라만상의 理를 일치시키기 때문이다. 한편, 우주의 자아화 과정에서는 心與理一의 경지를 仁이라고 규정하는 데 주안점을 둔다. 자아가 心與理一의 경지에 우주의 덕목인 元, 亨, 利, 貞을 부여하기 때문이다. 두 과정이 이처럼 다르다면 별개라고 할 만하나, 상보적인 관계이므로 별개라고 할 수 없다. 心與理一의 경지에 도달한 다음 仁이라는 우주적 덕목을 부여한다는 점에서, 자아의 우주화 과정이 앞에 놓이고 우주의 자아화 과정이 뒤에 놓이면서 仁이 된다고 할 수 있다. 이런 연유로 양자가 성격이 달라도 분리할 수가 없다.

자아의 우주화 과정과 우주의 자아화 과정이 묶인 채 정지해 있느냐 하면, 그렇지 않다. 心의 理와 천하만물의 理가 發·動·到하면서 心與理一의 법칙에 도달하고, 仁의 用이 우주 전체에 미치면서 만물의 화육사업에 참여하므로, 자아의 우주화 과정과 우

58 惟明理可免(『退溪全書』言行錄, 卷1, 敎人)

주의 자아화 과정은 묶인 채로 끊임없이 움직인다. 그뿐만 아니라 자아의 우주화 과정과 우주의 자아화 과정은 하나의 단위가 되어 發用 範圍를 확장시켜 나간다. 물론, 일시에 발용 범위를 확장시키지 않는다. "오직 마음을 차분히 하고 반복하여 정밀히 생각하고 성숙한 생활을 오래 계속한 뒤에라야"[59] "쌓이고 깊이 익숙해져서 자연히 마음이 점차 밝아지고 의리의 실체가 점차 눈앞에 나타나므로"[60], 오래 오래 공력을 쌓아가면서 서서히 발용범위를 확장시킨다고 할 수 있다. 이렇게 보니, '발용 범위 확장하기'의 특징은 '누적적이고도 점진적이다.'

발용 범위를 누적적이고 점진적으로 넓히도록 하는 동인은 우주의 生意이다. '우주의 생의'란 우주가 능동적인 理 즉 生生之理를 통해 드러내는 변화의 의지를 일컫는다. 우주에 생의가 있다고 규정하니, 生意가 천지만물 하나하나에 깃든다는 언급도 가능해진다. 독서시에는 우주의 生意와 친지만물의 관계가 잘 나타난다. "바람이 정원을 호령하니 물결소리가 크게 들리고 잣나무가 서리 내린 걸 기뻐하니 푸른빛도 흐릿해졌네"[61]라는 대목이 대표적 사례이다. '바람'과 '잣나무'는 단순한 무정물이 아니다. 호령하거나 기뻐하는 주체이기 때문에 생의를 지녔다고 할 수 있다. 천지만물 하나하나의 생의는 화자를 자극하고, 이에 화자는 물물에 나아간다. 누적적이고 점진적인 발용 범위가 형성된 까닭은 물물의 생의를 체인하는 데도 단계가 있음을 시사한다. 〈陶山雜

59 此學專在於沈潛反覆 精思熟玩(『退溪全書』卷28, 書, 與金而精)
60 如是窮來窮去 積累深熟 自然心地漸明 義理之實 漸著目前(『退溪全書』卷14, 書, 答李叔獻別紙)
61 風號一院濤聲殷 栢悅千霜翠色迷(『退溪全書』續集 卷1, 詩, 次韻晚翠堂)

詠 幷記〉를 통해 이 점을 확인해 보기로 한다.

> ⓐ 우주를 굽어보기도 하고 또 쳐다보기도 하다가 感慨가 이어지면 책을 물리치고 지팡이를 짚고 넓은 곳으로 나아간다.
>
> ⓑ 軒檻에 다다라 못을 구경하기도 하고 단에 올라 社를 찾기도 하고, 菜圃에 약초를 심기도 하고, 숲에서 꽃을 채집하기도 하고, 바위에 앉아서 샘물을 희롱하기도 한다.
>
> ⓒ 臺에 올라서 구름을 바라보기도 하고, 낚시터에서 고기 놀이를 보기도 하고, 배 가운데에서 해오라기를 가까이하기도 한다.
>
> ⓓ 설렁이며 바장이면서 다니다보면 눈에 닿는 대로 흥이 난다. 흥이 극도에 이르렀을 때 집에 돌아온다. 고요한 방안에서 마음을 바로잡고 연구·모색한다. 마음과 이치가 합치되면 다시 기쁨을 누리고, 마음과 이치가 합치되지 않을 때는 친구에게 묻기도 한다.

화자와 물물의 관계를 정리해 보았다. 화자와 물물의 관계로는 화자 중심으로 정리하는 방법과 물물 중심으로 정리하는 방법을 들 수 있다. 〈陶山雜詠 幷記〉의 경우는 전자 쪽이지만, 필자는 후자 쪽에서 접근하기로 한다. 이렇게 할 때 퇴계의 의중을 입체적으로 조명할 수 있고, 자아의 동향을 파악하기도 더 좋다. 자아가 물물의 생의를 체인하는 단계는 세 가지로 나뉜다. 제1단계는 ⓑ에서 제2단계는 ⓒ에서 제3단계는 ⓓ에서 찾아볼 수 있다. 보다 구체적으로 정리하면, 제1단계에서는 자아가 근거리에서 물물의 생의를 체인하고, 제2단계에서는 자아가 원거리에서 물물의 생의를 체인하고, 제3단계에서는 자아가 우주론적 차원에서 仁의 體와 用을 형성한다. 이와 같이 자아의 단계별 체인 방법은 퇴계의 논설에서 빈번하게 나타난다. 讀書·窮究時의 玩味와 沈潛에 대한 많은 언급이 그것이다. 이상의 논의를 도표를 작성해 보았다.

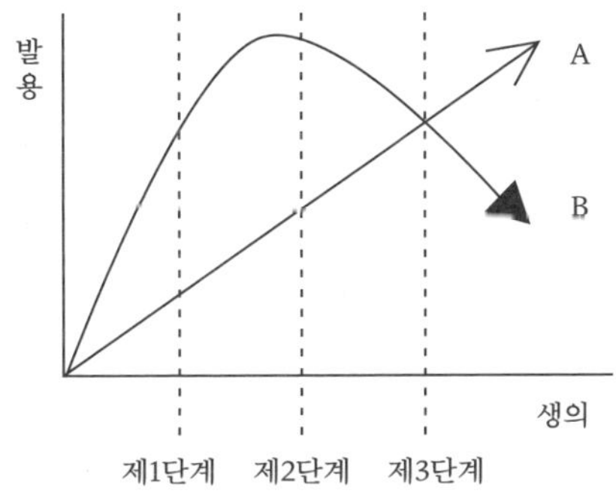

위 도표에는 생의에 대한 자아의 체인 방법이 나타난다. 〈도산잡영 병기〉에 나타난 자아를 기준으로 삼았지만, 일반화에 문제는 없다. 〈도산잡영 병기〉의 자아가 대표성이 있기 때문이다. 자아의 활동 폭과 발용 범위가 선명하게 드러난다는 점이 그 근거이다. 〈도산잡영 병기〉를 통해 대표적인 체인 방법의 유형을 두 가지 추출해 볼 수가 있다. 한 가지는 자아가 완미와 침잠으로 점진적이고도 누적적으로 발용 범위를 넓혀가는 유형A이고, 다른 한 가지는 자아가 조급하게 발용 범위를 넓혀가려고 시도하다가 동력을 잃고 마는 유형B이다. 퇴계가 수양론을 거론할 때마다 揠苗助長을 경고하기 때문에 유형A와 곁들여서 유형B를 상정할 수 있다. 유형A의 경우에 시작은 있어도 끝은 없으므로, 어떤 독서인의 자아라도 두 과정을 통합하고 발용범위를 누적적이고도 점진적으로 넓히기 위해 노력해야 한다고 할 수 있다.

자아와 우주가 독서법에서 지니는 의의

퇴계에 의하면, 인간 개체는 약해도 독서인은 위대하다. "만사는 마침내 一指薪으로 돌아가니 괴로운 인생 어이하여 정신을 괴롭히랴. … 옛날의 누런 책에서 하늘 밖의 음악을 들었더니, 오늘은 백운암에서 마음에 둔 사람을 보았네."[62]라는 詩에서 그런 점이 드러난다. 자아와 우주의 관계론에 입각해서 정리하면, '역경에 찌든 사람이 성현의 글을 읽은 뒤에 하늘 밖의 음악소리를 듣는다.'가 된다. 나약하던 사람이 독서인으로 탈바꿈하면서 자아를 확충하고 우주로까지 뻗어간다는 의미가 아닌가 한다. 독서인의 우주론적 위상이 자아의 우주화 과정과 우주의 자아화 과정을 통해 가능해졌다고 볼 때, 이런 현상이 나타나는 까닭을 따져보지 않을 수 없다.

독서인의 우주론적 위상 설정

퇴계는 독서법을 설명할 때 더러 '博文約禮'를 거론한다. "독서는 참으로 約禮로 돌아오는 것"[63]이라는 언급이 그 대표적인 사례이다. 이 언급을 퇴계 본인의 말로 정리하면, '경서에서 만상의 理法을 널리 배운 다음 예로써 자기 자신을 다스리고 실천해

---

62 萬事終歸一指薪 勞生何用敝精神 … 黃卷舊聞天外樂 白雲今見意中人(『退溪全書』外集, 卷1, 詩, 贈宗粹上人)

63 讀書固當反說約也(『退溪全書』卷12, 書, 答宋寡尤)

야 한다.'[64]는 의미가 된다. 만상의 이법이란 곧 활발발한 理이니, 결국 박문약례란 心의 理로써 經書에 담긴 만상의 理를 체인하고 居敬窮理하는 행위의 일체를 가리킨다. 언뜻 보면 한 가지의 독서법을 설명한 듯하나, 사실은 자아의 우주화 과정과 우주의 자아화 과정을 포괄적으로 언급했다고 생각된다. 즉, '박문'은 자아의 우주화 과정이고 '약례'는 우주의 자아화 과정이다. 결국 퇴계 독서법은 자아와 우주의 개념을 통해 독서인의 위상을 우주론적으로 설정했다고 할 수 있다.

독서인이 우주론적 위상을 지녔다는 언급은 성리학적 인간론에 힘입은 바 크다. 성리학에서는 인간을 우주적 존재자로 본다. 二程子, 張子, 朱子 등이 주장한 心合理氣, 心統性情, 心與理一이 바로 그런 예이다. 이런 용어들 가운데 공통적으로 들어 있는 '心'에 주목할 필요가 있다. 心은 물리적으로는 方寸에 불과하지만, 理法上으로는 무한정의 영향력을 확보한다. "一人의 心이 곧 天地의 心이요 一己의 心이 千萬人의 心"[65]이라고 했으니, 본체론적으로는 一人 혹은 一己가 천지나 천만인과 같다는 의미이고 수양론적으로는 一人 혹은 一己의 理[性]가 천지나 천만인의 理로 확장한다는 의미이다. 독서법의 경우는 心의 수양과 관련이 깊으므로 전자보다 후자가 더 친연성이 있다. 후자에서는 자아라는 개념 설정이 필요하다. 理 그 자체가 운동성을 지니되 확장성이 없기 때문이다. 결국, 一人 혹은 一己의 理[性]

64 "先博後約 孔顏思孟 皆有此說 本非不可 但或徒博而不反約 則恐有遊騎出太遠而無所歸之弊 故有後說云云(『退溪全書』卷33, 書, 答許美叔)" 참조.

65 一人之心 卽天地之心 一己之心 卽千萬人之心(『退溪全書』卷18, 書, 答奇明彦論改心統性情圖)

가 확장하기 위해서는 확장성을 지닌 자아의 힘을 빌리지 않으면 안 된다.

자아라는 개념은 삼라만상에 있어서 인간존재의 위상을 강화하는 도구이다. 心의 理가 확장하고자 하는 곳에서는 어디에서나 자아가 등장해서 理를 운반한다고 보아야 하기 때문에 이런 언급이 가능하다. 心의 理가 주재자가 되어 天人合一이나 物我一體를 도모한다면, 心의 理를 운반하는 자아 또한 천인합일이나 물아일체와 관련이 깊다. 자아가 도구이기는 하나 心의 理와 같은 기능을 수행한다고 해도 무방하다. 다시 말해, 心의 理가 인간존재의 주체성을 지향한다면 理의 도구인 자아는 인간존재의 우주론적 위상을 顯現한다고 할 수 있다. 결국, 자아는 心의 理에 부속되었으면서도 心의 理가 수행하지 못하는 기능을 한다. 理가 氣를 억누르고자 할 때 자아가 등장하여 理의 운동을 뒷받침하고 理로서의 太極이 流行할 때 자아가 등장하여 태극의 운동을 뒷받침하므로, 자아 없이는 理의 확장성을 상정하기가 어렵다.

자아의 존재를 理와 결부시키는 이상, 자아와 四端의 관계를 짚어보지 않을 수 없다. 자아와 사단은 心의 情에 해당되므로, 양자의 근원은 어디까지나 性에 있다. 퇴계에 의하면, 사단은 情이기는 해도 理에 근거를 두고 있어서 순선무악하다고 한다. "사단은 理를 所從來로 하니 모두 善하고, 칠정은 氣를 소종래로 하니 善惡이 정해지지 않은 상태"[66]라고 한 점이 그 근거이다. 理論에

---

66 四端 發於理而無不善 七情 發於氣而有善惡(『退溪全書』卷16, 書, 答奇明彥 論四端七情第一書-附奇明彥非四端七情分理氣辯)

의거할 때, 자아와 사단은 같기도 하고 다르기도 하다. 理發의 결과로 나타나고 순선무악하다는 점에서는 같고, 자아가 사단보다 지향성이나 운동성이 강하다는 점에서는 다르다. 이 가운데서 후자가 주목을 요한다. 사단이 心의 理의 발출 현상이고 자아는 理의 발출을 지켜보는 인식의 주체이므로 서로 다를 수밖에 없다. 이처럼 자아가 理를 실어 나른다면 자아가 理의 발출물인 사단 또한 실어 나른다고 보아야 한다.

자아가 순선한 理 혹은 사단을 실어 나른다고 할 때, 자아론을 인식론의 영역에만 국한시킬 수 없다. 자아가 인간존재의 순선한 본성을 지향하기에 존재론적이고, 人과 天 사이를 매개하기에 우주론적이고, 물물의 生意를 발견하고 체인하고자 하기에 가치론적이다. 자아론이 心의 理를 바탕으로 한다는 점에서, 자아의 인식론적·존재론적·우주론적·가치론적 특징은 인간존재의 自發性을 높이는 구실을 한다. 心의 理가 자발성을 지닌다면 心을 지닌 人도 자발성을 지닌다고 볼 수밖에 없기 때문이다. 결국 독서법에 나타난 자아론은 독서인에게 人의 자발성을 상기시키면서 人은 모두 우주론적 존재로서의 자질을 지녔다고 역설하고 있다. 자질이 아무리 좋더라도 실천하지 않으면 徒勞이므로, 독서인이라면 경서의 理를 체인하고 그 체인한 바를 실천에 옮길 수밖에 없다. 이런 실천이 우주론적 위상을 담보한다.

'廓然大公'의 활간독서법 제시

퇴계는 程顥의 『定性書』를 거론하면서 독서인에게 廓然大公의 자세를 가지라고 한다. "군자의 마음이 능히 탁 트이고 매우 공정한 까닭은 그 性을 온전히 하고 내외의 구분이 없기 때문이고, 능히 사물이 오면 순응하는 까닭은 한결같이 그 이치에 따르고 피차의 구분이 없기 때문"[67]이라고 한 언급이 그것이다. 이에 따르면, '無內外'와 '無彼此'의 경지에 이르러야 확연대공의 자세가 생긴다고 했다. 그렇다면 확연대공의 자세 이전 단계인 '無內外'와 '無彼此'의 경지를 어떻게 확보할 수 있는가? 인간의 존재론적 한계로 인해 자아가 '無內外'와 '無彼此'의 경지에 이르기가 어려울 듯하나, 퇴계는 의외로 그렇게 보지 않는다. 퇴계가 언급하는 '無內外'와 '無彼此'의 경지가 어떻게 해서 가능한지를 자아·우주와 관련시켜 따져 볼 필요가 있다.

'無內外'와 '無彼此'란 事와 理 사이를 구별하지 않는다는 의미이다. '事'란 '그렇게 해서 나타난 현상'으로서 실제 혹은 사실을 가리키고, '理'란 '그렇게 되어야 하는 이유' 혹은 '그렇게 될 수밖에 없는 까닭'으로서 所以然之故를 가리킨다. '事'는 천지에 다양한 형태로 퍼져 있고 '理'는 형체 없는 가운데서 이치로만 존재하므로 전혀 별개인 듯이 보이기도 한다. 물론, 보이는 것이 전부는 아니다. 본질론적 측면에 입각할 때, '事'와 '事'의 사이나 '事'와 '理'의 사이는 별개가 아니다. 事의 理와 삼라만상의 理는 하나이기 때문이다. 정호가 제창하고 퇴계가 〈仁說圖〉에서 수용한 "與天地萬物爲一體"[68]가 바로 그런 취지를 담고 있다. 與天地萬物爲一體란 '외면이나 내면에만 이끌리지 않고 안팎을 모두 잊는' 직각적 체인의 결과이다.[69] 결국, 직각적으로 理를 체인할 때

---

67 君子之心 所以能廓然而大公者 以能全其性而無內外也 所以能物來而順應者 以一循其理而無彼此也(『退溪全書』卷13, 書, 答李達李天機)

68 仁者以天地萬物爲一體 莫非己也(『二程全書』遺書, 卷2, 上). 퇴계가 정호의 仁說을 수용한 이유는 주희의 견해보다 정호의 견해가 더 적합하다고 여겼기 때문으로 보인다. 金奉建, 「朱子와 退溪의 仁說」, 『退溪學論叢』6, (退溪學硏究院, 2000), 49~50쪽 참조.

69 "夫天地之常 以其心普萬物而無心 聖人之常 以其情順萬事而無情 故君子之學 莫若廓然而

'無內外'와 '無彼此'의 경지가 도래한다고 할 수 있다.

'無內外'와 '無彼此'의 경지에 도달하는 주체는 자아이다. 직각적 체인을 담당하는 주체가 물리적 개체가 아니라 물리적 개체의 자아라는 점이 그 근거이다. 자아가 敬을 통해 心을 주재하며 '無內外'와 '無彼此'에 도달하고 스스로를 확장하여 확연대공의 상태를 갖출 때, 우주의 유행이 가능하다. "가슴속에 가득찬 惻隱의 마음이 두루 관철·유행하여 막힘이 없고 어디에나 두루 미치지 않는 데가 없다."고 한 까닭이 여기에 있다. 자아만 우주를 향해 가고 우주는 자아를 향해오지 않느냐 하면, 그렇지 않다. 위 인용문에서 '능히 사물이 온다[能物來]'고 했으니, 자아가 敬으로 心을 주재하면 사물의 이치가 자아에게로 오기도 한다. 이로써 "천지의 작용은 나의 작용"[70]이라는 언급이 가능해진다. 결국, 자아가 확연대공의 상태로 인해 우주로 나아가고 우주가 자아에게로 도래하면서 자아가 우주 전 범위로 퍼져나간다.

자아의 '확연대공'이 『定性書』의 독서법을 거론하면서 제기되었으므로, 자아의 확연대공을 독서법의 테두리 안에서 이해할 수 있다. 자아로 하여금 확연대공한 상태에서 성현의 글을 읽고 우주 유행의 방법을 터득하도록 하는 독서법을 '확연대공의 독서법'이라고 지칭할 때, 확연대공과 활간은 서로 어떤 관련이 있는지를 따지지 않을 수 없다. 개념상으로 볼 때, 확연대공은 '매우 탁 트이고 공정하게 보기'를 가리키고 활간은 '이성적 판단에 의

大公 物來而順應 易日 貞吉悔亡 憧憧往來 朋從爾思 苟規規於外誘之除 將見滅於東而生於西也 非惟日之不足 顧其端無窮 不可得而除也(『二程全書』卷2. 書, 答橫渠張子厚先生書)" 참조.

70 天地之用皆我之用(『二程全書』遺書, 卷2, 上)

해서 형식 논리 넘어서기'를 가리키므로, 독서법에 있어서 확연대공은 자세에 해당되고 활간은 성리학적 독서법 전체의 패러다임에 해당된다. 패러다임이 자세보다 상위에 놓이니, 독서법 패러다임이 독서법 수행의 자세보다 상위에 놓인다고 할 수 있다. 확연대공이 활간을 뒷받침하는 수단이라는 점에서, 활간독서법이 되기 위해서는 확연대공해야 한다는 입론이 가능해진다.

이상의 논의를 통해, 자아와 우주가 확연대공의 활간독서법에서 어떤 의의를 지니는지를 정리해볼 수 있다. 활간의 패러다임을 구현하기 위해서는 두 단계를 거쳐야 한다. 첫째 단계에서는 자아가 성현의 글로부터 '無內外'와 '無彼此'의 경지를 확보해야 하고, 둘째 단계에서는 자아가 확연대공의 상태에서 성현의 취의를 체인하여 자아는 우주를 향해가고 우주는 자아를 향하게 된다. 이 두 단계는 순차적이어서 어느 한 단계라도 빠지면 자아와 우주의 교섭에 차질이 생긴다. 이렇게 되면 당연히 확연대공의 활간독서법은 불가능해진다. 이로 보아, '자아와 우주의 영향 주고받기'가 매우 중요하다. 자아와 우주가 서로 영향을 주고받아야 독서인의 존재론적 한계가 극복되고 확연대공의 상태에 이르기 때문이다. 자아와 우주가 독서법의 확연대공을 뒷받침하므로, 자아와 우주는 그야말로 활간독서법의 요체가 된다.

II. 미학

활간독서법은 文뿐만 아니라 詩를 통해 구현되기도 한다. 詩의 편수가 무려 40여 수에 이른다. 詩는 제재의 입체적 결구와 아름다움의 탐색을 본령으로 하므로, 활간독서법이 詩에서 형상과 미학으로 표출되었다는 의미가 된다. 퇴계가 활간독서법을 유학적 사유 내지 인식의 차원에서 멈추지 않고 문학적 의식과 표현의 차원으로까지 밀고 나갔다고 볼 수 있다. 퇴계는 활간독서법을 어떻게 구현했는가? 퇴계시에서 빈번하게 나타나는 시어나 그 취의를 추출하고 문제에 접근해보기로 한다. 퇴계시에는 삼라만상이 '살아 있다'고 하는 취의가 많이 보이고, '靜'이니 '味'니 '樂'이니 하는 시어가 많이 보인다. 전자와 후자는 서로 다른 문제의식을 담고 있으므로, 별도로 나누어서 퇴계시의 미학적 차원을 집중적으로 조명해보기로 한다.

'生意' 사상의 구현

退溪는 독서법을 詩로 구현한 학자요 문인이다. '독서'의 '서'가 경전을 가리키므로, 독서법이란 경전 읽기의 목적·자세·방법을 총칭하는 개념이라고 할 수 있다. 이런 방법이 형상성을 지니고 詩가 되었다면 그런 詩들은 유학적 관점을 공유하게 마련이다. 독서법을 형상화한 詩가 유형적 성격을 지닌다는 점에서, 일련의 詩들을 讀書詩로 지칭해도 좋을 듯하다. 여타 유학자들도 독서시를 창작했지만, 퇴계 독서시에는 미치지 못한다. 퇴계 독서시는 40여 편이나 되고 심원한 내용을 담았으니, 편수나 내용의 측면에서 여타 유학자의 독서시를 넘어선다. 퇴계 독서시의 위상이 이러함에도 불구하고, 아직까지 본격적으로 주목한 사례는 없다. 독서시가 문집 곳곳에 흩어져 있어서 유형화 작업이 어렵고, 유학사상이 투영되어 있어서 難度가 높기 때문이 아닐까 한다.

필자는 독서시에서 '生意'사상을 주목하고자 한다. '생의'사상은 독서시 전반에 걸쳐서 나타나므로, 독서시와 '생의'사상이 긴밀한 관련성이 있으리라 본다. '생의'사상이란 만물이 '살아 있다'고 하는 사유체계를 가리킨다. 사유체계라는 語義에서 보여주듯, 개체가 단순히 살아 있다고 해서는 '생의'사상이 될 수 없으며, 개체와 개체가 연대하여 유기체적 질서를 이룬다고 해야 '생의'사상일 수 있다. 독서시에서는 天과 人, 人과 物, 物과 物이 상호 교통하며 긴밀한 연관 관계를 형성하는 경우가 많으므로, 독서시를 '생의'사상의 범주에서 이해할 수 있다. 왜 독서시에 '생의'사상이 나타나는지가 관심사이다. 퇴계가 자연 속에서 기거할 때 독서시가 주로 창작되었음을 유의할 필요가 있다. 퇴계는 삼라만상의 活潑潑한 生氣를 느끼기 위해 자연 속으로 들어갔고, 활발발한 생기를 독서시에 담으면서 '생의'사상을 표출했으리라 여겨진다.

독서시와 '생의'사상이 이처럼 긴밀한 관련성을 지니므로, 독서시라고 하면 '생의'사상을 떠올려도 무방할 것 같다. '생의'사상이 원래부터 독서시와 친연성이 있다거나 독서시가 '생의'사상을 표출하기에 합당한 양식이기 때문에 친연성을 지닌다고 단정할 수는 없다. 작가의 심미안에 의해 문학 양식과 특정 사상이 결합할 수 있다고 볼 때, 퇴계가 영위하는 삶의 특징으로 인해 독서시와 '생의'사상이 친연성을 지닌다고 해야 합당하다. 〈도산잡영 병기〉에 퇴계가 영위하는 삶의 특징이 잘 나타나 있다. 퇴계는 자연물을 통해 천인합일 내지 물아일체를 체인하고 독서를 통해 체인한 바를 확고하게 다지기 위해 도산 공간을 택했다고 한다.[71]

---

71 신태수, 「〈東齋感事〉와 〈陶山雜詠〉의 공간을 통해본 퇴계의 독서 생활」, 『동아인문학』16,

독서 공간을 자연 속에 설정했다는 점과 자연물을 통해 삼라만상의 생기를 느낀다는 점이 퇴계가 영위하는 삶의 특징이고, 이런 특징이 독서시와 '생의'사상의 친연성을 담보하는 조건이 된다고 할 수 있다.

'생의'사상을 검토할 때 염두에 두어야 할 개념이 있다. 그것은 바로 '仁'이다. '仁'은 다중적인 의미를 지닌다. 공맹의 시대에는 인성론의 개념으로 쓰였다가 정주의 시대에는 윤리적인 개념과 우주론적 개념이 덧입혀지면서부터 의미층이 여럿 생겨났다. 『禮記』〈樂記〉에서 계절의 활발발한 변화를 '仁'이라고 하고 『論語』〈顔淵〉에서 도덕적 수양을 '仁'이라고 한 데서 의미층을 가늠해볼 수 있다.[72] 어떤 의미로 쓰이든지 간에 보편적 가치를 가리킨다는 점에서는 일치된다. 결국, '仁'은 만물의 생기를 점검하는 거시적 시각과 방법론을 제공하므로, 만물의 활발발한 본성을 탐색하려면 '仁'의 관점을 주목하지 않을 수 없다. '생의'사상 또한 예외일 수가 없다. '仁'이 '생의'사상을 뒷받침한다는 생각을 가지고, '생의'사상에서 '仁'의 요소를 찾아낼 필요가 있다.

필자는 '仁'의 시각에 입각해서 독서시에 나타난 '생의'사상을 살피고자 한다. 독서시를 통해 '생의'사상을 들여다볼 때, 독서시를 통하지 않고 '생의'사상을 살피는 경우보다 개체의 가치가 더 선명하게 부각될 전망이다. '생의'사상이란 삼라만상을 유기체로 인식하는 데서 기인하므로, 어느 개체든 독자적인 가치를 지닌다고 할 수 있다. 개체의 가치 존중은 두 가지 사실을 시사한다. 보

(동아인문학회, 2009), 12~16쪽 참조.

72 금장태, 「퇴계의 物我觀과 생명의 세계」, 『퇴계의 삶과 철학』, (서울대학교출판부, 1998), 185~187쪽 참조.

편성 못지않게 개별성도 중요하고 보편주의 못지않게 상대주의 또한 중요하다는 점이 그것이다. 퇴계가 왜 개별성이나 상대주의를 강조하려 했는지는 알기 어렵지만, 실제 의도에 지나치게 매달릴 필요는 없다. 작품을 통해 나타난 결과는 퇴계 그 자신의 몫으로 보면 된다. 이 점을 인식하고 연구를 수행할 때, 퇴계 사상의 전반적 특징을 새롭게 밝혀낼 수 있으리라 기대한다.

독서시의 성격과 '생의'사상의 양상

독서시에서는 생기의 주체로 넘쳐난다. 생물도 생기의 주체이고 무생물도 생기의 주체이니, 생기의 주체범위가 확대된다. 생물이야 당연히 생기의 주체이지만, 무생물도 생기의 주체인지가 관건이다. 독서시에는 무생물도 생기의 주체라고 본다. 바람, 물, 구름, 골짜기, 산 등이 독서시에 흔하게 등장하는 무생물이다. 이들 무생물은 단순하지 않다. 바람이되 東風이고, 물이되 流水이고, 구름이되 行雲이고, 골짜기이되 幽壑이고, 산이되 南山이다. 무생물의 다양한 변화와 신비한 작용으로부터 生生之理를 발견했기에 이런 표현을 했으리라 여겨진다. 독서시에서 상정하는 생기의 주체는 무생물만이 아니다. 계절의 순환 현상 또한 생기의 주체라고 본다. 사계절을 조화, 질서, 덕성의 주체로 보는 데서 이 점이 확인된다.[73]

생기의 주체가 하나둘이 아니고, 생기의 주체 간에도 범주의

---

73 『周易』의 乾卦, 彖傳과 繫辭 上 그리고 『退溪全書』卷41, 雜著, 天命圖說後敍와 『啓蒙傳疑』 原卦畫 第二 등의 논의 참조.

차이가 있다. 동풍과 사계절만 놓고 보더라도 이 점이 드러난다. 동풍은 사계절의 일부이기 때문에 동풍은 범주가 좁고 사계절은 범주가 넓다. 무엇이 범주가 좁고 넓은지를 분간하기 위해서는 생기의 주체를 판별하는 원칙이 설정되어야 한다. 주체와 주체가 생기를 주고받는다는 관념 체계를 '생의'사상이라 하므로, '생의' 사상에 의거해서 변화와 작용의 주체는 모두 생기를 지녔고 주체와 주체가 상호 연대하는 현상 또한 생기를 지녔다고 하는 원칙을 설정할 수 있다. 이런 원칙에 입각할 때, 확인해야 할 바는 세 가지다. 생기의 주체가 등장하는 유학적 배경에 대한 확인, 무생물의 생기 여부에 대한 확인, 주체와 주체의 대화 혹은 상호 작용에 대한 확인이 그것이다. 독서시에서 이 세 가지를 확인하고, 확인한 바를 각기 ⓐ, ⓑ, ⓒ로 나타낸다.

① 城郭囂塵匪雅栖 성 안은 시끄럽고 번화해 선비 살 곳이 못 되어
鉢山松麓古東西 발산 소나무 기슭에 동서를 차지했네.
風號一院濤聲般 ⓐ바람이 ⓑ정원을 호령하니 물결소리 크게 들리고
栢悅千霜翠色迷 ⓐ잣나무가 ⓑ서리 내린 걸 기뻐하니 푸른 빛도 흐릿해졌네.
歌頌魯邦聞作廟 집안에서 경서 읽으니 ⓒ묘당의 음악 연주하는 소리 들리는 듯하고
盤桓陶徑見携藜 오솔길 조용히 산책하니 도연명이 지팡이 끌고 거니는 듯하네.
澗中山上皆天賦 시냇가나 산 위나 모두 하늘이 주신 것이니
百尺何妨徑寸齊 백 척도 한 치와 마찬가지라 어찌 거리끼랴.
(『退溪全書』續集 卷1, 詩, 次韻晩翠堂)

② 缺月懸空窓夜明 이지러진 달 허공에 걸려 창문은 밤에도 밝고
壁間絡緯響機鳴 벽 틈에서 우는 ⓐ베짱이 베틀소리 내며 우네.
凄凄切切如相促 어이 그리 애처로이 가을을 재촉턴고.
不惟懶婦壯士驚 게으른 아낙네뿐 아니라 장사들까지도 놀라네.
隣雞不歌更漏遲 이웃집 닭도 울지 않고 밤은 길기만 한데
櫪馬齕草風雨聲 마판의 말 풀을 씹어 비바람 소리나네.
攬衣呼童睡不應 옷 입고 동자 부르니 잠들어 응답이 없어
牀頭暗蕊垂短檠 침상머리 어둔 등불 짧은 등경 드리웠네.
挑燈照我簡編讀 등불을 돋우고는 책을 펴 읽으려니
口角瀾翻銀河傾 ⓒ입 가에 물결치며 은하수가 기우네.
古人去我不待我 고인은 날 버리어 기다리지 않았으나
芻豢悅口同性情 성미는 다름없어 끼친 학문 입에 맞네.
安得平生金石友 어쩌면 한평생에 금석 같은 벗을 얻어
重玄玉匙開鍵扃 신비로이 잠근 문을 옥쇄대로 열어 볼까?
(『退溪全書』卷1, 詩, 夜起有感)

ⓐ는 각 작품에서 유정물의 생성론적 특징을 나타낸다. 유정물이 천지와 만물의 작용, 생성·변화의 원리로 인해 배태되기 때문이다. 『주역』에 따르면 만물의 생성·변화[74]는 시간을 낳고, 시간은 사계절을 낳고, 사계절은 유정물을 낳는다. ①의 '호령하는 바람'과 '기뻐하는 잣나무', ②의 '베틀소리 내는 베짱이'가 바

74 "天尊地卑 乾坤定矣 卑高以陳 貴賤位矣 動靜有常 剛柔斷矣 方以類聚 物以羣分 吉凶生矣 在天成象 在地成形 變化見矣(『周易』繫辭 上)" 참조.

로 『주역』의 언급을 뒷받침한다. 즉, 만물의 생성·변화로 인해 계절이 순환하고, 그 결과로 각각의 본성을 드러내는 유정물이 나타났으리라 여겨진다. 유정물은 때에 맞추어 각기 제 소임을 다한다. '바람이 정원을 호령하'고 '잣나무 서리 내린 걸 기뻐하'고 '베짱이 베틀소리 내면서 우'는 까닭이 각기 제 소임을 다하는 데서 연유한다. 계절의 순환 과정에서 유정물이 나타난다고 볼 때, 유정물은 계절의 순환을 나타내는 징표이면서 '생의'사상을 드러내는 장치 구실을 한다고 해도 과언이 아니다.

ⓑ는 각 작품에서 유정물의 본질론적 특징을 나타낸다. 유정물은 생물뿐만 아니라 무생물까지 포함한다. 생물인 ①의 '잣나무'와 ②의 '베짱이' 같은 생물뿐만 아니라, 무생물인 ①의 '바람'까지도 생기를 지닌다. 무생물의 생기에 대해서는 『周易』에서 잘 설명하고 있다. 『주역』에서는 천지가 만물을 낳는다고 한다. 천지가 부모이니 만물은 자식이 된다. 생기를 지녀야 자식을 낳을 수 있다고 볼 때, 부모인 천지나 자식인 만물은 생기를 지니게 되어 있다. 자식 간에 형태가 다르다 할지라도 생기의 보유 여부를 의심할 수는 없다. 이렇게 볼 때 생물만 생기를 지니고 무생물은 생기를 지니지 않는다는 논법은 어불성설이다. 독서시는 무생물이 생기를 지닌다고 한다. 무생물에서 유정물의 본성을 연역해 낸다는 점[75]이 그 근거이다. 독서시의 '생의'사상이 『주역』에서 한 치도 벗어나지 않는다는 주장이 이로써 가능하다.

ⓒ는 각 작품에서 유정물의 소통론적 특징을 나타낸다. 소통의

---

75 1)의 줄친 부분인 '바람이 정원을 호령하고'를 보면, 바람의 속성을 '호령'으로 나타낸다. '호령'은 유정물 중 인간의 속성과 관련되므로, 인간의 본성에 의거해서 바람의 본성을 비정한다고 할 수 있다.

주체는 能産者인 천지이고 소통의 대상은 所産者인 유정물이다. 만물의 형상은 제각기 다르지만, 만물이 수행하는 일은 유사하다고 하는 『주역』의 언급[76]은 유정물의 소통론적 특징을 뒷받침한다. 즉, 천지가 산과 못으로 하여금 기운을 서로 주고받게 하고 우레와 바람으로 하여금 서로 어울리게 하고 물과 불로 하여금 상생하게 한다.[77] 독서시는 이런 논법에 입각해 있다. ①에서 엄연히 다른 화자와 '연주하는 소리'가 독서 공간을 통해 서로 소통한다고 한다. ②에 나타난 화자와 '은하수'도 이와 같다. 상이한 두 유정물이 독서 공간을 통해 서로 소통하기 때문이다. 독서 공간은 능산자에 해당되고 유정물은 소산자에 해당된다. 능산자와 소산자의 관계를 통해, 독서시가 '생의'사상을 표출하는 데 어느 정도 적극적인지를 가늠해 볼 수 있다.

ⓐ~ⓒ는 유정물을 통해 '생의'사상을 내세운다는 점에서 일치한다. ⓐ에서는 유정물이 나타나는 근본 원인이 계절의 순환 때문이라는 점을 시사하고, ⓑ에서는 생물뿐만 아니라 무생물도 유정물이라는 점을 시사하고, ⓒ에서는 유정물과 유정물이 상호 소통한다는 점을 시사한다. 순차적으로 생성론, 본질론, 소통론에 토대를 두고 있기 때문에 각각의 특징이 잘 드러난다. 물론, ⓐ~ⓒ가 유정물을 통해 '생의'사상을 거론하기는 하지만, 지향점까지 일치하지는 않는다. ⓐ는 유정물의 생성 토대를 밝히는 데서 그치고, ⓑ는 유정물의 범주를 확인하는 데까지 나아가고, ⓒ

76 "天地睽而其事 同也 男女睽而其志 通也 萬物睽而其事 類也 睽之時用 大矣哉(『周易』卷2, 下經, 睽卦彖辭)" 참조.

77 天地定位 山澤通氣 雷風相薄 水火不相射(『周易』說卦)

는 유정물과 유정물의 관련성을 다루는 데까지 나아간다.[78] ⓐ 없이 ⓑ가 성립되기 어렵고 ⓑ 없이 ⓒ가 성립되기 어려우므로, ⓐ는 ⓑ의 근거이고, ⓑ는 ⓒ의 근거가 된다고 할 수 있다. 이 관계를 도표로 정리하면 다음과 같다.

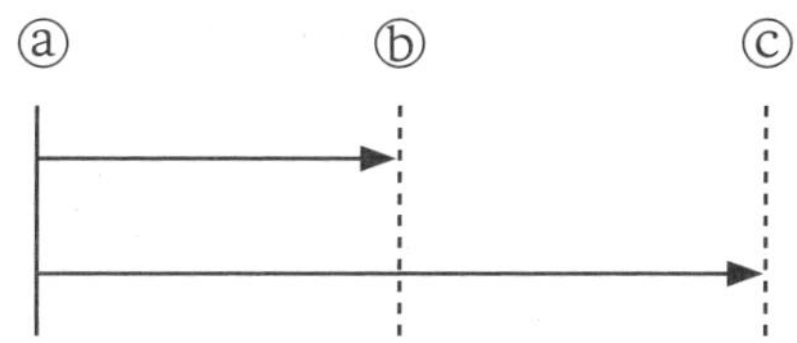

도표에서 보듯, ⓒ는 '생의'사상의 완결된 구현체이다. ⓒ가 나타난다면 ⓐ와 ⓑ가 갖추어졌다고 보면 된다. ⓑ의 경우 또한 같은 논리로 설명할 수 있다. ⓑ가 나타난다면 ⓐ가 갖추어졌다고 보면 된다. 유정물과 유정물의 관련성이 나타나지 않으므로 '생의'사상의 완결된 구현체와는 다소 거리가 있다. 한편, ⓐ는 하위 요소를 거느리지 않는다. '생의'사상의 징후를 드러내기만 할 뿐이어서, 단독으로 '생의'사상을 구현하지는 못한다. 이렇게 볼 때, ⓐ만 나타나는 독서시에는 '생의'사상이 구현되었다고 할 수 없고, ⓑ나 ⓒ가 나타나야 '생의'사상이 구현되었다고 할 수 있다. ⓒ가 '생의'사상의 완결된 구현체이니 ⓒ만 나타나도 가능할 것 같지만 실상은 그렇지가 않다. 위의 ①과 ②와 같은 ⓐ+ⓑ+ⓒ가 상당히 많은 편이다. '생의'사상을 다양하게 동원하려는 화자의

78 『주역』에서 어떤 사안은 어디까지만 다루어야 한다고 밝히지 않았음을 감안할 때, 독서시에서는 『주역』을 이용하여 독자적인 '생의'사상을 세우려 한다는 언급이 가능해진다.

노력이 ⓐ+ⓑ+ⓒ의 형태를 가능하게 했으리라 본다.

유정물과 화자의 관계를 통해 보니, 독서시의 '생의'사상은 역동성을 강하게 지향한다. ⓐ+ⓑ+ⓒ의 형태가 그런 점을 보여준다. 역동적인 '생의'사상은 역동적인 분위기를 부른다. 생기의 주체가 여럿 등장해서 유기체적 질서를 형성하는 이상, 독서 공간이 역동적일 수밖에 없다. 이런 독서 공간에서는 아무리 무감각한 독서인이라 할지라도 활발발한 본성을 곧추세워 자연의 활발발한 본성을 체인하고 경서를 통해 체인한 바를 확고하게 다지리라 예견할 수 있다. 역동적인 '생의'사상이 자연과 독서인의 본성이 만나도록 촉진하고, 만물과 경서의 이치가 만나도록 촉진하기 때문에 이런 현상이 생긴다. 본성과 본성, 이치와 이치의 활발발한 만남을 同樂이라고 할 때, 역동적인 '생의'사상이야말로 독서시 전체를 동락의 분위기로 몰고 가는 촉진제가 아닌가 한다.

화자의 위상과 生氣 認識 方法

'생의'사상은 화자를 통해 표출된다. 유정물이 여럿 등장하지만 화자 이외에는 '생의'사상을 표출하지 않는다. 이 점에서 화자는, '생의'사상을 표출하는 주체라 해도 무방하다. 물론, 모든 화자가 '생의'사상의 주체가 될 수 있는 것은 아니다. '생의'사상의 주체가 되기 위해서는 최소한 두 가지의 조건을 갖추어야 한다. 자신의 활발발한 본성을 발견할 수 있어야 하고, 자신의 본성과 유정물의 본성을 합치시킬 수 있어야 한다. 화자가 '생의'사상을 표출한다면 이런 정도의 조건은 갖추었다는 의미가 된다. 화자가 一物로서의 개인이 아니라 우주적 개인이고, 개물의

理뿐만 아니라 삼라만상의 理까지 두루 체인하기에 이런 조건을 갖출 수 있었으리라 생각된다. 이 점을 구체적으로 확인해볼 필요가 있다.

인식 주체로서의 우주적 개인

독서시의 화자는 유정물을 접할 때 우주 속에서 어떤 위상을 차지하는지를 생각한다. 화자가 스스로 우주적 위상을 생각하느냐 하면, 그렇지는 않다. 화자는 작품에 설정된 작자의 대리인이니, 판단의 주체일 수 없다. 화자가 우주적 위상을 생각하는 所以는 작자인 퇴계가 화자로 하여금 우주적 위상을 생각하도록 설정한 데서 비롯된다. 퇴계가 자신의 생각을 표출하지 않고 화자를 통해 표출하는 이유는 간단하다. 그 자신의 생각을 보여주는 쪽보다 화자의 생각을 보여주는 쪽이 훨씬 효과적이기 때문이다. 화자를 통해 퇴계가 보여주려는 생각은 무엇인가? 화자의 시선이 유정물의 본성을 지향하고 있으니, 화자가 어떤 방식으로 본성을 들여다보는지를 구체적으로 검토하면서 퇴계의 생각을 읽어내기로 한다.

유정물의 본성은 눈에 보이지 않는다. 육안으로 식별이 불가능하니 유정물의 본성이 정태적이라 할 수도 있고, 동태적이라 할 수도 있다. 퇴계는 인간과 사물이 본성을 구유한다는 『中庸』의 논의[79]를 발판으로 하여, 유정물의 본성이 동태적이라 하는 데까지 나아갔다. 이른바 '理有體用論'이 그것이다. '理有體用論'이

79 "人物之生 因各得其所賦之理 以爲健順五常之德 所謂性也(『中庸章句』〈天命之謂性〉의 朱子 註)" 참조.

란 理를 體와 用으로 나누고, 用을 '至神之用'으로 규정한 이론이다.[80] 이 이론은 혁신적이다. 理에 정의·계탁·조작이 없다는 주자의 논설을 뛰어넘어 理의 동태적 성격을 내세우기 때문이다. 理의 동태적 성격에 입각할 때, 화자나 대상은 모두 능동적인 본성을 지닌 셈이 된다. 무생물도 예외일 수 없다. 능동적인 본성을 인정한다면 화자의 본성이 대상의 본성에게로 가고, 대상의 본성도 화자의 본성에게로 온다는 언급도 가능해진다. 독서시에 바로 이런 '理有體用論'이 직·간접적으로 반영되어 있다.

① 窓外東風料峭寒 누런 책 속에서 성현들을 마주하고서
虛明一室坐超然 텅빈 밝은 방에 초연히 앉아 있네.
梅窓又見春消息 창으로 매화를 보니 매화는 또 봄소식을 전하나니,
莫向瑤琴嘆絶絃 구슬 장식한 거문고 줄 끊어졌다 탄식하지 말게나.
(『退溪全書』卷2, 詩, 正月二日立春壬子/ 其二)

② 雖云萬物備吾身 비록 만물의 이치가 내 몸에 갖추어졌다고 하나
老去常憂虛作人 늙어가며 올바른 사람 못된 것이 항상 근심이네.
賴有前言明此理 옛사람이 이치를 밝게 말해

80 "是知無情意無造作者 此理本然之體也 是隨寓發現而無不到者 此理至神之用也(『退溪全書』卷18, 書, 答奇明彦別紙)" 참조.

豈無窮巷樂餘春 어찌 궁벽하다 하여 남은 봄의 즐거움이 없을까?

(『退溪全書』外集, 卷1, 詩, 金惇敍 和余所和琴夾之遊山諸作 就其中 復和二首 却寄 二君)

①과 ②의 줄친 부분이 理의 用이다. ①의 경우는 理의 用이 두 군데서 나타난다. 경서의 理와 화자의 理가 서로 만나고, 매화의 理와 화자의 理가 서로 만난다는 점이 그것이다. 둘 모두에서 화자가 먼저 대상에게로 나아가고 대상이 이에 호응하는 형태를 취한다. 화자가 格物의 極處에 도달하자 대상의 理가 自到하는 양상으로 이해된다.[81] 한편, ②의 경우는 理의 用이 간접적으로 나타난다. 人欲과 私慮로 인해 我와 物의 同理를 깨닫지 못하다가, 성현의 가르침을 통해 비로소 同理를 깨닫게 되었다고 한다. '이치의 깨달음'이 곧 '남은 봄의 즐거움'이라고 간주할 때, '남은 봄의 즐거움'이란 만물의 理와 화자의 理가 만나는 정신 작용을 가리킨다고 할 만하다. 그러고 보면, '理有體用論'이 본성의 능동성을 가능하게 한다. ①과 ②의 화자에게서 그 理가 動하므로, 화자야말로 '理有體用論'의 중심에 서는 셈이 된다.

본성의 능동성이 '理有體用論'을 전제로 한다고 할 때, 이런 전제는 어디서 起因하는지를 따지지 않을 수 없다. '理有體用論'은 心을 떠나서 존립하기 어려우므로, 心을 들여다보면 의문을 풀 수 있으리라 본다. 주지하다시피 心은 理氣之合으로서 性情을 거

81 "但恐吾之格物有未知 不患理不能自到也(『退溪全書』卷18, 書, 答奇明彦別紙)"에서 그 근거를 찾을 수 있다.

느린다. 理氣와 性情은 서로 깊은 관련을 지니면서 心의 상태를 구체화하는 데 기여한다. 性은 心의 理이고 情은 性의 用이다. 心의 理가 곧 性이기 때문에 性의 動을 인정한다면 心의 動도 필연적으로 인정할 수밖에 없게 된다. 퇴계가 "心의 動은 性의 所以然이요 性의 動은 心의 所能然이라."[82]고 한 까닭이 바로 이런 데서 연유한다. 독서시에서도 心의 動을 상정해 볼 수 있다. ①과 ②에 나타난 理의 動이 이렇게 생각할 만한 근거가 된다. 결국, 心의 動이 '理有體用論'을 추동하고 '理有體用論'은 본성의 능동성을 가능하게 한다고 할 수 있다.

心의 動은 화자에게서만 나타난다. 화자는 유정물이기는 해도, 다른 대상과는 분명하게 변별되는 특징을 지닌다. 격물하거나 궁리할 수 있다는 점을 그 근거로 삼을 만하다. 다른 대상은 그렇지가 않다. 화자가 격물의 극처에 도달해야 비로소 그 理를 드러낼 수 있기 때문이다. 이런 연유로 다른 대상의 경우에서는 心의 動을 상정하기가 어렵다. 화자에게만 心의 動이 나타난다는 사실은 화자가 다른 대상과는 달리 우월한 기질을 보유했다는 점을 시사한다. 〈天命圖說〉에서 正氣를 가진 자가 인간이 되고, 偏氣를 가진 자가 사물이 된다고 했으니,[83] 독서시의 화자에게 그대로 적용해 봄직하다. 화자는 독서시의 작품 내적 자아이다. 작품 내적 자아가 인간이 아니기는 해도 인간에 비견되는 존재라고 볼 때, 화자는 우주의 정기를 보유했고 여타 대상은 우주의 편기를 보유했다고 해도 무방할 것 같다.

---

82 心之動卽性之所以然也 性之動卽心之所能然也(『退溪全書』卷29, 書, 答金而精)

83 "人物之生也 其得陰陽之正氣者爲人 得陰陽之偏氣者爲物(『退溪全書』續集 卷8, 雜著, 天命圖說)" 참조.

독서시에서 화자를 정기의 보유자로 설정한 까닭은 화자에게 우주적 개인으로서의 위상을 부여하기 위함이다. 우주적 개인이란 단순한 一物이 아니다. 氣와 情의 不善한 측면을 억눌러서 純善한 理와 性을 드높이고, 物理의 극처에까지 격물해서 만물의 활발발한 生氣를 음미하는 자이다. 위상을 부여한다고 해서 언제까지나 그런 위상을 지닌다고 보지는 않으나,[84] 인간에 대해 우주적 개인으로서의 위상을 지닌다고 보는 데는 변함이 없다. 이렇게 보면 우주적 개인으로서의 위상 부여는 인간 존재에 대한 신뢰감과 실천적 당위성을 강조하는 측면이 강하다고 보아야 한다. 실천적 당위성의 주체로는 둘을 손꼽을 수 있다. 작품 내적인 화자와 작품 외적인 퇴계가 그것이다. 퇴계가 자신의 과업과 수행능력을 객관적으로 조망하기 위해서 화자에게 실천적 당위성을 부여한 데서 이런 현상이 생긴다.

理到 인식과 價値論的 理의 관점

理의 自到 즉 理到 현상을 이끌어가는 주체는 화자이다. 화자가 격물의 극처에 도달해서 理到 현상을 유도하기 때문에 화자를 빼놓고는 理到 현상을 논하기 어렵다. 화자라고 하면 多衆 화자를 가리킨다. 어느 독서시에서나 퇴계의 다양한 의중을 여러 화자가 각기 대변하므로 다중 화자라는 언급이 가능하다. 다중 화자가 퇴계의 의중을 모두 대변하느냐 하면, 그렇지가 않다. 대부

84 독서시에서의 화자는 경우에 따라 氣와 情의 不善한 측면에 휘둘리기도 한다. 이에 대해서는 신태수, 앞의 글, 17~21쪽에서 상세하게 다룬 바 있다.

분의 화자는 퇴계의 의중을 벗어나지 않지만, 몇몇 화자는 퇴계의 의중을 수행하는 과정에서 일탈 현상을 보이기도 한다. 왜 어떤 화자는 퇴계의 의중을 대변하고 어떤 화자는 퇴계의 의중을 대변하지 못하는가? 이 문제는 화자의 지각 능력[85]과 깊은 관련을 지니므로 단순하게 접근할 일이 아니다.

지각 능력은 他物도 보유하므로, 우선 화자와 타물의 지각 능력을 분별할 필요가 있다. 퇴계는 人事와 만물이 모두 동일한 物이라고 하면서도,[86] 지각 능력에는 차이가 있다는 태도를 보였다. 즉, 인간은 감각 능력과 천리의 체인 능력을 고루 갖추었고, 금수와 초목은 감각 능력만 갖추되 금수가 초목보다 더 우월하다고 한다.[87] 무생물에 대해서는 언급이 없지만 그것 역시 짐작하기 어렵지 않다. 초목보다 무생물이 더 낮은 氣를 품수했다고 여기고, 논외로 한 듯싶다. 무생물을 논외로 할 정도라면 무생물은 지각 능력이 전무하다고 보아도 좋을 것 같다.[88] 인간을 화자로 치환해

85 김우형은 『주희철학의 인식론』, (심산, 2005)에서 지각론의 유학적 개념과 역사적 전개 과정을 소상하게 밝히고 있다. 이 책 36쪽에 따르면, 유학에서의 지각 능력이란 감각 지각뿐만 아니라 원리 체득 능력까지 포괄한다고 밝히고 있다.

86 『退溪全書』의 〈太極圖說〉, 〈天命圖說〉, 〈天命圖說後敍〉에서 人事과 萬物이 氣를 구유한다고 하며, 모두 物로 규정하는 논법을 보였다. 이와 같은 物의 범주론은 주자에게서도 나타난다. "소리, 색, 형상을 가지면서 천지에 가득 차 있다면 모두 물이라(『大學或問』 第30章 朱子 註, 凡有聲色貌相而盈於天地之間者 皆物也)"는 논설이 그것이다. 주희의 범주론에 대해서는 김영식, 『주희의 자연철학』, (예문서원, 2005), 289~301쪽에서 상세하게 다루고 있어서 참조할 만하다.

87 〈天命圖說〉에 의거하면, 인간은 正氣를 稟受했고 금수는 偏氣 중의 正을 품수했고 초목은 편기 중의 偏을 품수했다고 한다. "然就人物而觀之 則人爲正物爲偏 就禽獸 草木而觀之 則禽獸爲偏中之正 草木爲偏中之偏 故禽獸則其氣質之中 或有一路之通 草木則只具其理 而全塞不通焉(『退溪全書』 續集 卷8, 雜著, 天命圖說)" 참조.

88 무생물의 존재론적 위상이 애매하다. 性은 지니고 있으면서 지각 능력은 보유하지 않았기 때문이다. 김영식, 위의 책, 289쪽에서는 논자가 생명과 물질을 구별하는 관점을 명확하게

서 볼 때, 화자와 금수초목은 모두 지각 능력을 지니되 화자의 지각 능력이 금수초목의 지각 능력보다 우위에 선다고 할 수 있다. 독서시에서도 이런 우열 관계가 그대로 나타난다. 금수초목을 ⓐ로 화자를 ⓑ로 설정하고, 우열 관계를 확인해 보기로 한다.

① 山空一室靜　산 비어 온 방 고요한데
夜寒霜氣高　밤 되니 추워져 서리 기운 높네.
孤枕不能寐　외로운 베개말에 잠 이룰 수 없어
起坐整襟袍　일어나 앉아 옷깃 여미네.
老眼看細字　늙은 눈에 가는 글자 보자니
短檠煩屢挑　짧은 등불 번거로이 자주 심지 돋우네.
書中有眞味　책 가운데 참된 맛 있어
飫沃勝珍庖　실컷 먹으니 진귀한 요리보다 낫네.
當空半輪月　하늘에 반 바퀴 달 떠오르니
誤晝驚禽號　ⓐ낮인 줄 잘못 알아 새 놀라 우네.
影入方塘底　달 그림자 모난 연못 바닥으로 드니
臨之欲手撈　내가 그 곳에 다가가서 손으로 잡고자 하네.
西舍悄無蹤　서쪽 정사 조용하니 자취 없어
幽人夢仙遨　그윽한 은자 꿈에 선경에서 노니네.
詩成喚相和　시 이루어져 불러서 서로 화답하니
似聞鳴九皐　ⓑ아득한 먼 곳의 학 울음소리 듣는 듯하네.

(『退溪全書』卷3, 詩, 山堂夜起)

가지지 못했기 때문에 무생물의 위상을 어정쩡하게 규정할 수밖에 없었다고 한다.

② 陶丘南畔白雲深　도산 남녘 기슭에 흰 구름이 깊어 있고
一道蒙泉出艮岑　한 줄기 어린 샘이 동편에서 솟는도다.
晩日彩禽浮水渚　ⓐ석양의 영롱한 새 물가에서 노닐고자 하고
春風瑤草滿巖林　ⓐ봄철의 풀은 봉우리와 숲에 가득차려 하네.
自生感慨幽棲處　ⓑ감개 절로 나네, 그윽히 깃들어 사는 곳에.
眞愜盤桓暮境心　정말 뜻에 맞네, 저무는 해 서성이는 마음이.
萬化窮探吾豈敢　ⓑ모든 변화 끝까지 탐색하기 어찌 감당할까.
願將編簡誦遺音　원컨대 옛 경전 속 끼친 글을 외우고자 하네.
(『退溪全書』卷2, 詩, 尋改卜書堂地 得於陶山之南 有感而作 二首/其二)

①과 ②의 ⓐ·ⓑ에는 금수초목과 화자의 지각 능력이 담겨 있다. ①에서는 새가 지각 능력을 갖추고 있다고 한다. 새는 달의 밝기를 측정할 줄도 알고 놀라서 울 줄도 안다. 화자는 새보다 한 발 더 나아간다. 아득히 먼 곳의 학 울음소리까지 들리는 듯하다고 하며 隱者와의 만남을 추구한다. 한편, ②에서는 새와 풀이 지각 능력을 갖추고 있다고 한다. 새는 저물녘 물가에서 노닐고자 하고 풀은 봄철의 봉우리와 숲에 가득 차고자 하니 각기 자기 특성에 따라 생의를 드러낸다. 화자 또한 그냥 있지 않는다. 천변만화를 탐색하고자 하고, 경서의 생의를 깨닫고자 한다. 이렇게 보니, ⓑ는 ⓐ에 호응하지만, ⓐ보다 ⓑ의 지각 능력이 훨씬 심원하다. 만약, ⓑ가 지각 능력을 발휘하지 않는다면 ⓐ의 지각 능력은 별 다른 의미를 지니지 못할 듯싶다. 理와 관련시켜 이 점을 좀 더 깊이 들여다볼 필요가 있다.

ⓑ가 ⓐ에 호응한다면 ⓑ의 理가 ⓐ의 理에 호응한다는 의미가 된다. 동떨어진 ⓐ와 ⓑ가 호응한다고 하기 위해서는 각자의 理

끼리 호응한다고 해야 합당하다. 호응의 효과는 크다. ⓐ의 理가 ⓑ의 理 쪽으로 自到하기 때문에 호응의 효과가 크다고 할 수밖에 없다. 만약, ⓐ의 理가 發해도 ⓑ의 理가 호응하지 않는다면, 自到 현상은 발생하기 어렵다. 理는 生理이다. 物의 활발발한 본성이 理이니, 理를 生理라 지칭해도 무방하다. 결국, 화자가 物의 生理를 체인하자 生理가 自到한 셈이 된다. 理到 현상은 ⓑ의 우위에 대한 당위성을 의미한다. ⓑ의 지각 능력이 ⓐ의 지각 능력보다 앞서야 理到 현상이 도래한다고 하기 때문에 이렇게 볼 수 있다. 理到 현상이 화자의 지각 능력과 금수초목의 지각 능력을 분별하는 기준이라면, 화자와 화자 사이에도 지각 능력을 분별하는 기준이 있을 터이다.

價値論的 理의 관점이 화자와 화자를 분별하는 기준이다.[89] 이런 관점을 지니면, 理를 體認의 대상으로 보지 않고 판단의 대상으로 보게 된다. 화자가 物理에 대해 접근할 만하다고 여길 때는 호응하고, 物理에 대해 접근할 필요가 없다고 여길 때는 호응하지 않는 경우가 그 사례가 된다. 理는 당연히 자연법칙적 理가 아니다. 자연 법칙적 차원에서 볼 때, 理 그 자체는 격물과는 상관없이 流行한다고 해야 옳다. 理 스스로가 천지만물에서 流行할 뿐이고, 격물의 여부에 따라 유행이 좌우되지 않기 때문이다. 가치론적 理의 관점에서는 어떤 조건과 상황에서 理의 好·不好를 판단할 것인지가 관건이 된다. 호·불호를 제대로 판단하면 지각

89 李東熙, 「退溪學의 心學的 특성과 理의 의미」, 『現代와 宗敎』16, (현대 종교문제연구소, 1993), 177쪽과 금장태, 「퇴계의 학문방법론」, 『퇴계의 삶과 철학』, (서울대학교출판부, 1998), 73쪽에서 퇴계 사상이 가치론에 입각해 있다고 한다. 心性論과 宇宙論에 걸쳐 理尊氣賤의 시각이 나타난다는 점을 고려할 때, 적절한 지적이라 하지 않을 수 없다.

능력이 뛰어나다고 할 것이고, 호·불호를 제대로 판단하지 못하면 지각 능력이 미흡하다고 할 것이다. 아래 詩에는 理를 가치론에서 접근하는 화자가 등장하므로 눈여겨 볼 만하다.

③ 宿霧初收曉日鮮 밤새 끼었던 안개 갓 걷히니 아침해 산뜻하고
寒溪幽壑共蒼然 차가운 시내 그윽한 골짝은 한결같이 푸르네.
病中軀體纔溫攝 병중이라 몸 겨우 따뜻하게 다스릴 만하나,
窮裏田園半廢捐 가난한데도 전원은 반도 갈지 않고 버려 두었네.
滿壁圖書常獨樂 벽 한가득 책과 그림 늘 홀로 즐기는데,
一庭烟草爲誰憐 온 뜰의 안개 머금은 풀은 누굴 위해 예쁜지?
秋來又約同襟子 가을 오니 또 마음 함께하는 이들과 언약하여,
明月淸風上釣船 밝은 달 맑은 바람 속에 낚시배에 오르려네.
(『退溪全書』卷2, 詩, 立秋日 溪堂書事 三首/其一)

④ 夜枕浪浪徹雨聲 밤 베게맡에 주루룩 밤새도록 빗소리 들리더니
朝霞明滅弄陰晴 아침놀 밝고 사그러지고 흐리다 맑다 하네.
無氈坐上仍無客 털담요 하나 없는 자리에는 여전히 손님 없고
有檡園中亦有英 낙엽 진 동산에는 또한 꽃도 졌다네.
宿鳥自營飛散鳥 둥지로 가는 새는 절로 오가며 일찍 흩어지고
家僮雖懶掃涓淸 집의 종놈은 비록 게으르나 꽤 맑게 쓰네.
讀契挑意忘安飽 독서 뜻에 맞아 편안하고 배부른 것 잊었으니.
相勵何人共日征 누구를 격려하여 함께 나아가리요?
(『退溪全書』卷2, 詩, 寓舍西軒早起卽事)

③과 ④의 줄친 부분이 가치론적 理의 관점을 보여준다. ③에서는 뜰의 풀이 누구를 위해 아름다운지를 묻고 있다. 풀이 아름답다면 화자가 호응할 법하지만, 生理인지 아닌지를 확인하느라 선뜻 호응하지 못한다. 生理이면 호응하고 生理가 아니면 호응하지 않을 태세이므로, 理가 가치 판단의 대상이라 할 수 있다. 한편, ④에서는 꽃과 새가 보이지 않는다고 한다. 꽃과 새가 활발발한 본성을 드러낼 때는 주목하지 않다가 정작 보이지 않을 때는 활발발한 본성을 아쉬워한다. 生理이면 호응하고 生理가 아니면 호응하지 않으려 하니, 꽃과 새의 理가 가치 판단의 대상이 된다. ③·④만으로 화자와 화자 사이의 우열 관계를 분별하기는 어려우나, 理의 가치를 지각하기 위해서는 비상한 노력이 필요하다는 점은 분명히 드러난다.

독서시의 화자라면 누구나 理到 현상을 지각할 수 있다. 이 점에서 화자는 理到 현상을 지각하지 못하는 금수초목보다는 우위에 선다. 화자와 화자 사이에도 우열은 있다. 가치론적 理의 관점이 우열을 재는 기준이다. 고차원의 지각 능력을 갖춘 화자는 우월한 위치에 서고, 저차원의 지각 능력을 갖춘 화자는 열등한 위치에 선다. 만약, 퇴계가 모든 화자에게 지각 능력을 균등하게 부여했더라면 우열 관계가 생기지 않았겠지만, 퇴계는 이렇게 하지 않았다. 화자에게 큰 틀의 역할만을 부여하고 세부적인 행동 지침은 부여하지 않음으로써 화자를 상황과 조건에 내맡기고 각자 나름대로 지각 능력을 발휘하게 했다. 그 결과, 화자에 따라 행동 양상이 서로 다르게 나타나는 현상이 생겼다. 詩가 독자를 겨냥한다는 점을 감안하면, 퇴계가 독자에게 경각심을 일깨우기 위해 다양한 화자를 설정했을 가능성이 있다.

‘생의’사상의 구성 원리와 그 방향

화자는 인식론적 측면에서는 차이를 보이지만, 구조론적 측면에서는 거의 차이를 보이지 않는다. 예컨대 理到를 인식하거나 가치론적 理의 관점을 적용시킬 때는 화자와 화자 사이에 우열 관계가 성립되지만, ‘생의’사상의 구성 원리를 구현할 때는 화자와 화자 사이에 우열 관계가 성립되지 않는다. ‘생의’사상의 구성 원리는 독서시의 가장 큰 틀이기 때문에 화자는 정해진 역할만을 수행할 뿐이다. 화자의 개성이 ‘생의’사상의 구성 원리에서 나타나지 않는 까닭은 바로 여기에 있다. 정황이 이러하므로, ‘생의’사상의 구성 원리를 따질 때는 화자의 개성보다는 화자의 기능을 주목해야 타당하리라 본다. ‘생의’사상의 구성 원리와 그 방향을 탐색하면서 화자의 기능을 주목해 보기로 한다.

상위 층위와 하위 층위의 교직 원리

독서시에는 작품 내적인 틈새가 있다. 틈새는 전체 구도로서의 상위 층위와 세부 내용으로서의 하위 층위가 어긋나는 현상을 가리킨다. 일반적으로 상위 층위와 하위 층위는 주종관계에 있다. 상위 층위는 작품의 전개 방향을 제시하고, 하위 층위는 전개 방향에 적합한 용어나 표현방법을 구사하기 때문이다. 주종관계에 있는 이상, 하위 층위는 상위 층위의 지침에 복무하게 되어 있다. ‘생의’사상을 나타내는 독서시의 경우는 그렇지 않다. 하위 층위가 상위 층위의 의도에 복무하지 않고 오히려 맞섬으로써 작품 내적인 틈새를 형성한다. 왜 이런 틈새가 생기는가? 다음 詩는 틈새의 형성 과정을 잘 보여주므로 눈여겨볼 만하다. 詩를 〈A〉라 하고, 논점을 〈B〉라 한다.

〈A〉

高齋瀟灑碧山傍 푸른 산 옆에다 깨끗한 서재를 짓고
祇有圖書萬軸藏 만 권 도서만을 저장해 두었네.
東澗遶門西澗合 동쪽 냇물이 문을 감돌아 서쪽 냇물과 합치니
南山接翠北山長 남쪽 산은 푸른 빛 접하고 북쪽 산은 높아라.
白雲夜宿留簷濕 흰 구름 자고 가니 처마끝이 젖어 있고
淸月時來滿室涼 밝은 달 비쳐 오니 온 방안이 시원해라.
莫道山居無一事 산중 생활이라 해서 아무 일 없다고 하지 마오,
平生志願更難量 평생에 하려던 일이 아직 많이 남았다오.
(『退溪全書』外集, 卷1, 詩, 芝山蝸舍/其一)

〈B〉

※ 상위 층위

㉮ 전체 분위기 : 장중하다. 천리 체인의 유학적 과업을 제시하고 있다.

㉯ 유학적 과업을 뒷받침하는 어구 : 서재, 만 권 도서, 평생에 하려던 일.

※ 하위 층위

㉮ 생기를 나타내는 어구 : 푸른 산, 동쪽 냇물이 문을 감돌아 서쪽 냇물과 합치니, 푸른 빛, 흰 구름 자고 가니, 밝은 달 비쳐 오니.

㉯ 物과 物의 관계 : 긴밀한 유대관계를 보이며, 생기를 배가한다. 밝은 달이 푸른 산을 환하게 비추고, 냇물과 냇물은 문을 감돌면서 서로 합친다. 한 폭의 풍경화와 같은 운치를 자아낸다.

〈B〉에 의거하면, 〈A〉는 상위 층위와 하위 층위로 구분된다. 상위 층위로는 유학적 과업을 들 수 있고, 하위 층위로는 만물의 다양한 생기를 들 수 있다. 상위 층위가 유학적 과업을 표방한다면 하위 층위에서는 유학적 과업을 뒷받침하는 어구가 제시되어야 제격이다. 〈A〉의 하위 층위에서는 그렇게 하지 않고, 만물의 생기만을 다양하게 들추어낸다. 만물의 생기도 유학적 과업과 연관성이 있기는 하나, 만물의 생기가 유학적 과업의 전부는 아니다. 여타 요소는 아예 제쳐 놓고 만물의 생기만을 일방적으로 들추어냈으므로, 〈A〉의 하위 층위가 상위 층위의 취지에 부응할 수 없게 되었다. 이런 현상의 원인은 화자로부터 연유한다. 화자가 하위 층위에 주력한 점이 그 단서이다. 상위 층위는 대충 스치고 지나가고 하위 층위에만 매달렸으니, 화자의 행위가 바로 작품 구도에 변화를 일으키는 요인이 된다.

화자를 운용하는 주체는 퇴계이다. 당연히 화자의 행위는 퇴계의 몫이다. 땅을 파기 위해서는 곡괭이가 필요하듯, 하위 층위에 매달리기 위해서는 생기를 분별하는 시각이 필요하다. 퇴계는 화자에게 以物觀物이라는 시각을 제시한다. '이물관물'의 시각이란 만물 자체의 원리로 만물의 현상을 이해하는 눈을 가리킨다. 생기를 다양하게 들추어낸다면 이 정도의 시각은 갖추었다고 보아야 한다. '이물관물'의 시각에 의거할 때, 我와 物은 동등하다. 我는 곧 物이고, 物은 곧 我이다.[90] 我는 선입견이 없는 상태이기 때문에 物의 표정, 행위, 정황에서 나타나는 생기 하나하나까지 여

---

90 『退溪全書』卷24, 書, 答鄭子仲에서 邵康節 『啓蒙』에서 언급한 "心爲太極"을 以物觀物의 시각에서 설명하고 있다. "物과 我가 없고 內와 外가 없고 分段과 方體가 없는 이치(心爲太極 卽所謂人極者也 此理無物我 無內外 無分段 無方體)"라고 한 점이 그것이다.

과 없이 전달할 수 있다. 화자의 활동으로 다양한 생기가 취합되었으니, 하위 층위는 화자가 상대적으로 소홀히 한 상위 층위와는 어긋날 수밖에 없었다.

하위 층위가 상위 층위에 맞서기만 하느냐 하면, 그렇지 않다. 하위 층위는 상위 층위에게 영향을 끼치기도 하고 상위 층위로부터 영향을 받기도 한다. 영향을 끼치는 측면은 '서재'와 '만 권 도서'를 통해 확인할 수 있다. 〈B〉에서 보듯, '서재'와 '만 권 도서'는 상위 층위의 구성 요소이다. 어구 그 자체를 놓고 보면 유학적 과업이라는 무게 때문에 딱딱한 形象이 떠오르지만, '푸른 산'으로 인해 부드럽고 활기찬 형상이 떠오른다.[91] 하위 층위의 구성 요소인 '푸른 산'이 상위 층위에 영향을 끼치는 방증이라 해도 무방하다. 한편, 영향을 받는 측면은 하위 층위의 무게감에서 찾을 수 있다. 다양한 생기 현상이 경박한 느낌을 줄 법도 하나, 전혀 그렇지가 않다. 상위 층위가 무게감을 부여했기 때문이라 생각된다. 이렇게 보니, 하위 층위와 상위 층위는 대립적이면서도 상보적인 관계를 형성한다고 할 수 있다.

상보적이라 해서 대등하지는 않다. 우선, 하위 층위가 수적으로 우위에 있다. 〈A〉에서 보듯, 하위 층위는 '푸른 산', '동쪽 냇물', '서쪽 냇물', '푸른 빛', '흰 구름', '밝은 달'을 구성 요소로 하고, 상위 층위는 '서재', '만 권 도서', '평생에 하려던 일'을 구성 요소로 한다. 양자가 6 : 3이니 하위 층위가 우위에 있다. 그 다음으로 하위 층위가 기능적인 측면에서 우위에 있다. 하위 층위는

91 '서재'의 위치나 구조가 생동감이 있을 것만 같고, 독서인이 내면적인 興의 상태에서 '만 권의 도서'를 읽을 것만 같다.

'생의'사상의 구현에 직접적으로 관여하지만, 상위 층위는 그렇지 못하다. 하위 층위가 많이 관여하면 할수록 '생의'사상이 풍부해지고 상위 층위가 많이 관여하면 할수록 '생의'사상이 빈약해지므로, 하위 층위가 많이 관여하고 상위 층위가 적게 관여해야 '생의'사상이 제대로 자리를 확보한다는 지적이 가능하다. 여기서 '생의'사상의 요건을 추출해볼 수 있다. 하위 층위와 상위 층위는 상보적이되 대등하지 않아야 한다는 점이 그것이다.

상위 층위에 대한 하위 층위의 우위는 곧 보편적 가치에 대한 개별적 가치의 우위를 의미한다. 상위 층위는 사물의 형상·색깔보다는 그 내면의 性이나 理를 더 중시하고, 하위 층위는 性이나 理보다는 사물의 형상·색깔 그 자체를 더 중시한다는 점이 그 근거이다. 결국, 상위 층위는 보편적 가치를 속성으로 하고 하위 층위는 개별적 가치를 속성으로 한다고 할 수 있다. 이미 밝혔듯이, 보편적 가치로서의 상위 층위와 개별적 가치로서의 하위 층위는 '생의'사상의 구성 요소이다. '생의'사상이 독서시의 또 하나의 축인 독서이론과 긴밀히 호응하므로, '생의'사상의 구성 요소인 보편적 가치로서의 상위 층위와 개별적 가치로서의 하위 층위가 독서이론과 어떤 관계를 형성하는지를 검토해볼 필요가 있다. 검토 대상은 詩 〈寒棲雨後書事〉이다. 詩를 〈C〉라 하고, 논점을 〈D〉라 한다.

〈C〉

浪浪夜雨聲　주룩주룩 밤새 비 오는 소리 들리더니,
朝起青山濕　아침에 일어나 보니 푸른 산 물기에 젖어 있네.
宿雲半解駁　밤새 끼어 있던 구름 반쯤 개어 엷어졌지만,
澗水流更急　시냇물 흐름은 다시 빨라졌네.
巖林迎光景　바윗골 숲속에 햇빛 가득 차니,

衆綠如新沐　모든 실가지들 마치 새로 목욕한 듯하네.
野人相喚出　농군들은 서로서로 불러내고,
幽鳥語款曲　깊숙한 곳의 새는 지저귀는 소리 간곡하네.
柴荊澹無事　가시나무 삽짝은 조용하니 일없는 듯하고,
圖書盈四壁　도서는 사방의 벽 가득히 채우고 있네.
古人不在玆　옛사람 지금 여기 없지만,
其言有餘馥　그 말씀 향기로이 남아 있네.
望望三益友　바라고 바라네, 세 이로운 벗,
來從三徑讀。 세 갈래 오솔길로 와서 책 읽기를.
(『退溪全書』卷1, 詩, 寒棲雨後書事)

〈D〉

※ 상위 층위 - 보편적 가치

㉮ 해당 어구 : 세 이로운 벗, 세 갈래 오솔길.

㉯ 보편적 가치로서의 근거 : '세 가지의 이로운 벗'은 『論語』에서 따왔고 '세 갈래 오솔길'은 〈歸去來辭〉에서 따왔으니, 각기 孔子, 陶淵明과 관련된다. 이런 어구가 儒家的 삶의 지침을 나타낸다는 점을 감안할 때, 화자가 성현의 언행을 통해 유학적 과업을 제시했다는 언급이 가능하다.

※ 하위 층위 - 개별적 가치

㉮ 해당 어구 : 푸른 산, 시냇물 흐름, 모든 실가지들, 깊숙한 곳의 새.

㉯ 개별적 가치로서의 근거 : '푸른 산'은 물가에 젖어 있다고 하고, '시냇물 흐름'은 다시 빨라진다고 하고, '모

든 실가지들'은 새로 목욕한 듯하다고 하고, '깊숙한 곳의 새'는 지저귀는 소리가 간곡하다고 한다. 하나하나가 개성을 지니고, 살아 있는 듯한 느낌을 준다.

※ 독서이론

㉮ 해당 어구 : 옛사람 지금 여기 없지만, 그 말씀 향기로이 남아 있네.

㉯ 독서이론으로서의 근거 : '도서는 사방의 벽 가득히 채우고 있네.'에 의거할 때, '옛사람 지금 여기 없지만, 그 말씀 향기로이 남아 있네.'는 독서의 목적을 밝혔다고 생각된다. 즉, 독서인은 성현으로부터 교훈과 지식을 얻기 위해 독서한다고 할 수 있다.

〈D〉에 입각하여 〈C〉를 보면, 상위 층위와 하위 층위는 서로 다른 방향에서 독서이론에 영향을 끼치고 있다. 상위 층위는 독서이론을 강조하는 기능을 한다. 보편적 가치의 상위 층위와 독서이론은 모두 유학적 과업과 연관되므로, 양자는 거의 동일하다. 동일한 내용이 겹쳐질 때, 겹쳐지는 빈도만큼 그 내용은 강력해지는 법이다. 한편, 하위 층위는 독서이론에 생동감을 불어넣는 기능을 한다. '그 말씀 향기로이 남아 있네'가 구체적인 증거이다. 성현의 말씀이 향기가 되어 현재에도 남아 있다고 하니, 청각과 후각의 감각적 표현이 생동감을 부여한다. 자칫 딱딱하게 표현될 법한 독서이론이 개별적 가치인 하위 층위와 연관되면서 부드러운 표현으로 바뀌었다고 할 만하다. 이렇게 보니, 상위 층위와 하위 층위는 서로 대립적이면서도 독서이론에 영향을 끼치는 데는 공동보조를 취한 셈이 된다.

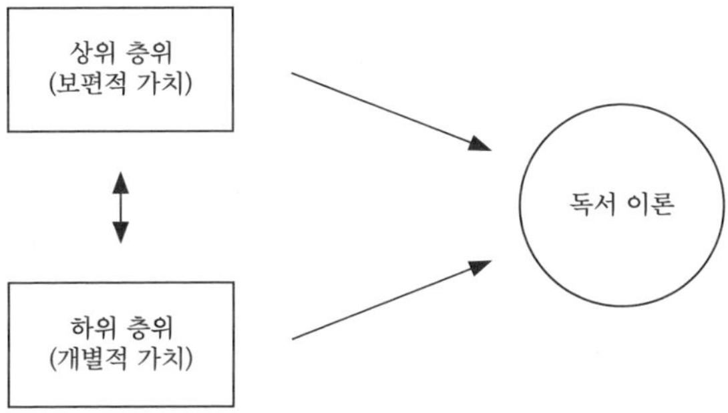

상위 층위와 하위 층위의 기능을 토대로 할 때, '생의'사상의 구성 원리는 '대립적인 두 층위가 각기 다른 방향에서 독서이론에 영향 끼치기'이다. '생의'사상이 나타나는 녹서시에는 바로 이런 '생의'사상의 구성 원리가 작용한다고 보면 된다. '생의'사상의 구성 원리가 끼치는 영향은 실로 크다. 독서이론을 장중하면서도 발랄하게 만든다는 점이 그것이다. 보편적 가치인 상위 층위의 영향으로 독서이론이 장중해지고, 개별적 가치인 하위 층위의 영향으로 독서이론이 발랄해진다. 상위 층위보다 하위 층위가 우위에 선다는 점을 상기할 때, 장중한 측면보다 발랄한 측면이 더 강한 편이라 할 만하다. '생의'사상의 구성 원리가 이 모든 현상을 가능하게 했다. 상위 층위와 하위 층위에게 각각의 가능을 부여함으로써 독서시 전체에 탄력을 불어넣었으니, '생의'사상의 구성 원리야말로 독서시를 지탱하는 근간이라 할 수 있다.

'仁道'의 실현과 상대적 세계관의 지향

'생의'사상의 활용 범위는 매우 넓은 편이다. 독서시 이외의 유형에서도 '생의'사상이 나타난다는 점이 그 근거이다. 이른바 山水詩, 察理詩, 農民詩 등에서도 나타나기 때문에, '생의'사상의 활용 범위는 퇴계시 전체라 해도 과언이 아니다. 활용 범위가 넓은 까닭은 퇴계가 '생의'사상을 詩 創作의 핵심으로 삼은 데서 찾을 수 있다. 퇴계는 '생의'사상을 학문적 指標로 여겼고, 그런 인식을 詩 창작에도 미루어 갔으리라 생각된다. '생의'사상이 구현되기만 하면 '생의'사상의 구성 원리가 나타나는가? 그렇지 않다. 여타 유형에도 '생의'사상이 나타나기는 하지만, '생의'사상의 구성 원리는 거의 나타나지 않는다. 독서시와 여타 유형이 어떤 측면에서 같고 다른지를 점검하고, '생의'사상의 구성 원리가 독서시를 어떤 방향으로 이끄는지를 해명하기로 한다.

여타 유형을 판별하기 위해서는 '생의'사상의 이상적인 조건을 설정하지 않으면 안 된다. 앞에서의 논의를 참조하면, 이상적인 조건을 설정하기가 용이해진다. 첫째, 人과 物을 동일선상에서 바라보아야 한다. 物我一體나 物我 無間隔을 떠올려 봄직하다.[92] 둘째, 人도 物을 보고 物도 人을 바라보아야 한다. 화자와 만물이 서로 상대방을 '그대'라 부르는 경우를 떠올려 봄직하다.[93] 셋째, '생'사상이 작품의 또 다른 축과 대응해야 한다. '생의'사상의 하위 층위가 상위 층위를 주도하여 작품의 또 다른 축인 독서이론

92 "나와 만물이 간격 없이 함께 즐긴다(物與我同樂·『退溪全書』卷1, 詩, 和陶集飮酒寄 二十首/其一)"와 "강피와 기가 이어진다(姜被知君本自連·『退溪全書』外集 卷1, 詩, 次韻答金惇敍/其一)"와 "사물과 내가 원래 거리 없는 일체(欲知物我元無間·『退溪全書』別集 卷2, 詩, 次韻金惇敍)"가 그 대표적인 사례이다.

93 이런 현상은 梅花詩帖에서 적지 않게 나타난다. 『退溪全書』卷5, 詩, 〈漢城寓舍 盆梅贈答〉과 〈盆梅答〉; 〈季春 至陶山 山梅贈答 二首〉; 〈庚午寒食 將往展先祖墓於安東 後凋主人金彦遇擬於其還 邀入賞梅 余固已諾之 臨發 適被召命之下 旣不敢赴 惶恐輟行 遂至愆期 爲之悵然有懷 得四絶句 若與後凋梅相贈答者 寄呈彦遇 發一笑也〉와 〈後凋梅答〉이 그 좋은 예이다. 여기서 매화는 단순한 꽃나무가 아니다. 화자와 매화가 서로 상대방에게 '그대'라고 하므로, 매화는 인간과 위상이 동등한 인격체라고 할 수 있다.

에 영향을 끼치는 경우를 상기해 봄직하다. '생의'사상의 세 가지 조건을 압축하면 '仁道의 실현'이 된다. 퇴계가 천지만물을 한 집안으로 여기는 이치를 仁道라 했으니,[94] 결국 仁道가 '생의'사상을 낳은 셈이다. 仁道와 '생의'사상의 관계가 이러하므로, '생의'사상을 접하면 仁道를 떠올려 봄직하다.

① 居山猶恨未山深　산에 살면서도 산 깊지 못함 유감스러워 하여
蓐食淩晨去更尋　새벽녘 잠자리서 밥 먹고 더 깊이 찾아가네.
滿目群峯迎我喜　한눈 가득 뭇봉우리 나를 반갑게 맞아주고
騰雲作態助淸吟　오르는 구름은 맵시내어 맑게 읊조림 노와주네
(『退溪全書』卷3, 詩, 約與諸人遊淸涼山 馬上作)

② 花發巖崖春寂寂　꽃 바위 낭떠러지에 피니 봄 고요하기만 하고
鳥鳴澗樹水潺潺　새는 시냇가 나무에서 울고 물은 졸졸 흐르네.
偶從山後攜童冠　어쩌다 산 뒤에서 동자와 관자 데리고
閒到山前問考槃　한가로이 산 앞에 이르러 고반을 묻네.
(『退溪全書』卷3, 詩, 步自溪上 踰山至書堂)

③ 惻惻荒年意未寧　슬프고 슬프구나, 흉년이라 마음 편치 못해

94 "狀出仁體 因以破有我之私 廓無我之公 使其頑然如石之心 融化洞徹 物我無間 一毫私意無所容於其間 可以見天地爲一家 中國爲一人 痒痾疾痛 眞切吾身 而仁道得矣(『退溪全書』卷7, 箚, 西銘考證講義)" 참조.

江邊立馬影竛竮	강가 말 세우니 그림자 외롭고 고달파 보이네.
葉從霜夜濃全赤	나뭇잎은 밤새 서리에 완전히 붉게 물들었는데
山入秋空割半青	산에 드니 가을하늘은 잘리어 절반만 푸르다네.
官舍隱雲如到寺	관사는 은은한 구름 속에 숨어 절에 온 듯하고
吏人踏地似行屏	관리들 땅밟기 마치 병풍 위를 걷는 것 같네.
索牋題句知何用	종이 찾아 시구 적은들 무슨 소용 있으랴만
新月閒吟愛滿庭	새 달빛 뜰에 가득 아까워 부질없이 읊어보네.

(『退溪全書』別集 卷1, 詩, 到朔寧)

①~③은 산수시, 찰리시, 농민시이다. 이 세 편은 해당 유형의 여러 작품 중 一例에 불과하지만, 독서시와 여타 유형의 '생의'사상이 어떤 차이를 보이는지를 짚어보는 데는 도움이 된다. ①~③ 모두 첫 번째의 조건에는 잘 부합한다. ①의 '뭇봉우리'와 '구름'이, ②의 '꽃'과 '새'와 '물'이, ③의 '서리'와 '달빛'이 화자와 동일선상에 서 있으니, 각기 상황과 조건에 따라 첫 번째의 조건을 충족시킨다고 할 만하다. 문제는 ①~③이 두 번째과 세 번째의 조건에 제대로 부합하지 않는다는 데 있다. 두 번째의 조건은 ①에서만 나타나고,[95] 세 번째의 조건은 ②에서만 나타날 따름이다.[96] 두 번째과 세 번째의 조건이 ①~③에 나타나기도 하고 나

95 '나를 반갑게 맞아주고(迎我喜)'와 '맑게 읊조림 도와주네(助淸吟)'라고 했으니, 각기 뭇봉우리와 구름이 화자를 응시할 뿐만 아니라 화자에게 영향을 끼치기까지 한다고 볼 수 있다.

96 '생의'사상의 하위 층위는 자연물의 다양한 생기이고, '생의'사상의 상위 층위는 '考槃', 즉

타나지 않기도 하는 까닭은 仁道의 실현이 미흡한 데서 찾을 수 있다. 仁道가 강력하게 실현되었더라면 ①~③ 모두가 두 번째와 세 번째의 조건에 부합했으리라 여겨진다.

두 번째과 세 번째의 조건을 통해 仁道의 성격을 가늠해 볼 수 있다. 『論語』에 의하면, 仁道는 "克己復禮"이다.[97] '己'는 人欲·私慮를 가리키고 '禮'는 '도덕적 인간의 본성'을 가리키므로 '克己復禮'란 人欲·私慮를 이기고 '道德的 人間의 本性'을 회복한다는 의미가 된다. '도덕적 인간의 本性'이 '天理로서의 우주적 가족주의'를 지칭한다고 볼 때, ①~③에서는 '天理로서의 우주적 가족주의'를 구현하지 못했다고 할 수 있다. 두 번째과 세 번째의 조건에 부합되지 못한 점이 그 구체적인 증거이다. 한마디로 말해, 仁道는 미흡하기만 하다. 有我의 私心으로 인해 物과 物의 연대성을 발견해 내지 못한 탓이 아닌가 한다. 이런 연유로 두 번째과 세 번째의 조건에 부합할 수 없었다고 여겨진다. 미흡한 仁道가 불충분한 '생의'사상을 낳은 셈이 된다. 독서시의 경우는 어떠한가? 〈溪齋〉를 통해 확인해 보기로 한다.

琴生結茅齋　금군이 이어다가 띠집을 얽어내어
在我南溪曲　우리집 남쪽 시내 굽어진 곳 있고 보니
搖窓林影寒　차가운 숲 그림자가 들창을 흔들고
照席嵐光綠　멧빛이 푸르러서 자리에 비치어라.
邇來闃無人　요즈음 한가히도 사람이 아니 오니

儒者의 은거 생활이다.

97 "顔淵 問仁 子曰 克己復禮爲仁 一日克己復禮 天下歸仁焉 爲仁由己 而由人乎哉(『論語』卷12, 顔淵)" 참조.

蓬蒿翳庭菊　다북이 우거져서 뜰 국화를 가리었네.
呼兒痛掃溉　아이를 불러내어 말쑥이 뿜고 쓸고
終日坐幽獨　잠자코 고요히도 종일토록 앉았을 제
手中一卷書　손 가운데 지닌 것 옛 책이 한 권이라.
隨意繙且讀　마음껏 뒤적이며 때로는 읽었노라.
有理古猶今　이치가 예 있으니 예도 이제 같을 거요.
有味飫如沃　맛있음 알고 보면 흐뭇이 배부르리.
悲秋自懷遠　가을을 슬퍼하며 먼 곳을 생각하고
考槃甘弗告　달갑게 숨어 살아 남에게 안 알리리.
喟然長太息　한숨을 길이 뽑아 위연히 하는 차에
商風振山木　높은 바람 일어 멧숲을 떨치더라.
(『退溪全書』卷3, 詩, 溪齋)

〈계재〉는 '생의'사상의 조건을 완비하고 있다. 첫 번째의 조건은 자연물의 생기를 전하는 데서 드러난다. 화자가 '숲 그림자'·'멧빛'·'다북'·'바람'과 친연성을 보이며 그 생기를 밝히니, 화자와 자연물이 동일선상에 선다고 할 만하다. 두 번째의 조건은 자연물이 화자에게로 침투하는 데서 드러난다. '들창'과 '자리'가 화자의 공간을 가리킨다고 볼 때, 자연물이 화자에게 침투한다고 할 수 있다. 세 번째의 조건은 자연물의 다양한 생기인 하위 층위가 儒者의 은거 생활인 상위 층위와 결합하여 '생의'사상을 구현해내고, 이런 '생의'사상이 독서이론을 추동하는 데서 드러난다. '味'와 '飫如沃'은 '생의'사상의 영향을 형용한 어구라 해도 좋을 듯하다. 요컨대, 〈계재〉는 '생의'사상의 조건을 완비한데다 내용까지 충실히 갖추었다. 〈계재〉를 통해 '생의'사상을 담은 독서시라면 모두 이와 유사한 양상을 보이리라는 추측이 가능하다.

'생의'사상의 조건을 완비한 〈계재〉를 통해 仁道의 성격을 가늠해볼 수 있다. '克己復禮'의 '禮'가 '도덕적 인간으로서의 본성'을 가리키고, '도덕적 인간으로서의 본성'이 '天理로서의 우주적 가족주의'를 가리킨다고 볼 때, 〈계재〉는 '天理로서의 우주적 가족주의'를 훌륭하게 구현했다고 할 수 있다. '생의'사상의 세 가지 조건에 부합한다는 점이 무엇보다 확실한 증거가 된다. 한마디로 말해, 仁道는 충일하기가 그지없다. 無我의 公心을 크게 열어서 천지만물을 한 집안으로 여기고 온 나라를 한 사람으로 여겼기 때문이 아닌가 한다. 충일한 仁道가 충분한 '생의'사상을 낳았다고 할 만하다. 〈계재〉가 '생의'사상을 담은 독서시니, 〈계재〉의 특징은 '생의'사상을 담은 독서시 전체의 특징이라고 해도 무방하다. 결국, '생의'사상을 담은 독서시는 충일한 仁道를 내포했기에 충분한 '생의'사상을 낳을 수 있었으리라 본다.

仁道가 실현되는 독서시와 仁道가 실현되지 않는 여타 유형은 과연 어떤 차이점이 있는가? 독서시와 여타 유형의 관계를 따질 수 있는 최적의 기준은 바로 相對的 世界觀이다. 상대적 세계관이란 '가치나 판단의 다양성을 인정하고, 그 바탕 위에서 人情物態를 읽어내는 관점'을 가리킨다. 독서시가 성취한 조건 중의 두 번째가 바로 상대적 세계관과 직접적인 관련이 있다. '人도 物을 보고 物도 人을 바라본다'는 화자의 시각이 두 번째의 조건이니, 독서시야말로 상대적 세계관을 분명히 내포한다고 할 수 있다. 여타 유형에는 '人도 物을 보고 物도 人을 바라본다'는 화자의 시각이 제대로 나타나지 않는다는 점을 상기할 때, 상대적 세계관은 독서시의 화자만 보유하고 있는 특징이 아닌가 한다. 화자를 운용하는 주체가 퇴계이므로, 퇴계가 상대적 세계관을 지니고 화자를 운용했다는 의미가 된다.

상대적 세계관의 영향력은 예사롭지 않다. 우선, 작품 내적인 영향력을 들 수 있다. '생의'사상을 추동하여 작품의 한 축인 독서이론에 영향을 끼치는 한편, 작품 전체에 탄력을 불어 넣었다는 점을 상기해 봄직하다. 그 다음으로, 작품 외적인 영향력을 들 수 있다. 퇴계의 상대적 세계관은 절대적 세계관을 배격한 조선 후기 진보적 지식인의 세계관[98]과 궤를 같이 한다. 주체와 객체를 고정시키지 않고 서로 넘나들도록 한다는 점이 그것이다. 퇴계식의 상대적 세계관이 후대에 어떤 식으로든 영향을 끼쳤으리라는 추정이 여기서 가능해진다. 상대적 세계관이 '생의'사상의 구성 원리에서 나왔으니, 상대적 세계관의 의의는 곧 '생의'사상의 의의가 된다. 이 점을 인정할 때, '생의'사상이 작품에 탄력을 부여하고, 절대적 세계관의 범주를 꿰뚫고 나가 사상사적 조류를 주도했다는 언급이 가능해진다.

'樂'의 심미체계

退溪는 다면적인 성격을 지닌 학자이다.[99] 유학자이기도 하고,

---

98 실학파 문인인 洪大容과 朴趾源을 대표적으로 들 수 있다. 이들은 치밀한 필치로 각기 〈醫山問答〉과 〈虎叱〉을 창작하고, 자신의 작품을 통해 상대적 세계관의 의의를 역설했다. 두 실학자의 상대적 세계관에 대해서는 조동일, 「18세기 人性論 혁신과 문학의 사명」, 『문학사와 철학사의 관련 양상』, (한샘, 1992), 147~179쪽과 박희병, 『한국의 생태사상』, (돌베개, 1999), 277~370쪽에서 자세하게 다루어 놓았다.

99 이 방면에 대한 논저는 상당히 많다. 대표적인 논저를 들면 다음과 같다. 丁淳睦, 『退溪評傳』, (지식산업사, 1987). ; 권오봉, 『퇴계선생 일대기』, (교육과학사, 2001). ; 윤사순, 『퇴계 이황』, (예문서원, 2002). ; 퇴계학연구원, 『삶과 학문을 통해 본 퇴계 그는 누구인가』, (글익는들, 2006)이 그것이다.

독서이론가이기도 하고, 문예가이기도 하고, 정치가이기도 하다. 퇴계학이 전개되면서 퇴계의 다면적인 성격이 상당 부분 밝혀졌지만, 아직 밝혀지지 않은 영역도 있다. 독서이론가로서의 면모가 그것이다. 퇴계는 여느 학자 이상으로 독서법의 제창에 심혈을 기울였다. 초년부터 身病을 얻을 정도로 독서를 많이 했고,[100] 독서 과정에서 획득한 바를 이론화하는 데 남다른 열의를 보였다. 이런 열의는 독서법으로 사물의 탐색 원리와 심신의 수양 방법을 제시하려는 원대한 목표를 세웠기에 가능했다. 독서법의 제창을 일평생 과업으로 삼았다는 점에서, 독서법을 정면에서 다루지 않을 수 없다.

독서법을 다루자면 詩를 주목할 필요가 있다. 『退溪全書』에 실린 2,000여 수에는 독서와 관련된 시가 40여 수이고, 이런 시 중에는 독서법이 녹아든 경우가 적지 않다. 독서법은 대체로 '靜'이니 '味'니 '樂'이니 하는 개념을 통해 나타난다.[101] 퇴계가 '靜'·'味'·'樂'을 동원해서 독서의 원칙이나 방법을 술회하기 때문에, 독서법이 이런 개념들을 제재로 활용한다고 할 수 있다. '靜'·'味'·'樂'의 개념은 동시에 등장하기도 하지만, 개별적으로 등장하기도 한다. 개별적으로 등장한다고 해서 문제라 할 수는 없다. '樂'만 보이고 '靜'이나 '味'가 보이지 않더라도, '樂'을 통해 '靜'이나 '味'를 떠올리게 하기 때문이다. 특정 개념은 그 자체에

---

100 『退溪全書』言行錄, 卷1, 學問條에 이런 내용이 있다. 퇴계는 젊은 시절 온종일 쉬지도 않고 잠자지도 않고 책을 읽다가 고질병을 얻었다고 한다.

101 신연우, 「도산잡영과 도산십이곡의 '흥'」, 『이황시의 깊이와 아름다움』, (지식산업사, 2006), 110~119쪽에서 '樂'을 주목한 바 있다. '興'과 '樂'의 관계를 퇴계의 심미 의식과 관련시키고 있어서, 필자의 논의에 일정한 지침을 제공한다.

서 그치지 않고 여타 개념을 환기시키는 양상을 보이므로, 오히려 퇴계시의 특징이라는 측면에서 이해해야 타당하다.

독서법을 형상화한 시를 讀書詩라 할 수 있다. '독서'의 '서'가 경전을 가리키므로, 독서시란 경전 읽기의 목적·자세·방법 그리고 경전의 사상 체계에 대한 유학적 관점을 담게 마련이다. 독서시에서 주목을 요하는 개념은 '樂'이다. '樂'은 자연에 대한 탐색의 소산이요, 活理에 대한 체인의 소산이요, 삶에 대한 유유자적의 소산이다. 탐색이나 체인이나 유유자적은 '靜'·'味'를 통해 구현된다는 점에서, '靜'·'味'는 '樂'으로 나아가는 과정이고 통로가 된다고 할 수 있다. 결국, 독서시는 '樂'의 형상화를 궁극적인 지향점으로 삼는다고 해도 무방하다. 물론, '樂'이라고 해서 한결같지는 않다. 상황과 분위기에 따라 '樂' 개념의 진폭이 상당한 수준으로 변화하는 까닭이다. 여기서 거칠게나마 '樂'의 의미 층위 및 개념의 구도 변동을 상정해 볼 수가 있다.

퇴계시에 대한 논문은 수백 편에 이르지만 지금까지 퇴계 독서시에 대한 연구는 본격적으로 이루어지지 않았다. 독서시를 부분적으로 다룬 논문이 더러 있기는 하지만, 대체로 제재적인 차원에서 독서의 문제를 다루거나 독서시의 중핵을 비껴가 버리거나 하기가 일쑤이다. 독서시를 앞에 놓고도 독서시라는 자각을 하지 못하기 때문에 이런 현상이 생긴다고 생각된다. 설사 독서시라는 점을 인식하더라도 방법론적인 자각이 철저하지 못하다면 이 또한 결과가 달라지기는 어려울 터이다. '樂'에 초점을 맞추어 의미 층위, 개념적 구도, 주제 구현방식, 미학적 특징 등을 천착할 때, 독서시에 대한 이해가 깊어질 수 있으리라 본다. 필자는 퇴계학연구원에서 간행한 『퇴계학역주총서』를 자료로 삼아 이와 같은 문제의식을 구체화해 보고자 한다.

독서시의 양상과 '樂'의 의미 층위

퇴계 독서시에는 유학적 내용이 대부분이다. 경전을 어떻게 읽고 경전에서 무엇을 얻는지를 다루기 때문에 그럴 수밖에 없다. 이런 측면을 고려하여, 퇴계 독서시에 대한 요건을 설정해 볼 수가 있다. 요건은 최소한 두 가지다. 첫째, 유학적 개념이 중심 내용을 이루어야 한다는 점이다. 자연의 이치나 경전의 내용으로부터 받은 감동을 형상화하다 보면 유학적 개념은 필수불가결하다. 둘째, 독서에 대해 언급하되 방법과 지향점을 겨냥하고 있어야 한다는 점이다. 독서의 방법과 지향점에 대한 내용이 없고서는 독서법이라 하기 어렵다. 두 가지 요건 중에서 한 가지만 갖춘 시도 있고, 두 가지 요건을 갖춘 시도 있다. 이 둘을 어떻게 판정할 것인지가 관건이다.

두 가지의 요건을 갖춘 시가 온전한 독서시이다. 가령, 첫 번째만 나타나고 두 번째은 나타나지 않거나 두 번째만 나타나고 첫 번째은 나타나지 않는다고 한다면 퇴계가 지향하는 독서시가 아니다. 첫 번째만 나타나는 경우는 아예 독서시와는 거리가 멀다. 독서와 연관되지 않는 시를 독서시라고 할 수는 없는 까닭이다. 두 번째만 나타나는 경우는 독서시이기는 하되 온전한 독서시가 아니다. 독서에 대한 이러저러한 언급만 있는 정도이니, 제재적 차원의 의의를 넘어서기는 어렵다. 결국, '靜'·'味'·'樂'과 같은 개념이 독서의 원칙이나 방법을 겨냥해야 유학적 내용을 담은 독서시라 할 수 있다. 유학적 내용을 담은 독서시라야 독서에 대한 퇴계의 견해를 담아낸다는 점에서, 유학적 내용을 담은 독서시가 바로 퇴계가 지향하는 독서시가 된다.

① 蒼蒼竹嶺似函關　푸르른 죽령은 함곡관 같은데
作吏東西兩載間　동서의 관리 생활 이 년간 하였네.
忽有飛鴻傳尺素　홀연히 기러기가 편지를 전해와
遙憐孤鶴入仙山　신선 세계에 들어간 고상한 학을 그리게 됐네.
碧窓味道偏宜靜　푸른 창 앞에서 고요한 마음으로 도를 맛보고
黃卷尋人最在閒　누런 책 속에서 한가롭게 옛사람 만나겠지.
若使箇中眞得樂　만약 그 중에서 참된 즐거움을 얻는다면
一匡應不羨齊桓　한 번 바로잡는 데 제환공 부럽지 않겠지.
(『退溪全書』外集 卷1, 詩, 次韻李庇遠見寄)

② 破屋春寒怯透颸　부서진 집 봄추위에 찬바람 들어올까 두려워
呼兒添火衛形羸　아이 불러 불 더 지펴 파리한 몸 보호하네.
抽書靜讀南窓裏　책 뽑아 남쪽 창문 아래에서 조용히 읽고 있으니.
有味難名獨自怡　그 맛 표현하기 어려우나 나 홀로 절로 흡족하네.
(『退溪全書』別集 卷1, 詩, 春寒)

이른바 본격적인 독서시에 해당되는 두 수를 인용해 보았다. 두 수 모두 독서의 '樂'을 형상화하고 있다. ①에서는 '靜'의 상태에서 책 속 성인의 意趣를 맛보고 '樂'에 이른다고 한다. '樂'이라도 보통 수준의 '樂'은 아니다. 춘추시대의 패자인 제환공의 영광이 부럽지 않을 정도라고 했으니, '樂'이 어느 정도로 대단한지를 가늠할 수 있다. 한편, ②에서는 '靜'의 상태에서 책 속 진리를 맛보고 '自怡'의 경지에 이른다고 한다. '自怡'의 경지는 곧 심중의 즐거움을 가리키므로, '樂'과 동일한 語義를 지닌다고 해도 무방

하다. 이렇게 보니, ①과 ②는 '靜'이 어떤 과정을 거쳐 '樂'에 도달하는지를 잘 드러낸다. '靜' → '味 → '樂'의 과정이 바로 그것이다. '靜'의 궁극적인 지향점이 '樂'임을 감안할 때, 독서에 대해 다루면서 '樂'을 거론한다면 이와 같은 '樂'의 형성 과정을 상정해도 좋을 것 같다.

③ 萬事終歸一指薪 만사는 마침내 일지신으로 돌아가니
勞生何用敝精神 괴로운 인생 어이하여 정신을 괴롭히랴.
三杯飮酒猶通道 석 잔의 술을 마시면 도를 통할 수 있어도
五斗呑葱不耐辛 닷 말의 파 삼키면 매움을 견디지 못하리.
黃卷舊聞天外樂 옛날의 누런 책에서 하늘 밖 음악을 들었더니
白雲今見意中人 오늘은 백운암에서 마음에 둔 사람을 보았네.
(『退溪全書』外集 卷1, 詩, 贈宗粹上人)

④ 玉府房櫳靜 이 별세계의 방 안이 고요하고
琅函竹帛多 책장에는 책들이 많다오.
得官那比此 벼슬을 한들 이에 비기랴?
佳處氣淩霞 아름다운 글귀를 보니 놀구름이 뭉게뭉게.
(『退溪全書』續集 卷1, 詩, 燈花)

③~④에서는 '靜', '味', '樂'이 보이지 않는다. 보이지 않는다고 해서 없는 것은 아니다. '樂'에 해당되는 어구가 있으니, 이런 어구를 통해 추적이 가능하다. ③의 '聞天外樂'과 ④의 '氣淩霞'는 주목을 요한다. 이런 어구들은 독서의 감동을 형용하는 보조관념이므로, 화자가 독서의 '樂'을 생동감 있는 비유어로 표현했다고 할 만하다. 비유어로 대체했다고 해서 '樂 개념의 범주에서

벗어나지 않는다. 왜 '樂'을 비유어로 표현했는지는 간단히 해명될 수 있다. 사전적으로 '樂'이라는 글자는 의미 범주가 어느 정도 고정된 편이다. 기존의 고정된 의미 범주로서 크고 벅찬 즐거움을 나타내기가 어렵다고 여긴다면, 비유어를 동원해서 의미 범주를 확장시키는 것도 하나의 방안이 된다. 확장된 의미라 하더라도 '樂'의 범주를 넘어서지 않는다는 점에서, 이런 비유어를 '樂'의 범주에서 이해해도 무리가 없다.

'樂' 개념의 어구만 있을 경우, '樂'의 형성 과정을 짚어낼 수 있는지가 관건이다. 독서시에 마련된 장치만 포착한다면 '樂'의 형성 과정을 얼마든지 짚어낼 수 있다. ③~④의 장치는 대조적 상황 설정이다.[102] ③에서는 '괴로운 인생'과 '누런 책'이 대조적 상황을 나타내고, ④에서는 '벼슬'과 '별세계의 방 안'이 대조적 상황을 나타낸다. 전자는 화자가 속한 세속의 삶을, 후자는 화자가 나아가고자 하는 독서의 삶을 나타낸다. 화자는 전자를 버리고, 후자를 택한다. 그 결과, '靜'의 상태가 조성된다. '靜'이 곧 '樂'으로 이어지지는 않으니, 중간에 무엇인가를 설정하지 않으면 안 된다. 그 중간에는 '味'가 놓인다. 이렇게 보니, 대조적 상황 설정이 '靜'을 포착하게 하고 '味'를 설정하게 한다. 대조적 상황 설정이야말로 '樂'의 형성 과정을 짚어내도록 하는 장치 구실을 충실히 수행한다고 할 만하다.

---

102 퇴계가 天理와 人欲, 性과 情, 理와 氣, 未發과 已發 등의 대립항을 詩로 형상화했기 때문에 대조적 심상은 반드시 나타나게 되어 있다. 유호진, 「退溪詩의 이미지 연구」, 『退溪學報』116, (退溪學研究院, 2003)에서 이런 점을 주목하고 퇴계시의 대조적 심상을 천착했다.

⑤ 窓外東風料峭寒 창밖에 동녘바람 봄기운이 차가울 제
窓前流水碧潺潺 창밖의 시냇물은 잔잔하고 푸르도다.
但知至樂存書室 알괘라. 내 즐거움. 서재에 있고 보니
不用高門送菜盤 높은 집 저 채반이야 보내오길 기다리랴.
(『退溪全書』卷2, 詩, 正月二日 立春 壬子)

⑥ 茅茨移構澗巖中 바위와 시내 사이에 띠 이엉 집을 옮겨 얽으니
正値巖花發亂紅 바위에 피는 꽃이 어지러이 붉었도다.
古往今來時已晩 예로부터 지금까지 세월 흘러가서 때 이미 늦었지만
朝耕夜讀樂無窮 아침에 밭 갈고 밤에 책 읽으니 즐거움 끝이 없네.
(『退溪全書』卷1, 詩, 移草屋於退西 名曰寒棲庵)

대조적 상황 설정만이 장치 구실을 하지는 않는다. '樂' 개념의 어구만 있는 독서시에서는 자연물도 중요한 장치 구실을 한다. ⑤·⑥에서 보듯, 자연물도 여럿이다. ⑤에서는 바람·시냇물이고, ⑥에서는 바위·시내·띠·꽃이다. 이런 자연물은 산 속에 있고, 세속의 인공물과는 다르다. 세속의 인공물을 상정한다면 산 속의 자연물과 대조적 위치에 놓이지만, 굳이 대조적 위치를 염두에 두지 않아도 무방하다. 자연물 그 자체로 '樂'의 형성 과정에 관여하기 때문이다. 시냇물이 잔잔한 곳이나 바위와 시내 사이에 거처한다고 했으니, 화자는 분명히 '靜'의 상태라 할 만하다. '靜'과 '樂' 사이에 거리가 있으므로, 그 중간에 '味'를 설정해서 '樂'의 형성 과정을 결구할 수 있다. 이상에서 보듯, 자연물 또한 중요한 장치이다. 그런 장치만 포착한다면 숨겨진 '樂'의 형성 과정

도 들추어낼 수 있다는 입론이 가능해진다.

논의의 결과, 독서시의 양상은 두 가지이다. 화자를 단독으로 드러내는 ①~②와 화자와 대상을 모두 드러내는 ③~⑥이 그것이다. ①~②와 ③~⑥에서 나타나는 화자는 판이하다. ①~②에서는 화자가 주변 환경보다 자기 자신을 표출하는 데 치중하고, ③~⑥에서는 화자가 자기 자신보다 주변 환경을 표출하는 데 치중한다. ①의 '不羨齊桓'과 ②의 '自怡'에서 전자가 확인되고, ③의 '聞天外樂'와 ④의 '氣凌霞'에서 후자가 확인된다. ⑤와 ⑥에서는 주변 환경을 직접적으로 겨냥한 어구가 보이지 않으나, ③~④와 동궤인 점은 분명하다. 자연물을 통해 화자 자신을 들여다보기 때문에 이런 추측이 가능하다. ①~②와 ③~⑥의 화자가 이처럼 판이하다면, 화자의 선택적 행위를 상정하지 않을 수가 없다. 즉, 자기 자신을 표출하려는 화자는 전자 쪽을, 주변 환경을 표출하려는 화자는 후자 쪽을 선택했으리라 본다.

화자의 가치판단이 형식까지 좌우할 정도이니, 독서시에는 두 유형의 話者群이 존재한다고 할 수 있다. 자기 자신을 표출하고자 하는 화자군과 주변 환경을 표출하고자 하는 화자군이 그것이다. 전자 쪽은 시선의 범위가 좁고, 후자 쪽은 시선의 범위가 넓다. 시선의 범위가 이처럼 다르니, '樂'의 의미도 당연히 다르다. ①~②에서는 獨樂에 대해 다룬다. 주변 환경은 고정되고 화자 혼자서만 일방적으로 樂의 경지에 빠져 든다는 점이 그 근거이다. 한편, ③~⑥에서는 同樂에 대해 다룬다. 화자는 주변 환경으로 나아가고 주변 환경은 화자에게로 나아옴으로써 화자와 주변 환경이 함께 樂의 경지로 빠져 든다는 점이 그 근거이다. 독서시에서는 이치, 자연, 생활을 주 제재로 활용하므로, 이에 의거하여

獨樂과 同樂의 의미를 확인해 보기로 한다. 제재에 부합하는 어구를 찾되 편의상 어구 앞에 작품 번호를 붙인다.

	독락	동락
인식	①味道, ②有味	③一指薪
경지	①碧窓味道,②靜讀南窓裏	③聞天外樂, ④氣凌霞, ⑥巖花發亂紅
생활	①不羨齊桓,②獨自怡,	⑥朝耕夜讀

도표에서 보듯, 독락과 동락은 세 가지 측면에서 큰 차이를 보인다. 한 가지는, 인식의 측면이다. 화자가 인식의 주체로서 일관하는 경우와 화자가 인식의 주체이기도 하고 객체이기도 하는 경우가 그것이다. 전자는 독락에서 나타나고 후자는 동락에서 나타나므로, 평면적/ 입체적으로 정리될 수 있다. 다른 한 가지는, 경지의 측면이다. 화자가 홀로 '樂'을 느끼는 경우와 화자가 사물과 함께 '樂'을 느끼는 경우가 그것이다. 전자는 독락에서 나타나고 후자는 동락에서 나타나므로, 개인적/ 전체적으로 정리될 수 있다. 또 다른 한 가지는, 생활의 측면이다. 화자가 자기 본위로 삶을 영위하는 경우와 천지만물과 더불어 삶을 영위하는 경우가 그것이다. 전자는 독락에서 나타나고 후자는 동락에서 나타나므로, 개별적/ 우주적으로 정리될 수 있다. 독락과 동락은 극과 극이다. 독락은 평면적·개인적·개별적인 데 반해, 동락은 입체적·전체적·우주적이기 때문이다.

극과 극의 의미층을 의미 층위의 분화라는 각도에서 파악할 수 있다. 하나이거나 하나일 수 있거나 한 '樂'이 독락과 동락으로 갈라졌기 때문이다. 의미 층위가 생기면서 두 의미층 간에는 필연적으로 고저 등급이 생겨난다. 동락의 의미층이 높고 독락의 의미층은 낮다. 물론, 독락의 의미층이 '樂'의 최저층은 아니다. 일반적으로 '樂'이라고 하면, 世俗的 '樂'까지 포함한다. 육체적인 쾌락이나 물질적인 쾌락이나 유희적·유흥적인 쾌락 따위가 그 좋은 예이다. 세속적 '樂'에 비추어 볼 때, 독락과 동락은 모두 理想的 '樂'의 위치에 선다. 결국, 독서시에서는 최저층에 있는 세속적 '樂'은 배제해 버리고, 이상적 '樂'으로서의 독락과 동락만을 주목한 셈이 된다. 의미 층위를 분화시키는 데서 그치지 않고 무엇이 고급 품격인지를 가려 놓았다는 점에서, 독서시야말로 고차원적인 품격을 지향한다고 할 수 있다.

敬의 작용과 '樂' 개념의 구도

독락과 동락의 형성 과정에서 빼놓을 수 없는 요건이 있다. 그것은 바로 敬이다. 敬은 '靜'·'味'·'樂'이 일정한 방향으로 나아가게끔 하는 작용을 한다. 화자가 첫째 단계인 靜의 상태를 갖출 때, 두 번째 단계인 '味'로 나아갈 수 있고 '味'를 바탕으로 하여 세 번째 단계인 '樂'으로 나아갈 수 있다. 이 과정은 확정되어 있는 것이 아니다. 인간에게는 私意가 발생하고, 그런 사의가 뒤엉켜서 마음을 어지럽게 한다.[103] 즉, '靜'에서 '味'로 나아가는 데에도 사의가 끼어들고, '味'에서 '樂'으로 나아가는 데에도 사의가 끼어들어 '樂'으로의 이행을 방해한다. 敬은 사의를 물리쳐서

---

103 퇴계는 私意를 몹시 경계한다. 義理之行에 해가 되기 때문이라고 한다. "入於私意 反害於義理之實(『退溪全書』卷1, 書, 答鄭子中)" 참조.

'樂'의 형성 과정을 지켜준다. 敬이 어떻게 '樂'의 형성 과정을 지켜주는가? '樂'의 의미 층위를 고려하면서, 이 점을 해명해 보기로 한다.

敬과 '靜'·'味'·'樂'의 관계

'靜' → '味' → '樂'은 '樂'의 체계화 과정이다. '靜은 주변 환경의 상태이고 '味'와 '樂'은 마음의 상태인데, 이런 일련의 상태들이 敬을 갖추면서 '靜' → '味' → '樂'의 과정을 형성한다. 敬은 마치 자동차의 기름과 같다. 기름이 있어야 자동차가 앞으로 나아가듯, 敬이 갖추어져야 '靜'과 '味'와 '樂'이 하나의 대열을 이루며 앞으로 나아갈 수 있다. 대열을 이루는 데만 敬이 필요한 것이 아니다. 敬은 '靜' → '味'의 과정에도 필요하고, '味' → '樂'의 과정에도 필요하다. 이런 입론의 근거는 朱子로부터 구할 수 있다. 주자에 의하면, 敬은 온갖 이치를 구비한 善의 근본이다.[104] 敬이 '樂'의 형성 과정을 관장해서 화자로 하여금 온갖 이치로써 선을 실현하게 한다는 언급이 여기서 가능해진다.

논점을 이렇게 설정할 때, 未發과 已發을 떠올리지 않을 수 없다. 미발과 이발 또한 敬과 관련성이 깊기 때문이다.[105] '靜'·'味'·'樂'

104 "敬則萬理具在(『朱子語類』卷12, 學6, 持守)"와 "便有敬以主乎中 則事至物來 善端昭著所以察之者益精明耳(『心經附註』卷3)"를 연결시키면 이런 내용이 나타난다. 주자의 敬思想에 대해서는 최무석·손정호, 「주희의 경 사상에 대한 一연구」, 『教育哲學』19, (한국교육철학회, 2001)에서 전반적으로 다루었다.

105 미발·이발과 敬의 관계에 대해서는 여러 학자들이 논의한 바 있다. 대표적인 논저로 4편을 손꼽을 만하다. ①문석윤, 「退溪의 '未發'論」, 『退溪學報』116, (退溪學研究院, 2003), ②이승환, 「退溪의 未發說 釐淸」, 『退溪學報』114, (退溪學研究院, 2004), ③이승환, 「朱子 수양론에서 未發의 의미」, 『退溪學報』119, (退溪學研究院, 2006), ④이봉규, 「성리학에서 미발의 철학적 문제와 17세기 기호학파의 견해」, 『한국사상사학』13, (한국사상사학회, 1997)가 그것이다. 이 중에서 ①의 논자와 ②·③의 논자는 의견이 서로 맞선다. 맞서

에 敬이 작용하듯, 미발과 이발에도 敬이 작용한다. '靜'·'味'·'樂'과 미발·이발이 무슨 공통점을 지녔기에 敬이 두 쪽 모두에 작용할 수 있는가? 공통점으로는 두 가지를 들 수 있다. 첫째, 특정 상태로의 지향성을 나타낸다. 전자에서는 독서시의 화자가 '樂' 개념의 체계를 지향하고, 후자에서는 靜과 動, 性과 情의 통관을 지향한다. 둘째, 한 곳에서 다른 곳으로 이행한다. 전자는 '靜' → '味' → '樂'의 과정을 보이고, 후자는 미발 → 이발의 과정을 보인다. 이 점에서 볼 때 상동성이 아주 크다고 할 수 있다. 敬을 통해 미발·이발과 '靜'·'味'·'樂'이 지니는 상동성의 근거를 포착해 보기로 한다.

정자와 주자에 의하면, 敬은 마음의 미발과 이발에 모두 관여한다. 미발은 의식이 발생하기 이전이면서 지각은 어둡지 않은 마음의 상태이고[106] 이발은 의식이 발생해서 지각이 개시되는 마음의 상태라는 점을 감안할 때, 敬은 의식이 발생하기 이전과 이후를 모두 관장한다고 해도 무방하다. 미발이 겉으로 나타날 때 이발이 되므로, 미발이 中을 유지해야 이발도 和의 상태가 될 수 있다. 이발이 和의 상태가 되기를 바란다면, 먼저 미발을 中의 상태로 가다듬어야 한다.[107] 문제는 미발을 관찰하기가 어렵다는 데 있다. 퇴계가 南時甫에게 언급했듯, 미발이란 지극히 조용한 가

는 양상을 검토하면 무엇이 '미발·이발'론의 쟁점인지를 알 수 있다.

106 『朱子大全』卷75, 記論性答稿後에서 未發을 '思慮未萌'과 '知覺不昧'로 설명하고 있다. 미발의 전반적 성격에 대해서는 이봉규, 앞의 논문, 7~8쪽에서 잘 밝혀 놓았기에 참조할 만하다.

107 "朱子之論中和 亦日 未發之前 不可尋覓 已發之際 不容安排 惟平日莊敬涵養之功至 而無人欲之僞以亂之 則其未發也鏡明水止 而其發也無不中節矣(『退溪全書』卷24, 書, 答鄭子中別紙)" 참조.

운데 움직임의 단서만 있는 정도이기 때문이다.[108] 이런 상태에서는 氣가 用事하지 않지만 엄연히 존재하기는 한다. 氣와 관련된 단서가 미발의 상태를 교란시키지 않도록 하려면, 敬이 마음의 主宰者가 되어 꾸준한 활동을 전개해야 한다.

① 一寸膠無千丈渾　한 치 갖풀 천 길 흐림 없애서
玉淵秋月湛寒源　옥 같은 연못 가을달에 근원 맑고 차네.
端居日夕如臨履　평상시 거처하며 밤낮 물 앞에 선듯 살얼음 밟듯 하니
箇是存存道義門　이것 바로 본성 보존하고 보존하는 도의의 문이라네.
(『退溪全書』卷5, 詩, 居敬齋)

② 守身貴無撓　몸 지킴 흔들리지 않음 귀하게 여기고
養心從未發　마음 기름은 미발을 따른다네.
苟非靜爲本　실로 고요함 근본되지 않으면
動若車無軏　움직임 마치 수레에 끌채 없는 것 같네.
(『退溪全書』卷5. 詩, 次韻奇明彦贈金而精, 二首/ 守靜)

①~②는 敬이 미발을 어떻게 유지시키는지를 보여준다. ①에서는 '無千丈渾 玉淵秋月湛寒源'의 작용을 한다고 한다. 敬 그 자체를 나타내는 '寸膠'와 敬의 속성을 나타내는 '日夕如臨履'로 인

108 "至靜之中 自有動之端焉(『退溪全書』卷42, 記, 靜齋記)"에 나오는 말이다. 이에 대해서는 이승환, 「退溪의 未發說 釐淸」, 『退溪學報』114, (退溪學硏究院, 2004), 95쪽에서 자세하게 다루어 놓았다.

해 敬의 작용이 잘 부각된다. 정리하면, 敬은 갖풀이 황하의 흐림을 제거하듯 경계하고 조심하는 자세로 마음의 혼탁한 기미를 제거한다. 한편, ②에서는 靜에 의해 敬이 작용할 수 있다는 관점을 취한다. 敬의 작용에 대한 언급이 없어도, 짐작하기 어렵지 않다. 靜을 확보해야 미발이 지속된다고 한 점이 그 단서이다. 미발이 지속되기 위해서는 敬이 작용해야 한다고 볼 때, 敬이 마음으로 하여금 戒愼恐懼하게 함으로써 미발의 상태를 지속시켰다고 해석할 수 있다. ①과 ②를 종합할 때, 敬은 미발을 지키는 주역이다. 마음을 철저히 주재해서 미발이 지속되도록 하니, 敬은 미발에 있어서 필수 요건이 아닐 수 없다.

③ 古人何事惕淵氷	고인은 무슨 일로 연못이나 얼음에 간듯 두려워했던가?
從善如登惡似崩	선좇기는 산오르기 같고 악좇기는 흙 무너지기와 같네.
美質尙難無悔吝	아름다운 바탕을 가졌더라도 후회없이 살기 어렵지만
吾今安得不兢兢	내 이제 어이하여 조심하고 조심하지 않겠는가?

(『退溪全書』卷3, 詩, 東齋感事 十絶/ 其八)

④ 主敬還須集義功	경을 주로 함은 또한 모름지기 의를 모으는 공부이니
非忘非助漸融通	잊지도 조장하지도 않으면 점차로 통달하게 되리.
恰臻太極濂溪妙	꼭 태극도설 염계의 오묘한 글에 도달한다면

始信千年此樂同　비로소 믿겠네. 천년에 이 즐거움 똑같음을.
(『退溪全書』卷3, 詩, 陶山雜詠 十八絶 七言/ 玩樂齋)

③~④는 敬이 이발을 어떻게 유지시키는지를 보여준다. 두 작품 모두 敬과 이발의 관계를 다루므로, 구별하지 않고 살펴도 무방할 듯하다. 마음이 외물에 접촉하여 발동하는 순간 즉 이발의 순간에는 善도 나타날 수 있고 不善도 나타날 수 있다. 이 때, 敬을 갖춘다면 마음을 채찍질해서 善으로 나아갈 수가 있게 된다. ③에서 '慽淵冰'하고 '兢兢'한다거나 ④에서 '須集義功'하여 '非忘非助'하다거나 한 표현은 敬을 갖추고 善을 지향하는 상태를 가리킨다. 善에 대한 지향은 곧 敬의 완비를 전제로 한다. 敬이 때로는 常惺惺으로서 때로는 其心收斂 不容一物로서 人欲을 제거하고 過·不及의 상태에 머무르지 않도록 해야 가능하다. ③과 ④를 종합할 때, 敬은 이발을 中節의 상태로 이끄는 주역이다. 情을 성찰하고 다스려서 미발시의 性이 구현될 수 있도록 하니, 敬은 이발에 있어서 필수 요건이 아닐 수 없다.

敬이 미발과 이발에 관여하는 양상을 보니, 敬은 마음을 조절하고 다스리는 확실한 수양 방법이다. ①~②에서는 敬이 마음의 주재자가 되어 미발이 지속되도록 하고, ③~④에서는 敬이 情을 성찰해서 미발시의 性이 구현되도록 한다. 敬이 '樂'의 형성 과정을 관장한다는 점을 상기할 때, 마음의 문제가 걸린 자리에는 敬의 중요성이 대두한다고 할 수 있다. '靜'·'味'·'樂'과 미발·이발이 유사성을 넘어 상동성을 지닌다는 언급이 여기서 가능하다. 상동성의 근거는 '靜'·'味'·'樂' 의 체계 내에 갖추어져 있다. '靜'은 독서 이전에 조성된 마음의 상태로서 그 자체가 지각과 지향성은 지니지 못하고, '味'·'樂'은 독서 이후에 조성된 마음의 상태로서 지각과 지향성을 모두 지닌다. 지각과 지향성의 토대를 근거로 할 때, '靜'은 미발과 유사한 상태이고, '味'·'樂'은 이발과 유사한 상태라고 할 수 있다.

상동성을 들어서, 미발·이발을 달리 표현한 개념이 '靜'·'味'·'樂'이라고 해도 좋은가? 그렇지는 않다. 독서시에서 '靜'·'味'·'樂'이라는 개념이 나타난다면, 미발·이발로 설명할 수 없는 흐름이 독서시에 존재한다고 보아야 한다. 여기서 상이성이 거론될 수 있다. 두 가지 정도를 지적해 보기로 한다. 한 가지는, 미발·이발과는 달리,[109] 마음의 상태가 단계적으로 뻗어나간다는 점이다. 독서자가 교훈이나 감동을 얻고자 하기 때문에 이런 현상이 생긴다. 다른 한 가지는, 미발·이발과는 달리, 마음의 상태가 뒷단계로 이행할수록 긍정적으로 바뀐다는 점이다. 독서의 궁극적인 목적이 '樂'에 놓여져 있기 때문에 이런 현상이 생긴다. 상이성은 곧 독서시와 미발·이발의 부조화를 나타낸다. 결국, '靜'·'味'·'樂'으로 설명할 수 있는 '樂'의 형성 과정을 미발·이발로는 설명하기 어렵다는 의미가 된다.

미발·이발로 전혀 설명할 수 없는 사안이 있다. 敬이 제한적으로 작용하는 경우가 바로 그러하다. 독락과 동락이라는 '樂'의 양태에서 그런 점을 찾아볼 수 있다. '樂'의 양태로서의 독락과 동락은 모두 이상적 '樂의 갈래로서 화자가 선택해야 할 대상이다. 敬은 독락이나 동락에 관여할 뿐이고, 어느 한 쪽을 일방적으로 지목할 수는 없다. 화자가 어느 한 쪽을 선택할 때 敬은 선택된

---

109 도덕적으로 볼 때 미발은 純善湛一하고 이발은 可善可惡하므로, 미발 → 이발의 과정에서 부정적인 방향으로 흐를 가능성이 그만큼 높아진다.

바를 따라 樂의 의미를 강화시켜 줄 뿐이다. 즉, 화자가 독락을 선택하면 평면적·개인적·개별적인 의미층을 생산하도록 추동하고, 화자가 동락을 선택하면 입체적·전체적·우주적인 의미층을 생산하도록 추동한다. 의미 층위의 차원에서 볼 때, 敬이 무소불위의 권능을 행사하지는 않는다. 善을 지향하는 자의 마음을 붙들고 '樂'의 형성 과정을 관장하면서도 樂의 양태를 선택하는 데는 유보적이어서, 이렇게 볼 수 있다.

'樂' 개념의 구도와 敬의 기능

주자에 의거할 때, 敬은 '收斂' 작용을 한다.[110] '수렴'이란 '外物에 의해 흐트러진 마음을 다잡는 행위'이니, 수렴이야말로 마음의 경각 상태인 敬을 유지시키는 데 결정적인 기여를 한다고 볼 수 있다.[111] 敬은 외물로부터 이입되는 부정적인 영향을 차단하므로, 수렴은 그런 상태를 생성·유지시키는 기능을 하는 셈이다. 물론, 수렴이라고 해서 모두 일정한 범위를 지니는 것은 아니다. 수렴 범위가 협소한 경우도 있고, 수렴 범위가 넓은 경우도 있다. 수렴 범위가 일정하지 않다면 敬의 내용도 일정하지 않다는 의미가 된다. 수렴 범위가 어떤 편차를 보이며, 이에 따라 敬의 내용이 어떤 차이를 보이는가?

---

110 敬에 대해 주자는 『朱子語類』卷17에서 "其心收斂 不容一物"이라 했고, 『朱子語類』卷12에서는 "始學工夫 須是靜坐 靜坐則本原定 雖不免逐物 及收歸來 也有箇安頓處"라고 했다. 모두 수렴 작용을 강조했다고 보면 된다.

111 유학적 수렴의 개념 및 방법에 대해서는 鄭羽洛, 『南冥文學의 意味表出樣相과 現實主義的 性格』, (慶北大 博士論文, 1997), 70~94쪽에서 잘 다루어 놓았기에 참조할 만하다.

① 多病無能白髮翁 병 많고 능력 없네. 흰 머리 늙은이.
一身長伴蠹書蟲 한몸 오래도록 함께 했네. 책속의 좀벌레와.
蠹魚食字那知味 좀벌레 글자 파먹은들 어찌 그 맛 알리요?
天賦群書樂在中 하늘이 뭇 경서 내리셨으니 즐거움 그 속에 있다네.
(『退溪全書』卷3, 詩, 東齋感事, 十絶/ 其六)

② 讀書人說遊山似 글 읽기와 산 놀이가 비슷하다고 하지만
今見遊山似讀書 지금 보니 산 놀이가 글 읽기와 비슷하다네.
工力盡時元自下 공력이 다할 때는 의례히 내려오고.
淺深得處摠由渠 얕고 깊음 얻는 곳 모두 이에 있더구나.
坐看雲起因知妙 열 구름 앉아 보고 기묘함을 알았고
行到源頭始覺初 근원지에 이르러선 비롯됨을 깨달았네.
絶頂高尋勉公等 마루턱 찾을 것을 그대들에 기대하니
老衰中輟愧深余 늙어서 전진 못하는 이 몸 내 깊이 부끄러워라.
(『退溪全書』卷3, 詩, 讀書如遊山)

①~②에서는 수렴 방법이 수렴 범위를 결정하는 양상을 보인다. ①에서는 수렴 방법이 경직되어 있다. 화자는 자신이 '多病無能'해서 '蠹書蟲'과 함께 할 뿐이라고 한다. 수렴 방법이 '蠹書蟲'과 함께 하는 정도이므로 수렴 범위는 經書를 벗어날 수가 없다. 경서 이외에는 경계선이 그어져 있으니, 東齋 주변의 그 많은 자연물에도 마음이 갈 수 없다. 한편, ②에서는 수렴 방법이 유연하다. 화자는 遊山을 하듯 독서로써 道의 근원머리를 체인한다고 한다. 독서의 과정이 한발 한발 나아가는 유산과 같다고 하며 道의 수렴을 유산의 기쁨과 관련시켰으니, 수렴 방법이 꽤나 신축

적이다. ①과 ②에서 수렴 방법이 수렴 범위를 결정한다면, 敬의 내용도 당연히 차이를 보이게 마련이다. 수렴 방법이 경직된 ①의 경우에는 敬의 작용이 제한적이고, 수렴 방법이 유연한 ②의 경우에는 敬의 작용이 거의 무제한적이다.

수렴 방법에 따라 敬의 작용이 달라진다고 해서, 敬이 온전하게 수렴 방법의 통제 아래 놓인다고 할 수는 없다. 敬이 때로는 수렴 방법의 제약을 돌파하기도 한다. 수렴 방법을 돌파한다고 한다면, 수렴 방법의 주체인 화자가 시각의 범위를 확장시킨다는 의미가 된다.[112] 그런 사례가 독락의 경우에서 적지 않게 나타난다. 독락 가운데는 시각의 범위나 수렴 방법에 있어서 임의성이 강한 경우가 많다. 세속 공간이 충격을 가해 올 때 화자가 독락을 성급하게 선택해서 시각의 범위를 좁혀 버렸다가, 그 이후에 화자가 수렴 방법을 확장하고 시각의 범위를 넓히고자 하기 때문에 이런 현상이 나타난다. 이렇게 보면 화자가 어느 정도로 변화를 모색하느냐에 따라 敬의 작용이 달라질 수 있다는 추리가 가능하다. 독락의 구도 내에서 화자의 변화 모색과 敬의 작용이 어떤 관계를 갖는지를 살피기로 한다.

③ 宿霧初收曉日鮮　묵은 안개 처음 걷고 새벽해가 밝아올 제
寒溪幽壑共蒼然　차가운 시내 깊은 골이 모두 푸를 뿐이어라.
病中軀體纔溫攝　병 깊은 이 몸일사 따사롭게 다스리고

112 "蓋此心旣立 由是格物致知 以盡事物之理 則所謂尊德性而道問學 由是誠意正心 以修其身 則所謂先立其大者 而小者不能奪 由是齊家治國 以及乎天下 則所謂修己以安百姓 篤恭而天下平 是皆未始一日而離乎敬也 然則敬之一字 豈非聖學始終之要也哉(『退溪全書』卷7. 箚, 大學經)"에서 보듯, 敬이 확고할 경우에는 어떤 心事든 변화시킬 수 있다.

窮裏田園半廢捐 궁곤한 채 밭과 동산은 반일랑 버렸노라.
滿壁圖書常獨樂 도서가 벽에 가득 홀로서 즐거웁고
一庭烟草爲誰憐 온 뜰에 내 낀 풀은 누구를 위해 사랑할꼬?
秋來又約同襟子 이제 가을철이 드니 나의 벗과 약속하여
明月淸風上釣船 맑은 바람 밝은 달에 낚싯대에 오르련다.
(『退溪全書』卷2, 詩, 立秋日 溪堂書事 三首/ 其一)

④ 黃卷中間對聖賢 누런 책권 그 속에서 옛 성현 마주 하고서
虛明一室坐超然 텅빈 밝은 방에 초연히 앉아 있네.
梅窓又見春消息 매화 핀 창밖에 또 다시 봄소식이 이르니
莫向瑤琴嘆絶絃 요금을 비껴 안고 줄 끊어졌다 슬퍼 마오.
(『退溪全書』卷2, 詩, 正月二日立春)

③~④에서는 독락의 구도를 갖추고 있다. ③에서 '常獨樂'이라 하고 ④에서 '虛明一室坐超然'이라 하며 '나홀로'를 지향한다는 점이 그 근거이다. 독락의 구도에는 변화의 기미가 있다. ③에서는 화자가 뜰을 내다보며 풀과의 연관성을 모색하고 ④에서는 화자가 매화를 보며 도학의 전통에 대한 소회를 밝히는 데서 '나홀로'에 멈추지 않으려 한다고 할 수 있다. '나홀로'를 추구하던 화자가 수렴 범위를 넓히면서 독락의 구도에서 빠져나오려는 노력으로 이해된다. 이런 현상은 수렴 방법의 변화에서 기인한다. 외물을 수렴의 대상으로 보아 시각의 범위 안으로 끌어들였으니, 수렴 방법이 한결 유연하고 넓어졌다. 수렴 방법이 敬의 작용 범위와 연관된다는 점을 상기할 때, 수렴 방법의 변화가 수렴 범위를 넓히고 敬을 활발발하게 만든다고 볼 수 있다. 활발발해진 敬이 독락의 구도를 변화시켰다는 언급이 이로써 가능해진다.

화자가 왜 이렇게 수렴 방법의 변화를 모색하는가? 화자의 처지를 들여다보면서 이 점을 해명해 보기로 한다. ③의 화자는 병중이어서 운신의 폭이 넓지 못하다. 궁핍을 언급하기는 했지만 궁핍 때문에 운신하지 못할 리는 없다. 아마도 몸이 불편해서 독락을 선택했으리라 본다. 물론, 몸이 아프다고 해서 마음까지 아픈 것은 아니다. 병 때문에 독락을 선택하기는 했어도, 그리 흔쾌하지 않은 까닭은 심중에서 온전히 용납하지 않는 데서 비롯된다. ③의 結句가 그런 점을 시사한다. 한편, ④에서는 독락을 선택한 연유가 드러나지 않으나, 짐작하기 어렵지 않다. 집 안에서 매화를 본다고 했으니, ③과 같은 연유로 독락을 선택했을 가능성이 높다. ③과 ④는 시사하는 바가 크다. 心과 身이 일치한다면 독락의 구도가 변하기 어렵겠지만, 心이 身과 다르다면 독락의 구도가 변할 가능성이 높다는 점이 그것이다.

'敬이 뒤흔드는 독락'을 어떻게 보아야 하는지가 관건이다. 결론적으로 말해, 독락이되 독락이 아니다. 독락의 상태에 있기 때문에 여전히 독락이지만, 독락의 상태를 벗어나려고 하기 때문에 온전한 독락은 아니다. 온전하지 않은 독락, 즉 '敬이 뒤흔드는 독락'은 그 자체로 마무리되지 않는다. 독락의 구도가 닫혀 있지 않고 열려 있어서, 동락과 친연성이 강한 까닭이다. 독락의 화자가 천지만물에 대한 지향성을 지니기만 한다면, 敬은 동락의 구도 속으로 진입할 가능성이 그만큼 많아진다고 할 수 있다. 동락 가운데는 前身이 '敬이 뒤흔드는 독락'이었을 경우가 적지 않으리라는 지적이 여기서 가능해진다. 이렇게 보니, 敬이 '樂'에 끼치는 영향이 적지 않다. 心과 身이 일치하지 않는 화자에게로 파고들어 독락을 동락으로 이어줌으로써, 독서시 전체를 하나의 거대한 덩어리로 만드는 구실을 한다고 할 수 있다.

'樂' 개념이 독서시에서 지니는 미학적 성격

독서시의 일차적인 몫은 화자이다. 敬을 지니는 주체도 화자이고, '樂'의 형성 과정을 이끄는 주체도 화자이다. 바꾸어 말하면, 화자가 심미안을 지니지 않았다면 敬도 온전히 갖출 수 없고, '樂'의 형성 과정에도 온전히 관여할 수 없다. 화자의 심미안은 동태적이다. 성리학적 이념이 전반적인 분위기를 지배하므로 정태적일 듯하나, 의외로 동태적인 측면이 있다. 심미안이 동태적이라면, 심미안의 결정체인 '樂'도 당연히 동태적이게 마련이다. '樂'의 心像 體系와 審美 構造에서 실제로 動의 機微가 감지되고 있어서, '樂'의 동태적 성격은 뚜렷한 근거를 갖추었다고 할 만하다. 화자는 動의 기미를 어떻게 포착하고 형상화하는가? '樂'이 심미안의 소산이라는 점에서, 이 문제는 결국 美學的 次元의 과제가 된다.

'樂'의 심상 체계, 그 심미안과 능동성

현대적 의미에서 볼 때, 독서시는 美學과 거리가 있어 보인다. 미학이론에 입각해서 美의 본질이나 구조를 다루지 않았다는 점이 그 근거이다. 독서시가 미학적 대상과 거리가 먼가 하면, 전혀 그렇지가 않다. 미학은 이론에 의해서 구현되기도 하지만, 이론에 의지하지 않고 구현되기도 하는 법이다.[113] 독서시는 후자의 경우에 속한다. 미학 이론이 등장하기 훨씬 이전에 독서시에서

---

113 미학을 '미의 본질과 구조를 해명하는 연구'라고 정의할 때, 이런 연구는 전문가의 이론적 지원을 받지 않고서도 이루어질 수 있다. 劉勰, 崔信浩 譯『文心雕龍』, (玄岩社, 1975), 9쪽에서 언급했듯이, 자연이 이미 성대한 文彩와 音樂性을 갖추었으므로, 그런 문채와 음악성을 드러내기만 해도 미학의 조건을 갖춘다고 할 수 있다.

는 이미 미학적 관점을 보유하고 있었다. 대상의 美를 心像으로 승화시키고 그 심상을 체계화해서 '樂'으로 규정했으니, 미의 탐구 작업은 미학이론이 아닌 미학적 관점에 의해 이루어졌다고 할 만하다. 독서시의 미학적 성격은 독서시 그 자체에서 찾아야 마땅하다. 西洋式의 미학이론을 의식하지 말고 '樂' 그 자체의 심상 체계를 구체적으로 끄집어낼 필요가 있다.

'樂'의 심상 체계를 끄집어내기 위해서는 天人合一과 物我一體에 대한 이해를 새롭게 해야 한다. 대부분의 논자들은 작품에서 자연과 인간 그리고 천리가 나타날 때 천인합일이나 물아일체가 주제라 하는 경향이 있다. 이런 논법이라면 천인합일이나 물아일체를 '樂'의 심상 체계라 할 법도 하다. 물론, 옳은 지적이 아니다. 단순한 미학적 범주를 심상 체계로 오인하기 때문이다. 주지하다시피 심상 체계는 심상의 유기적이고 조직적인 통일체를 가리킨다. 질료로부터 심상을 추출해내고 추출한 심상을 적정 비율로 배합할 때 유기적이고 조직적인 통일체가 나타날 수 있다. 질료가 독서시의 제재라는 점을 감안하면, '樂'의 심상 체계는 결국 천인합일이나 물아일체의 범주 안에 들어 있다고 보아야 한다. 미학적 범주를 심상 체계로 오인하지 말고, 그 범주 안으로 파고 들어가서 심상의 실체부터 검출해야 마땅하다.

① 雖云萬物備吾身	비록 만물의 이치가 내 몸에 갖추어졌다고 하나
老去常憂虛作人	늙어가며 올바른 사람 못된 것이 항상 근심이네.
賴有前言明此理	옛사람이 이치를 밝게 말해 줌에 힘입었으니

豈無窮巷樂餘春 어찌 궁벽한 곳이라고 남은 봄의 즐거움이 없겠는가?

青雲舊友多疑舊 청운의 꿈을 이룬 옛 벗은 옛말을 의심하는 이 많으나

白面新知少信新 백면서생으로 새로 안 이는 새로이 믿는 자 적어라.

問子隱功深策勵 그대의 숨은 공부가 깊은 계책에 힘쓴다니

忽如對榻講論親 홀연히 마주 대하고 강론하는 듯하구려.

(『退溪全書』外集 卷1, 詩, 金惇敍 和余所和琴夾之遊山諸作 就其中 復和二首/ 其一)

② 無酒苦無悰 술이 없을 젠 딱하게도 기쁨이 없어

有酒斯飮之 술이 있으면 곧장 마시는도다.

得閒方得樂 한가함을 얻어야만 즐거움이 찾아드니

爲樂當及時 즐거움을 누리려면 때 놓쳐선 아니 되리.

薰風鼓萬物 훈훈한 저 바람이 만물을 고무시키니

亨嘉今若玆 오늘에 이르러서 이같이 아름답네.

物與我同樂 나와 만물 간격 없이 함께 즐겨함이니

貧病復何疑 가난코 병들다손 무엇을 의심하리요?

豈不知彼榮 저들의 영화로움 내 어찌 모르랴만

虛名難久持 필경 헛된 이름이란 오래 지닐 수 없으렸다.

(『退溪全書』卷1, 詩, 和陶集飮酒二十首/ 其一)

①은 천인합일에 대해, ②는 물아일체에 대해 다루고 있다. ①에서는 경서의 이치로 만물과 화자의 틈새를 메우고, 그 결과 '樂'에 이르렀다고 한다. 이치, 만물, 화자는 자연상태 그대로가

아니다. 우주 운행의 이치이고 이치를 내장한 만물이고 흥겹게 독서하는 화자이니, 심상으로서의 이치, 만물, 화자일 따름이다. 한편, ②에서는 바람, 만물, 화자가 어우러져서 동락을 이룬다고 한다. 바람, 만물, 화자도 자연상태 그대로가 아니다. 만물을 고무시키는 바람이고 바람을 맞아들이는 만물이고 자연물과 함께 하는 화자이니, 심상으로서의 이치, 만물, 화자일 따름이다.[114] ①~②에 각기 나타난 삼자는 모두 심상이다. 화자의 심미안에 의해 걸러진 심상이기에 원래 그대로의 대상은 아니다. 원래 대상의 특성 중에서 공통 요소만을 뽑아내고 隔意를 소거해 버렸기 때문에, 이런 심상이 나타날 수 있었다.

심상의 실체를 확인하고 보니, '樂'의 심상 체계가 비로소 모습을 드러낸다. '樂'의 심상 체계가 보유한 원리가 '질료의 특성을 소거해서 수평적 관계 조성하기'에 있으니, '樂의 '심상 체계는 그런 원리를 통해 나타난 심상의 통일체가 된다. 이치와 만물과 화자가 격의 없이 어울려서 조합해낸 심상의 통일체가 ①에서 나타난 '樂'의 심상 체계이고, 바람과 만물과 화자가 격의 없이 어울려서 조합해낸 심상의 통일체가 ②에서 나타난 '樂'의 심상 체계이다. 심상 체계가 보유한 원리에 따라 심상 체계가 생겨난다면, 심상 체계가 보유한 원리는 어디서 생겨나는지가 관건이다. 物보다 我가 우위에 서는 以我觀物의 시각[115]은 분명히 아니다. ①

---

114 화자가 바람·만물과 대등하므로, 동락의 주체는 화자만이 아니다. 바람도 동락의 주체이고, 만물도 동락의 주체이다. 我가 物이고 物이 我이니, 物의 理와 我의 理가 만나서 모두를 동락의 주체로 만들고 있다. 이런 분위기라면 화자가 책을 읽지 않아도 읽은 효과를 얻는다. 物의 理가 經書의 理와 같기 때문이다. "觀書深喩在方塘(『退溪全書』卷3, 詩, 十八絶 七言/ 天光雲影臺 或只稱天雲臺)"이라고 한 언급도 같은 맥락이라 볼 수 있다.

115 李敏弘, 「性理學的 外物認識과 形象思惟」, 『朝鮮朝 詩歌의 理念과 美意識』, (成均館大出

과 ②의 삼자가 각기 대등한 위치에 놓인다는 점에서, 物과 我의 구별이 없는 以物觀物의 시각이 '樂'의 심상 체계가 보유한 원리를 배태한다고 할 수 있다.

이물관물의 시각이 어떻게 그런 원리를 배태하는지가 의문이다. 우선, 이물관물의 시각과 '樂'의 심상 체계의 관계를 가다듬어 볼 필요가 있다. 이물관물의 시각은 미학의 형식에 해당되고 '樂'의 심상 체계는 미학의 내용에 해당된다. 형식과 내용이 다르다면 양자의 관계는 깨어지고 만다. ①과 ②의 심상으로부터 그런 조짐이 나타난다. 질료로부터 심상을 포착했다고는 하지만, 심상 간에는 우열의 차이가 존재한다. 심상으로서의 화자가 관조·체인의 주역이라 볼 때, 심상으로서의 화자는 높고 심상으로서의 대상은 낮다. 우열 관계가 생기면 내용에 이상이 생기니, '樂'의 심상 체계를 가능하게 하는 원리를 설정하지 않으면 안 된다. 이물관물의 시각은 수평적 관계를 조성하는 방법으로 원리를 설정한다. ①에서 이치·만물이 ②에서는 이치·만물이 화자와 교섭하는 데서 이런 추리가 가능하다.

삼자가 교섭한다고 볼 때, '樂'의 심상 체계가 보유한 원리는 심상의 능동성을 전제로 한다고 할 수 있다. 심상이 능동성을 지닐 때 교섭이 가능해지기 때문이다. 문제는 심상이 생물이기에 능동성을 지닌다고 할 것인지, 生의 理를 지니기에 능동성을 지닌다고 할 것인지가 관건이다. 독서시는 후자이다. 즉, 天地가 生生不窮의 뜻을 수행하므로 만물의 심상은 活物이고,[116] 태극이 至

版部, 1993), 106~112쪽에서 전반적인 내용을 심도 있게 소개했다.

116 활물에 대한 견해는 "天地之心 只是箇生 凡物皆是生 方有此物 人物所以生生不窮者 以其生也(『退溪全書』自省錄, 答鄭子中·『性理大典』卷35)"와 "天地之間 有理有氣 纔有理 便有

神之用을 부여하므로 理의 심상은 活理이다.[117] 이렇게 해서 심상의 능동성을 인정하면, 대상의 본질을 活潑潑로 인식하는 계기를 확보한다. 가령, 매화가 사물에게 가서 이치를 깨닫는다거나[118] 솔개와 물고기가 천리를 구현한다[119]거나 하는 식의 인식이 나타나게 된다. 이물관물의 시각이 심상의 능동성을 끌어들여 심상 체계를 가능하게 하는 원리를 조성했으니, 심상 체계의 원리는 심상의 능동성을 떠나서 존립할 수가 없다.

◈ '樂'의 심상 체계
전제 --- 심상의 능동성
원리 --- 수평적 관계의 조성
양상 --- 원리를 통해 나타난 각각의 통일체

'樂'의 심상 체계는 수평적 관계의 조성 원리에 입각한 통일체로서, 심상의 능동성을 전제로 한다. 만약, 화자의 심미안이 작용하지 않았으면 '樂'의 심상 체계는 나타날 수 없다. 화자가 심미안으로 심상의 능동성을 발견한 다음, 여러 심상을 수평적 관계로 전환시킴으로써 하나의 통일체를 이룰 수 있었다. 통일체에

氣眹焉 纔有氣 便有理從焉 理爲氣之帥 氣爲理之卒 以遂天地之功 所謂理者 四德是也 所謂氣者 五行是也(『退溪全書』續集, 卷8)"에 나타난다.

117 활리에 대한 견해는 "此理本然之體也 其隨寓發見而無不到者 此理至神之用也 向也但有見於本體之無爲 而不知妙用之能顯行 殆若認理爲死物 其去道不亦遠甚矣乎(『退溪全書』卷18, 書, 答奇明彦)"에 나타난다.

118 "神淸骨凜物自悟(『退溪全書』卷1, 詩, 湖堂梅花 暮春始開 用東坡韻 二首/ 其二)" 참조.

119 "鳶飛魚躍 狀化育流行 上下昭著 莫非此理之用(『退溪全書』卷1, 詩, 湖堂梅花 暮春始開 用東坡韻 二首/ 其二)" 참조.

이르기까지 심미안이 한번도 멈추지 않는다. '심상 포착 → 심상의 능동성 발견 → 심상 체계의 원리 설정 → 심상 체계의 양상 표출'이라는 과정이 맞물려 전개되고 있으니, 심미안이 시종일관 '樂'의 심상 체계를 향해 치닫는다고 할 수 있다. 각 과정마다 심미안1, 심미안2, 심미안3, 심미안4라는 이름을 붙여도 무방하리라 본다. 작가인 퇴계가 화자를 설정했다는 점을 상기할 때, 화자가 보유한 일련의 심미안은 곧 퇴계의 심미안이 된다. 퇴계의 심미안이 얼마나 치밀하고 활발한지를 알 수 있다.

'樂'의 審美 構造, 그 원심력과 구심력

퇴계 미학은 화자의 심미안을 통해 표출된다. '樂' 특히 동락의 심미 구조에서 그런 점을 확인해 볼 수 있다. 동락이라 하면 調和·融會만을 떠올리기 쉬우나, 葛藤·相馳도 빼놓을 수 없다. 화자가 세속 공간과 충돌하다 이상 공간[120]에 진입하기 때문에 갈등·상치의 비중이 적지 않다. 조화·융회가 갈등·상치를 전제로 하므로, 갈등·상치의 비중은 조화·융회의 비중만큼이나 크다. 갈등·상치 없이 '樂'의 심미 구조가 형성될 수 없다는 점에서, 갈등·상치를 중시하는 화자의 심미안을 읽어낼 수 있다. 퇴계가 화자를 창출했다고 볼 때, 심미안의 근원은 퇴계의 삶이라 해도 무방하다. 조화·융회를 화합 의식으로 갈등·상치를 거부 의식으로 지칭하고, 두 의식을 통해 퇴계 미학의 특징을 조망해 보기로 한다.

---

120 세속 공간과는 정반대의 위상을 지녔기에 이상 공간이라 지칭해 봄직하다. 최진덕, 「退溪 理氣心性論의 脫道德형이상학적 해석」, 『退溪學報』112, (退溪學硏究院, 2002), 38쪽에서는 '무위자연의 고향'이라고 지칭하고 있다.

> 아아! 나는 불행히도 늦게 먼 외딴 시골에서 태어나 순박하고 고루하기만 하여 들은 것이 없으나 산과 숲 사이에서 스스로 돌아보니, 일찍이 즐길 만한 것이 있음을 알았다. 중년에 망녕되어 세상에 나가 속세의 바람과 흙먼지를 전신에 뒤집어쓰고 객관이나 전전하다가 자칫하면 스스로 돌아오기도 전에 죽을 뻔했다. 그 후 나이가 들어 늙을수록 병은 심하여지고 행하는 일마다 더욱 실패를 겪으니, 세상은 나를 버리지 않았지만 나는 세상에 버림을 받지 않을 수 없었다. 이에 비로소 울타리와 새장에서 몸이 벗어나 분수에 맞게 농촌의 밭구렁에 몸을 던지니, 전에 이른바 산림의 즐거움이 기약하지 않아도 내 앞으로 다가왔다. 그러니 내 이제 쌓인 병을 삭이고 깊은 근심을 틔우며 늘그막에 편안히 쉬려면 이 곳을 버리고서 장차 어디서 구하겠는가?[121]

陶山雜詠 幷記의 뒷부분이다. 이 글에는 퇴계의 목소리가 여과없이 드러나고 있으므로, '나'를 퇴계로 보는 편이 타당하다. 퇴계인 '나'는 속세의 客館을 전전하는 者이다. '속세의 객관'이 벼슬살이를 의미하므로, '나'가 명리를 얻기 위해 세상에 나아갔다고 볼 수 있다. '속세'는 결코 '나'에게 우호적이지가 않다. '바람과 흙먼지'를 뒤집어씌우기도 하고, 따돌리고 홀대하기도 한다. '속세'의 이런 횡포에 대해 '나'는 나름대로 대응을 한다. '망녕'

121 嗚呼 余之不幸晩生遐裔 樸陋無聞 而顧於山林之間 夙知有可樂也 中年 妄出世路 風埃顚倒 逆旅推遷 幾不及自返而死也 其後年益老 病益深 行益躓 則世不我棄 而我不得不棄於世 乃始脫身樊籠 投分農畝 而向之所謂山 林之樂者 不期而當我之前矣 然則余乃今所以消積病 豁幽憂 而晏然於窮老之域者 舍是將何求矣(『退溪全書』卷3, 詩, 陶山雜詠 幷記)

되게 세속 공간을 선택했다고 자책하며 은거생활을 모색한다는 점이 그것이다. 갈등을 도피로 해결하기 때문에 소극적인 대응에 불과하지만, 이런 소극적인 대응에도 거부 의식은 분명히 묻어 있다. 퇴계의 삶에 거부 의식이 잠복해 있다면, 독서시의 화자도 결코 예외일 수가 없다. 이런 정황을 염두에 두고 동락에 대해 다룬 독서시를 먼저 주목해 보기로 한다.

① 城郭囂塵匪雅栖	성 안은 시끄럽고 번화해 선비 살 곳이 못 되어
鉢山松麓古東西	발산 소나무 기슭에 동서를 차지했네.
風號一院濤聲殷	바람이 정원을 호령하니 물결소리가 크게 들리고
栢悅千霜翠色迷	잣나무가 서리 내린 걸 기뻐하니 푸른빛도 흐릿해졌네.
歌頌魯邦聞作廟	경서 읽으니 묘당에서 연주하는 음악이 들리는 듯하고
盤桓陶徑見携藜	오솔길 산책하니 도잠이 지팡이 끌고 거니는 듯하네.
澗中山上皆天賦	시냇가나 산 위나 모두 하늘이 주신 것이니
百尺何妨徑寸齊	백척도 한 치와 마찬가지라 어찌 거리끼랴.

(『退溪全書』續集 卷1, 詩, 次韻晩翠堂)

①의 화자는 애초에 '성 안'의 여건에 대해 거부 의식이 심각하다.[122] 시끄럽고 번화하다고 하며, '발산 소나무 기슭'으로 옮겨

122 세속 공간에 대한 반감은 여타 시에서도 많이 나타난다. 서울은 흰 옷을 검게 할 뿐 아

간다. '성 안'은 세속 공간을 가리키고 '발산 소나무 기슭'은 이상 공간을 가리키므로, 세속 공간을 떠나 이상 공간으로 진입한 셈이 된다. 이상 공간에서는 음악 소리가 들린다고 하며, 화합 의식을 드러낸다.[123] 거부 의식은 애초에 형성되었지만, 화합 의식이 형성된 뒤에도 소멸되지 않는다. 화자는 독서 공간을 아주 조용한 분위기로 형용했다. 바람이 호령해서 물결소리가 크게 들린다고 하면서도 관조하기에 좋다고 하니, 세속 공간에 대한 거부 의식이 여전히 남아 있다. 두 의식은 판이하나, 충돌하지 않는다. 거부 의식은 외부 세계를 향하며 遠心力을 형성하고, 화합 의식은 내부 세계를 향하며 求心力을 형성하므로, 방향이 서로 다르다. 방향이 다르니, 충돌이 없다고 할 수 있다.

② 因病投閒客　병들었다 핑계하고 한가한 몸이 되어
緣深絶俗居　깊은 곳 찾아와서 속사 끊고 살으련다.
欲知何所樂　즐거움 어느 것을, 알려고 할 양이면
白首抱經書　경서를 껴안은 채 백수로 늙으려네.
(『退溪全書』卷2, 詩, 溪堂偶興十絶/ 其九)

③ 愁緖如抽獨繭長　끊임없는 수심은 실을 뽑아내는 듯이 길어

니라 예전의 나 자신과 지금의 나 자신을 다르게 하는 곳이라고 하는 시와 서울은 티끌만 난무하는 곳이라고 하는 시를 대표적으로 들 수 있다. 해당 시구를 인용하면 다음과 같다. "豈無京洛或相逢 素衣化緇嗟非昔(『退溪全書』卷5, 續內集, 詩, 用大成早春見梅韻)" ; "東歸恨未携君去 京洛塵中好艶藏(『退溪全書』卷5, 續內集, 詩, 漢城寓舍 盆梅贈答)" ; "一第平生幾誤身 素衣今復化緇塵(『退溪全書』卷2, 詩, 寄月川趙上舍士敬)"

123 '음악'은 융회 현상을 형용하는 미적 심상이니, 자연물에 대한 화자의 화합 의식을 나타낸다고 할 수 있다.

不堪羸瘦似東陽 옷 감당도 못할 만큼 동양태수처럼 수척해라.
吟詩可滌幽憂疾 시를 읊으면 깊은 근심병을 씻을 수 있어
口角瀾飜白三十 입으로 백삼십 편을 흥겹게 읽었네.
(『退溪全書』外集 卷1, 詩, 辛亥早春 趙秀才士敬訪余於退溪 語及具上舍 景瑞 金秀才秀卿所和權景受六十絶幷景瑞五律 余懇欲見之 士敬歸卽寄示 因次韻遣懷)

②~③은 독락에 대해 다룬 독서시이다. 2)의 화자는 벼슬살이에서 물러나 '깊은 곳'에서 경서를 읽는다고 한다. '속사'를 끊겠다고 하는 데서 심리적 갈등을 겪었을 법하나, '깊은 곳'과 조화·융회 상태에 진입하면서 심리적 갈등을 해소한 듯하다. 갈등이 없으니 상치도 없다. 오로지 독서에만 매달리므로, 구심력만 나타나고 원심력은 나타나지 않는다고 할 만하다. ③의 화자는 ②의 화자와 대동소이하다. 근심이 많아서 東陽太守인 沈約처럼 야위었다고 한 데서 심리적 갈등이 ②의 화자만큼 심각했으리라 여겨진다. 심리적 갈등이 이상 공간에서도 여전히 남아 있으나, 화자는 독서에만 전념한다. 거부 의식이 표출되지 않으니, '樂'의 심미 구조에는 구심력만 나타나고 원심력은 나타나지 않는다. 요컨대, ②·③에서 원심력은 나타나지 않는다. 갈등은 약하고 상치는 없으므로 구심력만 나타난다고 할 수 있다.

'樂'의 심미 구조를 근거로 할 때, 동락의 ①과 독락의 ②·③은 성격이 매우 다르다. ①의 경우에는 구심력과 원심력이 모두 나타나는 데 반해, ②·③의 경우에는 구심력만 나타난다. 이런 현상은 세속 공간에 대한 거부 의식의 유무 때문이다. 거부 의식이 ①에는 있고 ②·③에는 없으니 원심력이 나타나거나 나타나지 않거나 한다. 원심력이 이런 정황을 보인다면, '樂'의 심미 구조도

일정할 수가 없다. 원심력이 나타나는 경우는 구심력과 긴장 관계를 형성하므로 '樂'의 심미 구조가 역동적·확장적 성격을 띠고, 원심력이 나타나지 않는 경우는 긴장 관계가 형성하지 못하므로 '樂'의 심미 구조가 정태적·제한적 성격을 띤다. 원심력이 나타나는 경우는 언제나 역동적·확장적이고 원심력이 나타나지 않는 경우는 언제나 정태적·제한적이냐 하면, 그렇지 않다. 동락은 일정한 편이지만, 독락은 유동적인 성향을 보이기도 한다.

④ 書傳千古心　옛 성인의 글에는 천고 마음 전했으니
讀書知不易　글을 읽는다는 것이 쉽지 않음을 알았노라.
卷中對聖賢　누런 책권 가운데서 성현을 대했으니
所言皆吾事　허다한 그 말씀이 모두 나의 행할 일일세.
(『退溪全書』卷5, 續內集, 金愼仲挹淸亭十二詠/ 其五, 讀書)

⑤ 夜枕浪浪徹雨聲　밤들어 베개 위에 빗소리 낭랑터니
朝霞明滅弄陰晴　아침 놀이 뵐락 말락 흐렸다 개이어라.
無氈坐上仍無客　방석 없는 자리 위에 이내 손님 안 오시고
有擇園中亦有英　잎 떨어진 동산 속에 꽃이 가끔 보이어라.
宿鳥自營飛散鳥　숙조는 절로 오가며 일찌감치 흩어지고
家僮雖懶掃涓淸　집의 종놈은 비록 게으르나 꽤 맑게 쓰네.
讀契挑意忘安飽　책읽기 뜻에 꼭 맞아 편안하고 배부른 것 잊으니.
相勵何人共日征　누구를 격려하여 함께 나아가리요?
(『退溪全書』卷2, 詩, 寓舍西軒早起卽事)

④~⑤는 독락의 범주에 드는 독서시이다.[124] 이 독서시는 앞장에서 거론한 〈立秋日 溪堂書事 三首/ 其一〉·〈正月二日立春〉과 같이 '樂'의 심미 구조가 열려 있다. 열린 부분은 ④의 '所言皆吾事'와 ⑤의 '相勵何人共日征'이라는 구절이다. 이 두 구절은 화자가 새롭게 나아갈 방향을 암시하면서, 독락이라는 틀 속에 갇히지 않으려는 의지를 내비친다. 이런 현상은 화자의 시각이 외부 세계로 향한다는 증거이다. 만약 외부 세계로까지 시각을 확장하기만 한다면, '樂'의 심미 구조의 한 축인 원심력도 형성할 수 있게 된다. 이렇게 보니, ④~⑤에서 나타나는 '樂'의 심미 구조는 상당히 동태적이다. 위상은 독락의 상태이면서 지향점은 동락의 상태이기 때문이다. '樂'의 심미 구조가 靜中動이라는 점에서, ④~⑤는 '樂'의 심미 구조가 비교적 안정된 동락의 독서시와 독락의 독서시의 중간에 위치한다고 할 수 있다.

이렇게 보니 독서시의 유형은 세 가지이다. 원심력이 나타나지 않는 독서시와 원심력이 나타나는 독서시와 원심력이 나타날 기미가 보이는 독서시가 그것이다. 이 세 가지 유형은 퇴계의 삶을 반영한다. 퇴계는 자신의 일상을 시로 형상화했기 때문에,[125] 퇴계

124 '樂'이라는 단어나 '樂'의 비유어가 없지만, 정체를 밝히는 데 어렵지 않다. 4)의 '對聖賢'과 5)의 '讀契挑意'가 단서가 된다. '靜' → '味' → '樂'이라는 '樂'의 형성 과정을 놓고 볼 때, '對聖賢'과 '讀契挑意'은 '樂'과 상통하므로, 틀림없는 독락의 독서시이다.

125 퇴계시에는 성리학적 고담준론도 담겨 있지만, 삶의 현장에서 겪은 각종 경험적 사실도 담겨 있다. 사제간의 담론, 선배 학자와의 상봉, 벗과의 회동, 등산한 뒤의 느낌, 농민의 참상 등이 그것이다. 퇴계시의 내용이 복합적이므로, 道 우위의 관점을 능사로 삼아서는 안 된다. 道 우위의 관점으로 경험적 사실을 포착하기는 어렵기 때문이다. 퇴계시의 실상에 입각해야 경험적 사실에 담긴 퇴계의 의식을 해명할 수 있으리라 본다. 이 점에서 퇴계시를 편협한 도덕적 기준으로 평가하지 말라고 주문하는 金基鉉, 「퇴계의 審美의식과 초월의 정신」, 『退溪學報』120, (退溪學硏究院, 2006), 107쪽의 제안은 경청할 만하다.

가 곧 詩이고 詩가 곧 퇴계라는 등식이 이루어진다. 주지하다시피 퇴계는 수십 차례의 出과 處를 거듭했다. 삶에 굴곡이 많았으니, 그런 굴곡이 詩에 고스란히 담겼다고 할 수 있다. 퇴계의 삶이 '出 → 處'일 때와 '處 → 處'일 때와 '處'의 성격을 조정하고자 할 때로 나누어진다고 볼 때, '樂'의 심미 구조도 이와 같다고 볼 수 있다. 순차적으로 정리하면, ②·③과 같은 '樂'의 심미 구조와 ①과 같은 '樂'의 심미 구조와 ④·⑤와 같은 '樂'의 심미 구조가 그것이다. 세 가지 독서시의 유형이 곧 세 가지 '樂'의 심미 구조를 낳았다는 언급이 가능하다.

퇴계시를 溫柔敦厚 美學이나 性情美學이라 하는 입장[126]에서 보면, 세 가지 독서시의 유형이 낯설게 느껴진다. 道 우위의 입장에서 한발 물러난 측면이 있기 때문이다. 그나마 독락의 독서시는 온유돈후의 미학이나 성정미학과 다소간 유사성이 있다. 원심력이 나타나지 않고 구심력만 나타나므로, 道를 표방하며 축소 지향적인 인식 태도를 갖추었다고 해도 그다지 무리가 없어 보인다. 문제는 동락의 독서시이다. 원심력으로 인해 道 우위의 입장이 흐트러졌으니, 온유돈후 미학이나 성정미학이라는 이름으로는 감당할 수 없게 되었다. 기존 입장과 어긋난다고 해서, 예외적으로 처리할 수는 없다. 작품 수가 적지 않다는 점에서, 오히려 그 위상을 재평가해야 마땅하다. 이렇게 할 때, 독서시의 유형을 확인하고 '樂'의 심미 구조를 새롭게 인식하는 계기가 조성되리라 본다.

---

126 온유돈후의 미학에 대해서는 李鍾虎, 「退溪 美意識의 形成 原理」, 『고전시가의 이론과 표상』, (林下崔珍源博士停年紀念論文集 刊行會, 1991), 48~54쪽에서 잘 다루어 놓았고, 성정미학에 대해서는 李敏弘, 앞의 책, 178~199쪽에서 잘 다루어 놓았다.

제5장 퇴계 활간독서법의 확장 가능성

퇴계 활간독서법은 오늘날에도 여전히 유용하다. 활간독서법에 녹아든 우주론, 존재론, 인성론, 가치론, 성선설, 활리론, 격물치지론 등이 현대인의 당면한 문제에 일정한 시사점을 주기 때문이다. 현대인들은 대개 실용적 목적에 휘둘려서 수양의 측면을 도외시하거나 그릇된 독서의 자세나 습관으로 인해 이치의 깊이와 넓이를 백안시하거나 윤리적 가치를 거추장스럽게 여기고 이익과 명예만을 쫓는다. 이 모든 문제를 해결하는 열쇠가 퇴계 활간독서법에 갖추어져 있으므로, 퇴계 활간독서법을 눈여겨보지 않을 수 없다. 필자는 퇴계 활간독서법의 사상적 특징을 인성교육 방법론의 측면과 독서병통 치료방법론의 측면으로 나누어서 살피면서 문제 해결의 단서를 포착해 보고자 한다.

I. 인성교육 방법론의 측면

오늘날 '인성교육'이라는 말을 흔하게 들을 수 있다. 윤리도덕이 문란해지고 사회질서가 무너졌다고 여기는 사람일수록 '인성교육'이라는 말을 거의 빼놓지 않는다. '인성'이란 '인간의 선한 본성'을 가리키므로, '인성교육'은 결국 '인간의 선한 본성을 함양하는 교육'이 된다. '인간의 선한 본성'이 '인성교육'의 전제가 된다는 점에서, '인성교육'이라는 말에는 성선설이 짙게 깔렸다고 할 수 있다. 성선설은 인간존재를 상당히 낙관적으로 본다. 선한 본성이 인욕에 의해 가려졌으니, 인욕을 제거하기만 하면 선한 본성을 회복한다고 여긴다는 점이 그 근거이다. 어떻게 하면 인욕을 제거할 것인가? 퇴계 활간독서법은 이 문제에 대한 지침을 확실하게 제공한다. 퇴계 활간독서법을 파고들어 '인성교육'의 지침을 포착해보기로 한다.

퇴계 활간독서법에 의하면, 인간은 생득적으로 우주의 이치를 품수한 존재이다. 우주의 이치가 인성에 갖추어졌다고 하는 『退溪全書』續集, 卷8 〈天命圖說〉이 그 근거이다.[1] 물론, 인성이 우주의 이치를 갖추었다고 해서 그 인성이 지속된다고 보지는 않는다. 수양 여부에 따라 善幾가 작용하기도 하고 惡幾가 작용하기도 한다. 전자냐 후자냐에 따라 결과는 아주 달라진다. 전자는 인성이 物·我와 天·人을 하나가 되게 하지만, 후자는 인성이 物·我와 天·人에 간극을 만든다. 인성이 物·我와 天·人에 간극을 만들지 않도록 하기 위해서는 활간독서법이 필요하다고 본다. 활간

1 天命이 元亨利貞의 理를 갖추어 人과 物의 性으로 삼지 않는 바가 없다고 한다.

독서법이 경전에 담긴 우주의 의지와 이법을 터득하게 하고, 그렇게 해서 터득한 우주의 의지와 이법은 인성의 도덕적인 실천력을 복원시켜 준다고 여기기 때문이다. 한마디로 말해, 퇴계 활간독서법은 物·我와 天·人의 간극을 다스리는 행위 준칙과 도덕률이다.

행위 준칙과 도덕률로서의 활간독서법은 문인과의 與答書에서 주로 나타난다. 문인들은 퇴계에게 어떻게 하면 物·我와 天·人을 하나로 만들 수 있는지를 물었고, 퇴계는 그 방안으로 활간독서법을 내세운다.[2] 단순히 활간독서법을 가지라고만 하지는 않는다. 활간독서법이 왜 필요한지를 설명하고 활간독서법이 인성을 어떻게 변화시키는지를 비근한 사례와 낯익은 비유로써 설명하곤 한다. 비근한 사례와 낯익은 비유가 눈길을 끈다. 제자에게 인성 존양이 얼마나 중요한지를 각인시키려고 하는 스승의 교육 방법이 녹아들어 있기 때문이다. 이 교육 방법에 의거할 때 독서인은 수동적이어서는 안 된다. 격물의 차원에서 인간 경영의 차원으로 나아가야 하고 음식의 맛보다 우주의 이치를 더 즐겁게 여겨야 하고, 천리를 보존하고 인욕을 제거해야 한다고 하니, 독서인이야말로 역동적이어야 한다는 명제가 도출된다.

퇴계는 활간독서법을 거론할 때마다 독서인이 인성을 존양해야 한다고 천명한다. 인성의 활발발성을 일깨우기 위해서는 활간독서법 이외에 달리 대안이 없다는 의중이 간취된다. 활간독서법의 의의를 어떻게 강조하며, 그 결과가 무엇인지가 중요하다. 퇴

---

2 『退溪全書』卷23, 答趙士敬問目과 『退溪全書』卷29, 答金而精과 『退溪全書』卷24, 答鄭子中別紙에서 활간독서법이 필요한 이유를 밝히고 있다.

계는 비가시적인 인성을 포착하고 다양한 사례와 비유로써 가시화하기 때문에, 의도하지 않았음에도 불구하고 활간독서법이 인성교육의 방법에서 고도의 창의성을 띤다. 창의적인 인성교육 방법론은 무엇이며, 퇴계는 이런 인성교육 방법론을 통해 무엇을 주창하고자 하는가? 문제의 해답은 활간독서법 안에 숨겨 있기에, 활간독서법 그 자체를 주목하지 않으면 안 된다. 활간독서법에 나타난 인성론을 확인하고 창의적인 발상을 점검한 다음 그 성과를 바탕으로 활간독서법의 의의를 검증해보기로 한다.

활간독서법에 나타난 인성론

활간독서법은 활리의 차원에서 인성에 접근한다. 활리의 차원이라 할 때 心의 理를 우선적으로 가리킨다. 心의 理를 활리라고 인식해야 우주론적인 理도 활리로 인식해내기 때문이다. 일반적으로 성리학에서는 心의 理나 우주론적인 理를 활리라고 하지는 않는다. 즉, 心의 理도 활리와 무관하고 우주론적인 理도 활리와 무관하다고 여긴다. 퇴계는 일반론을 수용하면서도 그 일반론에 반기를 든다. 반기를 드는 방법이 교묘하다. 心의 理니 우주론적인 理니 하는 개념을 활용하면서도 활리를 거론함으로써 일반론을 벗어난다. 이른바 '일반론 속에 독창적 논의 끼워넣기'이다. 활간독서법에서 활리를 어떻게 내세우는지를 검토해보기로 한다.

퇴계의 활리론은 단계적이다. 독서인이 心의 理를 활물로써 체인해 갈 때 어느 순간 '우주론적인 理'를 활물로써 체인한다고 하는 데서 이 점이 드러난다.[3] 격물궁리가 활연관통의 경지에 이르게 한다고 보면 적절하다. "오직 뜻을 두지 않지도 않는 사이에 잘 살피고 관리하여 마음속에 잊지 말아서, 쌓인 것이 오래 되면 저절로 융회하여 터득함이 있을 것"[4]이라는 언급이 바로 그것이다. 결국, 활리는 두 단계를 거쳐 독서인과 하나가 된다. 心의 理를 활물로써 체인하는 제1단계와 '우주론적인 理'를 활물로써 체인하는 제2단계가 그것이다. 일반 독서인은 제1단계를 거쳐야 제2단계에 이를 수 있고, 聖人만이 오로지 제2단계로 곧장 진입할 수 있다. 성인이 사라진 시대에는 대부분이 일반 독서인이므로, 공자의 '能近取譬'라는 언급처럼 점진적으로 단계를 밟아나가야 한다.

점진적으로 단계를 밟아나가는 주체는 활리가 아니라 독서인이다. 활리는 이미 事事物物에 편만해 있으니, 독서인이 단계를 밟아 활리를 체인해 나간다고 해야 타당하다. 왜 활리를 체인해야 하는지는 명백하다. 활리는 體로서 用의 근원이기 때문에 활리를 비켜가고서는 어떤 진리도 파악할 수 없다. 모든 독서인이 활리를 체인하려고 해야 마땅하겠지만, 현실은 그렇지 못하다. 퇴계에 의하면, 대부분의 독서인은 입으로는 천리를 외치면서 실제로는 본능을 추구하면서 살아가기에 급급한다. 활리는 눈에 띄지 않을 뿐만 아니라 생존과는 무관하기 때문에 깊이 자각할 겨

---

3 공자가 언급한 "能近取譬(『論語』雍也)"의 취지이다. '능근취비'란 '近'에서 '譬'로 나아가야 仁을 이룰 수 있다는 의미로서, 仁을 구현하는 방법론이다. 퇴계는 이 방법론에 입각하여 학문을 성취하기 위해서는 '私'에서 '公'으로 나아가거나 '低'에서 '高'으로 나아가야 한다고 하며 '私'나 '低'의 단계를 거치지 않고 '公'이나 '高'를 이룰 수 없다고 했다. "虛心觀理 勿先執定於己見 積漸純熟(『退溪全書』卷14, 書, 答李叔獻 別紙)"가 그런 예이다.

4 惟非着意非不着意之間 照管勿忘 積之之久 自然融會而有得(『退溪全書』卷14, 書, 答南時甫)

를도 갖지 못한다. 가치론적으로 보아, 생물학적 생존의 비중은 높고 철학적 실존의 비중은 낮다고 할 수 있다. 정황이 이러하므로 독서인이 제1단계에 진입하기도 어렵고, 설사 제1단계에 진입했다고 하더라도 제2단계에 진입하기는 더욱 어렵다.

존재론적으로 볼 때, 독서인이 활리를 체인하지 않는 까닭은 氣에서 기인한다. 氣가 독서인의 心에 인욕을 불어넣고 독서인으로 하여금 순선한 방향으로 나아가지 못하도록 한다. 주자에 따르면, 氣는 언제나 性과 함께 있다.[5] 人과 物이 理를 품수한 뒤 性을 갖추고 氣를 품수한 뒤 형태를 갖추기 때문이다. 氣의 간섭에서 벗어난 본연지성이 있기는 해도 기질지성과 무관한 본연지성은 없다는 언급이 이로써 가능해진다. 결국 본연지성의 뒷모습이 기질지성이다. 본연지성이 기질 가운데 墮在하면 기질지성이 되므로, 본연지성과 기질지성은 二樣一體이다. 性이 氣를 떠나기가 어렵다는 점에서, 본연지성을 고수하기가 그만큼 어렵다고 할 수 있다. 본연지성을 고수하려면 본연지성이 강대해서 기질지성을 제압하거나 기질지성을 별도로 떼어내거나 해야 한다. 퇴계는 이 두 가지를 모두 구사하고 있어서 눈길을 끈다.

우선, 퇴계는 본연지성을 강대하게 만들기 위해서는 生生之道를 추구해야 한다고 본다. 본연지성은 활리이고 활리는 생생지도에 의해 지속되므로, 생생지도를 추구해야 본연지성을 강대하게 만들 수 있다. 어떻게 생생지도를 추구할지가 관건이다. 퇴계가 "고요히 있을 때는 천리의 본연을 기르고 움직일 때는 인욕의

5 "天命之性 若無氣質 却無安頓處 且如一勺之水 非有物盛之 則水無歸著(『朱子語類』卷4, 性理一, 조목44)" 참조.

낌새를 잘라야”[6]한다고 하며, 心의 수양을 그 방안으로 내세운다. 퇴계는 心의 수양으로 활간독서법을 손꼽는다. “집에서 책을 읽으니 묘당에서 연주하는 음악이 들리는 듯하다.”[7]고 하고 “누런 책권 가운데서 성현을 대한다.”[8]는 언급은 활간독서법을 수행해서 心을 수양했다는 의미가 된다. ‘묘당에서 연주하는 음악’이나 ‘책권에서 만나는 성현’은 실제 상황이 아니라 생생지도의 추구 행위를 가리키기 때문이다. 결국, 활간독서법이 본연지성을 강대하게 만드는 비결이라 해도 좋을 것 같다.

그 다음으로, 퇴계는 본연지성을 별도로 설정하기 위해 사단칠정을 활용한다. 다시 말해, 본연지성은 순선하고 기질지성은 악의 경향이 있다고 하여 본연지성은 사단에 배속시키고 기질지성은 칠정에 배속시킨다. 性을 분개하려는 시도는 고봉으로부터 직격탄을 맞는다.[9] 퇴계는 情을 사단과 칠정으로 나눈다면 性도 본연지성과 기질지성으로 나눌 수 있다고 하나, 본연지성과 기질지성을 二樣一體로 보는 주자의 정론과는 어긋난다. 주자의 정론도 지키고 고봉의 직격탄도 피하고 性도 분개하기 위해서는 기질지성을 새롭게 규정할 필요가 있다. 퇴계는 기질지성을 性보다는 기질로 이해하고자 한다.[10] 사칠논변에서 기질지성을 氣로 규

---

6 靜而涵天理之本然 動而決人欲於幾微(『退溪全書』卷28, 書, 答金惇敍)

7 黃卷舊聞天外樂(『退溪全書』外集 卷1, 詩. 贈宗粹上人)

8 卷中對聖賢(『退溪全書』續內集, 卷5, 詩, 金愼仲挹清亭十二詠 其五, 讀書)

9 『高峯集』 兩先生四七理氣往復書 上篇, 卷1, 高峯答退溪論四端七情書를 보면, 고봉 기대승은 七包四論에 입각해서 퇴계의 分開說을 공박하고 있다. 이에 대해서는 성태용, 「고봉 기대승의 사단칠정론」, 『四端七情論』, (서광사, 1992), 72~90쪽과 劉明鍾, 「退溪學의 基本體系」, 『퇴계학연구』3, (단국대 퇴계학연구소, 1989), 63~66쪽에서 다루었다.

10 김기현, 「퇴계의 사단칠정론」, 『四端七情論』, (서광사. 1992), 61쪽의 논의 참조.

정한 점[11]이 그 증거이다. 기질지성의 개념을 새롭게 규정하고 기어코 性을 둘로 분개했으니, 본연지성을 고수하고자 하는 퇴계의 열망이 얼마나 큰지를 알 수 있다.

본연지성을 강대하게 만들고 기질지성과 별도로 설정한다고 할 때, 두 가지가 어떤 관계인지 따져보지 않을 수 없다. 두 가지는 층위의 성격을 지닌다. 본연지성이 강대해져야 기질지성과 분개된 뒤에도 존립할 수가 있기 때문이다. 이로 보아, 두 가지는 점진적·단계적이면서도 유기적이어야 한다. 만약, 본연지성을 강대하게 만들지 않고 기질지성과 분리시키기만 하면 본연지성이 기질지성에 휘둘리기 쉽고, 본연지성을 강대하게 만들기만 하고 기질지성과 분리시키지 않는다면 본연지성이 기질지성에 압제당하기 쉽다. 퇴계가 이 두 가지를 감행한 까닭은 인성의 본령이 본연지성이라고 강조하기 위함이지만, 이런 강조가 교육대상인 문인에게 과연 어느 정도로 설득력이 있을지는 알 수 없다. 어찌됐든 간에 주자의 정론에서 벗어난 바이니 퇴계 자신의 논리를 뒷받침할 수 있는 방안을 강구하지 않으면 안 된다.

퇴계는 논리를 보강하기 위해 관념의 영역에 있었던 인성을 체험의 영역으로 전환시키고 있다. 비근하면서도 낯익은 비유를 종횡으로 구사했기 때문에 이런 전환이 가능했다. 이와 같은 전환 방법은 기존 성리학자의 경우와는 같으면서도 다르다. 문인들의

---

11 "若以理氣不相離之故 而欲兼氣爲說 則已不是性之本然矣 夫以子思 孟子洞見道體之全 而立言如此者 非知其一不知其二也 誠以爲雜氣而言性 則無以見性之本善故也 至於後世程張諸子之出 然後不得已而有氣質之性之論 亦非求多而立異也 所指而言者 在乎稟生之後 則又不得純以本然之性混稱之也(『退溪全書』卷16, 書, 答奇明彦-論四端七情 第一書)"에서 기질지성을 氣 혹은 氣質로 설명하고 있다.

질문에 사례와 비유를 동원한 점은 같지만, 현실에서 사례와 비유를 동원했다는 점은 다르다. 心의 理가 어떻게 우주론적인 理에 접근할 수 있는지를 설명하기 위해 현실에서 소재를 선택했지만, 소재가 달라지면 그에 따른 교육적 특징도 형성되는 법이다. 퇴계의 교육적 특징이 독특하다는 점에서, 눈여겨보지 않을 수 없다. '우주론적인 理에 접근하는 心의 理'와 '사례와 비유에 동원된 현실적 소재' 사이에 존재론적 혹은 우주론적 틈새가 생긴다는 점이 그것이다. 퇴계로부터 설명을 듣는 문인은 이 틈새를 메우기 위해 노력하지 않을 수가 없게 된다.

'사례와 비유에 동원된 현실적 소재'는 설명의 성격과 과제의 성격을 동시에 지닌다. 진의가 명확히 이해될 때는 설명의 성격을 지니고 진의가 명확히 이해되지 않을 때는 과제의 성격을 지닌다. 문인들은 대체로 과제의 성격으로 받아들이곤 한다. '사례와 비유에 동원된 현실적 소재'가 도덕적 실천을 전제로 하기 때문에 내용을 잘 이해한다고 해서 마무리된다고 할 수는 없다. 과제에 직면할 때 문인들은 동학들과 어울려 진의를 파악하려고 애썼다. 문인들이 청량정사에 들어가서 며칠씩 경전을 읽으며 진의를 상고하곤 했는데, 李宏仲이 동학들과 청량정사에 가서 "먼지 긴 가슴을 세척하고 당초의 마음을 회복한다."[12]고 한 언급은 이런 차원에서 이해된다. 교육방법의 측면에서 볼 때, 퇴계는 활간 독서법으로 접근해야 매울 수 있는 존재론적 내지 우주론적 틈새를 제공하고 문인들은 이에 호응했다고 할 수 있다.

퇴계의 교육방법은 '麗澤相資'의 원칙과 연관이 깊다. '리택'

---

12 "不知君所謂滌塵胸反初心者 如何而能滌能反耶(『退溪全書』卷36, 書, 答李宏仲)" 참조.

은 '인접한 두 못이 서로 윤택하게 한다.'는 뜻이고 '상자'는 '서로 도움을 준다'는 뜻이므로, '리택상자'란 '독서인들이 서로 이끌어주며 지식과 정보와 인식의 영역을 전방위로 확장해간다.'는 원칙이 된다. 퇴계는 '리택상자'의 원칙을 몇 차례에 걸쳐 강조한 적이 있다. 역동서원에서 여러 선비들이 머리를 맞대고 토론하니, 혼자 공부할 적보다 훨씬 얻는 바가 크다고 하며, 이런 集體工夫를 '리택상자'라고 했다.[13] 이렇게 보니, 퇴계가 리택상자의 원칙에 입각해서 존재론적 내지 우주론적 틈새를 만들었을 개연성이 매우 높다. 문인들이 '존재론적 내지 우주론적 틈새'를 과제로 받아들였다는 점이 그 근거이다. 리택상자의 원칙이 '우주론적인 理에 접근하는 心의 理'를 '사례와 비유에 동원된 현실적 소재'로 설명하도록 만들었다는 추론도 여기서 가능해진다.

인성교육의 창의적 발현 양태

활간독서법의 인성 관련 언급에는 세 가지의 교육적 특징이 나타난다. 한 가지는 무정물이 활물의 상태에서 언어를 구사한다는 점이고, 다른 한 가지는 인성 발현의 경지가 미각적으로 표출된다는 점이고, 또 다른 한 가지는 천리와 인욕의 관계가 혈전으로 나타난다는 점이다. 인성 관련 언급의 교육적 특징은 여러 가지가 있지만, 그 중에서도 이 세 가지가 가장 두드러진다. 세 가

13 "易東相聚 固是好事 共讀心經 甚有議論 從前看未透處 看未盡處 得以看透了 看到盡底 或有謬誤看處 因得省改 麗澤相資 古人所樂 方信不我欺也(『退溪全書』卷36, 書, 答具汝膺)"에서 '麗澤相資'라는 언급이 나온다.

지 정도를 깊이 천착한다면 퇴계의 교육적 특징을 짚어보는 데는 손색이 없으리라 본다. 퇴계의 교육적 특징은 인성에만 국한되지 않는다. 인성의 측면과 창의의 측면이 모두 함께 드러나므로 인성의 측면뿐만 아니라 창의의 측면 또한 주목하지 않을 수 없다. 이런 정황을 고려해서 활간독서법의 인성 관련 언급에서 창의적 발현 양태를 구체적으로 추출해 보기로 한다.

무정물의 활물화와 언어구사

독서이론을 형상화한 詩를 독서시라 할 때, 독서시에는 으레 인성 존양의 내용이 담겨 있다. 『退溪全書』外集 卷1, 詩, 次韻李庇遠見寄의 '경전에서 옛사람을 만나 참된 즐거움을 얻는다면 제환공이 부럽지 않다.'는 내용[14]이 그 대표적인 예이다. '옛사람'이란 성현이고 '참된 즐거움'이란 인성 존양의 경지이므로, 전체적으로 성현의 가르침에 의거하여 본연지성을 존양한다는 의미가 된다. 『退溪全書』의 독서시 40여 편이 본연지성을 존양하는 데 초점을 맞추고 있으니, 독서법의 측면에서 보면 독서시의 요체가 활간독서법이라 해도 좋을 것 같다. 성현을 통해 본연지성을 존양하는 방식은 활간독서법 이외의 그 무엇일 수 없다. 퇴계가 활간독서법의 측면에서 독서시의 인성 관련 부분을 표출하고 있으므로, 이 점을 눈여겨보기로 한다.

독서시의 인성 관련 부분이 모두 창의적 발상을 담고 있지만,

14 碧窓味道偏宜靜 黃卷尋人最在閒 若使箇中眞得樂 一匡應不羨齊桓(『退溪全書』外集 卷1, 詩, 次韻李庇遠見寄)

〈梅花詩帖〉의 경우가 가장 두드러진다. 〈매화시첩〉에는 독서시가 다수 포함되어 있고, 그런 독서시에는 예외 없이 인성 관련 부분이 창발적으로 나타난다. 화자가 매화를 梅君이니 梅兄이니 하며 현실 상황을 '素衣化緇'로 표출한 경우가 그 좋은 예이다. 직접적으로 소의화치라고 한 횟수는 한 차례[15]에 불과하나, 그런 취의를 담아서 언급한 횟수는 대단히 많다. 소의화치란 흰옷이 검어진다는 뜻이다. 어느 경우에나 사전적 의미 그대로는 아니고 마음의 그릇된 정황을 가리키므로, 의복의 상태와는 거리가 멀다. 결국 본연지성이 기질에 가려진 상태를 가리킨다는 점에서, 인식론의 형상화로 보아야 타당하다. 소의화치의 상태를 원래대로 되돌리기 위해서는 古人의 말에 귀를 기울여야 한다고 하니, 인성론이 활간독서법을 전제로 한다고 단언할 수 있다.

〈매화시첩〉에서 주목할 작품은 〈梅答〉과 〈盆梅答〉과 〈後凋梅答〉이다. 이 세 가지 작품은 공통적으로 매화가 화자에게 본연지성을 존양하라고 권유한다.[16] 매화가 화자에게 권유한다고 할 때 의인법이나 감정이입을 떠올릴 법도 하다. 수사법의 측면에서 따지는 일이 그 자체로 문제되지는 않지만, 이것만이 전부는 아니다. 퇴계와 고봉 사이에 펼쳐진 사칠논변이 해명의 단서가 된다. 퇴계가 격물궁리의 노력이 간절할 때 사물의 理가 스스로 도래한다고 언급했으니, 理到說에까지 나아가야 정황을 제대로 파악할

15 『退溪全書』卷5, 續內集, 詩, 用大成早春見梅韻에 나온다.

16 〈매답〉에서 매화가 화자에게 天鶴처럼 살라고 하고, 〈분매답〉에서 매화가 화자에게 청진한 玉雪을 간직하라고 하고, 〈후조매답〉에서 매화가 화자에게 釣月耕雲의 삶을 지속하라고 한다. 천학, 옥설, 조월경운이 본연지성의 존양과 연관되는 용어라 생각된다. 洪瑀欽, 「退溪의 〈梅花詩帖〉에 대한 연구」, 『人文硏究』4, (영남대 인문과학연구소, 1981), 261~270쪽.

수 있다. 이도설의 주창자는 퇴계이다. 사물을 인식의 대상으로 보는 기존의 논의와는 달리, 사물을 인식의 주체로 보기 때문에 매우 혁신적이라 할 수 있다.[17] 인성교육을 도모하기 위해 혁신적 논의가 필요했는지 혁신적 논의를 펼치기 위해 인성교육이 필요했는지 모를 정도로 창의적 발상이 두드러진다.

매화, 더 나아가서 무정물이 언어를 구사한다고 한 까닭이 무엇인가? 바꾸어 말하면, 본연지성의 존양 문제에 왜 자연물을 동원했는가 하는 의문이 생기게 된다. 성리학적 측면에서 보면 해명하기가 그리 어렵지 않다. 우선, 人에게 理가 있고 物에게도 理가 있듯이 人이 주체라면 物 또한 주체라는 생각을 했을 법하다. 人을 주체로 여기기 때문에 物을 주체로 여길 수 있을 터이지만, 物 그 자체를 주체로 간주하기는 쉽지 않다. 성리학의 관습적 문법은 아니기 때문이다. 그 다음으로, 理到說의 경지를 형상화하려고 했을 법하다. 매화가 화자에게 기탄없이 말을 걸고 있으므로, 성리학적으로는 物의 理가 人에게로 도래한다고 해야 합당하다. 전자는 후자의 전제이다. 物이 주체가 되어야 物의 理가 도래한다는 주장이 가능하고, 物의 理가 도래한다고 해야 人과 物의 본연지성이 능동적이라고 주장할 수 있게 된다.

인성 발현 경지의 미각적 표출

유학에서는 인성 발현 경지를 음식의 맛에 비교하곤 한다. 『論

---

17 李東熙, 「退溪學의 心學的 특성과 理의 의미」, 『現代와 宗教』16, (현대 종교문제연구소, 1993), 183~187쪽과 黃義東, 「退溪哲學의 理에 관한 고찰」, 『人文科學論集』6, (청주대 인문과학연구소, 1987), 410~415쪽 참조.

語』의 “공자께서 제나라에서 韶를 듣고, 삼개월 동안 고기의 맛을 잊어버렸다.”고 하는 언급과 『中庸』의 “먹고 마시지 않는 사람이 없건만, 그 맛을 아는 사람은 적다.”고 하는 언급[18]이 그 대표적인 예이다. 전자의 경우는 음식의 맛이 ‘소 음악과 견주는 기준’이 되고 후자의 경우는 음식의 맛이 ‘道를 체인하는 즐거움’의 비유가 된다. 『논어』와 『중용』에 나타난 음식의 맛은 후대에 내려가면서, 크게 보아 두 갈래의 유형을 형성한다. 음식의 맛과 유학적 즐거움을 병치시키는 경우와 음식의 맛을 유학적 興·樂에 비유하는 경우가 그것이다. 퇴계는 대체로 후자를 수용한다. 왜 음식의 맛을 興·樂에 비유하는지를 파악하기 위해서는 활간독서법의 해당 대목을 검토해볼 필요가 있다.

퇴계는 興致가 있어야 활간독서법이 가능하다는 논법을 취한다. 『朱子全書』를 읽으면 한 여름인데도 感發興起하여 眞味를 느끼게 된다고 하는 대목[19]이 주목할 만하다. 퇴계에 따르면 ‘감발흥기’란 ‘가슴에서 치밀어오르는 서늘한 기운’이고 ‘진미’란 ‘활간독서법으로 파악하는 해당 자구의 심원한 깊이와 넓이’이다. 이로 미루어 볼 때 한 여름 푹푹 찌는 날씨인데도 왜 더위를 모르는지를 알 수 있다. 진미가 가져다주는 至樂으로 인해 더위를 느끼지 못하는 바이니, ‘이치를 체인하는 지락’이 날씨조차 초월한다는 의미가 된다. 흥치, 진미, 지락의 구도를 들여다보면, 왜 음

18 원문을 각기 들기로 한다. “子在齊聞韶 三月不知肉味(『論語』述而)” ; “人莫不飮食也 鮮能知味也(『中庸』)”

19 “先生嘗得朱子全書於都下 閉戶靜觀 歷夏不輟 或以暑熱致傷爲戒 先生日 講此書 便覺胃膈生涼 自不知其署 何病之有 又日人能讀此 則可知爲學之方 旣知其方 則必此感發興起 從此做工 積習旣久 然後 回看四書 則聖賢之言 將節節有味於身上 方有受用處(『退溪全書』言行錄, 卷1, 讀書)” 참조.

식의 맛을 興과 樂에 비교하는지를 알 수 있다. 음식의 맛은 '인간이 삶을 영위하는 데 필요한 생존의 조건'이고 興과 樂은 '날씨조차 초월하는 정신적 조건'이므로, 정신적 조건이 생존의 조건과 같다고 할 정도로 중요하다는 의미가 아닌가 한다.

퇴계는 문인들에게 정신적 조건이 곧 생존의 조건이라고 강조한다. 음식의 맛과 興·樂을 연관시키는 대목에서는 대부분 이런 내용이 나타난다. 李大成에게 '古人의 글과 자기 마음이 부합되는 맛'으로 한 세상을 마치고자 한다고 하고,[20] 金而精에게 옛 학문으로 사탕수수의 달콤한 맛을 느낀다고 하고,[21] 金惇叙에게 경전을 熟讀精思하면 '맛이 없는 가운데서 느끼는 참된 맛'이 있다고 하고,[22] 李叔獻에게 궁리와 거경을 병진하여 '기름진 고기를 먹는 맛'을 느끼고자 하는 경우가 그것이다.[23] 음식의 맛과 연관되는 바가 興이냐 樂이냐에 따라 차이가 생길 여지는 있다. 興이 樂의 전제이기 때문에 음식의 맛이 樂과 연관되면 興의 경우보다는 정신적 조건과 생존의 조건이 더 분명하게 부합된다고 할 만하나,[24] 그런 차이를 여기서는 고려할 필요가 없다. 興이 나오는

---

20 "始取古人之書而細讀之 潛心玩索 有以眞知秉彝之天不假外求 欣然會心之味 其樂無窮 實有以是終焉之願(『退溪全書』卷15, 書, 答李大成)" 참조.

21 "閉門堅坐 溫習舊業 日有新讀 義理漸熟 如啖蔗佳境 其味無窮 樂亦無窮(『退溪全書』卷30, 書, 與金而精 別紙)" 참조.

22 "若能如先生讀書法 循序致一 熟讀精思 優游厭飫 力久功深 到得無味中有味 無緊要中有緊要 則此語豈有牽合之病(『退溪全書』卷28, 書, 答金惇叙)" 참조.

23 "而二者之方 則大學見之矣 章句明之矣 或問盡之矣 足下方讀此書 而猶患夫未有所得者 得非有見於文義 而未見於心身性情之間也 雖見於心身性情 而或不能眞切體驗 實味膏腴耶(『退溪全書』卷14, 書, 答李叔獻)" 참조.

24 興이 있은 뒤에 樂이 나타나기 때문에 이렇게 볼 수 있다. 바꾸어 말하면, 興이라는 글자는 없고 樂만 나타나더라도 興이 있다고 보아야 한다. 興만 있고 樂이 나타나지 않을 경우에는 어떻게 되는가? 興이 있더라도 樂이 생긴다는 보장이 없기 때문에 무조건 樂을 상정할

데 樂이 나오지 않는 경우는 없기 때문이다.

퇴계가 정신적 조건을 생존의 조건이라고 강조한 까닭은 무엇인가? 음식의 맛이 지닌 유학적 위상을 파악하기 위해서는 반드시 짚어야 할 과제이다. 일반적으로 유학적 興·樂은 독서인의 嗜好라고 여기는 경향이 있다. 유학적 興·樂을 느껴도 살고 느끼지 않아도 살기 때문에, 이렇게 생각해볼 법도 하다. 누구나 생각할 수 있는 통념을 퇴계는 강하게 부정한다. 일반인이 음식을 먹지 않으면 살 수 없듯이 독서인이 유학적 興·樂을 느끼지 않으면 존재가치를 향유할 수 없다고 여기고, 유학적 興·樂을 독서인의 정신적인 음식으로 규정한다. 南時甫에게 敬과 義를 잠시도 끊어지지 않게 日用하라는 언급은 바로 이런 취지에서 나왔다.[25] 이렇게 보니, 퇴계는 유학의 판도를 한껏 넓힌 학자이다. 음식의 맛과 유학적 興·樂을 창의적으로 연결시킴으로써 성리학의 세계를 일상의 세계로 끌어들였기 때문이다.

천리·인욕 대립의 전투 장면화

천리는 인간의 선한 본성이고, 인욕은 인간의 이기적 욕심이다. 성리학에서는 천리와 인욕을 대립적 개념으로 사용하지만, 처음부터 대립적이지는 않았다. 천리보다 인욕이 늦게 제기되었기 때문에 천리와 인욕이 대립적일 수가 없었다. 정호가 『禮記』 〈樂記〉의 천리를 철학적 개념으로 사용하고, 장재가 인욕을 반대

수는 없다.

25 "然公旣知私意私欲之爲害 但當隨時隨事 力加克治之功 勿忘勿助 敬義夾持 無少間斷(『退溪全書』卷14, 書, 答南時甫)" 참조.

개념으로 설정하면서, 천리와 인욕은 철학사에서 비로소 대립적인 개념으로 자리잡았다. 주자는 천리와 인욕을 한층 대립적 관계로 설정한다. 마음이라는 동일한 범주 속에 두 개념을 집어넣었기 때문에 두 개념은 도저히 타협할 수 없는 관계가 되었다. 주자가 두 개념의 관계를 혈전[26]이라고 한 까닭이 여기에 있다. 퇴계는 주자의 견해를 인성론의 관점에서 수용하여 혈전을 벌이게 된 까닭이 무엇인지를 소상하게 밝혔다.

〈天命圖說〉과 〈戊辰經筵啓箚2〉에 의하면, 천리와 인욕은 정반대의 위치에 선다. 〈천명도설〉에서는 천리가 公이고 인욕이 私라고 한다.[27] 公이란 인간관계를 올바르게 이끄는 정대한 도리를 가리키고, 私란 인간관계를 그릇된 방향으로 이끄는 과불급의 욕망을 가리킨다. 천리와 인욕이 각기 公과 私의 관계라고 했으니, 公의 입장에서 私를 제거해야 한다는 논의가 나올 수밖에 없다. 〈무진경연계차2〉에서 그런 내용이 나타난다. 私는 마음의 좀이고 모든 惡의 근원이라고 하며 뿌리를 뽑아야 할 대상이 바로 私라고 했다. 마음이라는 영역에 氣의 惡幾가 작용하는 한, 私를 말끔하게 제거하기란 어렵다. "비록 어떤 때는 이미 다 제거해 버려도 알지 못하고 깨닫지 못하는 사이에 홀연히 다시 맹동하기를 처음과 같이 하기"[28] 때문이라고 한다. 결국 이러한 이유에서 천리와 인욕은 피 튀기는 전투를 벌일 수 밖에 없다.

퇴계는 고봉과 전개한 사칠논변에서 천리와 인욕의 관계를 혈

---

26 "痛理會一番 如血戰相似 然後涵養將去 因自云 某如今雖便靜坐 道理自見得 未能識得 涵養箇甚 德明(『朱子語類』卷9, 學3, 論知行, 조목32)" 참조.

27 天理之公 人欲之私(『退溪全書』續集, 卷8, 天命圖說)

28 雖或既已克盡 不知不覺之間 忽復萌動如初(『退溪全書』卷7, 箚, 戊辰經筵啓箚二)

전이라고 했다. 고봉과 혈전을 분리시키지 않고 상호 연관시키고 있어서[29] 눈길을 끈다. 먼저, 퇴계는 일반적으로 패퇴한 장수가 취할 수 있는 방책을 세 가지로 든다. 방비를 굳게 해서 적이 아예 침공하지 못하도록 하는 방법, 적을 만나되 교전하지 않고 격퇴하는 방법, 적을 만나 용맹하게 싸워서 격퇴하는 방법이 그것이다. 순차적으로 상책, 중책, 하책이다. 그 다음으로, 고봉이 패장일 경우의 전투 방식을 소개한다. 자기 자신의 지략만을 믿고 사방이 열린 곳에 진지를 구축하다가 적군으로부터 도리어 공격을 받는다는 내용이 그것이다. 일반적인 방책에 비추어보면 고봉은 형편 없는 장수이다. 일반적인 방책은 천리에 의거하고 고봉은 인욕에 의거하므로, 고봉에게 승리란 있을 수 없다. 결국, 인욕에 의거해서는 어떤 승리도 거두지 못한다는 의미가 된다.

왜 고봉을 패장으로 비유했는지가 의문이다. '천리-인욕'의 형상화 방향을 파악하기 위해서는 이 의문을 풀지 않으면 안 된다. 고봉을 패장으로 설정한 데는 오만한 태도를 질책하려는 의도[30]가 있지만, 이것만이 전부는 아니다. 고봉이 인욕에 의거한다는 점을 상기할 때, 인욕에 빠질 때 누구나 고봉처럼 패장이 되고 만다고 하기 위함으로 보인다. 인욕을 제거하지 않은 상태에서 아무리 몸부림치더라도 결과가 호전되지 않는다고 하므로, 인욕을 제거해야 천리를 회복할 수 있다는 의미가 된다. 이렇게 보면,

---

29 "請以戰喩(『退溪全書』卷16, 書, 答奇明彦 -論四端七情 第二書- 別紙)" 이하에 나온다.

30 『退溪全書』卷16, 書, 答奇明彦 -論四端七情 第一書에서 퇴계는 고봉이 鶻圇呑棗의 병통을 지녔다고 하고, 『退溪全書』卷16, 書, 答奇明彦에서는 자기만 있는 줄 알고 다른 사람이 있는 줄은 모른다고 한다. 두 편지글 모두 자기 자신의 七包四論만 고집하고 퇴계의 分開論을 시종일관 부정하는 고봉의 오만한 태도를 지적했다고 여겨진다.

'천리-인욕'의 인성론이 매우 창의적이다. 인욕에 빠진 문인을 패장으로 비유한다든지 '천리-인욕'의 관계를 혈전에 비유한다든지 하는 점이 그것이다. 비유의 당사자가 다름아닌 고봉이니, 고봉을 통해 고봉을 훈도하는 방식이 된다. 매우 심한 충격을 가해 자아성찰이라는 교육적 목적을 달성하려는 의도가 엿보인다.

인성교육 방법론으로 본 퇴계 활간독서법의 방향

인성 관련 대목의 내용을 들여다보면 세 가지의 큰 축이 발견된다. 퇴계의 생활주변에서 발견되는 事事物物이 인성의 사례로써 등장하고, 무정물이 주체의 자격으로 화자와 대등한 위상을 점유하고, 우주의 개물의 지닌 理와 理가 서로 교섭하거나 조응한다. 인성을 거론한다고 해서 모든 성리학자가 이와 같은 축을 제시하지는 않으므로, 퇴계 인성교육의 내용이나 방법이 독특하다고 하지 않을 수 없다. 내용이나 방법이 독특하다면 그 기능 또한 범상하지 않을 전망이다. 인성 관련 대목의 내용을 일반화해서 각기 의리학적 차원, 대칭적 세계관, 만물유행의 관점이라 지칭하고, 이런 차원·세계관·관점을 통해 퇴계 활간독서법의 방향을 점검하기로 한다.

의리학적 차원에서 주체논리 전개하기

퇴계는 性卽理說에 의거해서 인성을 규정한다. 주관적 인성이 객관적 자연의 理와 동일하다는 언급이 그것이다. 이런 언급이 주자 성즉리설에서 벗어나지는 않으나, 성즉리설의 구도와 같지는 않다. 인성 가운데서 본연지성을 떼어내어 객관적 만상의 理와 동일하다고 보기 때문에 본연지성과 기질지성을 하나로 간주하는 주자 성즉리설에 비해서는 편폭이 좁다. 그 대신, 본연지성과 만상의 理가 어떤 관계인지를 자연물을 통해 뒷받침함으로써 본연지성과 만상의 理가 별개가 아님을 확실하게 부각시켰다. 이런 논법은 도덕성, 상황논리, 실천적 규범을 기준으로 삼는 의리학과 상통하므로, 퇴계가 의리학에 입각하여 주자학을 이해했다는 언급이 가능하다. 퇴계가 자연물을 어떻게 운용해서 의리학적 차원을 구현하는지를 살피기로 한다.

존심양성의 즐거움에 대해서는 독서시에서 주로 다루므로, 독서시를 주목할 필요가 있다. 독서시에서는 자연물과 존심양성의 관계가 예사롭지 않다. 존심양성의 성취도가 자연물의 제시 방법에 따라 결정되기 때문이다. 가령, 자연물의 理가 능동적이면 존심양성의 성취도가 높고, 자연물의 理가 수동적이면 존심양성의 성취도가 낮다. 이런 현상을 화자 의식의 측면에서 정리하면, 화자 의식만이 자연물을 지향하는 경우와 자연물과 화자 의식이 상호 지향하는 경우가 그것이다. 전자에서는 화자 혼자서 향유하는 즐거움이 나타나고, 후자에서는 자연물과 화자가 함께 향유하는 즐거움이 나타난다. 전자를 獨樂이라 하고 후자를 同樂이라 할 때, 동락은 퇴계의 독자적인 인성론을 해명하는 단서가 된다. 자연물의 理가 능동성을 지닌다는 견해가 의리학적 차원에 입각해 있기 때문에 이런 주장이 가능하다.

동락이 의리학적 차원에서 나왔으리라고 보는 근거는 理發說에 있다. 대부분의 성리학자들은 이발설과 무관하다. 氣의 發은 인정해도 理의 發은 인정하지 않기 때문이다. 주자가 理를 無情意, 無造作, 無計度이라 규정했으니, 주자주의에 충실한 성리학자일수록 理의 發을 전제로 하는 동락은 거론하지 않는다. 동락이 되기 위해서는 자연물의 理가 지닌 주체적 위상이 부각되어야 한다. 〈매화시첩〉의 매화처럼 화자에게 본연지성을 존양하라고 권유한다면 자연물이 주체적 위상을 지닌다고 할 수 있다. 자연물이 주체적 위상을 점하면서 화자와 조응할 때 즐거움의 경지는 동락이 된다. 『退溪全書』續集 卷1, 詩, 燈花의 "아름다운 글귀를 보니 놀구름이 뭉게뭉게"라는 언급은 그 대표적인 예이다. 경전을 매개로 하여 화자와 노을이 하나가 되는 과정을 보여주므로, 화자와 자연물이 동락에 이를 수 있다고 여겨진다.

동락의 내용이 활간독서법에 들어 있으니, 동락을 통해 활간독서법의 방향을 가늠해볼 수 있다. 동락의 근거는 만물의 生生之理이다. 만물이 化生하며 존재하는 기반은 생생지리이고, 이 생생지리로 인해 인간의 理와 자연물의 理가 화동할 수 있다. 이때, 인간과 자연물 사이에는 차별이 없다. 理一分殊說에서 보듯이 만상의 理는 동일하기 때문이다. 퇴계가 언급하는 만물지리는 이일분수의 '理'가 아닌 이발설의 '理'이다. 만물지리의 '理'가 發의 주체로서 순선한 방향으로 작용하므로, 자연물의 理도 지향성과 능동성을 지닌다고 할 수 있다. 자연물이 화자와 대등한 위상을 지니고 동락한다는 언급이 여기서 가능해진다. 동락이 독자적인 시각과 방법론, 즉 의리학적 차원의 소산이라는 점에서 동락이 이입된 퇴계 활간독서법은 당연히 주체논리를 견지한다고 할 수 있다.

대칭적 세계관으로 피아 입장 바꾸어보기

퇴계 독서시에서 매화는 제재 이상의 의의를 지니고 있다. 매화가 화자의 입장에서 말을 하기도 하고 화자는 매화의 입장에서 말을 하기도 하므로, 매화는 최소한 화자와 대등한 위상을 점유한다고 할 수 있다. 앞에서 매화가 언급한 내용을 이발설의 측면에서 밝혀보았지만, 매화와 화자의 교섭관계를 따지지는 못했다. 그 이유는 매화와 화자의 교섭관계가 이발설과 무관하기 때문이다. 이발설의 논리로서 무정물이던 매화가 유정물이 되는 현상을 모두 설명할 수는 없으므로, 다른 시각을 필요로 한다. 무정물을 의인화시켜 인간과 대응하게 하는 기법은 대칭적 세계관에서 연유하므로, 퇴계가 대칭적 세계관을 보유했을 개연성이 매우 높다. 이 점을 구체적으로 따져보기로 한다.

퇴계 독서시 중의 매화시가 대칭적 시각과 어떻게 관련되는지를 점검할 필요가 있다. 조선조 이전, 범박하게 말해 전통시대에는 위상과 형체가 다른 인간과 귀신, 인간과 사물, 속계와 이계를 화동 관계로 보는 세계관이 존재했다. '화동관계로 보는 세계관'은 주체와 객체가 대등하며 상호 내밀한 관계를 유지한다고 믿기 때문에, '화동관계로 보는 세계관'을 대칭적 세계관이라 지칭할 수 있다.[31] 대칭적 세계관은 신화, 무가, 고소설, 판소리, 설화 등의 갈래에서 광범위하게 나타난다. 문학 담당층이 광범위하게 대칭적 세계관을 보유했다면, 패러다임으로서의 성격을 지닌다고 해도 무방하다. 이런 정황을 고려할 때, 매화시에도 분명히 대칭적 세계관이 담겨 있다. 매화와 화자가 대등한 위상을 지니고 상호 의사를 교환한다는 점이 그 근거이다. 매화시에 대칭적 세계관이 담겼다면 퇴계가 대칭적 세계관을 지녔다고 해도 좋을 것 같다.

---

31 신태수, 『대칭적 세계관의 전통과 서사문학』, (새문사, 2007), 14~17쪽 참조.

대칭적 세계관을 지녔다고 해서 대칭적 세계관이 강했다고 하기는 어렵다. 김시습에 대한 평가를 통해 그런 점을 확인해볼 수 있다. 퇴계는 김시습이 索隱行怪하는 異人일 따름이고 세간에서 거론되는 『金鰲新話』에서 높은 견해나 원대한 식견을 보여주지 못했다고 한다.[32] 주지하다시피 『금오신화』에서는 인간과 귀신, 속계와 이계가 대등한 위상을 지니고 상호 소통한다. 〈만복사저포기〉, 〈이생규장전〉, 〈용궁부연록〉에서 그런 점이 드러난다. 대칭적 세계관이 투영된 부분을 혹평한 바이니, 퇴계의 대칭적 세계관이 강하지 못하다는 점은 확실하다. 이런 퇴계가 매화를 통해서는 어찌 대칭적 세계관을 표출했는지가 의문이다. 매화라는 제재는 예외로 여겼다고 할 수는 없다. 매화는 유학 사상의 상징물이기도 하다는 점에서, 유학적 틀 안에서 제한적으로나마 대칭적 세계관을 표출했다고 보는 편이 합당하다.

대칭적 세계관이 반영된 매화시는 한두 편이 아니다. 매화시는 모두 72제 107수이고, 62제 91수는 〈매화시첩〉에 다시 담겼다. 이 〈매화시첩〉에 대칭적 세계관을 반영했다고 할 만한 매화시가 10여 수나 있다. 대칭적 세계관과 연관되는 매화시로까지 확장하면 작품 수는 더 늘어난다. 이런 사실에 입각할 때 퇴계가 성리학자이기 때문에 대칭적 세계관과는 무관하다고 단정할 일이 아니다. 매화는 완상물의 차원을 넘어선다. 매화를 통해 시속을 논하고 유학 세계를 논평하고 대칭적 세계관을 표출하고 자기 자신을 성찰하고 창의적 발상을 마음껏 구현했으므로, 매화야말로 세상

32 梅月別是一種異人 近於索隱行怪之徒 而所値之世適然 遂成其高節耳 觀其與柳襄陽書 金鰲新話之類 恐不可太以高見遠識許之也(『退溪全書』卷33, 書, 許美叔問目)

을 비추는 거울이요 창조적 정신세계의 산실이다. 활간독서법의 관점에서 볼 때, 매화와 대칭적 세계관의 만남은 큰 의의를 지닌다. 활간독서법이 이성과 감성, 성리학과 문학, 유학사상과 고유사상을 융합한다는 점을 시사하기 때문이다.

만물유행의 관점에서 운동의 법칙 포착하기

퇴계는 자기 자신의 독서병통을 언급하면서 우주만물의 변화에 대응하지 못한다고 술회한다. "성실하지 못한 마음으로 무궁한 변화에 대응하니 비록 마음을 잡아 보존하려 하나 있는 듯 없는 듯하며, 어릿어릿하고 흐릿하여 인심과 도심이 서로 타는 기미를 분명하게 보지 못한다."[33]고 한 언급이 그것이다. 이 언급을 구체화하면, 만물유행의 원리나 이치가 경전에 나타나는 데도 불구하고 독서병통으로 인해 제대로 파악하지 못한다는 내용이 된다. 독서병통은 字句의 뜻만 파악하고 大意나 義理를 융통성 있게 헤아리지 못하는 상태를 가리키므로, 결국 활간하지 못하는 여러 상태를 가리킨다. 활간해야 만물유행의 원리나 이치를 파악할 수 있을 터인데, 활간하지 못하기 때문에 만물유행의 원리나 이치를 파악할 수 없다고 할 수 있다.

활간은 인성론을 기조로 하지만, 우주론과도 관련이 깊다. 올바른 심성으로 만물유행의 원리나 이치를 파악하는 방법이 활간이므로, 인성론뿐만 아니라 우주론에까지 뻗쳐 있다. 활간해야

---

33 以不實之心 應無窮之變 雖欲操存 若存若亡 忽忽冥冥 人道交乘之幾 不能的見(『退溪全書』卷12, 書, 答崔見叔問目)

하는 이유는 만물유행 때문이다. 주지하다시피 동양에서는 陰陽五行을 만물유행의 원인자로 본다. 『周易』이 유학자에게 이런 인식을 심어 주었다. 음양은 만물의 구성요소로서 존재의 대립적 속성을 배태하고 오행은 水·火·木·金·土로서 相生·相剋하며 만물을 생성·변화시킨다는 내용이 『주역』의 골자이다. 공맹 이래로 존재론과 우주론에서 이런 내용을 정론으로 수용했으니, 성리학자라면 누구나 만물의 생성변화 즉 만물유행을 이론설정의 기본 토대로 삼는다. 퇴계는 존재론과 우주론에서뿐만 아니라 인성론에까지 만물유행의 운동성을 확장하고 적용시켰다. 그 증거를 '변화'와 '인성론'을 관련시키는 데서 찾을 수 있다.

퇴계의 인성론은 변화를 전제로 한다. 수양하기 전에는 心에 갇혀 있던 본연지성이 敬으로써 處心制行하고 通貫動靜할 때 廓然大公의 경지에 이른다고 하는 데서 이 점이 드러난다. 본연지성은 실현태가 아니라 실현 가능태이다. 본연지성이 수양으로 확연대공의 경지에 이르기 때문에 실현 가능성만 지니고 있던 애초의 본연지성이 수양을 통해 확충된다고 해야 옳다. 태극의 생생지리가 본연지성임을 상기하면 생생지리가 善을 실현하기 유행해야 본연지성을 변화시킬 수 있다. 비유하자면, 이미 뿌려진 작은 씨앗이 雨露를 만나 거대한 나무로 거듭나는 셈이 된다. 정황이 이러하므로, 본연지성이 우주적으로 확충된다고 할 때, 理가 우주를 향해 운동한다고 해도 무방하다. 독서인의 생생지리만 나아가느냐 하면 그렇지 않다. 物格說[34]에 의거하면 독서인의 태도

34 "然則方其言格物也 則固是言我窮至物理之極處 及其言物格也 則豈不可謂物理之極處 隨吾所窮而無不到乎 是知無情意造作者 此理本然之體也 其隨寓發見而無不到者 此理至神之用也 向也但有見於本體之無爲 而不知妙用之能顯行 殆若認理爲死物 其去道不亦遠甚矣乎 今

여하에 따라 사물의 理가 독서인에게 이르기도 한다.

心의 理가 우주로 나아가고 物의 理가 心의 理로 나아온다면 운동 방향이 상호 엇갈릴 듯하나, 그렇지 않다. 전자는 수직적 운동이고 후자는 수평적 운동이지만, 운동의 목적은 한 곳을 지향한다. '心이 사물을 포괄하는 한편 動과 靜을 관통하여 천리의 본연을 기른다.'는 언급[35]이 그 증거이다. 사물을 포괄하여 질서와 조화를 도모한다고 할 때는 수평적 운동이고, 통관동정하여 天과 人의 융섭을 지향한다고 할 때 수직적 운동이다. 수평적 운동이 확고할수록 수직적 운동이 확고해진다고 볼 때, 퇴계가 발견한 운동의 법칙은 대칭적이면서도 교차적이다. 한마디로 말해, 만물유행의 관점에서 파악한 운동의 법칙은 전방위적이다. 전방위적인 운동의 법칙을 경전에서 파악하기 위해서는 어떻게 해야 하는가? 활간독서법에 의존하는 길 이외에는 대안이 없다. 활간독서법이 현미경이면서 망원경 구실을 하기 때문이다.

II. 독서병통 치료방법론의 측면

독서병통이란 그릇된 독서방법을 가리킨다. 그릇된 독서방법

賴高明提諭之勤 得去妄見 而得新意長新格 深以爲幸(『退溪全書』卷18, 書, 答奇明彦 別紙)"에 물격설이 나타난다. 격물자가 理의 極處에 이르면 事物의 理가 自到한다고 하며, 이런 현상을 물격으로 규정했다.

35 靜而涵天理之本然 動而決人欲於幾微 …… 殊不知心貫動靜該事物 作意忘之 愈見紛拏 至其痛絶而力滅之 則流遁邪放 馳騖於汗漫廣莫之域 豈非坐忘便是坐馳也歟(『退溪全書』卷28, 書, 答金惇敍)

은 단순히 잘못된 독서 자세나 태도만을 지칭하지 않는다. 心의 내부적 요인과 心의 외부적 요인이 어우러져서 독서병통이 발생하므로, 독서병통은 삶의 전반적 문제와 직결된다고 할 수 있다. 퇴계가 독서병통론을 힘써 개진한 까닭은 무엇인가? 아마도 독서병통을 진단하고 치료하려는 노력이 절절했기 때문일 것이다. 독서병통을 치료해야 천리도 활간할 수 있고 독서인에 대한 시대적·역사적 요구도 간파할 수 있다고 여겼다고 해도 좋을 것 같다. 퇴계의 노력은 현대인에게도 유효하다. 책의 홍수 속에서도 정신이 병들어가고 있으니, 퇴계식의 진단과 처방이 필요하다. 퇴계의 독서병통론을 따라가면서 증세, 원인, 치료방법을 찾아내고 일반론을 세워보기로 한다.

독서병통의 증세와 원인

퇴계는 독서법을 거론할 때 '병통'[36]이라는 말을 많이 한다. 독서법 곳곳에서 '병통'이라는 말을 많이 하고 있어서 '병통'이 없고서는 독서법이 성립되지 못한다는 언급까지 가능하다. '병통'을 거론하는 이유는 온갖 병통을 끌어 모아 한꺼번에 격파함으로써 완벽한 독서생활을 영위하기 위함이라고 할 수 있다. '완벽한

36 사전적으로 '病으로 말미암는 아픔'을 뜻한다. 원래는 신체의 아픔을 지칭했지만, 어느 때부터인가 마음도 함께 일컫는 용어가 되었다. '병통'이 心病을 가리키는 사례가 佛家에서 먼저 나타나므로, 불가의 용어가 유학에 이입되었으리라 본다. 불교의 병통론에 대해서는 김태완, 『祖師禪의 실천과 사상』, (장경각, 2001) ; 김호귀, 「默照禪 수행의 구조」, 『佛教學報』37, (東國大 佛教文化研究院, 2000)를 참조할 만하다.

독서생활'은 과거시험 합격이나 지식의 획득에 목적이 있지 않다. 학문의 창달과 심신 수양을 통해 인격을 완성하기 위함이 목적이다. 인격 완성의 목적을 저해하는 주범으로 독서에 대한 병통을 지목하고 병통의 개념과 병통 간의 상관관계를 세세하게 파헤침으로써, 인격을 수양하기 위해서는 병통의 개념과 병통 간의 상관관계를 판별하는 데서 시작되어야 한다는 점을 시사하고 있다.

퇴계는 병통을 큰 줄기와 작은 줄기로 나눈다. 큰 줄기에 대해서는 명칭을 붙인다. 揠苗助長, 思慮紛擾, 無覺不輟, 反涉私意, 鶻圇呑棗가 그것이다. 한편, 퇴계는 작은 줄기에 대해서는 명칭을 붙이지 않는다. 큰 줄기를 통해 작은 줄기를 파악할 수 있다고 인식했거나 작은 줄기의 변화가 심해 특칭하기가 어렵다고 인식했으리라 본다. 명칭이 없다고 해서 그 존재가 무시되지는 않는다. 작은 물 없이 많은 물이 이루어질 수 없듯, 작은 줄기 없이 큰 줄기 병통이 이루어질 수 없다. 보다 중요한 사안은 큰 줄기 안에 배속된 작은 줄기 병통이 서로 겹쳐지지 않는다는 데 있다. 이런 현상은 작은 줄기 병통 하나하나가 개성을 지니고 있으리라는 짐작을 가능케 한다. 큰 줄기 병통뿐만 아니라 작은 줄기 병통에 대해 관심을 가질 수밖에 없는 이유가 여기에 있다.

유학이 형성되면서부터 퇴계 당대에 이르기까지 무병통의 독서인은 아무도 없었다. 주자도 일찍이 마음의 병통을 심하게 앓은 적이 있었고, 퇴계 또한 평생 동안 마음의 병통을 앓고 있었다.[37] 巨儒大賢마저 병통으로부터 자유롭지 못한 실정이니, 퇴계

37 주자의 병통에 대해서는 『退溪全書』卷14, 書, 答南時甫에서 언급했고, 퇴계의 병통에 대해

당대의 독서인이야 더 말할 나위도 없다. 당연히 거의 모든 독서인이 병통을 심각하게 앓고 있었다고 해야 옳다. 병이 너무 깊으면 의외로 통증을 느끼지 못하듯, 독서인이 중병에 시달리느라고 통증을 느끼지 못할 따름이다. 독서병통은 육신의 병통과는 달리 감각적으로 느낄 수 없다는 점에서, 상당수의 독서인은 독서병통의 존재조차 아예 모르고 있었을지도 모른다. 퇴계의 지적에 입각할 때 당대의 독서인은 누구나 독서병통을 앓고 있었고, 그 중의 상당수는 평생 동안 치료를 요하는 중증 환자였다고 생각된다.

필자는 이런 시각을 가지고 『退溪全書』의 독서법에 나타난 병통 즉 독서병통을 구체적으로 따져보고자 한다. 독서병통을 따지려면 큰 줄기 병통을 추출하고 독서병통의 증세[38]와 원인을 확인하지 않으면 안 된다. 병통의 양상을 확인하고 증세의 원인을 파악해야 병통의 실체가 온전히 드러날 터이기 때문이다. 병통과 병통은 별개가 아니다. 독서병통은 그릇된 마음가짐에서 비롯되므로, 心病의 한 종류라고 해도 무방하다. 이런 저런 마음이 하나의 근원에서 시작하듯, 하나의 병통은 다른 병통과 연관되어 있고 하나의 병통은 또 다른 병통의 산실이 되기도 하므로, 병통과 병통의 관계를 따져야 병통의 실체가 온전히 드러날 수 있다. 이렇게 할 때, 퇴계 독서병통론이 기존 성리학자의 독서병통론과 어떻게 같고 다른지가 구체적으로 드러나리라 믿는다.

서는 『退溪全書』卷13, 書, 答金伯純 ; 卷14, 書, 答南時甫에서 언급했다.

38 신체 질병의 증세과는 다른 각도에서 살펴야 한다. 독서병통이 심병이라는 점에서, '그릇된 독서관으로 인해 나타나는 여러 가지 모양이나 상태'로 보아야 실상에 부합한다.

독서병통의 표출 양상

이미 언급했듯이 독서병통의 큰 줄기로는 알묘조장, 사려분요, 무각불철, 골륜탄조, 반섭사의를 들 수 있다. 큰 줄기 병통은 유래와 연원을 각기 달리 한다. 멀리로는 孔子의 논의에서 병통의 명칭을 인출하기도 하고, 가깝게는 二程子와 張子 그리고 朱子의 논의에서 병통의 명칭을 인출하기도 하기 때문에 유래와 연원이 달라질 수밖에 없다. 기존에 거명되던 독서병통을 인출했다고 하여 창의성이 없다거나 부족하다고 할 것인가? 그렇지 않다. 각기 다른 방향에서 거명되던 독서병통을 하나의 틀 속으로 가져와서 유형적 개념을 부여했으므로, 창의성은 분명히 인정된다. 독서병통의 큰 줄기를 일별하면서 이 점을 확인해보기로 한다.

▣ 알묘조장

마음의 병은 理를 투철히 살피지 못하고 부질없이 꼬치고치 캐어 억지로 찾으려 하며, 마음가짐이 어두워 싹을 뽑아올려 자라남을 도우려 하는 듯하면서, 모른 사이에 마음을 괴롭히고 가운을 극도로 소진했기 때문에 생긴 병입니다. 이야말로 처음 학문하는 사람들의 공통된 병통입니다. 晦翁 先生 같은 분도 처음에는 이 같은 병통이 있었습니다. 만약 일찍 알아서 고칠 수 있었더라면 다시 근심거리가 되지 않았을 터인데, 빨리 고치지 않았기 때문에 그런 병이 마침내 생긴 것입니다.

操心昧方 而揠苗以助長 不覺勞心極力以至此 此亦初學之通患 雖晦

翁先生 初間亦不無此患 若旣知其如此 能旋改之 則無復爲患 惟不能早知而速改 其患遂成矣 (『退溪全書』卷14, 書, 答南時甫)

‘알묘조장’은 줄 친 부분에서 따온 용어이다. ‘억지로 싹을 뽑아 올려서 빨리 자라도록 한다.’는 의미를 지닌다. 『退溪全書』에서 아주 빈번하게 나타나므로, 퇴계가 성미 급한 門人들에게 자주 들려주었다고 할 수 있다. 알묘조장의 근원은 꽤나 깊다. 孟子가 春秋時代의 단순한 故事를 끌어다 浩然之氣와 관련시키기에 이르렀으니,[39] 오랜 星霜을 지나면서 ‘揠苗助長’의 의미가 점차로 확장되는 추이를 보인다. 퇴계는 이런 확장된 의미를 독서병통에 끌어들였다. 단순했던 고사가 퇴계에 의해 유학의 아주 구체적인 영역에까지 진입했다고 해도 과언이 아니다. 퇴계에 의하면 알묘조장은 누구나 가질 수 있는 ‘병통’으로서, 빨리 치유하면 할수록 좋다고 한다. 빨리 치유하기만 한다면 학문 성취에 오히려 보탬이 되지만, 방치하면 학문 성취에 큰 해악이 된다는 퇴계의 생각을 읽어낼 수 있다.

알묘조장은 理의 속성을 성급하게 파악하는 데서 나타난다. 理는 형체가 없지만, 그 작용은 뚜렷하다. 所以然의 理로서 존재법칙이 되기도 하고 所當然의 理로서 당위법칙이 되기도 한다. 理는 그야말로 만상을 지배하는 원리이지만, 형체가 없고 작용 과

39 春秋時代의 宋나라 농부에 관한 이야기 속에 처음으로 나타난다. 『孟子』公孫丑 上에서 浩然之氣를 기르는 데 있어서 급하게 서두르거나 억지로 추구해서는 안 된다고 역설하면서 ‘揠苗助長’ 故事를 소개했다. 원문을 소개하면 다음과 같다. “必有事焉而勿正 心勿忘 勿助長也 無若宋人然 宋人 有閔其苗之不長而揠之者 芒芒然歸 謂其人日 今日病矣 予助苗長矣 其子趨而往視之 苗則槁矣 天下之不助苗長者 寡矣 以爲無益而舍之者 不耘苗者也 助之長者 揠苗者也 非徒無益 而又害之”(『孟子』公孫丑章句 上)

정도 알 수가 없어서 제대로 파악하기가 어렵다. 성리학의 과제가 天理의 파악에 있으므로, 어렵다고 해서 기피하지도 못한다. 格物者의 입장에서 만상에 나아가 個物의 속성을 하나하나 체득해야 비로소 소이연의 理와 소당연의 理를 파악할 계기를 확보하게 된다. 마음만 일방적으로 앞서서 개물의 속성을 만상의 이법이라고 규정해 버린다면 나무를 보고 숲이라고 하는 愚를 범하게 된다. 이런 '병통'을 알묘조장이라 한다. 알묘조장은 天理를 파악하는 데 최대의 걸림돌이다. 퇴계가 알묘조장을 경계하는 까닭이 바로 여기에 있다.

▣ 사려분요

① 사려가 어지럽게 헝클어지는 것은 고금 학자의 공통된 병통이라.

思慮紛擾古今學者之通患 (『退溪全書』卷12, 書, 答崔見叔問目)

② 思慮를 많이 하는 폐해는 예나 지금이나 학자들에게 있어서 공통된 병통인데, 公의 資質을 보니 이 병폐가 더욱 깊습니다. 대개 마음속이 시끄러워 안정이 되지 않는 것은 공 자신이 참으로 알 수 있을 것입니다. 내가 전일에 예전 어진 이들의 격언을 써 보냈는데, 거기에 靜養하는 공부를 많이 취해 넣은 것은 모두가 이 병을 구하기 위해서였습니다.

多思慮之害 古今學者之通患 觀公資性 此患尤深 蓋心中熱鬧 殊未寧恬 公能眞自知矣 而滉前日寫示前賢格言 多取靜養工夫 皆所以救此病也 (『退溪全書』卷28, 書, 與金而精)

'사려분요'는 ①의 줄 친 부분에서 따온 말이다. ②의 줄 친 부분인 '多思慮之害'는 字句가 다르기는 해도 사려분요와 동일한 개념이다. 사려분요는 퇴계 이전에도 주목받았던 병통이다. 고금을 막론하고 사려분요를 넘어서야 심신 수양이 가능한 까닭이다. 물론, 사람마다 '병통'의 해법이 같을 수는 없다. 張子와 二程子의 논쟁이 그 대표적인 사례이다. 張子는 氣質을 변화시켜 太虛의 세계적 본성을 회복해야 한다고 보는 데 반해, 二程子는 心을 함양해서 도덕적 주체성을 확보해야 한다고 본다.[40] 두 학자의 논쟁이 워낙 치열했기 때문에 사려분요의 해법이라면 으레 張子式과 二程子式으로 대별되기에 이르렀다. 퇴계는 二程子式의 해법을 따른다. ②의 '靜養'이 그런 점을 말해준다. '靜養'이란 氣의 함양이 아닌 心의 함양을 가리키므로, 二程子式의 해법에 충실하다고 할 수 있다.

心의 함양은 오랜 수련을 요한다. 눈앞에 外物이 있고, 외물에 의해 '聞見知思'가 끊임없이 촉발되는 까닭이다. 성가시다고 해서 외물과의 고리를 끊을 필요도 없고, 또 끊고자 소망하더라도 끊을 수조차 없다. 밝은 거울이 있으면 만물이 비치지 않게 하려 해도 비치듯이, 외물이 있으면 '문견지사'를 금하려 해도 금할 수 없는 것과 같은 이치이다. 기필코 외물과의 고리를 끊고자 하면 佛家의 坐禪法에 기울고 만다. 좌선법은 心의 작용을 枯死시키므로 尊德性과 道問學을 불가능하게 만든다. 이렇다고 해서 절박하게 心을 다스려서도 안 된다. 다스리고 싶다고 해서 쉽게 다스려

---

40 이현선, 「張載 수양론에 대한 二程의 비판」, 『철학사상』26, (서울대 철학사상연구소, 2007) 참조.

지지 않는 까닭이다. 主靜의 상태를 오랫동안 유지해야 心을 다스릴 수 있고 心을 다스려야 私意가 깃들지 않기 때문이다. 사려분요의 극복이 心 다스리기를 전제로 한다는 점에서, 사려분요는 심각한 병통이라 하지 않을 수 없다.

▣ 무각불철

> 지금 아무 일이 없을 때에 마음가짐에 대해 말함에 있어서, 한편으로 언제나 각성 상태에 있어야 한다고 해서 사려를 떨어 버리려고 하니, 이것은 고요함에만 전념하여 움직임이 없기를 바라는 것이요, 한편으로는 생각하기를 쉼이 없어 그 궁리를 그치려 하지 아니하니, 이것은 움직임에 치우쳐서 고요하게 될 때가 없는 것입니다. 곧 주자가 말한 바 "항상 잠들어서 깨닫지 못하거나 항상 행하여 멈추지 않는 병통"과 같으니, 모두 옳지 않습니다.
>
> 今論無事時持心之法 一要常惺惺 而遣去思慮 是一於靜 而欲無動也 一要未嘗息念 而不替其窮理 是偏於動 而無靜時也 此卽朱子所論 常寐無覺常行不輟之病 皆不可也 (『退溪全書』卷28, 書, 答金惇敍)

'무각불철'은 줄 친 부분의 '常寐無覺常行不輟之病'에서 따온 말이다. 주자가 老佛을 비판하면서 처음 언급했고,[41] 퇴계는 주자의 말을 그대로 인용했다. 노불에 대한 주자의 견해는 매우 비판

41 "大抵老佛說於靜 而欲無天下之動 是猶常寐不覺 而棄有用於無用 聖賢固弗爲也 今說於動 而欲無天下之靜 是猶常行不止 雖勞而不得息 聖賢亦不能也(『朱子大全』卷54, 答徐彦章)"에서 따온 말이다.

적이다. 老子가 人理 밖으로 걸어갔다고 했고, 釋氏가 事理를 긴요하게 여기지 않았다[42]고 하는 데서 이 점이 드러난다. 주지하다시피 程朱學에서는 理一分殊論에 입각해서 人理와 事理를 하나로 여긴다. 理一分殊論에 따르면, 달이 하늘에 떠서 온 사방을 비추듯 理 또한 만상에 가득차서 人, 事, 天에 두루 미친다. 一理가 衆理이고 衆理가 一理라고 여기는 주자로서는 人理를 배제하는 노자나 事理를 배제하는 석씨를 호의적으로 볼 수가 없다.[43] 노불은 어디까지나 闢異端의 대상에 지나지 않는다. 퇴계 또한 노불에 치우치는 현상을 '병통'이라 하며 경계했으니, 程朱의 사상을 그대로 따랐다고 할 수 있다.

퇴계는 노불, 특히 불교에 대해 상당히 비판적이다. 비판의 강도는 주자 못지 않다. 독서인으로 하여금 坐馳에 빠지도록 하고 心의 교통을 차단해서 動과 靜의 관계를 끊은 다음 '頓悟'와 '禪空'에 이르게 한다고 비판하는 데서 이 점을 확인할 수 있다. '돈오'와 '선공'은 공부의 지름길을 택하려는 儒者에게는 사뭇 매력적이다. '돈오'는 여러 단계를 거치지 않고 바로 大乘의 교리를 깨닫는 수양법이고 '선공'은 현실적 경험과 常道를 몽땅 虛無로 치부하고자 하는 수양법이다. 이런 수양법이 일견 참신하고 청량한 느낌을 주기도 하므로, 유학적 수양을 감내하지 못하는 유자에게는 매력적인 측면이 있다. 퇴계는 이런 기미를 민감하게 받아들인다. 평소의 온유돈후하던 자세를 거두어 버리고 서슬 퍼렇

---

42 노자에 대한 기록으로는 "老子是出人理之外(『朱子語類』卷125)"를 들 수 있고, 석가에 대한 기록으로는 "釋氏以事理爲不緊要(『朱子語類』卷125)"를 들 수 있다.

43 이 점에 대해서는 이동희, 『주자학의 철학적 특성과 그 전개 양상에 관한 연구』, (성균관대 박사논문, 1990), 23~27쪽에서 상세하게 다루고 있어서 참조할 만하다.

게 칼을 휘두르는 데서 무각불철에 대한 퇴계의 경계심이 어느 정도인지를 가늠할 수 있다.

▣ 골륜탄조

① 무릇 학문을 연구함에 있어서 분석하기를 싫어하며 통합하여 한 가지 이론에만 힘쓰는 것을 옛 사람들은 "골륜이 대추를 통째로 삼킨다."고 했으니, 그런 병통은 작은 것이 아닙니다. 그런데도 이러하기를 그치지 아니한다면 자신도 모르는 사이에 氣로써 性을 논하는 과오에 빠지게 되며, 또한 人欲을 天理로 여기는 과오에 떨어지게 될 것이니, 어찌 이런 태도를 옳다고 할 수 있겠습니까?

且來喩旣云 子思孟子 所就而言之者不同 又以四端爲剔撥出來 而反以四端七情爲無異指 不幾於自相矛盾乎 夫講學而惡分析 務合爲一說 古人謂之鶻圇呑棗 其病不少 而如此不已 不知不覺之間駸駸然 入於以氣論性之蔽 而墮於認人欲作天理之患矣 奚可哉(『退溪全書』卷16, 書, 答奇明彦 四端七情分理氣辨 第一書)

② 지금 그대의 변론은 이와는 다릅니다. 같은 것으로 보는 것은 좋아하지만, 분리된 것으로 보는 것은 싫어하고, 섞어서 온전하게 하는 것은 좋아하지만 쪼개어 나누는 것은 싫어합니다.

今之所辨 則異於是 喜同而惡離 樂渾全而厭剖析 (『退溪全書』卷16, 書, 答奇明彦 四端七情分理氣辨 第一書)

'골륜탄조'는 ①의 줄 친 부분에서 따온 말이다. '독수리가 맛도 모르고 대추를 통째로 삼킨다.'는 의미로서, 佛家[44]와 宋儒들이 흔하게 사용하는 관용어이다.[45] 대추를 통째로 삼키면 그 맛을 모르듯이, 글의 의미를 분석하지 않고 종합만 하면 그 참뜻을 알기 어려워진다. 퇴계는 고봉이 바로 그런 인물이라고 못박는다. 즉, 四端과 七情은 모두 情이어서 理氣에 분속시킬 수 없다는 고봉의 주장을 반박하면서, 所從來를 따른다면 엄연히 理와 氣가 다르고 四端과 七情도 다르다고 한다. 퇴계는 반론을 펴는 데서 그치지 않는다. 고봉이 '渾全'만 좋아하고 '剖析'은 싫어한다며 서슴지 않고 공격하기에 이른다. ①과 ②가 바로 그런 예이다. 이런 공격이 고봉에게 준 글에서 지속적으로 나타난다는 점에서, 퇴계가 '渾全'을 능사로 여기는 풍조를 얼마나 부정적으로 보는지를 알 수 있다.

물론, 골륜탄조는 고봉만을 겨냥하지 않는다. 李叔獻과 黃仲擧에게 보낸 글[46]을 감안하면 여러 문인을 동시에 겨냥한다고 할 수 있다. 이숙헌이 사물의 이치는 至善이어서 옳지 못한 것이 없다고 하며 '사물의 이치 가운데서 옳은 것만 골라서 배우려 하는 司馬溫公의 태도'를 비판하자, 퇴계는 이숙헌의 주장에 따끔한 충고를 가한다. 지선과 선악은 별개의 사안이라는 전제하에 사물의 이치가 지선하기는 해도 善惡이 엄연히 존재한다고 하며, 격물궁리로 선

---

44 주자보다 앞시대에 살았던 宋代의 圓悟禪師가 '鶻圇呑棗'라는 말을 사용하고 있다. 『碧巖錄』卷3에 그런 기록이 있다.

45 주자가 許順之에게 보낸 글에 '鶻圇呑棗'라는 말이 나온다. 『朱子大全』卷39, 答許順之에 나온다. 허순지가 下學보다는 上達에 치중하면서도 입으로만 本末과 精粗가 둘이 아니라고 하자, 주자가 '鶻圇呑棗'를 거론하며 나무라고 있다. 주자는 答林正卿에서도 '鶻圇呑棗'라는 말을 사용하고 있다. 임정경이 두리뭉실하게 언급한 말을 꼬집으면서 한 말이니, 허순지의 경우와 같다고 할 수 있다.

46 『退溪全書』自省錄의 答李叔獻과 答黃仲擧 참조.

악을 분별하라고 한다. 한편, 황중거가 만물의 이치를 한 가지라고 하며 겉은 달라도 이치는 같다고 하자, 퇴계는 '한 가지'라 하는 데 너무 집착하지 말고 같고 다른 바를 분별하라고 충고한다. 퇴계가 이숙헌과 황중거에 대해 '剖析'은 없고 '渾全'만 있다고 충고했으니, 이런 충고 속에 골륜탄조의 취의가 녹아들어 있다고 생각된다.

▣ 반섭사의

① 보내주신 편지에서 '今'字는 '古'字에 포함되어 있다고 했으니, 이렇게 둘러서 붙인다면 도리어 사사로운 생각에 빠지게 될 것이니, 잘못입니다.

來示謂今字帶於古字 如此回互 反涉私意 非也 (『退溪全書』卷28, 書, 答金惇敍)

② 대저 천하만물은 단지 이 하나의 이치입니다. 그러므로 어리석게 뜻과 말을 뒤섞어서 말할 것 같으면 같다고 하지 못할 것이 없으며, 억지로 끌어다 가리켜 말할 것 같으면 근사하지 않은 것이 없겠으나, 결국 당초의 성현이 말씀하신 본의가 이와 같지 않은 것은 어찌할 수가 없습니다.

大抵通天下萬物 只此一理 故義理語言 若儱侗合說 則無不可同 牽引指說 則無不近似 終無奈當初聖賢立言本意 (『退溪全書』卷19, 書, 重答黃仲擧)

'반섭사의'는 ①의 줄 친 부분에서 따온 말이다. 퇴계가 성리학자들이 흔히 거론하는 '私意'에다 '反涉'을 붙여 독서병통의 명칭으로 삼았다. '임기응변으로 일을 처리하다가 도리어 삿된 뜻에 빠진다.'는 의미를 지니므로, 성현의 글을 음미하지 않고 임의로 판단하는 병통 일체를 포괄할 수 있게 되었다. 반섭사의에 빠지기 위해 노력하는 사람은 없다. 성현의 의도나 지향점을 잘못 파악하거나 판단 기준을 자기 자신에게 구하다가, 결과적으로 私意에 빠져들고 만다. 반섭사의의 '反'이 그런 정황을 시사한다. 반섭사의의 사례는 많다. ②의 '牽引指說'은 그 좋은 예이다. 그 이외에 〈答權好文論樂山樂水〉의 "强探揥摸"나 〈答金惇敍〉의 "牽合之病"나 〈答李叔獻〉의 "執定於己見" 등도 여기에 속한다. 이런 정도만 보더라도, 퇴계가 성현의 뜻을 왜곡하는 태도를 얼마나 경계하는지를 알 수 있다.

반섭사의의 '私意'가 그렇게도 부정적인가? 어떤 경우에도 '私意'는 긍정적이지 않다. 판단 기준이 中正한 곳에서 나오지 않기 때문이다. 中正한 곳이라 할 때, 성현을 떠올릴 수 있다. 성현은 天理를 터득하고 心性을 整齊한 자이므로, 中正한 묘법을 지녔다고 할 만하다. '私意'는 中正한 곳과 반대편에 있다. 中正한 곳에 근거를 두어야 판단 기준이 객관적이라고 볼 때, '私意'는 지극히 주관적이다. 한번 '私意'로 기울어지면 걷잡을 수가 없게 된다. 心을 已發의 妙用者로 바꾸고 情의 상태를 확충하기 때문이다. 일단, 情이 자리를 잡으면 마음의 主宰者는 人欲이 되고, 인욕은 끊임없이 새로운 '私意'를 불러일으킨다. '私意'가 心을 情으로 채우고, 그 情은 인욕을 불러오고, 그 인욕은 새로운 '私意'를 확대·재생산하므로, '私意'를 쓸어낸 다음 그 순환 고리를 끊지 않으면 안 된다.

독서병통의 증세

다섯 줄기 큰 병통은 하나하나가 단순하지 않다. 알묘조장은

'억지로 싹을 뽑아올리듯 글의 이치에 성급하게 도달하려는 병통'이고, 사려분요는 '글에 대한 생각이 마구 뒤섞이고 헝클어지는 병통'이고, 무각불철은 '잠들어서 글의 뜻을 깨닫지 못하거나 글의 뜻을 행하기는 하되 멈추지 못하는 병통'이고, 반섭사의는 '글의 이치를 파악하려고 이것저것 끌어다 붙이다가 도리어 삿된 생각에 빠지는 병통'이고, 골륜탄조는 '글의 내용을 자세히 음미하지 않고 통째로 삼켜버리는 병통'이다. 어느 병통이든 인격을 완성하는 데 걸림돌이므로, 한 병통이라도 앓게 되면 증세가 만만치 않으리라 본다. 문제는 병통이 전이된다는 데 있다. 하나의 병통도 만만치 않은데, 병통이 전이되어 다발적으로 나타난다면 아주 심각한 증세를 보이리라 예견된다.

개별 독서병통의 증세

문집의 편지글에는 병통의 증세가 다양하게 나타난다. 퇴계가 발신자의 처지나 성향에 따라 그때그때 답변하다보니 병통의 증세가 다양해졌고, 그 결과가 그대로 문집에 담겼으리라 본다. 이런 정황을 고려하며 개별 독서병통의 증세를 검토하기 위해서는 최소한 두 가지의 검토 방법이 필요하다. 우선, 해당 자료를 일일이 제시해야 한다. 문집의 순서대로 자료를 나열하되 동일 자료도 그대로 나타낸다. 자료의 빈도수를 헤아리면 퇴계의 의중을 짚어보기가 용이하다. 그 다음으로, 큰 줄기 병통을 분별하면서 여러 가지 증세를 취합해야 한다. 자료를 분류하거나 자료의 인과 관계를 따지거나 하는 작업이 주를 이루게 된다. 이런 방법으로 정리한다면 문집에 나타난 병통의 증세를 조망할 수 있는 단서를 마련하리라 본다.

⊙ **자료**

① 골륜탄조의 병통을 앓으면 정추와 본말에 이치가 없어진다.

(『退溪全書』卷11, 書, 答李仲久問目)

② 사려분요의 병통을 앓으면 마음이 둘이 된다.

(『退溪全書』卷12, 書, 答崔見叔問目)

③ 알묘조장의 병통을 앓으면, 마음을 수고롭게 하고 힘을 소진하게 된다.

(『退溪全書』卷14, 書, 答南時甫 別幅)

④ 반섭사의의 병통을 앓으면, 순정하지 못하게 된다.

(『退溪全書』卷14, 書, 答南時甫 別幅)

⑤ 무각불철의 병통을 앓으면 무엇이든 단번에 이루려고 한다.

(『退溪全書』卷14, 書, 答李叔獻 別紙)

⑥ 골륜탄조의 병통을 앓으면, 氣로써 理를 논하고 인욕을 천리로 여기게 된다.

(『退溪全書』卷16, 書, 答奇明彦-論四端七情 第一書)

⑦ 반섭사의의 병통을 앓으면 성현이 말씀하신 본뜻을 어기게 된다.

(『退溪全書』卷19, 書, 重答黃仲擧)

⑧ 알묘조장의 병통을 앓으면 마음을 해치게 된다.

(『退溪全書』卷24, 書, 答鄭子仲 丙辰年)

⑨ 알묘조장의 병통을 앓으면 사사로운 뜻에 끌려들어 의리에 어긋나고 만다.

(『退溪全書』卷24, 書, 答鄭子仲)

⑩ 반섭사의의 병통을 앓으면 잘못된 길로 들어서게 된다.

(『退溪全書』卷28, 書, 答金惇敍)

⑪ 알묘조장의 병통을 앓으면 마음이 조잡하고 엉성하며 잘 잊어버린다.

(『退溪全書』卷28, 書, 答金惇敍)

⑫ 무각불철의 병통을 앓으면 늘 깨어나지 못하는 상태에 있게 된다.

(『退溪全書』卷28, 書, 答金惇敍)

⑬ 반섭사의의 병통을 앓으면 성급한 일반화의 오류에 빠지고 만다.

(『退溪全書』卷28, 書, 答金惇敍)

⑭ 무각불철의 병통을 앓으면 마음이 한 곳에 빠지고 만다.

(『退溪全書』卷28, 書, 答金惇敍)

⑮ 사려분요의 병통을 앓으면 마음속이 시끄럽고 안정이 되지 못한다.

(『退溪全書』卷28, 書, 與金而精)

⑯ 알묘조장의 병통을 앓으면 책을 손에 놓을 때 막연해진다.

(『退溪全書』卷28, 書, 與金而精)

⑰ 무각불철의 병통을 앓으면 박문약례를 번거롭게 여기게 된다.

(『退溪全書』卷28, 書, 與金而精)

⑱ 골륜탄조의 병통을 앓으면 성인의 본뜻을 어기게 된다.

(『退溪全書』卷37, 書, 答權章仲)

⑲ 무각불철의 병통을 앓으면 천리를 멸하고 인륜을 없애게 된다.

(『退溪全書』卷42, 記, 靜齋記)

⑳ 알묘조장의 병통을 앓으면 외우기는 하되 체득·침잠하

지 않는 폐단을 지니게 된다.
(『退溪全書』言行錄, 卷1, 讀書 (김성일록))

문집의 자료를 보면 크게 세 부분으로 나누어진다. 큰 줄기 병통, 작은 줄기 병통, 작은 줄기 병통에 대한 증세가 그것이다. 큰 줄기 병통은 다섯 가지 유형이고 작은 줄기 병통은 큰 줄기 병통의 구체적인 사례들이고, 작은 줄기 병통에 대한 증세는 병통을 앓을 때 나타나는 여러 모양이다. 세 부분 가운데서 작은 줄기 병통의 위상이 애매한 편이므로, 위상이 어떤지를 점검할 필요가 있다. 작은 줄기 병통은 큰 줄기 병통의 구체적인 사례로서 특별한 명칭이 없다. 이런 현상은 시사하는 바가 적지 않다. 퇴계가 어디까지나 작은 줄기 병통을 큰 줄기 병통의 사례로서만 볼 따름이고 그 이상의 의의를 부여하지 않았다고 할 수 있다. 정황이 이러하므로, 큰 줄기 병통과 작은 줄기 병통에 대한 증세를 연결하여 맞대응시켜도 좋으리라 본다.

⊙ 병통과 증세

병통 증세

알묘조장 -- ③ 마음을 수고롭게 하고 힘을 소진하게 된다.
⑧ 마음을 해치게 된다.
⑨ 사사로운 뜻에 끌려들어 의리에 어긋나고 만다.
⑪ 마음이 조잡하고 엉성하며 잘 잊어버린다.
⑯ 책을 손에 놓을 때 막연해진다.
⑳ 외우기는 하되 체득·침잠하지 않는다.

사려분요 -- ② 마음이 둘이 된다.

⑮ 마음속이 시끄럽고 안정이 되지 못한다.
무각불철 -- ⑤ 무엇이든 단번에 이루려고 한다.
⑫ 늘 깨어나지 못하는 상태에 있게 된다.
⑭ 마음이 한곳에 빠지고 만다.
⑰ 박문약례를 번거롭게 생각하게 된다.
⑲ 천리를 멸하고 인륜을 없애게 된다.
반섭사의 -- ④ 순정하지 못하게 된다.
⑦ 성현이 말씀하신 본뜻을 어기게 된다.
⑩ 잘못된 길로 들어서게 된다.
⑬ 성급한 일반화의 오류에 빠지고 만다.
골륜탄조 -- ① 정추와 본말을 말하는 데 이치가 없다.
⑥ 氣로써 理를 논하고 인욕을 천리로 여기게 된다.
⑱ 성인의 본뜻을 어기게 된다.

자료를 통해 증세를 정리해보니, 증세는 제각각이다. 큰 줄기 간에는 물론이고, 큰 줄기 내부에서조차 서로 일치하지 않는다. 왜 큰 줄기 내부에서 일치하는 바가 없는지가 관심사이다. 병통의 증세가 여럿이고 퇴계가 그 중 한 개만을 꼬집었기 때문에 제각각으로 나타나는 것 같다. 한 개만을 꼬집더라도 큰 줄기 병통이 동일하다면 증세가 겹쳐질 개연성은 얼마든지 있겠으나, 전혀 겹쳐지지 않는 점이 특이하다. 각 병통은 사람에 따라 각기 다른 증세를 보였고, 퇴계가 그런 사례를 언급하다 보니 증세 간에 겹쳐지지 않았다고 여겨진다. 그 결과, 증세의 개수는 곧 퇴계가 상대한 사람의 환경이나 성향의 다양성을 의미하는 셈이 되었다. 증세를 가장 많이 보유한 병통은 알묘조장이다. 사려분요는 2개이고 무각불철은 5개이고 반섭사의는 4개이고 골륜탄조는 3개인데 비해, 알묘조장은 6개이기 때문이다.

증세를 합하면 20개이다. 증세 간에 겹쳐지지 않는다는 점을 상기할 때, 문집에는 20명의 환자가 등장하는 셈이 된다. 환자 20명이 곧 증세의 총 개수를 의미하지는 않는다. 즉, 환자가 20명이라고 하여, 20개의 증세밖에 없다고 해서는 안 된다. 알묘조장은 논점을 다지기에 좋은 단서이다. 병통이 동일해도 환경이나 기질이 다르면 그 증세도 달리 나타나듯, 알묘조장은 환자의 환경이나 기질에 따라 그 증세가 달리 나타난다. 동일한 환자일 경우에도 예외가 아니다. 환경이나 기질이 변할 경우, 동일한 환자의 경우에도 증세가 달라지게 마련이다. ⑧과 ⑨는 정자중의 증세이면서 서로 일치하지 않고 ⑪과 ⑬은 김이정의 증세이면서 서로 일치하지 않는 현상이 이를 말해준다. 동일한 환자의 경우에서도 환경이나 기질적 특징에 따라 증세가 서로 다르다는 점에서, 증세는 얼마든지 늘어난다고 할 수 있다.

퇴계는 병통을 줄기 중심으로 보지 않고 환자 중심으로 본다. 병통을 줄기 중심으로 본다면 증세의 개수가 거의 고정될 터이지만, 환자 중심으로 보기 때문에 증세의 개수는 매우 유동적이다. 동일한 병통이라 해도 상태가 늘 같을 수 없는 법이다. 오늘의 증세가 어제의 증세와 다를 수 있고, 내일의 증세는 오늘의 증세와 다를 수 있다. 알묘조장의 병통이 이러하므로, 여타 병통도 마찬가지라고 보면 된다. 결국, 큰 줄기 병통은 다섯 가지이되 전체 증세는 20개를 넘어선다. 환자 중심의 접근법을 구사하는 한, 증세의 개수는 무의미하다는 지적도 가능하다. 환자 중심의 접근법이 환자의 상태를 면밀히 살피고자 하는 데서 나왔다는 점에서, 환자 중심의 접근법은 곧 인간애를 바탕으로 한다고 해도 무방하다.

병통의 전이 상황과 전반적 증세

독서병통도 질병인 이상, 신체 질병과 비슷한 측면이 있게 마련이다. 신체 질병의 경우, 신체의 한 부위에 질병이 생기면, 으레 그 질병은 다른 부위로 전이된다. 전이에도 속도가 있다. 질병이 핵심 장기에서 발생할 때는 다른 장기의 질병과는 달리 전이의 속도가 빨라진다. 신체 질병이 이렇다면, 독서병통도 일정 부분 이와 유사한 양상을 보이리라 여겨진다. 독서병통도 어디까지나 질병이기 때문이다. 즉, 신체 질병과 같이 큰 줄기와 큰 줄기, 큰 줄기와 뿌리 사이의 전이 현상이 나타날 법하다. 물론, 독서병통은 심병에 해당되므로, 신체 질병과 완전히 같지는 않다. 병통과 병통의 관계가 다를 수 있고, 전이 속도도 다를 수 있다. 이런 점을 의식하면서 독서병통의 전이 상황과 전반적 증세를 구체적으로 확인해보기로 한다.

독서병통은 심병이어서 신체 질병과는 최소한 두 가지 정도는 다르다. 첫째, 병통과 병통 사이의 관계가 신체 질병보다는 더 가깝다는 점이다. 신체 질병은 발병처에 따라 환부와 환부의 연관성이 적을 수도 있지만, 독서병통의 경우는 그렇지 않다. 어느 병통이나 마음에서 발생하므로, 연관성이 아주 깊다. 둘째, 전이의 속도가 어느 경우에나 신체 질병보다 훨씬 빠르다는 점이다. 신체 질병은 대체로 환부가 확산되는 데 시간을 요하지만, 독서병통의 경우는 그렇지 않다. 마음은 단번에 처음에서 끝으로 치닫기 때문이다. 이렇게 보니, 독서병통은 신체 질병에 비해 병통과 병통 사이의 관계가 가깝고 전이의 속도가 훨씬 빠르다. 줄기와 줄기, 줄기와 뿌리가 친연성이 깊은 바이니, 어느 한 쪽에 병통이 생기면 전체가 병통 덩어리로 변하고 만다는 추측이 가능하다.

① 심기의 질환은 바로 이치를 살피는 것이 투철하지 못해 허공을 뚫어 억지로 찾으려 하고, 마음을 잡는 데 방향을 잃어 싹을 뽑아 자라도록 돕는 데에서 말미암는 것입니다. 그래서 자기도 모르게 마음을 수고롭게 하고 힘을 끝까지 해 이런 지경에 이르게 되는 것이니, 이 또한 초학자들의 공통된 걱정거리입니다. 회옹 선생 같은 분도 처음에는 또한 이런 근심이 없지 않았습니다. 만약 그 병폐가 이와 같은 줄을 알고 능히 바로 고친다면 다시는 이런 근심이 없을 것입니다. 오직 일찍 알아서 속히 그 근심을 고치지 못하기 때문에 그 질환이 마침내 생기게 되는 것입니다. 내 평생의 병줄도 다 여기에 있었습니다. 그대와 같은 젊은이야 기력이 왕성하니 진실로 서둘러 그 병을 시초에서 고치고 조섭과 요양을 도리에 맞게 한다면, 어찌 끝내 괴로울 것이며 또 어찌 다른 병증이 생기겠습니까?

心氣之患 正緣察理未透 而鑿空以强探 操心昧方而揠苗以助長 不覺勞心極力以至此 此亦初學之通患 雖晦翁先生 初間亦不無此患 若旣知其如此 能旋改之 則無復爲患 惟不能早知而速改 其患遂成矣 滉平生病源 如公靑年盛氣 苟亟改其初攝養有道 何終苦之有 又何他證之干乎 (『退溪全書』卷14, 書, 答南時甫 別幅)

② 그러므로 옛사람들의 학문하는 것을 보면 비록 밤낮으로 조심하고 노력하여 한순간의 간단도 용납하지 않습니다. 그러면서도 반드시 공정을 느긋하게 그리고 실컷 쌓은 연후에야 그 아는 것과 행하는 것이 자연히 순서에 따라 얻는 것이 있었던 것입니다. 가만히 살피건대 그대는 학문을 함에 있어서 너무 서둘러 성취하기를 바

라는 병통이 있는 것 같습니다. 그러므로 작은 공을 헤아리고 언제나 초조하게 행하기 어렵다는 생각을 면치 못하는 것입니다. 아마도 이렇게 하기를 그치지 않는다면 차츰 자기의 사사로운 뜻에 끌려들어가서 도리어 의리의 진실에 어긋나게 될 것이니, 그것은 작은 허물이 아닐 것입니다.

故觀古人爲學 雖乾乾惕厲 靡容一息之間斷 然亦必積累工程 持以悠久 優游厭飫 然後所知所行 自然循次而有得焉 竊瞷公之於此學 似有急迫求之之病 故未免於計較近功 而恆有戛戛難行之慮 竊恐似此不已 駸駸然入於私意 反害於義理之實 非細累也 (『退溪全書』卷24, 書, 答鄭子仲)

①과 ②의 줄친 부분에서 독서병통의 전이 가능성에 대해 언급하고 있다. ①에서는 퇴계가 남시보에게 알묘조장을 서둘러 치료하면 또 다른 병증이 생기지 않는다고 한다. 뒤집어 말해, 서둘러 치료하지 않을 때는 알묘조장이 또 다른 병증을 낳는다고 해석할 수 있다. 하나의 병통이 커져서 또 다른 병통을 낳는 셈이므로, 전이 가능성을 내포한다고 여겨진다. ②에서는 퇴계가 정자중에게 알묘조장을 방치하면 '자기의 사사로운 뜻에 끌려들어가서 도리어 의리의 진실에 어긋나게 될 것'이라고 한다. '자기의 사사로운 뜻에 끌려들어가서 도리어 의리의 진실에 어긋나는 것'은 곧 반섭사의를 가리키므로, 알묘조장이 전이되어 반섭사의를 만들어낸다고 할 수 있다. 하나의 병통이 또 다른 병통을 낳는다는 점에서, 재빨리 손을 쓰지 않으면 전이 현상이 광범위하게 일어날 우려가 있다.

①과 ② 이외에 전이 가능성을 구체적으로 언급한 경우는 문집

에서 더 이상 보이지 않는다. 큰 줄기의 서로 다른 병통을 한 자리에서 언급하는 경우가 여럿 있기는 하나, 이것만으로 '전이 가능성의 직접적인 언급'이라고 보기는 어렵다. ①과 ②가 전이 가능성을 가장 뚜렷하게 밝힌 자료라는 점에서, '전이 가능성의 직접적인 언급'은 상당히 적은 편이다. 물론, 퇴계가 전이 현상을 대수롭지 않게 여기기 때문에 ①과 ②에서만 구체적으로 언급했다고 할 수는 없다. 편지글에서 수없이 큰 줄기 병통을 거론하면서 그 심각성을 언급했고 병통이 심병이어서 파급 속도가 빠르다고 규정한 이상, 병통의 전이 현상에 대한 인식은 매우 뚜렷했다고 여겨진다. 심병인 독서병통이 여럿 있다면 전이 현상은 너무나 당연하다고 여기고 구체적으로 거론하지 않았을 개연성이 많다.

전이 가능성을 설정한다면 전이 경로를 따지지 않을 수 없다. 병통 간에는 친연성에서 차이를 보이므로, 친연성을 단서로 삼을 수 있다. 알묘조장, 사려분요, 반섭사의, 골륜탄조는 들뜬 마음 때문에 생기는 폐단이니 상호 친연성이 있고, 무각불철은 老佛의 취의 때문에 생기는 폐단이니 알묘조장, 사려분요, 반섭사의, 골륜탄조와는 친연성이 미약하다. 전자를 제1유형이라 하고 후자를 제2유형이라 할 때, 양자는 전이 경로를 달리 한다고 볼 수 있다. 즉, 제1유형 가운데서 어느 한 병통이 발생하면 제1유형 내의 여타 병통으로 전이되고, 제2유형은 병통이 미약하거나 심각하거나 할 수는 있어도 여타 병통으로 전이되지 않는다. 제1유형과 제2유형이 동시다발적으로 나타날 경우, 어떻게 볼 것인지가 관건이다. 전이가 아닌 중첩이라 해야 합당하다. 동시다발성은 제1유형 내에서도 나타나고 제1유형과 제2유형이 중첩되어 나타난다고 볼 때, 그 증세는 여간 심각하지 않으리라 본다.

① 맹자는 "마음의 기능은 생각하는 데 있다. 생각하면 얻고 생각하지 않으면 얻지 못한다. 먼저 그 마음을 세우면 작은 것이 빼앗지 못한다."고 했습니다. …… 지금 어떤 사람이 보고 듣기를 함께 하거나 손과 발을 동시에 사용하는 경우가 있다고 합시다. 이때 만일 듣는 것에만 오로지 마음을 쏟고 보는 것에 전혀 무관심하거나 손 놀리는 모양에만 관심을 두고 발 놀리는 모양은 되는 대로 내버려둔다면, 어찌 일을 처리함에 있어서 하나를 얻고 하나를 잃을 따름이겠습니까? 관심을 두지 않고 되는 대로 내버려 둔 곳에는 그 일을 함에 있어서 마땅히 그 마음이 응해야 하는데도 응하지 않고 완고하여 영통하지 못함을 볼 수 있으니, 곧 마음은 기능을 잃게 되는 것입니다. 이렇게 해서 만 가지로 변화하는 상황에 수응하려 하니, 어찌 中節을 기할 수 있겠습니까?

孟子曰 心之官則思 思則得之 不思則不得 先立乎其大者 其小者不能奪也 …… 且如今人亦有視聽偕至 手足竝用時節 苟一於所聽 而所視全不照管 一於手容 而足容任其胡亂 則奚但於事一得一失而已 其不照管任胡亂處 可見其心遇此事 當應不應 頑然不靈 便是心失其官處 以此酬酢萬變 豈能中節哉

② 옛날 배운 것만을 항상 복습하고 있으면 현재 읽는 글에는 방해가 있다고 한 것은 빨리 이루고자 하는 쪽에 마음을 쓰기 때문에 그러한 걱정을 하는 것 아닌지요. 속성하려 하기 때문에 옛것을 깊이 복습할 시간이 없을 뿐 아니라 현재 읽고 있는 글도 정밀하고 익숙하게 할 시간이 없게 되어 항상 마음 한 가닥이 마치 바쁘게 쫓기는 데가 있는 듯하게 되며, 본래는 여러 책을 널리 읽

고자 한 것이지만, 조잡하고 엉성하여 도로 잊어버려서 마침내 무슨 사업을 성취할 수 있겠소? 내가 지난날 과거 공부를 한 것도 바로 이와 같은 것이었는데, 거기에다가 병으로 게을러져서 글을 읽는 것이 매우 정밀하지 못했으며, 적은 듯 많은 세월을 지내버려서 이제는 나이가 많고 기력이 줄어서 이를 메울 길이 없으니, 士友들을 권장할 수도 없는 한편, 입을 열 수도 없게 되었소. 요즈음 와서 더욱 그러한 폐단을 깨닫게 되어 마음속으로 부끄러울 뿐이오.

常習舊學 則於方讀書有妨者 此爲欲速之心所使 故以此爲患也 欲速故不惟不暇溫故 而方讀之書 亦不暇精熟 意緖匆匆 常若有所迫逐 本欲廣讀諸書 而鹵莽遺忘 厥終 與初不讀一書者無異 觀今日學者每坐此病 畢竟成就得甚麼事業 滉向爲擧子 正亦如此 加以病倦讀書殊草草 過了多少光陰 今年力衰邁 無路追補 無以勸勵士友 直是無可開口 近來尤覺此弊 內自愧勵而已

③ “낮에 읽은 것을 밤중에 생각하고 풀이하라.” 이것은 연평이 회암에게 일러준 말입니다. 이와 같이 하면 마땅히 날로 유익하게 될 것입니다. “오는 것을 맞이하지 않고 가는 것을 좇지 않는다.” 이것은 그 논한 바가 대체로 옳습니다. 비유컨대 한 집 안의 주인이 언제나 집 안에 있으면서 주장이 되어 가사를 맡아 하되, 우연히 손님이 밖에서 자기 집에 올 것 같으면 다만 문 안뜰에서 마중하여 접대하고, 떠나갈 때도 안뜰을 떠나지 아니하고 전송한다면, 비록 매일 마중하고 전송함이 있을지라도 잡인 살림이 무슨 방해됨이 있겠습니까? 그렇지 않고 동서남북 여기저기에서 손님이 자기 집에 어지럽게

닥쳐오면 곧바로 뜰 밖으로 나가 멀리서 마중하고, 가까이에서 접대하기를 분주하게 하여 쉬지 아니하며, 손님이 떠날 때 따라가서 전송하기를 이와 같이 하니 자기의 집에는 도리어 관리하는 사람이 없어 도적들이 이리저리 두드려 부수어 어지럽게 될 것입니다. 그렇게 되면 종신토록 즐겨 돌아오지를 못하게 될 것이니, 어찌 크게 슬프지 아니하겠습니까?

晝日所讀 夜中思繹 此延平所以告晦菴者 依此做不輟 當日有益也 來不迎 去不追 所論大槩得之 比如一家主人翁 鎭常在家裏 做主幹當家事 遇客從外來 自家只在門庭迎待了 去則又不離門庭 以主送客 如是 雖日有迎送 何害於家計 不然 東西南北 客至紛然 自家輒離出門庭 遠迎近接 奔走不息 去而追送 亦復如是 自家屋舍 卻無人主管 被寇賊縱橫打破蕪沒 終身不肯回頭來 豈不爲大哀也耶

『退溪全書』卷28, 書, 〈答金惇叙〉에서 종합적 증세를 찾아내고, 해당 부분에 줄을 쳐보았다. 줄친 부분에 의하면, 독서병통의 종합적 증세는 '마음의 기능 상실'이다. 마음은 虛靈不昧한 상태로서 대내외적인 中和의 기능을 하늘로부터 부여받았다. 이 중화의 기능이 곧 마음의 원래 기능이다. 독서병통으로 인해 마음이 중화의 기능을 상실하면 그 증세가 아주 심각하게 나타난다. ①에서는 완고하고 영통하지 못하여 마침내 중절을 기할 수 없다고 하고, ②에서는 조잡하고 엉성하여 앞에서 읽은 내용도 잊어버린다고 하고, ③에서는 도적들이 안뜰까지 처들어와서 가재도구를 두드려 부순다고 한다. 저마다 표현 방식은 다르지만, 내용은 일치한다. 결국 마음이 아래로는 人事를 지향하고 위로는 天理를 지향한다는 점에서, 독서병통이 마음을 피폐하게 만듦으로써 천리와의 교섭 통로를 파괴한다고 할 수 있다.

이런 종합적 증세는 〈答金惇叙〉 이외의 글에서도 많이 나타난다. 과다의 차이가 있기는 해도 거의 모든 편지글에서 종합적 증세에 대해 다루었다고 보면 된다. 문집의 卷14, 書, 〈答南時甫〉에서 책에서 얻은 도리를 일상생활에서 구현하지 않고 고심원대한 데서 구현한다고 하거나 卷24, 書, 〈答鄭子仲〉에서 그릇된 버릇에 젖어서 자기를 잃어버린다고 하거나 卷38, 書, 〈答權章仲〉에서 힘은 쓰지 않고 헛되이 그 높푸른 모양만을 보며 仁者의 즐거움을 구한다고 하는 경우가 그 대표적인 예이다. 물론, 이런 사례들은 〈答金惇叙〉에 비해 구체성이 떨어지기는 하지만, 구체성의 결여 현상이 독서병통의 종합적 증세를 부정할 만한 단서는 되지 못한다. 문집의 〈答金惇叙〉와 그 이외의 여러 사례로 보아, 퇴계가 '마음의 기능 상실'을 독서병통의 종합적 증세로 확고하게 인식했다고 할 수 있다.

독서병통의 요인

증세를 알면 원인도 보인다. 앞에서 살폈듯이 큰 줄기 독서병통의 종합적 증세를 한 마디로 말하면 '마음의 기능 상실'이다. '마음의 기능 상실'은 독서병통의 제1유형인 알묘조장·사려분요·골륜탄조·반섭사의와 제2유형인 무각불철 모두와 관련이 있다. 제1유형은 '마음의 기능 상실'이 들뜬 마음 때문에 생기고 제2유형은 '마음의 기능 상실'이 老佛의 취의 때문에 생긴다. 왜 들뜬 마음이 생기고 노불의 취의에 함몰하는지를 살핀다면 독서병통의 원인을 밝혀낼 수 있다. 원인은 크게 보아 두 가지이다. 心 그 자체의 문제 때문에 독서병통이 생기기도 하고, 주변 환경의 문제 때문에 독서병통이 생기기도 하므로, 양자를 나누어서 살펴야 하리라 본다. 이 점에서 心의 내적 요인과 心의 외적 요인은 반드시 살펴야 할 과제라고 할 수 있다.

心의 내적 요인

성리학에서는 心이 원래부터 결함이 있다고 보지 않는다. 未發·已發論의 전통에서 그런 점을 찾아볼 수 있다. 미발은 心意가 발동하지 않은 상태이고 이발은 심의가 발동한 상태로서, 『中庸』의 "희노애락의 미발을 中이라 하고 그 中이 발하여 절도에 들어맞으면 和라 한다."[47]고 하는 데 연원을 둔다. 程子와 주자를 거치면서 미발·이발론은 아주 정치해진다. 정자는 희노애락의 七情을 思慮로 구체화하고, 주자는 희노애락을 情으로 그 미발을 性으로 규정하며 미발·이발을 性과 情의 관계로 치환했다. 정주학을 받아들인 퇴계도 이런 틀에서 한 치도 벗어나지 않는다. 다만 퇴계는 미발과 이발의 개념 및 갈래별 특징을 구별하는 데 특별한 관심을 기울인다. 『退溪全書』卷19, 答黃仲擧[48]에 그런 논의가 잘 나타나 있다.

퇴계는 〈答黃仲擧〉에서 심의를 확고하게 밝힌다. 程朱學의 개

47 喜怒哀樂未發 謂之中 發而皆中節 謂之和

48 해당 부분을 인용하면 다음과 같다. "人心備體用 該寂感 貫動靜 故其未感於物也 寂然不動 萬理咸具 而心之全體無不存 事物之來 感而遂通 品節不差 而心之大用無不行 靜則寂而未發之謂也 動則感而已發之謂也 人之所以參三而立極者 不出此兩端而已 故來喩所謂未接物前 不起不滅之時 所謂虛靈之地 炯然不昧 所謂喜怒哀樂之未感 思慮云爲之未擾 皆屬之寂然而靜 即所謂未發也 所謂纔思時 所謂思索時 所謂窮格時 所謂思慮紛糾時 所謂事物應酬時 皆屬之感通而動 即所謂已發也 其所謂至靜之中 有動之端者 亦非謂已動也 只是有動之理云耳 故此亦當屬之未發也"

념 틀 안에서 '靜'의 상태는 미발이고 '思慮'는 이발이라는 준칙을 세운 다음, 예시를 통해 입증해 내고 있다. 예컨대 '寂然不動'은 靜으로서 미발의 中이고 '感而遂通'은 思慮로서 이발의 和라고 한다. 미발의 中을 확충하기 위해서는 戒懼와 같은 함양 공부가 필요하고 이발의 和를 도모하기 위해서는 精察과 같은 성찰 공부가 필요하다고 하며, 미발과 이발의 공부 방법이 서로 다르다고 하는 데까지 나아간다.[49] 퇴계가 개진한 미발·이발의 개념 및 공부 방법에 대한 논의는 결과적으로 수양론적 체계와 심성론적 구도를 확립하는 데 기여하고, 독서병통론을 심화시키는 데도 기여한다. 즉, 미발·이발의 개념을 분명하게 구획함으로써 수양론과 심성론의 범주를 광정하고 미발·이발의 범주에서 독서병통을 이해할 수 있는 길을 터놓았다.

독서병통은 미발의 단계에서도 생기고 이발의 단계에서도 생긴다. 미발이 이발의 전단계라는 점에서, 이발의 단계에서 생기는 독서병통과 미발의 단계에서 생기는 독서병통은 서로 차원이 다르다. 전자는 독서 초입에서 이미 병통이 생긴 경우이고, 후자는 독서 초입에서는 병통이 없었다가 독서하면서 특정 계기로 인해 병통이 생겨난 경우이다. 전자와 후자의 차이가 어떤 의미를 지니는가? 心의 靜과 動에 따라 미발과 이발을 구획한다는 점을 상기할 때, 전·후자와 靜·動의 관계를 기준으로 해서 의미를 규정할 수 있다. 전자는 미처 靜을 主로 삼지도 못했음을 의미하고 후자는 靜을 主로 삼기는 했어도 動을 제어하는 데까지는 이르지 못했음을 의미한다. 전자에서는 제1유형의 독서병통이 나타나고

49 이승환, 「退溪의 未發說 釐淸」, 『退溪學報』114, (退溪學研究院, 2004), 85~88쪽의 논의 참조.

후자에서는 제2유형의 독서병통이 나타나므로, 해당 자료를 통해 구체적으로 확인해보기로 한다.

① 대개 順之가 매양 "정추와 본말에 이치가 없다."고 하여 그 이치를 보는 것이 명확치 않아, 사물의 조리를 정밀하게 관찰하는 데 힘써서 저 융회관통의 묘경에 나아가지 못하는 것이 바로 그 맛을 알지 못하며 탈쇄처에 이를 길이 없는 것이기 때문에 그렇게 말한 것입니다.

蓋順之每說精粗本末無二致 其見理儱侗 不能從事於文理密察 而以造夫融會貫通之妙 是不知其味 而無由到得脫灑處 (『退溪全書』 卷11, 書, 答李仲久問目)

② 마음은 하나인데 '어지럽다'하는 것은 무엇이며, '지극히 고요함'이라 하는 것은 무엇입니까? 마음은 신령스럽고 밝아 헤아릴 수 없으며, 변화하고 두루 흘러서 잡으면 보존되어 고요하고 놓으면 흩어져 어두워지니, 번잡하거나 산만한 것은 아마도 잡고 놓는 두 가지 사이에 달린 듯합니다.

心一也 所謂紛紜者 何物 所謂至靜者 何物也 心之神明不測 變化周流 操則存而靜 舍則散而昏 或煩或散 疑在操舍之間 (『退溪全書』卷12, 書, 答崔見叔問目)

③ 심기의 질환은 이치를 살피는 것이 투철하지 못해 허공을 뚫어 억지로 찾으려 하고, 마음을 잡는 데 방향을 잃어 싹을 뽑아 자라도록 돕는 데에서 말미암는 것입니다.

心氣之患 正緣察理未透 而鑿空以强探 操心昧方而揠苗以助長 (『退溪全書』卷14, 書, 答南時甫 別幅)

④ 그러므로 어리석게 뜻과 말을 뒤섞어서 말할 것 같으면 같

다고 하지 못할 것이 없으며, 억지로 끌어다 가리켜 말할 것 같으면 근사하지 않은 것이 없겠으나, 결국 당초의 성현이 말씀하신 본의가 이와 같지 않은 것은 어찌할 수가 없습니다. 그것은 경전의 본뜻을 밝혀내기에 부족하고, 도리어 진리를 어둡게 하고 실지의 견해를 어지럽히기에 충분하니, 이것이 학문하는 자의 공통된 병통입니다.

故義理語言 若儱侗合說 則無不可同 牽引指說 則無不近似 終無奈當初聖賢立言本意 不足以發明經訓 適足以晦眞理 亂實見 此學者之通患也 (『退溪全書』卷19, 書, 重答黃仲擧)

①~④에는 제1유형의 독서병통이 담겨 있다. ①에서는 골륜탄조의 독서병통을 앓고, ②에서는 사려분요의 독서병통을 앓고, ③에서는 알묘조장의 독서병통을 앓고, ④에서는 반섭사의의 독서병통을 앓는 데서 이 점이 확인된다. ①~④의 수신자 어느 누구도 '主靜'의 단계에 오르지 못한 상태이다. ①에서 '그 이치를 보는 것이 명확치 않다.'고 하거나 ②에서는 '意가 흩어지고 어두워지고 번잡해진다.'고 하거나 ③에서 '이치를 투철하게 살피지 못한다.'고 하거나 ④에서는 '뜻과 말을 뒤섞고 억지로 끌어다 가리켜 말한다.'고 한 언급이 바로 '主靜'의 단계에 오르지 못한 증거이다. 미발의 연관시켜보면, 왜 '主靜'의 단계에 오르지 못했는지를 추리해볼 수 있다. 미발의 단계 즉 독서 초입에서 이미 병통이 생겼고, 그런 병통을 고치지 않은 채 독서에 임하다 보니, 제1유형의 독서병통을 피할 수 없었으리라 본다.

사람의 마음이 고요하지 못하면 어찌 만 가지 일을 알며 만사를 주재하겠는가? 또한 성인이 靜을 주로 삼은 것은 천하의 動을 한 가지로 여기기 때문이며, 그것을 없애버리고 쓸데없는 것이라고 말한 것이 아니다. 또 학자들이 靜을 구하는 것은 만 가지 用의 근원을 세우려는 까닭이며 막연하게 응하지 않으려고 하는 것은 아니다. 그러므로 靜을 주로 삼아 動을 잘 다스리는 것은 성현이 中和로 하는 까닭이며 靜만을 탐하여 사물을 거절하는 것은 佛·老가 편벽되게 하는 까닭이다. 중화의 극치는 천지가 제 위치를 지켜 만물이 길러지게 하는 것이며, 편벽의 극치는 천리를 멸하고 인륜을 없애는 것이다.

人心不靜 則又何以該萬理而宰萬事哉 且聖人之主靜 所以一天下之動 非謂其泯然無用也 學者之求靜 所以立萬用之本 非欲其漠然不應也 故主靜而能御動者 聖賢之所以爲中和也 耽靜而絶事物者 佛老之所以爲偏僻也 中和之極 位天地而育萬物 偏僻之極 滅天理而殄人倫 (『退溪全書』卷42, 記, 靜齋記)

위의 〈정재기〉에는 제2유형의 독서병통이 담겨 있다. '靜만을 탐하여 사물을 거절하는 것은 佛·老가 편벽되게 하는 까닭'이 그 단서이다. 불·노는 主靜하되 事物의 이치를 궁구하지 않는 종교이다. 中和의 관계를 중시하는 성리학의 관점에서 보면, 불·노의 경우는 '中의 상태인 미발'이 '和의 상태인 이발'과 호응하지 않아서 문제가 된다. 미발이 이발과 호응하지 못하기 때문에, 靜을 주로 하되 動을 압도하지 못하는 형국에 이르고 만다. 한 마디로 主靜不御動이라 지칭해볼 만하다. 주자는 主靜不御動의 현상을 두고 '잠들어서 글의 뜻을 깨닫지 못하거나 글의 뜻을 행하기는 하되 멈추지 못하는 병통'을 지녔다고 비판했고, 퇴계는 주자의 주장을 그대로 인출함으로써 무각불철의 병통이 존재하도록 했다. 이발의 단계에서 병통이 생겨났고, 그런 병통으로 인해 動을 제어하기 어려웠으리라 본다.

①~④는 제1유형의 독서병통을 제시하고, 〈정재기〉는 제2유형의 독서병통을 제시한다. 제1·2유형의 독서병통을 가름하는 분기점은 '主靜'이다. 주정 미진입의 단계에서는 제1유형의 독서병통이 나타나고, 주정불어동의 단계에서는 제2유형의 독서병통이 나타난다. 주정 미진입의 단계와 주정불어동의 단계가 있다면 주정어동의 단계도 당연히 생각해봄직하다. 주정어동의 단계는 독서병통과는 거리가 멀다. '주정'과 '어동'이 유기적으로 연관을 맺기 때문에, 독서병통이 생길 여지가 없다. 이런 논의는 어디까지나 한정된 자료만을 대상으로 했으므로, 검증이 필요하다. 특히, ①~④가 제1유형 모두를 대표하고 〈정재기〉가 제2유형 모두를 대표하는지는 자료를 확장해서 따져보아야 한다. 이런 정황에도 불구하고 성과가 없지는 않다. 主靜의 단계와 독서병통 간에 긴밀한 연관이 있다는 점이 그것이다.

> 主靜 미진입의 단계에서는 제1유형의 독서병통이 나타난다.
> 主靜不御動의 단계에서는 제2유형의 독서병통이 나타난다.
> 主靜御動의 단계에서는 어느 독서병통도 나타나지 않는다.

논의한 바를 정리해보니, 心의 靜과 動을 어느 정도 장악하느냐에 따라 독서병통의 성격이 결정된다. 主靜御動의 단계에서는 독서병통이 생기지 않고, 主靜不御動의 단계에서는 제2유형의 독서병통이 생기고, 主靜의 미진입 단계에서는 제1유형의 독서병통이 생긴다. 心의 靜과 動이 미발과 이발로 구획되므로, 미발의 中을 밀고나가 이발의 和를 형성하지 못할 때 독서병통이 생겨나는 셈이 된다. 독서 과정에 비추어보면 미발은 독서 이전의 중정 상태이고 이발은 독서 중간의 의식 활동이다. 독서 이전의 중정 상태가 독서 중간의 의식 활동에 끝까지 영향을 미칠 경우에는 독서병통은 생길 수 없다. 반면, 독서 이전에 중정 상태를 이루되 독서 중간에서 흐트러질 경우에는 제2유형의 독서병통이 생기고, 아예 중정 상태도 이루지 못한 채 억지로 독서에 임할 경우에는 제1유형의 독서병통이 생긴다.

心의 외적 요인

독서병통의 원인으로 人欲을 빼놓을 수 없다. 인욕은 독서를 수단으로 삼고 출세를 목적으로 삼는 데서 생긴다. 독서를 수단시하는 자는 존심양성에는 관심이 없다. 理를 체인하지 않으려 하고 하늘의 도리를 알려고 하지 않는다. 지식을 얻기 위해 성급하게 책을 읽으려 하고, 성인의 뜻을 임의로 해석하려 하고, 숙독완미 없이 통째로 내용을 집어삼키려 한다. 이와 같은 독서 태도가 알묘조장, 반섭사의, 골륜탄조와 같은 병통을 양산하므로, 올바른 독서생활을 영위하기 위해서는 무엇보다 인욕을 경계하지 않으면 안 된다. 성리학에서는 인욕을 천리와 대칭적 개념으로 사용하며 그 폐해가 아주 크다고 지적하곤 한다.[50] 인욕은 어디서 오며, 그 폐해는 무엇이며, 왜 독서병통의 원인이 될 수 있는가?

인욕은 形氣로부터 나온다. 형기가 정서적 반응을 가리킨다는 점에서, 본능적 행동의 근원이 형기라 할 수 있다. 퇴계가 "배우지

50 『近思錄』卷2, 爲學의 8조목·85조목과 권5, 克己의 6조목에 이런 내용이 담겨 있다.

않아도 저절로 알고 힘쓰지 않아도 저절로 능하다."[51]고 한 까닭도 형기가 본능적 행동의 근원이라 여겼기 때문이다. 형기는 발출 유래상 心의 외면이지만 외면에만 머무르지 않는다. 내면으로 들어와 성품을 형성하므로, 형기를 氣質之性의 틀 속에서 이해해야 온당하다. 물론, 형기라 해도 일정하지는 않다. 淸·粹와 濁·駁을 지닌 까닭에, 청명하거나 혼탁하게 발현될 수 있다. 청명한 발현 즉 中節이면 천리가 드러나고, 혼탁한 발현 즉 부중절이면 인욕이 드러난다. 이런 현상을 독서론의 측면에서 설명하면 중절 혹은 부중절의 상태에 따라 병통 여부가 결정된다고 할 수 있다. 즉, 중절 상태에서 독서하면 무병통이요 부중절 상태에서 독서하면 병통이다.

퇴계는 편지글 곳곳에서 부중절의 상태가 어떻게 병통이 되는지를 설파하고 있다. 남시보, 정자중, 권장중, 기명언에게 보낸 편지글에 그런 내용이 많이 나타난다. 이 중에서 기명언의 경우가 가장 날카롭다. 『退溪全書』권16, 〈答奇明彦〉을 보면, 기명언의 학문적 재예를 추켜올리면서도 단점을 사정없이 비판하기 때문에 이런 지적이 가능하다. 비판의 내용 하나하나가 비수로 가슴을 찌르듯 하므로 눈여겨볼 만하다. 퇴계에 의하면 기명언은 스스로 처신하는 데 너무 고상한 척하고, 세상을 경륜하면서 지나치게 용감하고, 모든 일에 자신의 주장을 너무 내세운다고 하며, 敬이 내외를 관통하지 않고 내면의 中만을 기르려고 한 탓에 병통이 생겼다고 못박는다. 결국 퇴계가 '敬의 내외관통론'에 입각해 있으니, 기명언은 '敬의 내외관통론'을 벗어나는 대표적인 사례라고 해도 무방하다.

---

51 不學而自知 不勉而自能(『退溪全書』卷41, 雜著, 傳習錄論辯)

'敬의 내외관통론'은 독서병통의 원인을 찾는 데 중요하다. 마음의 안쪽과 바깥쪽 연결고리를 탐색할 수 있는 근거가 바로 '敬의 내외관통론'이기 때문이다. 퇴계에 의하면 기명언은 미발의 中을 下手處로 삼았고 사물과 응접하는 곳을 下手處로 삼지는 않았다. '敬의 내외관통론'.에 비추어볼 때, '내'만 있고 '외'는 없는 상태이다. 그 이유로는 마음의 바깥쪽이 항시 시끄러웠다는 점을 들 수 있다. 환로에 나간 데다 혈기 왕성했던 기명언이었던만큼 사물과 응접하는 곳이 조용할 리가 없다. 내외가 敬으로 관통하지 않으므로, '너무' 혹은 '지나치게'와 같은 과불급의 병통이 생겨날 수밖에 없다. 『退溪全書』卷16, 〈答奇明彦-論四端七情 第一書〉에서는 이런 병통을 '골륜탄조'라 했는데, 상당히 적절한 지적이라 아니 할 수 없다.

① 심기의 질환은 바로 이치를 살피는 것이 투철하지 못해 허공을 뚫어 억지로 찾으려 하고, 마음을 잡는 데 방향을 잃어 싹을 뽑아 자라도록 돕는 데에서 말미암는 것입니다.

心氣之患 正緣察理未透 而鑿空以强探 操心昧方而揠苗以助長(『退溪全書』卷14, 書, 答南時甫 別幅)

② 정자는 말하기를, "학문은 익숙하게 하는 것을 귀하게 여기고 익숙해서는 전일해야 하는데 전일할 때가 바야흐로 좋다."고 했으며, 또 "외모를 가지런히 하고 엄숙하게 하면 마음이 곧 전일하게 되고 전일하게 되면 그릇되거나 편벽된 간섭이 저절로 없어진다."고 한 것은 바로 이 점을 말해주는 것입니다.

程子曰 學貴於習 習能專一時方好 又曰 整齊嚴肅則心便一 一則自

無非僻之干者 正謂此也 (『退溪全書』卷24, 書, 答鄭子中 別紙)

③ 여러 번 편지를 읽으며 가상히 여기고 감탄하기를 마지 않으면서도 한편 또 이상하게 여기지 않을 수 없는 것은 길을 알면서도 그 길을 가지 않고 뜻은 부지런하면서도 하는 일은 어긋난다는 점입니다. 왜냐하면 李白과 元結은 진실로 유자의 표준이 아니고, 장구나 풍월도 역시 학문의 급무가 아니니 이것부터가 잘못입니다.

三復來書 嘉歎不已 而又不能無怪者 知路而不由 志勤而事左也 何者 李白元結 固非儒者之標準 章句風月 亦非爲學之急務 此誠誤矣 (『退溪全書』卷37, 書, 答權章仲)

①~③은 퇴계가 남시보, 정자중, 권장중에게 보낸 편지글 중의 일부분이다. 퇴계가 각기 다른 방향에서 상대방에게 충고하거나 질정하고 있어서 논점이 다를 듯하나, 그렇지 않다. ①에서는 이치를 투철하게 살피지 못하고 허공을 뚫어 억지로 살피는 남시보의 태도를 나무라고, ②에서는 외모를 가지런히 하고 엄숙하게 해야 한다고 하며 외모를 정제하지 않는 정자중의 태도를 겨냥하고 있고, ③에서는 이백과 원결을 본받느라고 장구나 풍월에 얽매이는 권장중의 태도를 나무란다는 점에서, 하나같이 사물과 응접하지 못하는 부중절의 태도를 비판한다고 할 수 있다. 앞에서 살핀 바에 따르면 남시보는 알묘조장·반섭사의의 병통을 앓고 정자중은 알묘조장의 병통을 앓고 권장중은 골륜탄조의 병통을 앓고 있었으니, 퇴계가 敬의 내외 관통론에 입각해서 부중절의 문제점을 꼬집는다고 해도 무방하다.

퇴계가 기명언, 남시보, 정자중, 권장중에게 보낸 편지글을 대상으로 독서병통의 원인을 검토해보니, 독서병통의 원인이 꽤나 복합적이다. 형기의 濁한 측면은 부중절을 초래하고 부중절은 인욕을 초래하고 인욕은 독서병통을 초래하므로, 독서병통의 형성 과정은 '형기의 탁한 측면 → 부중절 → 인욕 → 독서병통'의 중층 단계를 형성한다고 할 만하다. 이런 중층 단계가 모두 心의 외적 요인에 해당된다는 점에서, 心의 외적 요인은 곧 중층 단계라고 해도 그리 어긋나지 않는다. 기명언, 남시보, 정자중, 권장중은 독서인의 전형이다. 정도의 차이는 있을지언정 모든 독서인이 기명언, 남시보, 정자중, 권장중과 같은 징후를 보이기 때문에 이런 지적이 가능하다. 이렇게 볼 때, 퇴계는 기명언, 남시보, 정자중, 권장중을 통해 心의 외적 요인을 구체적으로 설파함으로써 모든 독서인을 동시에 겨냥한다고 할 수 있다.

두 요인의 상호 관계

독서병통의 요인은 두 가지이다. 靜은 장악하되 動을 장악하지 못하거나 動은커녕 靜조차 장악하지 못하는 경우가 그 첫 번째이고, 형기의 인욕이 천리와의 교통을 가로막는 경우가 그 두 번째이다. 전자는 心의 내적 요인이고, 후자는 心의 외적 요인이다. 두 요인은 상관성이 깊다. 상관성이 어떻게 깊은가? 성리학에서는 우주론적 차원에서 인간 및 사회의 형성을 설명하고 있으므로, 두 요인의 관계를 확인하기 위해서는 성리학적 우주론을 우선 이해하지 않으면 안 된다. 두 요인이 현상적 차원의 논의라면 우주론은 본질적 차원의 논의에 해당된다. 성리학적 우주론과 두 요인의 관계에 대해서는 〈聖學十圖〉에서 상술했으므로, 이를 통해 우주론을 점검하고 두 요인의 관계를 따지기로 한다.

〈성학십도〉제6 '心統性情圖'에 의하면 心의 내·외적 요인은 상호 아주 긴밀하다. "이른바 마음이 性과 情을 다스린다는 것은 사람이 五行의 빼어남을 받아서 태어났다는 말이니, 그 빼어남에서 五性이 갖추어지고 그 오성이 움직이면서 칠정이 나옴을 말한다."[52]고 한 데서 단서를 찾을 수 있다. 오행이란 木·火·土·金·水로서 우주만물을 형성하는 元氣이다. 이 원기가 相生·相剋하면서 사물의 性과 情이 된다. 인간 또한 사물이므로, 오행으로 性과 情을 갖추었다고 하는 데서 예외일 수 없다. 천지만물도 性과 情을 갖추고 인간 또한 性과 情을 갖추었다고 하여, 인간을 대우주인 천지만물에 비추어 소우주라 지칭하기도 한다. 우주만물을 형성하는 원기가 소우주인 인간을 형성하고 그 인간의 마음에 性과 情을 심어 놓았으니, 心의 내부에는 心의 외부 자질이 이미 들어와 있다고 보아야 합당하다.

心의 내부에 心의 외부 자질이 들어 있다면, 心의 외부 자질이 心의 내부에 어떻게 받아들여졌을지가 문제이다. 『退溪全書』續集, 卷8, 〈天命圖說〉에 의거할 때, 고르게 받아들여지지 않았다. 여타 사물과는 달리, 사람은 우주의 正氣를 품수하되 정기의 淸·濁·粹·駁을 각기 달리 하는 데서 그 원인이 있다고 한다. 淸과 粹만을 지녀서 우주 법칙에 합치되는 자도 있고, 淸과 駁, 濁과 粹를 함께 지녀서 우주 법칙에 합치되기도 하고 합치되지 않기도 하는 자도 있고, 濁과 駁만을 지녀서 우주 법칙에 합치되지 않는 자도 있다. 세 부류에 등급을 부여하면, 각기 上智, 中人, 下愚이다. 성인은 상지급에 속하고, 일반 독서인은 중인급 혹은 하우급에 속한다.[53] 중인급이

52 所謂心統性情者 言人稟五行之秀以生。於其秀而五性具焉。於其動而七情出焉。凡所以統會其性情者則心也 (『退溪全書』卷7, 箚, 進聖學十圖箚幷圖)

53 이와 같은 등급의 구분은 『論語』에서부터 시작되고 있다. 卷17, 陽貨의 "唯上知與下愚 不移" 참조.

나 하우급인 일반 독서인은 우주 법칙에 합치되지 않거나 합치되지 않을 가능성이 있으므로, 수양의 자세가 무엇보다 중요하다.

수양의 자세를 갖추지 못하고 독서할 경우에는 병통이 생긴다. "氣가 발하여 中和하지 못하고 理를 소멸시키면 그 氣는 방자하며 惡이 된다."[54]고 한 '心統性情圖說'의 '惡'이 '독서병통'을 함의한다고 할 수 있다. 수양의 자세는 心의 내·외면을 위해 필수적이다. 心의 내면으로는 이전에 품수한 바 있는 心의 외부 자질인 정기의 濁과 駁을 소거하되 淸과 粹는 더욱 북돋워가야 하고, 心의 외면으로는 事事物物의 濁과 駁을 차단해서 惡이 침투하지 못하게 해야 하기 때문이다. 心의 외면 즉 사사물물은 주의를 요한다. 사사물물은 정기를 품수한 사람과는 달리 偏氣를 품수했으므로 淸과 粹보다 濁과 駁이 우세하다. 이런 濁과 駁이 心으로 침투하면 중화가 깨어지고 독서병통이 생긴다. 사사물물의 濁과 駁이 이전에 품수한 바 있는 정기의 濁·駁과 호응하기라도 한다면 독서병통은 심각해진다.

心의 외면이 독서병통을 심화시킨다고 해도, 心의 외면을 먼저 다스릴 수는 없다. 유학은 안쪽에서 바깥쪽으로 나아가는 학문이므로, 心의 내면이 외면보다 비중이 높다. '內聖外王'이라는 말을 보더라도 이 점이 드러난다, '內'와 '外'의 통사적 특징이 말해 주듯, '外'보다는 '內'가 비중이 더 높고 더 우선이다. 즉, 자기완성의 경지인 '內聖'을 먼저 시도한 다음 도덕 정치의 구현인 '外王'으로 나아가야 인격 수양의 이상에 이를 수 있다. 〈성학십도〉 제

54 若氣發不中 而滅其理 則放而爲惡也(『退溪全書』卷7, 箚, 進聖學十圖箚幷圖)

8 '心學圖說'에서 "心은 體요 欲은 用이라."[55]는 언급도 이와 같은 차원에서 이해된다. 體는 감각적으로 느낄 수 없는 理이고 用은 감각적으로 느낄 수 있는 象이다. 양자는 서로 합하여 하나로 되어 있지만, 理先後象의 원칙에 따라 근원인 '內'요 體가 아무래도 비중이 더 높다. 이렇게 보니, 독서병통의 요인은 心의 내면에 훨씬 더 무게가 실렸다고 할 수 있다.

心의 내면만 다스려도 되느냐 하면, 그렇지 않다. 내면만 다스릴 경우, 독서병통으로부터 자유로울 수가 없다. 내면을 다스리기 때문에 제1유형의 독서병통은 앓지 않겠지만, 人理와 事理를 무시하기 때문에 제2유형인 병통은 앓을 터이다. 내·외면은 근원이 같고 體와 用의 관계라는 점에서, 내·외면을 두루 살펴야 한다. 〈성학십도〉 제7 '仁說'에서 "공자가 극기복례하면 仁이라고 했으니, 자기의 私心을 없애고 천리로 돌아갈 수 있으면 이 마음의 본체가 다 있게 되며, 이 마음의 작용이 행하지 아니함이 없게 된다."[56]는 언급은 내·외면의 관계를 적실하게 보여준다. '극기'와 '복례'가 한 울타리 안에 들어 있듯, '사심 없애기'와 '천리 회복하기'도 한 울타리 안에 들어 있다. 내·외면의 관계가 이와 같으므로, '내면 다스리기'에 비중을 두되 '외면 다스리기' 또한 소홀해서는 안 된다는 언급이 가능해진다.

지금까지의 논점을 정리해 보면, 두 요인 간에는 역기능의 정도에 차이가 있다. 心의 내적 요인이 心의 외적 요인보다 본질적인 위치에 병통을 조성하므로, 心의 내적 요인이 더 심한 역기능

---

55 心卽體欲卽用(『退溪全書』卷7, 箚, 進聖學十圖箚幷圖)

56 其言有曰 克己復禮爲仁 言能克去己私 復乎天理 則此心之體無不在 而此心之用 無不行也(『退溪全書』卷7, 箚, 進聖學十圖箚幷圖)

을 초래하는 셈이 된다. 心의 내면에 조성된 主靜不御動의 단계와 主靜의 미진입 단계가 제1유형이나 제2유형의 독서병통을 야기하는 현상은 그 좋은 증거이다. 물론, 외적 요인의 역기능도 적지 않다. 사사물물의 濁과 駁이 心의 내면으로 밀려들어 독서병통을 조성하거나 악화시키기 때문에 외적 요인의 역기능도 만만치 않다. 이렇게 볼 때, 心의 내적 요인에서 나타나는 主靜의 미진입 단계와 心의 외적 요인에서 나타나는 사사물물의 濁·駁이 하나로 합쳐질 때 가장 심각한 독서병통이 형성된다고 할 수 있다. 제1유형의 독서병통, 그 중에서 문집에서 최다로 오르내리는 알묘조장이 바로 이에 해당된다.

독서병통의 치료방법

退溪는 독서병통을 언급할 때 그 치료법도 반드시 언급한다. 치료법에 초점이 맞추어진다는 점에서, 치료법 없는 독서병통론은 무의미하다는 지적까지 가능하다. 독서병통의 큰 줄기는 揠苗助長, 思慮紛擾, 無覺不輟, 反涉私意, 鶻圇呑棗이다. 순차적으로 특징을 정리해보면, '억지로 싹을 뽑아올리듯 글의 이치에 성급하게 도달하려는 병통', '글에 대한 생각이 마구 뒤섞이고 헝클어지는 병통', '잠들어서 글의 뜻을 깨닫지 못하거나 글의 뜻을 행하기는 하되 멈추지 못하는 병통', '글의 이치를 파악하려고 이것저것 끌어다 붙이다가 도리어 삿된 생각에 빠지는 병통', '글의 내용을 자세히 음미하지 않고 통째로 삼켜버리는 병통'이 된다. 큰 줄기의 병통이 변별적 자질을 지니므로, 치료법도 이에 상응해야 제격일 것 같다.

치료법이라고 할 때, 독서병통에 대한 치료법 일체를 가리킨다. 치료법의 필요성을 제기하거나 치료의 방향이나 성격을 따지고 밝히는 모든 행위를 치료법의 범주에서 이해할 수 있다. 우선, 독서병통을 치료하려는 목적을 드러내는 경우는 치료법의 범주에 든다. 독서병통을 치료하겠다는 의도가 분명히 드러나므로 異論의 여지가 있을 수 없다. 그 다음으로, 독서병통의 치료법과 관련해서 성현의 이름을 거명하는 경우도 독서법의 범주에 든다. 예컨대, 맹자, 주자는 각기 『맹자』나 『주자대전』의 저자이므로 맹자나 주자의 견해는 곧 『맹자』나 『주자대전』의 내용이라 할 수 있다. 또 그 다음으로, 퇴계와 그 상대방이 心病의 치료 차원에서 독서병통을 언급하는 경우도 치료법의 범주에 든다. 심병을 치료하려는 의도를 쌍방이 공유한다면 독서병통에 대한 언급이 장황하더라도 치료법에서 예외가 될 수 없다.

특이한 점은 독서병통과 치료법은 1:1의 관계가 아니라는 데 있다. 하나의 독서병통에 여러 치료법이 제시되는 一病痛多處方의 양상을 보이기 때문에 이런 언급이 가능하다. 여러 치료법이라고 할 때, 과연 몇 가지인가를 짚어보지 않을 수 없다. 치료법은 세 가지 유형으로 나타난다. 특정 독서병통에 유효한 환부 치료법, 마음을 다잡는 기본 치료법, 하나의 치료법이 다른 독서병통에도 유용한 광역 치료법이 그것이다. 특정 독서병통을 치료하기 위해서는 환부 치료법이 필요하고, 독서병통을 근원적으로 치료하기 위해서는 기본 치료법이 필요하고, 여타 독서병통이 특정 독서병통에 영향을 미치지 않도록 하기 위해서는 광역 치료법이 필요하다. 퇴계가 하나의 독서병통에 환부·바탕·광역 치료법을 모두 나타낸다는 점에서, 독서병통 치료법에 대한 퇴계의 관심이 어느 정도로 큰지를 알 수 있다.

독서병통마다 세 가지 유형의 치료법이 있고 전체 치료법 사이에 친연성이 나타난다면, 각 유형의 치료법이 어떤 비중을 지니는지, 치료법 전체가 어떤 관계를 보이는지를 따지지 않을 수 없다. 세 가지 유형의 치료법 각자가 지니는 비중은 대동소이하다. 어느 한 가지 유형의 치료법이라도 빠질 경우, 특정 독서병통을 말끔히 치료할 수 없다는 점이 그 근거이다. 한편, 치료법 전체의 관계는 모두 心의 수양방법이라는 점에서 유사하다. 독서병통 치료법이 心의 수양방법에서 인출되었기 때문에 독서병통은 각기 달라도 정작 독서병통 치료법 간에는 유사할 수밖에 없다.[57] 독서병통이 심병의 일종이어서 心의 수양방법이 인출되었으리라 본다. 이런 정황을 고려할 때, 퇴계가 통합적 치료법을 구상했고 그런 통합적 치료법의 원칙에 의해 心의 수양방법이 각 독서병통의 치료법으로 전환되었을 개연성이 크다.

필자는 이런 점을 고려하여 『퇴계전서』에 나타난 독서병통 치료법을 검토하고자 한다. 과제를 수행하기 위해서는 치료의 당위성을 밝히고, 치료법의 방향과 성격을 구별하고, 치료법과 心의 수양방법이 어떤 관련을 지니는지를 정리한 다음, 통합적 치료법의 존재 가능성을 확인할 필요가 있다. 퇴계가 통합적 치료법의 양상을 명징하게 드러내지는 않았지만, 드러내지 않았다고 해서 통합적 치료법이 없었다고 단언하기는 어렵다. 각 독서병통에 따른 세 가지 유형의 치료법이 여타 독서병통 치료법과 상당 부분 일치하거나 상동성을 보이기 때문에 퇴계가 통합적 치료법을 구

57 필자가 쓴 교양서인 『퇴계의 독서생활, 삶에 물음표 던지기』, (국학미디어, 2010), 119쪽에서 독서병통 치료법의 유형을 개괄적으로 설명한 바 있으나, 독서병통 치료법이 心의 수양방법을 인출했다는 논의는 본고에서 처음으로 개진한다.

상했다고 해야 합당하다. 중요한 것은 접근 방법이다. 명탐정이 몇몇 증거를 수집해서 사건 전모를 탐색해내듯, 각 독서병통의 치료법을 수습해서 비교·검토하면 통합적 치료법을 추출해낼 수 있으리라 믿는다.

치료의 필요성과 원칙

퇴계는 독서병통을 반드시 치료해야 할 질병으로 본다. 독서병통을 고치지 않으면 "비록 천 편의 글을 외우고 머리가 희도록 경전을 이야기한들 도대체 무슨 보탬이 있겠는가?"[58]라고 했으니, 퇴계가 독서병통의 해악을 얼마나 심각하게 보는지를 알 수 있다. 독서병통이 가져다주는 해악의 범주는 독서 효용의 범주만큼이나 넓다. 퇴계는 經傳을 格物하고 도덕적 행위의 근거를 마련하기 위해서 독서해야 한다고 하면서, 독서 효용의 범주를 궁리와 의리의 차원으로까지 설정한다. 독서 효용의 범주가 이처럼 넓으므로, 독서병통이 가져다주는 해악의 범주도 궁리와 의리의 차원에까지 미친다고 할 수 있다. 『퇴계전서』의 詩, 書, 箚, 言行錄을 통해 독서병통이 가져다주는 해악의 범주와 해악의 치료법을 구체적으로 점검해보기로 한다.

우선, 독서병통은 전통적인 독서법 체계를 무너뜨린다. 전통적인 독서법이란 성리학적 독서법으로서, 程子와 張子를 거쳐 朱子에 의해 완성된 『朱子語類』〈讀書法〉을 가리킨다. 『주자어류』〈독서법〉에 의하면, 독서 자세·방법·단계가 선후관계를 이루고 있

58 雖誦盡千編 白首談經 亦何益哉(『退溪全書』言行錄, 卷1, 讀書, 김성일록)

다[59]. 즉, 居敬[60]의 독서 자세가 갖추어진 다음에 虛心靜看·抉開縫罅·迎刃而解·反覆玩味의 독서 방법이 필요하고, 독서 방법이 갖추어진 다음에 '四書 → 史書 → 諸子百家書'의 독서 단계가 필요하다. 독서병통은 居敬이라는 방어선을 돌파할 때 맹위를 떨친다. 독서인으로 하여금 허심정간·결개봉하·영인이해·반복완미를 할 수 없게 하고, '사서 → 사서 → 제자백가서'의 읽기 순서도 지켜지지 않게 한다. 居敬의 독서 자세는 독서법 체계의 마지노선이다. 독서법 체계가 붕괴되었다고 할 때, 독서법 체계의 마지노선인 居敬이 무너졌음을 의미한다.

居敬의 독서 자세가 흐트러지면 왜 독서법 체계가 붕괴되고 마는지가 관심사이다. 어느 한쪽이 무너지더라도 다른 한쪽은 무너지지 않을 수 있고 무너지지 않은 다른 한쪽으로 무너진 한쪽을 복원할 수도 있다는 점을 감안할 때, 독서법 체계 그 자체가 취약한 데서 연유한다는 의구심이 들 법도 하다. 이런 의구심은 '居敬의 독서 자세'가 가시적이고 물리적인 실체라고 여기기 때문에 생길 따름이고, '독서인의 마음가짐'에 토대를 두었다고 여긴다면 생길 수가 없다. 마음가짐은 의식과 의식의 구조물이므로 망상과 잡념이 개입되면 쉽게 무너지는 경향이 있다. 제1의 의식이

59 신태수, 「『朱子語類』讀書法에 나타난 讀書理論」, 『退溪學論集』3, (嶺南退溪學研究院, 2008), 289~297쪽.

60 악한 욕망을 제거하기 위한 마음가짐을 가리킨다. 욕망이라고 해서 모두 악하지는 않다. 욕망이 과불급의 상태일 수도 있고, 중절의 상태일 수도 있다. 전자는 인욕이어서 당연히 제거해야 할 대상이지만, 후자는 천리여서 오히려 환영해야 할 대상이다. 이 점에서 敬은 천리를 북돋우고 인욕을 제거하는 기능을 수행한다고 보아도 좋다. 인욕과 敬의 관계에 대해서는 김기현, 「퇴계의 욕망관에 내재된 인간학」, 『退溪學報』127, (退溪學研究院, 2010), 16쪽과 윤사순, 『한국유학사상론』, (열음사, 1986), 85쪽의 논의를 참조할 만하다.

무너지면 제2·3의 의식도 연쇄적으로 무너진다. 독서 자세와 독서 방법과 독서 단계가 모두 독서인의 마음가짐으로부터 연유하므로, 망상과 잡념이 마음가짐에 침투할 경우 이런 마음가짐에 토대를 둔 독서법 체계도 온전할 수가 없다.

독서법 체계가 무너지면 操存·省察의 자세를 정비해야 하겠지만, 대부분의 독서인은 그렇지가 못하다. 義理나 天理라는 열매만을 얻으려 할 뿐이고, 문제의 뿌리를 점검하지 않기 때문이다. 독서병통은 이와 같은 독서인의 마음을 파고든다. 알묘조장은 마음을 수고롭게 해서 침잠하지 못하도록 하고, 사려분요는 두 개의 마음을 만들어 안정되지 못하도록 하고, 무각불철은 마음을 한곳으로 쏠리게 해서 천리와 인륜을 멸하고, 반섭사의는 성급한 일반화의 오류로 성현의 참뜻을 어기도록 하고, 골륜탄조는 정추와 본말의 이치를 없앰으로써 氣로써 理를 대신하고 人欲을 天理로 여기게 한다. 이렇게 보니, 병통 하나하나가 만만치 않다. 병통은 전이의 속도가 매우 빠르므로, 하나의 병통이 여러 병통이 될 가능성이 많다. 정황이 이러하므로, 병통에 걸리지 않아야 하고 병통에 걸렸다면 치료를 서둘러야 마땅하다.

그 다음으로, 독서병통은 存心養性의 수양방법을 무너뜨린다. '존심양성'은 유학적 자아실현의 목표로서, '本心을 간직하고 本性을 기른다.'는 뜻을 지닌다. '본심'은 사단을 가리키고, '본성'은 天地之性을 가리킨다는 점에서, '존심양성'을 구현하기 위해서는 敬에 입각하여 사단을 보존하고, 천지지성을 회복·확장하는 순으로 나아가야 한다. 순서에 따라 수양방법을 수행할 때, 비로소 천리의 정대한 도리가 밝혀지고 인격의 함양과 인간의 완성이라는 궁극적인 목표가 달성될 수 있다. 경전에는 성현의 의리와 성현이 체득한 천리가 나타나므로, 경전 읽기는 필수적인 요건이다. 敬을 견지하면서 의리와 천리를 밝히고자 하면 상당한 시일을 요하지만, 대부분의 독서인들은 조급증을 내는 경향이 있다. 조급증은 존심양성의 적이다. 독서병통이 바로 이런 조급증에 편승하여 독서인의 마음을 파고들기 때문이다.

독서병통과 조급증은 연관이 깊다. 조급증은 人欲의 소산이고 인욕은 독서병통의 원천이므로, 인욕이 독서병통의 원천이기도 하고 조급증의 어미이기도 하다. 주지하다시피 '인욕'은 '인간의 삿된 욕망'으로서 천리와 대비되는 개념이다. 정통 유학에서는 인욕을 아주 부정적으로 본다. '인욕'을 '욕망의 過不及' 상태라고 여기기 때문에 부정적으로 볼 수밖에 없다. 퇴계는 여타 성리학자 이상으로 인욕에 대해 부정적이다. 인욕의 핵인 '私'를 놓고 "마음의 적"이라 했고 심지어는 "마음의 좀이고 모든 악의 근원"이라고 했으니,[61] 인욕을 얼마나 부정적으로 보는지를 알 수 있다. 인욕은 조급증을 앞세워 성현의 가르침도 차단하고 公理도 차단하므로, 알묘조장, 사려분요, 무각불철, 반섭사의, 골륜탄조와 같은 독서병통이 生殖하기에 아주 적절하다. 이런 독서병통의 현장에는 오직 편법과 지름길만 있을 따름이다.

독서병통의 선봉장은 알묘조장이다. 알묘조장은 '억지로 싹을 뽑아올려 빨리 자라도록 하는 병통'이므로, 여러 독서병통 가운데서 조급증과 친연성이 강하다. 인욕이 조급증의 어미이기도 하고 독서병통의 원천이기도 하다는 점에서, 알묘조장이 인욕을 매개로 하여 조급증과 결부된다고 할 수 있다. 알묘조장이 조급증

61 "私者 一心之蟊賊 而萬惡之根本也 自古國家治日常少 亂日常多 馴致於滅身亡國者 盡是人君不能去一私字故也 然欲去心賊拔惡根 以復乎天理之純"(『退溪全書』卷7, 箚, 戊辰經筵啓箚二) 참조.

과 결부되는 요인은 인욕의 핵인 '私' 때문이다. '私'가 상황과 여건에 따라 여러 갈래로 나타나므로 알묘조장은 그런 여러 갈래의 '私'에 영향을 미쳐서 개개의 갈래를 독서병통으로 육성·확장시킨다. 사려분요나 무각불철이나 반섭사의는 모두 알묘조장이 '私'의 특정 갈래를 추동한 결과에 다름 아니다. 이렇게 보니, 독서병통의 病源은 인욕이다. 인욕을 잘라내서 독서병통을 차단하는 한편, 이미 발생한 독서병통에 대해서는 인욕과 발병 경로를 한꺼번에 들어낼 치료법을 모색하지 않으면 안 된다.

독서병통이 독서법 체계와 존심양성의 수양방법을 무너뜨린다고 할 때, '무너뜨리기'에 선후 순서가 있는지가 관건이다. 독서법 체계를 무너뜨린 다음 존심양성의 수양방법을 무너뜨리는지, 존심양성의 수양방법을 무너뜨린 다음 독서법 체계를 무너뜨리는지, 독서법 체계와 존심양성의 수양방법을 동시에 무너뜨리는지가 그것이다. 판단 기준에 따라 견해가 여러 갈래로 엇갈릴 법하나, 퇴계는 독서병통이 두 가지를 동시에 무너뜨린다는 입장을 견지한다. 독서법 체계와 존심양성의 수양방법 모두가 敬에 공통 기반을 두므로, 독서법 체계가 구현되는 순간 존심양성의 수양방법도 작동하고 어느 한 쪽이 무너지는 순간 다른 한 쪽도 무너진다고 여겼던 것 같다. 퇴계가 독서법 체계와 존심양성의 수양방법을 수레의 두 바퀴와 동일하게 여긴다는 점에서, 두 가지 모두를 치료할 방법을 구상했을 가능성이 크다.

어떤 치료법이든 원칙이 없을 수 없다. 신체의 질병을 다스리는 데 원칙이 있듯이 마음의 질병을 다스리는 데도 원칙이 있다. 퇴계가 독서병통 치료법의 원칙에 대해 언급했느냐 하면, 그렇지는 않다. 독서병통 치료법을 많이 언급하면서도 정작 독서병통 치료법의 원칙에 대해서는 언급하지 않고 있다. 언급할 가치가 없어서가 아니라 굳이 언급할 필요가 없다고 여겼을 개연성이 크다. 독서병통 치료법의 원칙이 유학사상에 있어서 너무나 상식적이고 기본적이라고 여긴다면 굳이 밝힐 필요가 없다고 여길 법도 하다. 정황이 이러하므로, 현재로서는 독서병통 치료법에 대한 언급을 통해 독서병통 치료법의 원칙을 구성해볼 도리밖에 없다. 이와 관련된 내용은 앞에서 이미 다룬 바 있으니, 그 내용을 참조해서 독서병통 치료법의 원칙을 구성해보기로 한다. 독서병통 치료법의 원칙을 구체적으로 밝히면 다음과 같다.

독서병통 치료법의 원칙

첫째, 환부의 크기를 정확하게 판단해야 한다. 독서병통이 가져다주는 해악의 범주는 독서 효용의 범주만큼이나 넓다는 점을 명심할 필요가 있다.

둘째, 환자를 시종일관 敬의 상태에 둔다. 독서병통 치료가 끝난 이후에도 敬을 지속적으로 존치시킨다.

셋째, 독서법 체계와 존심양성의 수양방법을 동시에 복원시켜야 한다. 病源을 제거해야 소기의 성과를 거둘 수 있다. 전자의 病源은 '망상과 잡념'이고, 후자의 病源은 인욕의 '私'이다.

치료법의 방향과 성격

퇴계는 독서병통 치료법의 원칙에 입각해서 치료법을 구체적으로 마련하고 있다. 치료법의 방향은 두 가닥으로 나뉜다. 한 가닥은 독서병통이 심병의 한 종류라고 여겨 심병의 차원에서 치료법을 거론하는 경우이고, 다른 한 가닥은 알묘조장, 사려분요, 무각불철, 반섭사의, 골륜탄조와 같이 여러 독서병통을 유형화해서 유형별 치료법을 거론하는 경우이다. 전자를 '독서병통 일반의 치료법'이라고 하고 후자를 '독서병통 큰 줄기의 치료법'이라고 지칭해볼 수 있다. 독서병통 치료법의 원칙에 입각해서 전자와 후자의 두 방향이 설정되었으므로, 치료법의 원칙이 어떻게 전자와 후자의 두 방향에 녹아들었으며, 각 방향의 내용은 무엇인지를 점검해보지 않을 수 없다.

독서병통 일반의 치료법

어떤 질병을 치료하든지 간에 시술의 고통을 감내할 기본 체력을 갖추어야 한다. 아무리 좋은 처방이 내려진다고 해도 기본 체력을 갖추지 못한다면 시술의 고통을 이겨내지 못하고, 시술의 고통을 이겨내지 못한다면 치료가 불가능해진다. 마음의 질병은 신체적 질병 이상으로 기본 조건을 갖추지 않으면 안 된다. 신체에 고통이 큰 시술을 할 때 전신 마취나 부분 마취를 시도할 수 있으나, 심병의 일종인 독서병통의 경우는 전신 마취나 부분 마취를 할 수가 없다. 마취가 불가능하므로, 시술에 따른 고통은 매우 클 수가 있다. 고통이 크더라도 외부 처방에 도움을 받을 수가 없으므로, 시술의 고통을 감내할 만한 기본 역량이 필요하다. 퇴계는 '기본 역량 갖추기'의 지침을 다음과 같이 제시하고 있다.

> ① 보내온 편지에 "어렴풋하여 전후로 마음을 보존하기가 지극히 어렵다."는 말씀은 내가 바로 그런 가운데 스스로 떨어진 사람이니, 어찌 능히 공을 위해 도모할 수 있겠습니까? 그러나 공이 이미 私意와 私欲이 해가 되는

줄 알았으니, 단지 때와 일에 따라 그것을 물리치고 다스리는 공력을 힘껏 더하여, 마음 보존하기를 잊지도 말고 조장하지도 말아서 敬과 義를 지키며 조금도 끊임이 없게 하는 것이 가장 긴절한 공부입니다. 주자가 말하기를 "만약 그 병을 앓아서 그것을 제거하고자 하면 곧 이 제거하고자 하는 마음이 바로 제거할 수 있는 약이 된다."고 하고, 또 말하기를 "남에게 의지하지 말고 후일을 기다리지 말라."고 한 것이 바로 이것을 말한 것입니다.

示喩恍惚前後存之極難者 僕正自墮落於其中 何能爲公謀耶 然公既知私意私欲之爲害 但當隨時隨事 力加克治之功 勿忘勿助 敬義夾持 無少間斷 此最緊切工夫 朱子曰 若知其病而欲去之 則卽此欲去之心 便是能去之藥 又曰 勿倚靠他人 勿等待後時 正謂此也 (『退溪全書』卷14, 書, 答南時甫)

② 병이 생긴 근원은 진실로 용렬한 의원이 알 수 있는 바가 아닌데, 더구나 약을 지어달라고 해서야 되겠습니까? 그러나 일찍 주자의 말을 보건대 "자기의 병을 알고서 제거하고자 하면 제거하고자 하는 그 마음이 바로 병을 치료할 수 있는 약이다."라고 했으니, 바라건대 나의 벗은 다른 사람에게 약을 묻지 말고 곧 주자의 이 말씀 속에서 병을 치료할 수 있는 방법을 찾아 힘써 치료하십시오. 그러면 반드시 입을 쓰게 하는 약으로는 미칠 수 없는 신묘한 효험이 있을 것입니다.

至若受病根源 固非庸醫所能知 況可責之以下藥乎 雖然 嘗聞之 朱夫子之言曰 知其病而欲去之 則只此欲去之心 便是能去之藥 願吾友勿訪藥於他人 卽於此句內求之 而痛下砭治 則必有神驗 非苦口之藥所能及者矣 (『退溪全書』卷16, 書, 答奇明彦)

③ 보내준 편지를 자세히 살펴보건대 매번 한 가지 병을 앓게 됨으로 인해 문득 그 약이 있는 줄을 알고 있으니, 주자가 이른바 "이 고치고자 하는 마음이 고칠 수 있는 약"이라는 말을 그대는 다 이해했습니다. 그렇다면 다시 남에게 묻지 말고 다만 말 없이 더욱 노력하여 전진하기를 그만 두지 않고 오래도록 연습을 쌓아 완전히 숙달되기에 이르면 자연히 마음과 이치가 하나 되어 얻는 대로 잃어버리는 그러한 병통이 없을 것입니다.

細詳來示 每有一病 輒能知有其藥 朱子所謂卽此欲去之心 便是能去之藥者 公皆得之矣 恐更不須問人 但能默默加工 向前不已 積習久久 至於純熟 則自然心與理一 而無隨捉隨失之病矣 (『退溪全書』卷24, 書, 答鄭子中 別紙)

④ 묻기를 "저희 기질이 편협한 곳을 가르쳐 주십시오." 라고 하니, 말씀하시기를 "병통이 막히어 체한 곳이 있다."라고 하므로, 말하기를 "어떻게 하면 이런 병통이 없어질 수 있습니까?"라고 하자, 말씀하시기를 "다만, 理에 밝으면 없어질 것이다."

問 小子氣質偏處 曰 病在窒滯 曰 何以則無此病 曰 惟明理可免 (『退溪全書』言行錄, 卷1, 敎人)

①·②·③에서는 병을 고치고자 하는 마음이 바로 약이라고 한다. 독서병통의 해법을 마음 안에서 구하되 마음 밖에서 구하지 말라고 하므로, 환자의 의지를 독서병통 치료의 요건으로 제시했다고 할 수 있다. 마음은 소우주이고 소우주에는 병통과 그 해법이 갖추어져 있다고 여기기 때문에 나올 수 있는 언급이다. 한편, ④에서는 理를 밝게 해서 독서병통을 물리치라고 한다. 理는

단순히 氣의 상대 개념이 아니다. 독서병통이 氣質의 편협성에서 유래한다고 보고 그 상대 개념으로 理를 설정했으므로, 理는 理發, 理動, 理自到의 活物이다. 활물인 理는 우주만물에 遍在하므로, 독서병통에만 미치지 않으며 事事物物 모두에 미친다. 이렇게 보니, ①·②·③과 ④는 상보적 관계이다. 전자는 마음이 약이라 하고 후자는 理가 독서병통 치료의 방향이라 하므로, 후자의 방향에서 전자의 처방이 필요한 셈이 된다.[62]

퇴계의 처방은 환자를 각성시키는 데 주안점을 둔다. 독서병통에 빠져서 무기력해진 환자들에게 우주론적 사명감을 일깨워주기 때문에 이렇게 볼 수 있다. 우주론적인 사명감은 活理를 체인하는 주체가 환자 그 이외의 누구일 수 없다[63]고 하는 데서 확보된다. 마음이 활물로서의 理 즉 活理를 체인해내는 유일한 의식의 공간이고 그런 의식의 공간이 환자의 마음이라고 규정했으니, 환자는 마음을 통해 능동성의 주체가 될 수 있다. 물론, 능동성의 주체가 될 수 있다고 해서 저절로 능동성의 주체가 되는 것은 아니다. 張橫渠에 의하면, 마음은 純善無惡한 性도 거느리고 有善有惡한 情도 거느린다. 마음의 性이 情을 압도하고 우주적 活理와 교섭해야 능동성의 주체가 될 수 있다. 퇴계는 환자에게 이 점을 주지시키면서 情에 얽매이지 말고 '性과 活理의 교섭'에 과감하게 나서기를 촉구한다.

---

62 후자와 전자는 아주 긴밀하다. 처방 없이 치료 방향이 나오기 어렵고 치료 방향 없이 처방이 나오기 어렵다. 양자가 서로를 필요로 한다는 점에서, 전·후자 중에서 어느 한 쪽만 제시된다고 해도 사실은 두 쪽 모두가 제시되었다고 해야 옳을 것 같다.

63 퇴계는 『退溪全書』卷24, 書, 〈答鄭子中〉에서 정자중에게 막연히 理는 하나라고만 인식하지 말고, 마음에 있는 것과 物에 있는 것이 본디 두 가지가 아님을 분명하고 투철하게 인식하라고 했다. 活理를 체인하라는 권유로 이해해도 무방하리라 본다.

퇴계의 언급에 기대면, 독서인이 왜 환자의 처지로 떨어졌는지를 가늠할 수 있다. 첫째, 情의 惡한 요소가 마음을 지배한다는 점이다. 마음이라는 공간 속에 惡의 요소가 善의 요소를 억누르고 그 惡이 性을 압도하면 마음은 온통 惡의 세계가 된다. 惡이 과불급 상태의 人欲이라는 점에서, 마음은 통제가 불가능해지고 통제불능의 마음을 지닌 독서인은 곧 독서병통의 환자가 될 수밖에 없다. 둘째, 理가 活理인 줄 알지 못하고 性이 동태적인 줄 알지 못한다는 점이다. 性은 인간 속에 내재한 天理이므로 理가 活理이면 性 또한 동태적이다. 性이 동태적인데도 정태적으로 알고 理가 활발발한데도 死理로만 알기 때문에, 독서인 스스로 멈추거나 주저하거나 한다. 결국, 독서인이 환자가 되는 까닭은 性과 活理를 소통시키지 못하고 그 자신의 우주론적 개인이라는 점을 깨닫지 못한 데서 찾을 수 있다.

환자의 입장에서 퇴계의 권유를 받아들이기는 쉽지 않을 것 같다. 독서병통에 특효약이 없으니 환자 본인이 고통을 감내하면서 해법을 찾아야 한다고 하기 때문이다. ①에서 '마음 보존하기를 잊지도 말고 조장하지도 말아서 敬과 義를 지키며 조금도 끊임이 없게' 해야 한다든가 ③에서 '남에게 묻지 말고 다만 말없이 더욱 노력하여 전진하기를 그만 두지 않고 오래도록 연습을 쌓아 완전히 숙달되'어야 한다든가 하는 권유는 그 좋은 예이다. 환자 가운데서 경증 환자는 퇴계의 권유를 받아들일 여지가 있지만, 중증 환자는 퇴계의 권유를 사실상 받아들이기가 어렵다. 독서병통을 감내할 기본 역량이 없어서 중증 환자가 된 독서인이 난도가 높은 퇴계의 권유를 선뜻 받아들일 수는 없기 때문이다. 결국, 경증 환자 가운데서도 기본 역량을 어느 정도 갖춘 자만이 퇴계의 권유를 받아들일 수 있으리라 본다.

환자의 상태와 퇴계의 권유 내용 간에 간격이 넓기는 하지만, 그런 간격이 곧 퇴계의 한계를 의미하지는 않는다. 퇴계는 중증 환자 스스로 독서병통을 극복하기 어렵다고 여긴 듯하다. 주자의 병통 극복담을 사례로 들어,[64] 중증 환자에게 결단력과 용기를 부여하려고 하는 데서 그런 점이 감지된다. 이로 보아 퇴계는 환자의 상태와 자신의 권유 내용 사이에 간격이 있다는 점을 알면서도 고의로 그런 간격을 좁혀서 나타내지 않았다고 할 수 있다. 간격을 가감 없이 나타낸 까닭은 환자에게 충격을 주고 독서인의 목표를 각인시키기 위함이다. 환자가 권유 내용을 받아들이지 않을 때 개입하느냐 하면, 그렇지는 않다. 퇴계에 의하면 타인은 조언자로서 결단력과 용기를 촉구하는 정도에서 그쳐야 한다. "발병 상황은 환자 본인이 안다."[65]고 하는 데서 병통의 극복 문제는 환자의 몫으로 여겼다고 할 수 있다.

독서병통 큰 줄기의 치료법

독서병통에는 큰 줄기와 작은 줄기가 있다. 큰 줄기는 작은 줄기를 포괄하는 유형적 개념으로서 알묘조장, 사려분요, 무각불철, 반섭사의, 골륜탄조와 같은 명칭이 붙는다. 퇴계가 『퇴계전서』 곳곳에서 큰 줄기의 독서병통이 지닌 특징과 그 치료법에 대해 상술하고 있지만, 양자의 위상은 같지가 않다. 큰 줄기의 독서병통이 지닌 특징은 어디까지나 그 치료법을 밝히기 위한 예비단계라는 점에서, 무게의 중심은 치료법에 있다고 해야 합당하

64 『退溪全書』卷14, 書, 〈答南時甫〉에 이런 내용이 담겨 있다.
65 病之所起 公自知之(『退溪全書』卷24, 書, 答鄭子中)

다. 서론에서 밝혔듯이 독서병통 큰 줄기의 치료법은 '일병통다처방'의 양상을 보이므로, 독서병통 큰 줄기의 처방을 하나하나 빼놓지 않고 정리하지 않으면 안 된다. 다처방의 양상을 정리하고 보면 독서병통 큰 줄기 간에 서로 같고 다른 점이 드러나리라 예상된다.

■ 알묘조장의 치료법 : 下學上達 + 敬 + 熟讀玩味·反覆溫繹

① 알묘조장의 병통을 다스리는 처방은 그대 스스로 깨달은 바와 같이, 세상의 곤궁한 것과 통달한 것, 얻는 것과 잃는 것, 영광과 굴욕, 이익과 해악 등 모든 것을 생각 밖에 두어 마음에 장애가 되지 않도록 하는 것입니다. …… 궁리는 모름지기 일상생활의 평이하고 명백한 곳에 나아가 간파하여 익숙케 하고, 자기가 아는 것에 優游涵泳해야 합니다. Ⓐ<u>오직 뜻을 두지 않지도 않는 사이에 잘 살피고 관리하여 마음속에 잊지 말아서, 쌓인 것이 오래 되면 저절로 융회하여 터득함이 있을 것입니다.</u> 其治藥之方 公所自曉 第一須先將 世間窮通得失榮辱利害 一切置之度外 不以累於靈臺 …… 窮理須就日用平易明白處 看破教熟 優游涵泳於其所已知 惟非着意非不着意之間 照管勿忘 積之之久 自然融會而有得 (『退溪全書』卷14, 書, 答南時甫)

② 보내준 편지에 "일이 지난 뒤 후회가 많은 것은 실천에 힘을 얻지 못한 때문"이라고 했으며, 또 격물치지는 "몇 해나 몇 달 공부로서는 되지 않기 때문에 빨리 성취하려는 것이 학문 진보에 방해가 되는 것을 알 수 있다."고 말했으니 그대 스스로의 꾸짖고 격려하는 의도를 알

겠습니다. …… 그러나 이런 언어만으로 그저 이렇다저렇다고 하며 분배해서는 그 실지 일을 이룩할 수가 없으니 Ⓑ다만 敬 그것을 잊지 말고 깊고 두텁게 함양하여 응접할 때 발용하되 함부로 쉽게 여기거나 방심하지 않아야 하는데, 이렇게 하기를 오래오래 하여 차츰 익숙해지면 자연히 스스로가 실수하지 않고 사람을 응접할 때에도 절도에 맞을 것이며 비록 절도에 맞지 않는 경우가 있더라도 사람들이 또한 크게 원망하거나 괴이하게 여기지 않을 것입니다.

示喩以事過多悔 歸於踐履之未得力 又云 格物致知亦非歲月工夫可至 因以知欲速之妨於進學 可見自飭勵之意 …… 只以言語一事言之 其曲折 正如所喩 然如此預作間安排 不濟事 只當敬以無失涵養深厚 而發於應接者 不敢輕易放過 至於久久漸熟 則自然已無所失 而應人中節 雖有所不合 人亦不甚怨怪也 (『退溪全書』卷24, 書, 答鄭子中)

③ 옛날 배운 것만을 항상 복습하고 있으면 현재 읽는 글에는 방해가 있다고 한 것은 빨리 이루고자 하는 쪽에 마음을 쓰기 때문에 그런 걱정을 하는 것은 아닌지요? …… Ⓒ"낮에 읽은 것을 밤중에 생각하고 풀이하라!" 이것은 연평이 회암에게 일러준 말입니다. 이와 같이 하면 날로 유익하게 될 것입니다.

常習舊學 則於方讀書有妨者 此爲欲速之心所使 …… 晝日所讀夜中思繹 此延平所以告晦菴者 依此做不輟 當日有益也 (『退溪全書』卷28, 書, 答金惇敍)

④ 다만 그대 두 사람은 글을 읽을 때 많은 분량을 탐내 빨리 익히려는 뜻만 있고, 침착한 사색과 진실된 체험을

하는 공부에는 여유가 없는 것 같구려! ……『대학』 한 질을 Ⓓ반복하면서 깊이 탐색하여 그 글 뜻에 대해 첫 머리에서 끝까지 관통하여 하나하나를 분명히 가슴속에 간직하게 한다면, 그 뒤로부터는 『대학』의 도리에도 깨달은 것이 있을 것이고, 그래도 큰 의문이 있을 경우에는 지금처럼 다시 서로 상량한다면 그때에는 무언가 소득이 있을 것이요.

但覺兩君看書 皆有貪多欲速之意 似未暇於沈潛玩索眞切體驗之功 …… 好把大學一部書 反覆溫繹 令其文義首尾 貫通浹洽 一一分明歷落於胸中 然後方始於其道理有悟解處 亦必有大疑處 如此更與商量 乃可謂有得也 (『退溪全書』卷28, 書, 與金而精)

Ⓐ~Ⓓ는 알묘조장의 치료법에 대해 서술하고 있다. Ⓐ에서는 下學上達이 알묘조장의 치료법이라 하고, Ⓑ에서는 敬이 알묘조장의 치료법이라 하고, Ⓒ에서는 熟讀玩味가 알묘조장의 치료법이라 하고, Ⓓ에서는 反覆溫繹이 알묘조장의 치료법이라 한다. Ⓐ~Ⓓ는 모두 알묘조장의 치료법이지만, 그 기능은 각기 다르다. Ⓒ와 Ⓓ는 알묘조장에만 유효하고, Ⓑ는 마음의 바탕을 폭 넓게 강화하는 데 유효하고, Ⓐ는 여타 독서병통에도 두루두루 유용하다. 기능이 상이한 치료법이 동원된 데는 그럴 만한 까닭이 있다. 어느 독서병통이든 간에 뿌리가 깊고 병통과 병통이 얽혀 있어서 특효약이 없다. Ⓒ와 Ⓓ만으로 병통을 치유했다고 해도 머지않아 재발할 가능성이 높다. 병통을 완치하기 위해서는 근본적인 역량을 강화하는 한편 여타 병통과의 고리도 끊어야 하므로, 기능이 상이한 병통이 동원될 수밖에 없다.

Ⓒ와 Ⓓ는 서로 유사하지만, 여타 치료법은 Ⓒ·Ⓓ와 기능을 달

리 한다. 서론에서 언급한 바에 따르면, Ⓒ·Ⓓ는 알묘조장을 직접적으로 시술하는 환부 치료법이고 Ⓐ는 여타 독서병통과의 관계 속에서 알묘조장을 간접적으로 시술하는 광역 치료법이고 Ⓑ는 환부 치료법과 광역 치료법을 묶어주는 기본 치료법이므로, Ⓐ의 광역 치료법은 Ⓒ·Ⓓ의 환부 치료법을 대신하지 못하고 Ⓒ·Ⓓ의 환부 치료법은 Ⓐ의 광역 치료법을 대신하지 못한다. 모든 치료법의 기능이 서로 같지가 않으니, 층위를 분별할 필요가 생긴다. 치료법의 기능에 착목할 때, 알묘조장의 치료법은 두 층위로 구성된다. 기본 치료법의 始終如一한 기조 위에 환부 치료법과 광역 치료법을 시술한다고 볼 때, Ⓑ의 토대 위에 Ⓒ·Ⓓ가 전체 시술의 1단계 층위를 이루고 Ⓑ의 토대 위에 Ⓐ가 전체 시술의 2단계 층위를 이룬다고 할 수 있다.

▣ 사려분요의 치료법 : 主靜持敬 + 敬

① 사려가 어지럽게 움직이는 것은 예나 지금이나 배우는 이들의 공통된 관심입니다. 이제 이를 해결하고자 한다면 진실로 당신이 인용하신 정자의 "오직 어떤 일에 그친다."는 말보다 더 나은 것이 없습니다. 그래서 Ⓐ『대학』에서는 "머무를 곳을 안 뒤에 안정되며 고요하고 편안한 공효가 있다."라고 한 것입니다. 그렇지만 단지 이 한 마디만을 지키는 것으로는 또한 일을 이룰 수가 없습니다. 이에 주자의 문하에서는 '거경'을 크게 여기고 '궁리'를 귀하게 여기는 것이 학문의 第一義라고 했음을 알아야 됩니다.

思慮紛擾 古今學者之通患 今欲捄此 固莫如所引程子唯是止於事

之語 故大學知止而后 有定靜安之效 雖則然矣 徒守此一語 亦不濟事 乃知朱門大居敬而貴窮理爲學問第一義 (『退溪全書』卷12, 書, 答崔見叔問目)

② 주자는 문인 이회숙에게 "주책없이 마음을 이랬다저랬다 하기를 거두고 부질없는 말들은 내버리고서 다만 Ⓑ '마음을 잡으면 있게 된다.'는 한 마디만 바라봄이 어떠합니까?"라고 말했습니다. 이것이야말로 그대가 가진 병에 대한 약이니, 생각해 주시면 매우 다행이겠습니다.
朱子謂李晦叔曰 罷卻許多閒安排 除卻許多閒言語 只看操則存一句是如何 此是公當病之藥 試思之 幸甚 (『退溪全書』卷28, 書, 答金惇敍)

Ⓐ~Ⓑ는 사려분요의 치료법에 대해 서술하고 있다. ②에서는 ①의 경우와 달리 '사려분요'라는 용어는 나타나지 않고, '주책없이 이랬다저랬다 하기'라는 '사려분요'의 풀이만 나타난다. Ⓐ에서는 主靜持敬이 사려분요의 치료법이라 한다. 제시문에서 '주정지경'을 언급하지는 않았지만, '안정되며 고요하고 편안한 공효'와 '거경을 크게 여기며'라 하는 데서 '주정지경'을 도출할 수 있다. Ⓑ에서는 敬이 사려분요의 치료법이라 한다. 이 또한 직접적인 언급은 없으나, '마음을 잡으면 있게 된다.'가 程伊川이 敬의 의미로 밝힌 '主一無適'과 동일한 데서 '敬'을 도출할 수 있다. Ⓑ의 '敬'은 Ⓐ의 '주정지경' 가운데 '지경'을 가리키므로 '주정지경'은 Ⓑ의 '敬'이 내포하지 않은 '주정'을 더 지닌 셈이 된다. '주정지경'이 '敬'보다 의미 범주가 더 넓다는 점에서, '주정지경'이 사려분요의 치료법을 대표한다고 보아도 좋을 것 같다.

'주정지경'의 '주정'과 '지경'은 선후 관계에 있다. '주정'이 먼저 나서서 독서인을 존양하도록 이끌고, 맑고 텅 빈 근원에 이르도록 한다. '靜'이 '맑고 텅 빈 근원'으로의 안내자인 셈이다. 『퇴계전서』권42, 〈靜齋記〉에 의하면, 우주에는 '이치의 움직이는 단서'가 있다. '이치의 움직이는 단서'는 시끄러운 공간에서는 포착되지 않으므로, 격물에 임하는 독서인은 고요한 공간을 선택해야 한다. 이렇게 '주정'의 경지에 이르렀다고 해도 바로 격물이 마무리되지는 않는다. '지경'의 역할이 더 필요하기 때문이다. '지경'은 '靜'을 근본으로 삼되 '動'을 관철해서 '일을 멀리하고 사물을 거절하며 허무에 빠지지' 않도록 하는 기능을 한다. '주정'이 기반을 닦고 '지경'이 '動'과 '靜'을 통관해서 사려분요를 치료한다는 점에서, '주정지경'은 환부 치료법이면서 기본 치료법과 광역 치료법에까지 영향을 미친다고 할 수 있다.

▣ 무각불철의 치료법 : 通貫動靜 + 敬

① '靜을 위주로 한다.'는 뜻은 공자·맹자·주자·정자가 모두 말했고 龜山(구산 : 楊時의 호. 程子의 제자.) 문하에서는 서로 旨訣로 전하면서 회암에까지 이른 것도 역시 이 靜에 있었는데, 더구나 그대의 경우는 병을 고치는 약이 될 뿐이겠소? 다만 그 일이 한번 어긋나게 되면 禪學으로 들어가게 되지요. 그래서 정자와 주자가 또 다시 敬을 해야지 靜을 해서는 안 된다는 말이 있게 된 것이오. …… Ⓐ모름지기 動과 靜에 다 공력을 이루어 익숙하고 또 익숙해져서 動과 靜이 일체가 되고 그 體와 用이 합쳐져야만 바야흐로 궁극적인 경지에 이르는 것이라오.

主靜之意 孔孟周程皆言之 龜山門下相傳旨訣 以及於晦菴 亦在此

況於公尤爲對病之藥乎 但此事一蹉 則入於禪 故程朱子又有用敬不用靜之說 …… 須是兩致其功 熟之又熟 而至於動靜一體用合 方爲究竟處耳 (『退溪全書』卷28, 書, 與金而精)

② 저 莊子, 列子의 무리들은 부질없이 일을 싫어하고 고요함을 구하여 좌망으로써 도의 극치를 삼고자 합니다만, 마음은 動과 靜을 관통하고 사물을 포괄하고 있는 것으로서, 고의로 잊어버리려고 하면 할수록 더욱 시끄럽고 헝클어져서, 그것을 절단해버리려고 힘쓰면 사악한 길로 도망쳐 한만하고 광막한 경지로 달아나게 되는 것이니, 이 어찌 좌망이 곧 좌치가 아니겠습니까? 그러나 주신 편지에서 이런 사실을 경계하여 사려가 그때그때 일어나고 사라지게 함을 공부의 터전으로 삼아서 망상과 잡념이 별안간 없어지는 경지에까지 도달하고자 하신다니, 그렇게 해서는 역시 좌치의 병통을 면하지 못할 것입니다. 그러므로, Ⓑ정자는 말하기를 "도에 들어가는 데는 敬보다 나은 것이 없다."고 했습니다.

彼莊列之徒 徒知厭事求靜 而欲以坐忘 爲道之極致 殊不知心貫動靜該事物 作意忘之 愈見紛拏 至其痛絶而力滅之 則流遁邪放 馳騖於汗漫廣莫之域 豈非坐忘便是坐馳也歟 然來喩 懲此而欲以思慮隨生隨遣 爲用功之地 而求至於頓無妄想雜念 則恐亦不免於坐馳之患也 故程子曰 入道莫如敬 (『退溪全書』卷28, 書, 答金惇敍)

Ⓐ~Ⓑ는 무각불철의 치료법에 대해 서술하고 있다. ①의 '선학에 들어간다.'나 ②의 '莊列의 좌망이 곧 좌치이다.'가 무각불철에 대한 언급이므로, 이와 관련된 치료법이라면 모두 무각불철의 치료법으로 보아도 좋을 것 같다. Ⓐ에서는 通貫動靜이 무

각불철의 치료법이라 한다. 무각불철은 '잠들어서 글의 뜻을 깨닫지 못하거나 글의 뜻을 행하기는 하되 멈추지 못하는 병통'으로서 무각과 불철의 합성어이다. '무각'은 靜에만 치우치는 병통이고 '불철'은 動에만 치우치는 병통이어서, 두 쪽의 증세가 모두 위중하다. 한편, Ⓑ에서는 敬이 무각불철의 치료법이라 한다. 사려분요를 없애느라고 억지로 좌망에 진입하려고 하다보면 '앉으면서부터 마음이 줄곧 달음질치는' 좌치에 이르고 마는데, 敬은 바로 이런 좌치가 생기지 않도록 한다. 통관동정과 敬이 모두 중요하다는 점에서, 어느 것 하나도 소홀히 할 수 없다.

치료법의 측면에서 볼 때, 통관동정과 敬은 긴밀하다. 통관동정은 무각불철을 치료하고 敬은 통관동정을 붙들어주므로 이렇게 볼 수 있다. 성리학에서는 우주가 통관동정하듯 인간의 마음도 통관동정한다고 한다. 문제는 허다한 독서인들이 알묘조장이나 반섭사의에 빠져 마음의 통관동정을 깨닫지 못한다는 데 있다. 성급하게 싹을 뽑아올리려 하거나 사사로운 뜻에 이끌려서 병통이 생기는 경우가 그 좋은 예이다. 문제가 생기지 않도록 하려면 敬이 반드시 필요하다. 敬이 靜에 動을 끌어오거나 動에 靜을 끌어오거나 해서 하나로 꿰는 기능을 하기 때문이다. 敬의 기능은 상당히 넓다. 敬이 고유의 기본 치료법을 수행하면서 알묘조장과 반섭사의까지 다스림으로써 광역 치료법까지 수행하는 셈이 된다. 이 점에서 환부 치료법에 그치는 통관동정의 치료법보다 훨씬 더 치료의 범위가 넓다고 할 수 있다.

▣ 반섭사의의 치료법 : 下學上達 + 熟讀精思 + 優游厭飫

① 정자가 이른바 "너에게 귀신이 있다고 말을 하면 단지

가서 찾을 것이다."라는 말은 그 뜻이 참으로 귀신이 있다는 말이 아닙니다. 이는 대체로 있다고 해도 옳지 않고 없다고 해도 옳지 않으니 있다 없다는 중간의 의미로 붙여두어야 합니다. 그런데 화담은 참으로 있다고 여겼습니다. 그래서 그 물체가 모이면 사람이 되고 그 물체가 흩어지면 허공에 있어서 번갈아가면서 생성되었다 없어졌다 하지만, 이 물체는 예로부터 없어지지 않는다고 했습니다. 그러니 이는 크게 윤회한다는 하나의 설과 어찌 구별할 수 있겠습니까? …… Ⓐ지금은 알 수 있는 내용을 통해 점진적으로 알 수 없는 미묘한 내용을 구해 나가야지 근사한 설을 끌어다 붙여 師門의 차이나는 말을 증명해서는 안 됩니다.

程子所謂道有來 但去尋討者 其意非謂眞有 蓋以爲有亦不可 以爲無亦不可 當付之有無之間之意耳 而花潭則以爲眞有 其物聚則爲人 物散則在空虛 迭成迭壞 而此物終古不滅 此與一箇大輪迴之說何擇歟 …… 今當因其所可知 以漸求其不可知之妙 恐不當援其近似 附會以證師門之差說也 (『退溪全書』卷14, 書, 答南時甫 別幅)

② 글을 읽을 적에 句語 중에서 어떤 글자가 긴요한가를 보아야 한다는 것에 대해 만약에 사람이 글을 읽을 적에 大義는 볼 줄 모르고 반드시 먼저 어떤 글자가 요긴한 것인가 하는 생각이 가슴속에 가로놓여 있게 되면 보내준 글에서 말한 것과 같은 걱정이 없을 수 없겠지요. 그러나 만약에 능히 주선생이 글을 읽는 법(『주자어류』〈독서법〉)처럼 순서에 따라 마음을 전일하게 하여 Ⓑ익숙하게 읽고 정밀하게 생각하며 Ⓒ배부른 것처럼 푹 젖어서 오래 노력하여 쌓은 공이 깊어지면 맛이 없

는 가운데 맛이 있고, 긴요함이 없는 가운데서 긴요함이 있게 될 것이니 그 말이 어찌 끌어다 붙이는 병폐라 하겠소? 보내준 글에서 운운한 것은 마치 사람들이 음식을 먹다가 목이 메이는 것을 보고 온 천하의 먹을 것을 없애려고 하는 것과 같은 것이라고 하겠소.

讀書 句語中看何字要切 如人讀書 不知看大意 必先以何字要切之意橫在肚裏 則不無如來喩之患 若能如先生讀書法 循序致一 熟讀精思 優游厭飫 力久功深 到得無味中有味 無緊要中有緊要 則此語豈有牽合之病 來喩云云 似見人之噎而欲廢天下之食也 (『退溪全書』卷28, 書, 答金惇敍)

Ⓐ~Ⓒ는 반섭사의의 치료법에 대해 서술하고 있다. ①의 '근사한 설을 끌어다 붙여'나 ②의 '끌어다 붙이는 병폐'가 반섭사의에 대한 언급이므로, 이와 관련된 처방은 모두 반섭사의의 치료법이다. Ⓐ에서는 下學上達이 반섭사의의 치료법이라 한다. 격물자가 비근한 일에서부터 고차원적 진리에까지 나아가야 한다고 하는 데서 '하학상달'을 추출해볼 수 있다. Ⓑ에서는 熟讀精思가 Ⓒ에서는 優游厭飫가 반섭사의의 치료법이라 한다. 숙독정사와 우유염어는 '푹 익혀서 글을 읽고 깊게 생각해야 반섭사의를 치료할 수 있다.'는 의미를 공통적으로 담았다. 주목할 점은 敬에 대한 언급이 없다는 데 있다. 敬의 치료법이 필요 없어서 언급하지 않았는가 하면, 그렇지는 않다. 敬을 떠나 숙독정사와 우유염어가 이루어질 수 없다는 점에서, 숙독정사와 우유염어를 통해 간접적으로 敬을 제시했다고 보아야 합당하다.

Ⓐ와 Ⓑ·Ⓒ는 각기 그 기능을 달리한다. Ⓐ는 반섭사의뿐만 아니라 여타 독서병통에도 영향을 미치므로 광역 치료법이라 할 수

있고, Ⓑ·Ⓒ는 반섭사의에 대한 직접적인 시술 방법이므로 환부 치료법이라 할 수 있다. 물론, 위상이 서로 다르기는 해도 별개로 취급되어야 할 치료법은 아니다. 광역 치료법과 환부 치료법이 긴밀한 관련을 갖는다는 점을 감안할 때, 광역 치료법만을 거론했다고 해서 환부 치료법이 필요 없다거나 환부 치료법만을 거론했다고 해서 광역 치료법이 필요 없다고 하기는 어렵다. 이렇게 보니, 반섭사의의 치료법은 두 층위로 구성된다. 기본 치료법 없이 광역 치료법과 환부 치료법이 시술될 수 없다는 점에서, 敬의 시종여일한 통제 범위 안에서 환부 치료법인 Ⓑ·Ⓒ가 전체 시술의 1단계 층위를 이루고 광역 치료법인 Ⓐ가 전체 시술의 2단계 층위를 이룬다고 할 수 있다.

▣ 골륜탄조의 치료법 : 剖析渾全 + 熟讀精思 + 敬

① 나의 독서하는 방법은 무릇 성현의 의리를 말씀한 곳에서 현저하면 현저함을 따라 의리를 찾고 감히 곧 바로 은미한 데서 찾지 않으며, 은미하면 그 은미함에 따라 연구하고 감히 경솔히 현저함에서 추론하지 않으며, 얕으면 그 얕음에 인하고 감히 천착하여 깊게 하지 않으며, 깊으면 그 깊은 데로 나아가고 감히 얕은 데 머물지 않는다. Ⓐ분개하여 말한 곳은 분개하여 보되 혼륜이 있음을 해치지 않고, 혼륜하여 말한 곳은 혼륜하여 보되 분개함이 있음을 해치지 않게 한다. 사사로운 생각으로 좌로 끌고 우로 당기어 분개를 합하여 혼륜으로 만들거나 혼륜을 쪼개어 분개로 만들지 않았다. 이렇게 하기를 오래 하면 자연히 그 조리가 정연하여 문란시킬 수 없

음을 점차 엿볼 수 있을 것이요 성현의 말씀은 횡설수설이 각기 마땅한 바가 있어 서로 방해되는 곳이 없다는 것을 보게 될 것이다.

在滉讀書之拙法 聖賢言義理處 顯則從其顯而求之 不敢輕索之於微 微則從其微而究之 不敢輕推之於顯 淺則因其淺 不敢鑿而深 深則就其深 不敢止於淺 分開說處 作分開看 而不害有渾淪 渾淪說處 作渾淪看 而不害有分開 不以私意左牽右掣 合分開而作渾淪 離渾淪而作分開 如此久久 自然漸覷其有井井不容紊處 漸見得聖賢之言橫說竪說 各有攸當 不相妨礙處 (『退溪全書』卷16, 書, 答奇明彦--論四端七情 第二書-後論)

② 이제 또한 仁과 智의 실체를 강구함에 대해서 말한다면, 반드시 먼저 평소의 주관적인 생각으로 억지로 찾고 집착해서 안배하는 습관을 모두 버리고, 오직 성현이 말씀하신 仁과 智로 나아가서 마음을 텅 비우고 기운을 태평스럽게 해서 Ⓑ익숙하게 읽고 정미하게 생각하고 거듭 체험하여 두 글자의 뜻과 한계가 끝닿는 데 있게 하고, 성현의 뜻이 나의 身, 心, 性, 情이 서로 잘 들어맞아 의심나는 바가 없게 하고, 또 곁으로 여러 사람의 말을 추찰해서 그 뜻을 통찰하고, 일상생활에서 익혀 그것을 실천해야만 이것이 곧 Ⓒ敬으로 마음을 보존하고 정치하게 글을 읽는 것이 됩니다.

今且以講於仁智之實而言 必須先將平日私意强探 揣摸安排之習一切掃去 只就聖賢言仁智處 虛心平氣 熟讀精思 反覆體驗 令二字義理界分 各有著落 聖賢旨意 與吾身心性情 脗合無疑 而又旁推衆說 以盡其趣 習於日用 以踐其實 此乃敬以存心 精以讀書之事 (『退溪全書』卷37, 書, 答權章仲)

Ⓐ~Ⓒ는 골륜탄조의 치료법에 대해 서술하고 있다. ①의 '사사로운 생각으로 좌로 끌고 우로 당기어 분개를 합하여 혼륜으로 만들거나'나 ②의 '평소의 주관적인 생각으로 억지로 찾고 집착해서 안배하는 습관'이 골륜탄조에 대한 언급이므로, 결국 이와 관련된 처방은 모두 골륜탄조의 치료법이다. Ⓐ에서는 剖析渾全이 골륜탄조의 치료법이라 한다. 분개할 곳과 혼륜할 곳을 분별하라고 하므로 부석혼전이다. Ⓑ에서는 熟讀精思가 골륜탄조의 치료법이라 한다. 익숙하게 읽고 정미하게 생각해서 성현의 뜻을 왜곡하지 말라고 하므로 숙독정사이다. Ⓒ에서는 敬이 골륜탄조의 치료법이라 한다. 敬으로 마음을 보존하고 정치하게 글을 읽어야 한다고 하며 敬을 그대로 노출시키고 있으므로, 분명히 敬의 치료법이다. 결국, Ⓐ의 부석혼전과 Ⓑ의 숙독정사와 Ⓒ의 敬이 어우러져서 골륜탄조의 치료법을 형성한다고 할 수 있다.

Ⓐ~Ⓒ는 그 기능이 제각기 다르다. Ⓐ는 골륜탄조에 대한 직접적인 시술 방법이므로 환부 치료법이라 할 수 있고, Ⓑ는 골륜탄조뿐만 아니라 여타 독서병통에도 두루 영향을 미치므로 광역 치료법이라 할 수 있고, Ⓒ는 常惺惺과 收斂其心의 기능을 발휘하여 환부 치료법과 광역 치료법을 하나로 묶어주므로 기본 치료법이라 할 수 있다. 세 가지 치료법은 어느 것 하나 소홀히 할 수 없다. 환부 치료법은 환부를 다스리기 위해서 필요하고, 광역 치료법은 다른 환부와의 영향 관계를 차단하기 위해서 필요하고, 기본 치료법은 전체 시술의 토대를 강화시키기 위해서 필요하다. 여타 병통과 마찬가지로, 골륜탄조의 치료법도 두 층위로 구성된다. Ⓒ의 시종여일한 통제 범위 안에서 환부 치료법인 Ⓐ가 전체 시술의 1단계 층위를 이루고 광역 치료법인 Ⓑ가 전체 시술의 2단계 층위를 이룬다고 할 수 있다.

▶ 독서병통에 대한 치료법의 종류

알묘조장의 치료법 : 하학상달 + 敬 + 숙독완미·반복온역

사려분요의 치료법 : 주정지경 + 敬

무각불철의 치료법 : 통관동정 + 敬

반섭사의의 치료법 : 하학상달 + 숙독정사 + 우유염어

골륜탄조의 치료법 : 부석혼전 + 숙독정사 + 敬

▶ 기능별 독서병통의 치료법

기본 치료법 : 敬, 주정지경

환부 치료법 : 숙독완미·반복온역, 통관동정, 우유염어, 숙독정사

광역 치료법 : 하학상달

논의한 바를 정리해 보니, 두 가지 측면이 눈길을 끈다. 첫째, 치료법의 종류가 일정하지 않다는 점이다. 알묘조장의 치료법은 네 가지 종류로 가장 많고, 반섭사의의 치료법과 골륜탄조의 치료법은 세 가지 종류로 그 다음으로 많고, 사려분요의 치료법과 무각불철의 치료법은 두 가지 종류로 가장 적다. 치료법의 종류가 많을수록 고치기 어려운 독서병통이고, 치료법의 종류가 적을수록 고치기 쉬운 독서병통이라 여겨진다. 둘째, 기능상 겹쳐지는 치료법이 있다. 주정지경과 숙독정사가 그것이다. 주정지경과 숙독정사는 환부 치료법과 광역 치료법에 모두 나타난다. 독서치료에 요긴하기 때문에 환부 치료법과 광역 치료법에 두루 활용된다고 본다. 이렇게 볼 때 난치의 독서병통에 대해서는 다양한 치료법을 동원하고 요긴한 치료법에 대해서는 境界 없이 활용한다는 퇴계의 지침을 추출해낼 수 있다.

치료법 간의 관계와 통합적 치료법의 가능성

여기서는 치료법 간의 관계를 헤아려서 통합적 치료법의 가능성을 모색하고자 한다. 퇴계가 통합적 치료법을 창안해서 발표한 적이 있었던가? 발표한 적은 없으나, 창안하지 않았다고 단언할 수는 없다. 퇴계는 성현의 뜻을 지침으로 삼아 독서병통의 치료법을 창안하고 벗과 문인들에게 시술했다. 퇴계는 독서병통도 가지가지이고 그 치료법도 가지가지라고 하면서도 뿌리는 결국 하나라는 인식을 가지고 있다. 독서병통과 그 치료법이 하나의 뿌리에서 파생되었다고 본다면, 틀림없이 치료법을 통합적으로 창안했을 가능성이 높다. 필자는 바로 이런 문제의식을 가지고 치료법 간의 연관성을 찾아내고 퇴계가 창안했을 법한 통합적 치료법을 최대한 드러내보기로 한다.

치료법 간의 연관성

동일한 치료법이 여러 독서병통에 빈번하게 나타나고 있어서, 논자에 따라서는 독서병통의 치료법에 질서가 없다고 할 것 같다. 과연 그런가? 결론부터 성글게 말하면 독서병통의 치료법에는 분명히 질서가 있다. 독서병통은 심병의 일종으로서 人欲에 의해 나타나므로, 모든 독서병통의 원인은 인욕이다. 이처럼 큰 범위의 病源이 같기 때문에 일부 치료법이 겹쳐지는 현상 또한 당연히 나올 수 있다. 성격이 유사할 수밖에 없는 대상을 놓고 치료법을 동일하게 설정했으니, 오히려 실상에 부합한다고 보아야 타당하다. 정황이 이러하므로, 질서가 없다고 속단하지 말고 독서병통 큰 줄기의 치료법을 놓고 질서를 찾아내는 데 주력하지 않으면 안 된다. 앞의 논의를 토대로 하여 독서병통 큰 줄기의 치료법이 어떤 질서를 지녔는지를 탐색하기로 한다.

앞의 내용을 들여다보면 각 독서병통의 치료법은 세 가지의 특징을 지닌다. 첫째, 알묘조장에 치료법이 가장 많이 동원된다는 점이다. 여타 독서병통과는 달리 '하학상달 + 敬 + 숙독완미·반복온역'으로 무려 네 가지의 치료법이 동원된다. 둘째, 敬이 기본 치료법으로서 모든 독서병통에 개입한다는 점이다. 반섭사의의 치료법에서는 '敬'字가 보이지 않으나, '하학상달 + 숙독완미 + 우유염어'에 敬이 이미 녹아 있어서 엄연히 敬이 존재한다고 할 수 있다. 퇴계가 『성학십도』에서 敬은 성학의 시작과 끝[66]이라고 했으니, 언급되지 않았다고 하더라도 없는 것이 아니다. 셋째, 치료법 간에 공유하는 측면이 있다는 점이다. 하학상달은 알묘조장·반섭사의에, 숙독정사는 반섭사의·골륜탄조에 동시에 나타난다. 敬이 기본 치료법이 되고 각 치료법이 공유 자질을 지닌다는 점에서, 치료법 간의 관계가 긴밀하다고 할 수 있다.

퇴계는 각 치료법의 긴밀성에 착안하여 치료법의 효율성을 높이고자 한다. 하학상달의 처방으로 알묘조장과 반섭사의를 치료하고, 숙독정사의 처방으로 반섭사의와 골륜탄조를 치료하는 경우가 그 좋은 예이다. 특히, 하학상달과 숙독정사는 반섭사의에 공통적으로 적용되므로, 반섭사의는 절반 이상의 치료 효과를 얻는다는 계산이 나온다. 한편, 敬은 모든 치료법의 토대이다. 敬의 치료법을 구사해서 持敬에 이르면, 여타 치료법에도 그대로 통용된다. 예컨대 기본 치료법인 敬으로 알묘조장을 치료하면 여타 독서병통에 있어서 기본 치료법인 敬을 동시에 시술한 셈이 된

66 吾聞敬之一字 聖學之所以成始而成終者也(『退溪全書』卷7, 箚, 進聖學十圖箚幷圖, 小學題辭)

다. 각 독서병통이 공유 자질을 지니기 때문에 치료법도 공유 자질을 지닌다고 볼 때, 퇴계가 독서병통과 치료법의 공유 자질을 잘 헤아려서 효율성을 극대화한다고 할 수 있다. 퇴계가 전체 치료법에서 구사한 효율성의 원리는 다음과 같다.

① 敬의 치료법을 한번 시술해서 여타 독서병통의 기본 치료법으로 동시에 활용한다. 敬은 쉽게 사라지는 경향이 있으므로, 유의하고 또 유의해서 기본 치료법으로서의 위상을 지속시켜야 한다.

② 유형별 혹은 기능별로 공유 자질을 발견해서 최대한 활용한다. 유형별로는 하학상달·숙독정사가 알묘조장·반섭사의의 공유자질이고 기능별로는 숙독정사가 반섭사의·골륜탄조의 공유 자질이므로, 공유 자질의 특성을 잘 헤아려 활용한다.

①과 ②를 고려해서 효율성의 원리를 정리하면, '本立道生'의 '本立'이다. '本立'이란 '근본 세우기'다. 퇴계에게 있어서 '근본'이란 敬·하학상달·숙독정사·주정지경이다. '근본 세우기'에 대해서는 성현들도 지대한 관심을 보인 바 있다. 행위의 근본에 대해서 공자가 '孝悌'를 爲仁의 근본으로 삼았고, 맹자가 '仁義'를 正路의 근본으로 삼았고, 정이천이 '中'을 천하의 근본으로 삼았던 것[67]은 그 좋은 예이다 성현들이 근본 세우기에 고심한

67 출저를 밝히면 다음과 같다. 공자의 경우는 "君子務本 本立而道生 其爲仁之本與(『論語』學而, 제2장)"이고, 맹자의 경우는 "仁人之安宅也 義人之正路也(『孟子』離婁, 제10장)"이고, 정자의 경우는 "伊川先生日 喜怒哀樂之未發 謂之中 中也者 言寂然不動者也 故日天下之大

까닭은 근본이 서지 않으면 道가 생겨나지 않기 때문이다. 道를 본질이요 이치라고 볼 때 본질과 이치에 도달하기 위해서는 '근본 세우기'가 필수적이다. 결국, '근본 세우기'는 道에 도달하기 위한 효율성의 원리이다. 퇴계가 성현들을 본보기로 삼아 敬·하학상달·숙독정사·주정지경을 독서병통의 치료법으로 삼은 까닭도 이런 효율성의 원리에 대한 인식이 있었기 때문으로 보인다.

물론, 퇴계는 효율성의 원리만을 능사로 삼지는 않았다. 효율성의 원리가 갖추어졌다고 해도 인욕이 생기면 무용하다는 입장을 취했기 때문에 이렇게 볼 수 있다. 퇴계는 "멧길과 같이 쓰지 않는다면 들불이 미처 꺼지지 않아 봄풀이 다시 돋아난다."[68]고 했다. '멧길'은 敬·하학상달·숙독정사·주정지경의 발현 통로에 해당되고 '봄풀'은 인욕에 해당되므로, 敬·하학상달·숙독정사·주정지경이 철저하지 못할 경우에는 인욕이 발동해서 '근본 세우기'를 徒勞로 만들어버린다고 할 수 있다. 퇴계는 인욕이 外物에 기인한다고 하면서, 맹자의 수양방법을 통해 '외물 → 인욕'의 흐름을 차단하고자 했다.[69] 맹자의 수양방법이 良知良能을 회복하도록 하는 操存과 감각기관이 心의 명령을 받도록 하는 求放心이

本(『近思錄』道體3)"이다.

68 塡壑工夫好耐辛 據城血戰豈關人 若敎不用如山徑 野火春風草又新(『退溪全書』卷2, 詩, 閒居 次趙士敬 具景瑞 金舜擧 權景受諸人唱酬韻 十四首/ 其二)

69 『退溪全書』卷7, 箚, 進聖學十圖箚幷圖, 〈心學圖說〉과 『退溪全書』卷14, 書, 〈答李叔獻 別紙〉와 『退溪全書』卷23, 書, 〈答趙士敬〉의 "求放心"과 『退溪全書』卷24, 書, 〈答鄭子中 別紙〉의 "操存"을 통해 이런 지적이 가능하다. '구방심'은 치료의 원칙이고 '조존'은 치료의 방법이다. 맹자는 공자가 언급한 '조존'을 '구방심'의 방법으로 활용했다. 『孟子』告子 上에 이런 기록이 나온다. 퇴계는 맹자의 의도를 그대로 수용했다.

라는 점에서, 퇴계는 효율성의 원리 못지않게 효율성의 원리 이면의 수양방법을 중시했다고 할 만하다.

효율성의 원리 그 자체로는 독자적인 의의를 지니지 못한다. 효율성의 원리가 치료법과 치료법 간의 충돌을 조정해서 道에 더 빨리 다가가도록 하기는 해도, 독서인을 道에 나아가도록 하는 지속성은 지니고 있지 못하기 때문에 이런 지적이 가능하다. 지속성은 조존과 구방심과 같은 心의 수양방법[70]이 여럿 모여서 효율성의 원리를 뒷받침해야 구현될 수 있다. 효율성의 원리가 여러 心의 수양방법에 의존하므로, 心의 수양방법이 없는 효율성의 원리는 그 의의가 매우 제한적이다. 치료법과 心의 수양방법은 어떤 관계인가? 心의 수양방법은 치료법이고 치료법은 곧 心의 수양방법이다. 치료법으로 제시되는 요목이 곧 心의 수양방법이라는 점이 그 결정적 단서이다. 결국, 치료법으로서 心의 수양방법이 효율성의 원리를 뒷받침하고, 효율성의 원리가 치료법 간의 중복 현상을 조정한다고 할 수 있다.

퇴계가 구상한 통합적 치료법의 단계별 층위

心의 수양방법이 치료법의 중핵을 이루고 있다. 독서병통의 치료법에 心의 수양방법이 동원되는 이유는 무엇인가? 독서병통이 신체보다 마음의 문제라고 여기는 데서 그 해답을 찾을 수 있다. 퇴계는 마음이 한 몸을 주재한다고 하며 마음을 大體라고 하고

---

70 張子에 의하면 心은 理氣之合이다. 氣가 惡으로 흐른다면 理가 주체적 위상을 지니기 어려우므로, 心이 수양의 대상이 될 수밖에 없다. 李海英, 「李滉의 修養論」, 『퇴계학』7, (안동대 퇴계학연구소, 1995), 294쪽에서도 이런 언급을 하고 있다.

몸을 小體라고 한다.[71] 語義에서도 드러나듯 大體는 小體를 통섭하지만 小體는 大體를 통섭하지 못한다는 점에서, 大體인 마음이 小體인 신체에 근거를 두되 신체와 같지는 않다고 할 수 있다. 大體인 마음의 영역은 매우 넓다. 體와 用이 가슴속에 가득 차서 우주에 두루 미치며, 드디어 人極의 경지에까지 이른다[72]고 한다. 마음이 몸을 통섭하므로, 독서병통이 몸과 어느 정도 연관이 있다고 해도 心의 수양방법을 그 치료법으로 동원하지 않을 수 없다.

모든 心의 수양방법이 독서병통의 치료법이 되느냐 하면, 그렇지는 않다. 집중력과 유관한 수양방법은 치료법에 놓인다. 敬, 주정지경, 통관동정 등이 그 좋은 예이다. 일이 있을 때 차근차근 접근해서 익숙하게 하는 수양방법도 치료법에 놓인다. 반복온역, 우유염어 등이 그 좋은 예이다. 여러 요소를 포괄하며 전체 방향을 제시하는 수양방법도 치료법에 놓인다. 하학상달이 그 좋은 예이다. 나누어서 보아야 할 때 분개하고 통합해서 보아야 할 때 혼륜하는 수양방법도 치료법에 놓인다. 부석혼전이 그 좋은 예이다. 한편, 본체론이나 우주론과 유관한 수양방법은 치료법에 놓이기 어렵다. 天道와 人性, 四端과 七情, 理와 氣 등이 치료법에 놓이지 않은 데서 이 점이 드러난다. 결국, 독서와 연관되는 수양방법은 치료법이 되지만, 독서와 거리가 먼 본체론·우주론적 수

71 "本以口腹爲小體 心志爲大體 然小體 有形而易見 大體無形而難知 恐人之未曉也"(『退溪全書』卷35, 書, 答李宏仲問目)과 "自惟人也得其秀而最靈 純粹至善之性也 是所謂太極也 形生神發 則陽動陰靜之爲也 五性感動 則陽變陰合 而生水火木金土之性也 善惡分 則成男成女之象也 萬事出 則萬物化生之象也 至聖人定之以中正仁義而主靜 立人極焉"(『退溪全書』卷7, 箚, 進聖學十圖箚幷圖, 太極圖說) 참조.

72 "然其體其用 滿腔子而彌六合 眞西山所謂斂之方寸 太極在躬 散之萬事 其用無窮"(『退溪全書』卷29, 書, 答金而精) 참조.

양방법은 치료법이 되기 어렵다.

독서병통의 유형은 각기 달라도 치료법으로 보면 일치하는 면이 있다. 독서병통 치료법에 한결같이 독서와 연관되는 心의 수양방법이 놓이기 때문에 이런 언급이 가능하다. 독서와 연관되는 수양방법이 치료법에 투입된다면 수양방법 간에 충돌 현상을 피할 수 없게 된다. 퇴계는 바로 이런 충돌 현상을 피하기 위해 치료법의 특성을 헤아려 하나의 치료법으로 여타 치료법까지 겸하는 방법을 운용했다. 이런 운용 방법이 효율성의 원리이다. 기본 치료법과 환부 치료법과 광역 치료법은 바로 이런 효율성의 원리에 의해서 생겨났다. 효율성의 원리에 입각하면 기본 치료법, 환부 치료법, 광역 치료법은 단계별 층위가 같을 수 없다. 기본 치료법이 시술되는 가운데서 광역 치료법과 환부 치료법이 시술되어야 한다고 볼 때, 퇴계는 전체 치료법을 망라한 통합적 치료법을 구상했을 가능성이 많다.

퇴계가 구상한 통합적 치료법을 추출하기 위해서는 단계별 층위를 설정할 필요가 있다. 3단계의 층위를 의식하며 통합적 치료법을 구상했기 때문에, 이에 맞추어 통합적 치료법을 재구하기로 한다. 1단계의 층위에서는 주정지경이 놓인다. 存養을 도모하기 위해 '주정'이 필요하고 '주정'에만 머물지 않기 위해 기본 치료법인 '지경'도 필요하다. 2단계의 층위에서는 숙독완미, 반복온역, 통관동정, 숙독정사, 부석혼전, 우유염어와 같은 환부 치료법과 광역 치료법이 놓인다. 환부 치료법과 광역 치료법 가운데서 어느 한 쪽이 먼저 활용될 수도 있고, 두 쪽 모두 동시에 활용될 수도 있다. 3단계의 층위에서는 하학상달이 놓인다. 기능상으로는 광역 치료법이지만 '遏人欲 存天理'를 지향하므로, 제일 높은 단계에 둘 수 있다. 아래로 人事에 미치고 위로

天理에 이르기 위해서는 하학상달을 생각해보지 않을 수 없다.

3단계의 층위가 언제나 치료법에 구체적으로 반영되는 것은 아니다. 알묘조장의 치료법에는 '하학상달 + 敬 + 숙독완미·반복온역'의 수양방법이 놓이므로 3단계의 층위가 모두 나타난다. 한편, 사려분요의 치료법에는 '주정지경 + 敬'의 수양방법이 놓이므로 1단계 층위만 나타나고, 무각불철의 치료법에는 '통관동정 + 敬'의 수양방법이 놓이므로 1단계 층위만 나타난다. 물론, 눈에 보이는 모습이 전부는 아니다. 퇴계는 환부 치료법의 경우에는 心의 수양방법을 하나하나 빼놓지 않고 摘示하지만, 광역 치료법의 경우에는 心의 수양방법을 더러 빼놓기도 한다. 광역 치료법인 하학상달이 모든 치료법에 동원되지 않는 데서 이를 확인할 수 있다. 광역 치료법이 어느 치료법에서나 통용된다고 볼 때, 빼놓는다고 해서 불필요하다고 할 수는 없다. 이런 점을 고려하여 퇴계가 구상한 통합적 치료법을 도식화하면 다음과 같다.

퇴계가 구상한 통합적 치료법의 단계별 층위

3단계 하학상달 -- **敬**
↑ -- **敬**
2단계 숙독완미, 반복온역, 통관동정, 숙독정사, 부석혼전, 우유염어 -- **敬**
↑ -- **敬**
1단계 주정지경 -- **敬**

통합적 치료법은 心의 수양방법을 모아둔 치료법의 창고이다. 독서와 연관이 깊은 心의 수양방법이 모두 모여 있기 때문에 이런 지적이 가능하다. 창고에 여러 가지 心의 수양방법이 쌓여 있으니, 특정한 心의 수양방법이 필요할 경우에는 언제든지 끄집어내서 활용하면 된다. 무엇을 끄집어내서 활용할 것인지는 환자의 처지와 성향, 환부의 크기나 통증의 정도, 주변의 상황과 여건에 따라 달라진다. 가령, 환자의 독서병통이 반섭사의일 경우에는 '하학상달 + 숙독정사 + 우유염어'를 끄집어내면 되고, 환자의 독서병통이 골륜탄조일 경우에는 '부석혼전 + 숙독정사 + 敬'을 끄집어내면 된다. 이렇게 보니, 환부 치료법은 해당 독서병통에만 유효하나, 기본 치료법과 광역 치료법은 유효성의 폭이 넓다. 기본 치료법인 敬이 모든 치료법에 쓰이고 광역 치료법인 하학상달이 환부 치료법으로도 쓰이는 데서 이 점이 드러난다.

퇴계의 통합적 치료법은 어디까지나 전문 독서인을 위한 프로그램이다. 단계별 층위가 엄격해서 일반 독서인이 접근하기가 쉽지 않으나, '주정지경 → 하학상달'에 대한 확고한 신념 즉 프로그램의 수칙을 잘 지키면 소기의 목적을 이룰 수 있다. 1단계로 진입하면 2단계로 올라가고 2단계로 진입하면 3단계로 올라가므로, 단계를 이탈하지 않고 치료법의 층위를 잘 선택해 나갈 경우에는 누구나 병통의 완치 상태에 이르게 된다. 병통을 앓던 자가 병통의 완치에 이르면 뜻밖의 선물을 받는다. 뜻밖의 선물이란 다름 아닌 위상의 변화이다. 종래에는 下愚級이나 中人級이던 위상이 上智級의 위상으로 발돋움하기 때문에 이렇게 볼 수 있다. 완치의 전망뿐만 아니라 위상 변화의 전망까지 보여준다는 점에서, 통합적 치료법의 단계별 층위는 수양방법의 관념적이고 현실적인 이중성을 동시에 담아낸다는 주장이 가능하다.

참고문헌

1. 원전

『啓蒙』 『近思錄』
『論語』 『大學』
『文心雕龍』 『孟子』
『二程全書』 『張載集』
『周易』 『朱子大全』
『朱子語類』 『朱子言論同異考』
『中庸』 『退溪全書』

2. 단행본

고려대 민족문화연구원 한국사상연구소 편, 『역주와 해설 성학십도』, (예문서원, 2009), 153쪽.

권오봉, 『퇴계선생 일대기』, (교육과학사, 2001), 1∼350쪽.

금장태, 『퇴계의 삶과 철학』, (서울대학교출판부, 1998), 73쪽.

김우형, 『주희철학의 인식론』, (심산, 2005), 33∼40쪽과 216쪽.

김영식, 『주희의 자연철학』, (예문서원, 2005), 289∼301쪽.

金鍾錫, 『퇴계학의 이해』, (일송미디어, 2001), 104쪽.

박희병, 『한국의 생태사상』, (돌베개, 1999), 277∼370쪽.

송주복, 『朱子書堂은 어떻게 글을 배웠나』, (청계, 1999), 43쪽.

신태수, 『퇴계의 독서생활, 삶에 물음표 던지기』, (영남퇴계학연구원, 2010), 94쪽.
안은수, 『주희의 자연관 형성의 두 원천』, (문사철, 2010), 49~64쪽.
오석원, 『한국도학파의 의리사상』, 성균관대 출판부, 2005, 297~304쪽.
윤사순, 『퇴계 이황』, (예문서원, 2002), 1~464쪽.
이동건, 『퇴계, '자기 혁신'을 말하다』, (영남퇴계학연구원, 2013), 1~185쪽.
이상구, 『구성주의 문학교육론』, (박이정, 2002). 22~65쪽.
林憲圭, 『儒家의 人性論 硏究』, (한국학대학원 박사논문, 1998), 1~218쪽.
丁淳睦, 『退溪評傳』, (지식산업사, 1987), 1~356쪽.
鄭羽洛, 『남명과 퇴계 사이』, (景仁文化社, 2008), 1~242쪽.
한형조, 『주희에서 정약용으로』, (세계사, 1996), 132쪽.
S.J슈미트·H.하우프트마이어, 차봉희 역, 『구성주의 문예학』, (민음사, 1995), 11~78쪽.

3. 논문

강영안, 「주자의 독서론」, 『철학연구』53, (철학연구회, 2009), 5~24쪽.
郭信煥, 「易學과 退溪의 天命思想」, 『퇴계학논총』1, (퇴계학 부산연구원, 1995), 598~600쪽.
김기호, 「고전 독서론 연구와 현황과 과제」, 『韓國思想과 文化』50, (韓國思想文化學會, 2009), 48~64쪽.
김기호, 「『朱子語類』〈독서법〉에 나타난 新意論」, 『인문연구』59, (영남대 인문과학연구소, 2010), 1~36쪽.
김기현, 「퇴계의 수행정신에 담긴 우주적 대아의 이상」, 『퇴계와 함께 미래를 향해』, (안동대 퇴계학연구소, 2001), 345~381쪽.
金基鉉, 「퇴계의 審美의식과 초월의 정신」, 『退溪學報』120, (退溪學研究院,

2006), 101～142쪽.

김원준, 「퇴계와 율곡의 독서법 용어를 통한 고전독서이론의 모색」, 『嶺南學』21, (경북대 영남문화연구원, 2012), 337～394쪽.

金奉建, 「朱子와 退溪의 仁說」, 『退溪學論叢』6, (退溪學硏究院, 2000), 49～50쪽.

김영숙, 「退溪詩에 있어서 '言志'와 '言學'의 類型과 詩的 形象」, 『東亞人文學』12, (東亞人文學會, 2007). 27～54쪽.

김은경, 「『주자어류、독서법』에 나타난 독서의 의미와 방법」, 『教員教育』22, (한국교원대학교 교육연구원, 2006), 113~133쪽.

金鍾錫, 「마음의 철학 : 退溪心學의 構造分析」, 『民族文化論叢』15, (영남대 민족문화연구소, 1994), 163~168쪽.

목영해, 「왕양명의 『大學』이해와 그 교육적 함의」, 『교육사상연구』18, (교육사상연구회, 2006), 32쪽.

문석윤, 「退溪의 '未發'論」, 『退溪學報』116, (退溪學硏究院, 2003), 1～44쪽.

박문기, 「話頭의 내재적 구조 일고」, 『한국불교학』58, (한국불교학회, 2010), 10～22쪽.

朴洪植, 「退溪 性理學의 獨自性 問題」, 『退溪學報』103, (退溪學硏究院, 1999), 7～34쪽.

申龜鉉, 「李退溪의 自然哲學」, 『退溪學報』75·76, (退溪學硏究院, 1992), 6쪽.

신연우, 「도산잡영과 도산십이곡의 '흥'」, 『이황시의 깊이와 아름다움』, (지식산업사, 2006), 101～126쪽.

신태수, 「〈東齋感事〉와 〈陶山雜詠〉의 공간을 통해본 퇴계의 독서 생활」, 『동아인문학』16, (동아인문학회, 2008), 12～16쪽.

______, 「『朱子語類』〈讀書法〉에 나타난 活看論」, 『韓民族語文學』60, (한민족어문학회, 2012), 130～133쪽.

______, 「『주자어류』〈독서법〉에 나타난 독서이론」, 『퇴계학논집』3, (영남퇴계학연구원, 2008), 255~302쪽.

______, 「退溪 活看讀書法의 根據와 志向」, 『退溪學論集』11, (영남퇴계학연구원, 2012), 35쪽.

______, 「퇴계 독서병통 치료사례와 그 현대적 의의」, 『嶺南學』19, (경북대 영남문화연구원, 2011), 360～365쪽.

______, 「退溪 讀書詩에 나타난 '生'思想의 向方」, 『東亞人文學』17, (東亞人文學. 2010), 55～84쪽.

______, 「『朱子語類』〈讀書法〉에 나타난 活看論」, 『韓民族語文學』60, (한민족어문학회, 2012), 126～152쪽.

______, 「『朱子語類』〈讀書法〉의 層位와 그 構成主義的 性格」, 『嶺南學』21, (慶北大 嶺南文化硏究院, 2012), 314～322쪽.

______, 「退溪 讀書詩에 나타난 '樂'의 層位와 그 性格」, 『嶺南學』17, (慶北大 嶺南文化硏究院, 2010), 45쪽.

유호진, 「退溪詩의 이미지 연구」, 『退溪學報』116, (退溪學硏究院, 2003), 185～230쪽.

尹絲淳, 「退溪에서의 自然과 人間」, 『退溪學報』75·76, (退溪學硏究院, 1992), 24쪽.

李東熙, 「退溪學의 心學的 특성과 理의 의미」, 『現代와 宗教』16, (현대 종교문제연구소, 1993), 177쪽.

이동희, 「유가사상에 있어서 '자아'와 '개인'의 문제」, 『儒教文化硏究』15, (성균관대 유교문화연구소, 2010), 5～25쪽.

李敏弘, 「性理學的 外物認識과 形象思惟」, 『朝鮮朝 詩歌의 理念과 美意識』, (成均館大 出版部, 1993), 101～132쪽.

이봉규, 「성리학에서 미발의 철학적 문제와 17세기 기호학파의 견해」, 『한국사상사학』13, (한국사상사학회, 1997), 1～27쪽.

이상익, 「한국의 義理思想에 대한 접근법」, 『한국철학논집』33, (한국철학사연구회, 2012), 37쪽.

이승환, 「退溪의 未發說 釐淸」, 『退溪學報』114, (退溪學硏究院, 2004), 67～107

쪽과 101쪽.

______,「朱子 수양론에서 未發의 의미」,『退溪學報』119, (退溪學研究院, 2006), 1～34쪽.

李雲九,「退溪의 斥異論 小考」,『退溪學報』33, (退溪學研究院, 1982), 568～577쪽.

이용주,「독서와 수양 : 주자의 독서론1」,『종교연구』15, (한국종교학회, 1998), 229 ~258쪽.

李鍾虎,「退溪 美意識의 形成 原理」,『고전시가의 이론과 표상』, (林下崔珍源博士停年紀念論文集 刊行會, 1991), 37～76쪽.

임헌규,「儒家 仁개념의 변환구조」,『범한철학』34, (범한철학회, 2004).

정병석,「太極 개념 형성의 淵源的 배경과 해석」,『철학』88, (한국철학회, 2006), 45~66쪽.

조동일,「미적 범주」,『한국사상대계 1』, (성균관대 대동문화연구원, 1973), 312쪽.

______,「18세기 人性論 혁신과 문학의 사명」,『문학사와 철학사의 관련 양상』, (한샘, 1992), 147～179쪽.

최무석·손정호,「주희의 경 사상에 대한 一연구」,『教育哲學』19, (한국교육철학회, 2001), 203～120쪽.

최봉근,「변화와 생성의 관점에서 본 퇴계철학의 소당연과 소이연」,『동양철학연구』40, (동양철학연구회, 2004), 147쪽.

최정묵,「朱子의『仁說』에 대한 검토」,『동서철학연구』21, (한국동서철학회, 2001), 91쪽.

최진덕,「退溪 理氣心性論의 脫道德형이상학적 해석」,『退溪學報』112. (退溪學研究院, 2002), 1～44쪽.

______,「주자의 中和新說과 敬의 공부론」,『철학연구』51, (철학연구회, 2000), 23～29쪽.

황금중,「주자의 독서론」,『教育哲學』47, (교육철학회, 2010), 249~281쪽.

찾아보기

ㄱ

가치론 102, 300
가치론적 理 247~248
價値論的 理 241, 245
감발흥기 148
感發興起 146, 207, 313
感而遂通 354
講究所疑 149
居敬 371
거경궁리 51
居敬窮理 50, 133, 142, 221
격물 245
格物 239, 370
격물궁리 22, 53~56, 210, 304, 311, 336
格物窮理 53, 209
格物說 174
격물치지론 300
견문지 86~88
見聞知 86
抉開縫罅 371
敬 72~75, 90, 103, 107, 148, 160, 170, 175, 188, 200~201, 203 ~204, 213, 225, 272~279, 281~284, 315, 360~362, 372~375, 380, 382, 384~387, 389, 391~392, 394, 397~399, 401, 403~404
啓蒙傳疑 213
계신공구 209
戒愼恐懼 146, 208, 276
고봉 311, 316~318
高峯 209
골륜탄조 209, 329, 335~337, 339~341, 344, 348, 352, 356, 359, 361, 372~373, 376, 381, 392, 394~395, 397, 404
鶻圇呑棗 209, 327, 367
廓然大公 324
廣大和諧 6, 178
광역 치료법 385, 387, 389, 391, 392, 394~395, 402~404
구성주의 독서 59, 83
권장중 360, 362, 363
극기복례 366
克己復禮 259, 261
勤苦爛熟 150
근사록 181
기명언 360, 362, 363

기본 치료법 385, 387, 389, 392, 394, 397, 402, 404
기질지성 51, 57, 71~72, 88, 305~307, 319
氣質之性 49, 132, 360
金惇叙 314
김이정 125~126, 344
金而精 110, 314

ㄴ

남시보 347, 360, 362~363
南時甫 208, 274, 315
內聖外王 211, 365
논어 313
論語 96, 229, 259
能近取譬 304
能發能生 13
능산자 215~216, 234
能産者 215, 234

ㄷ

答黃仲擧 353
대칭적 세계관 318, 320, 321~323
대학 181
大學 96
덕성지 86~88
德性知 86
도남학 143, 146
道南學 143
도문학 85
道問學 85, 332
도산잡영 병기 219, 228
陶山雜詠 幷記 218, 291
도심 51, 323
道心 49
독락 148, 271~272, 278, 281~283, 294
獨樂 147, 270~271, 319
독서병통 106, 170~172, 323, 325~326, 328~329, 337~339, 345, 347~348, 351, 352, 354, 356, 358~359, 362, 365, 367~374, 378~382, 384, 391, 396~397, 399, 400~402, 404
독서병통 치료법 368~369, 374~375, 402
독서시 227~228, 230, 233~234, 236, 248, 255, 261, 265, 270, 278, 284, 292, 294, 296, 310, 319, 320
讀書詩 147, 227, 264
독서이론 254
동락 147~148, 271~272, 278, 283, 290, 292, 294, 320
同樂 147, 236, 270~271, 319

ㄹ

'樂'의 심미 구조 290, 294~297
'樂'의 형성 과정 267~269, 278~279, 284

麗澤相資 151, 308
리택상자 309

ㅁ

매화시 321, 322
맹자 211, 368
孟子 96, 211
無覺不輟 327, 367
무각불철 329, 333, 339~341, 344, 348, 352, 372~374, 376, 381, 387~389, 395, 403
無內外 224~226
無我之公 133, 140, 202
無彼此 224~226
物理 241, 245
물아일체 222, 228, 285~286
物我一體 76, 170, 188, 222, 256, 285
物爲一體 224
미발 274~275, 277~278, 353~354, 356, 358
未發 159, 176~177, 208, 273, 353
未發已發 146
미학적 특징 191~192, 264

ㅂ

박문약례 118
博文約禮 99, 118, 176, 220
반복온역 397, 401~403
反覆溫繹 382, 384
반복완미 155
反覆玩味 371
반섭사 362
반섭사의 329, 337~341, 344, 347~348, 352, 356, 359, 372~374, 376, 381, 389, 391~392, 395, 397
反涉私意 155, 327, 367
病源 375
保合大和 6, 178
本性 29, 143
본심 134
本心 134, 137, 142
본연지성 57, 69, 305~307, 310~312, 319~320, 324
本然之性 49, 132
본체론 401
부석혼전 394, 401~402, 404
剖析渾全 152, 392, 394
分開 139
비장미 196, 200~201
悲壯美 200

ㅅ

死看 28, 31, 120
四端七情論辨 104
四德 174~175, 177, 193~194, 199, 203, 214~215
私慮 239, 259
사려분요 329, 331~333, 339~341,

343, 348, 352, 356, 372~374, 376, 381, 385~386, 395, 403
思慮紛擾 327, 367
事理 366
死理 140, 380
死物 138~139, 142~143
사욕 89
私欲 89, 182, 376
私意 139, 200, 333, 337~338, 376
사칠논변 306, 316
四七論辨 160, 209
四七論 174
상대적 세계관 261~262
相對的 世界觀 261
詳審精密 105, 107
上智 175~176, 364
생기 230~231, 233
生氣 228, 236, 241
生理 245, 247
生生不窮 147, 288
생생지리 320
生生之理 217, 320
生意 89
생의 217, 219, 228~229, 231, 233~236, 248, 252, 255~257, 260~262
生意 7, 80, 82, 84, 86, 89, 170, 188, 217, 223, 228
서명 103, 182
西銘 103
西銘考證講義 213
서명도 181
西銘圖 173, 175, 179
善 29
善幾 301
善意志 18
誠 96, 170, 188, 195
性發 137
性發爲情 136
성선설 300~301
성의정심 51
誠意正心 50, 133, 142
성즉리 51, 53, 63~64
性卽理 15, 57, 122, 131~133, 140, 147, 201
성즉리설 19, 318~319
'性卽理'說 49, 109
性卽理說 6, 18, 318
성학십도 363, 365, 397
聖學十圖 160, 173, 175, 179, 196, 363
邵康節 134
所能然 240
소당연 56~58, 60, 66~71, 75~76, 80, 83, 86~88, 92
所當然 56, 330
消磨隔子 116, 153, 154
소산자 215~216, 234
所産者 234
소의화치 311
素衣化緇 311
소이연 56~58, 60, 66~71, 75, 76, 77~78, 80, 83, 86~88, 92
所以然 56, 240, 330

所指 95
소학 181
수양론 48, 52, 103, 119, 200, 354
隨人施敎 38, 96, 122
숙독완미 155, 397, 402~403
熟讀玩味 155, 382, 384
숙독정사 90, 394~395, 397~399, 402, 404
熟讀精思 90, 107, 314, 389, 391~392, 394
숭고미 191, 196
識得仁體 156
神明 110
心具衆理說 6
心論 211
心發 137
심성론 161, 354
心與理一 15, 101, 104, 109, 111, 116, 211, 213~214, 216, 221
心與理一說 6
心爲太極 131, 134, 137, 140, 147, 201
心의 用 127
心의 理 222, 303, 308~309
心의 體 127
心之所同然者 178
心統性情 127, 176, 201, 221
心統性情圖 177
心學圖 196
心學圖說 366
心合理氣 12, 136, 176, 221

ㅇ

惡幾 17, 301, 316
알묘조장 329~331, 338, 340~341, 343~344, 347~348, 352, 356, 359, 362, 372~374, 376, 381~382, 384~385, 389, 395, 397, 403
揠苗助長 219, 327, 330, 367
愛之理 76, 80, 82, 84, 156
楊龜山 146
與天地萬 224
與天地萬物爲一體 224
厭動求靜 143, 145, 207
영인이해 154
迎刃而解 34, 105~106, 115, 153, 371
禮記 229, 315
五常 194, 203
우아미 196, 199, 201
優雅美 199
우유염어 141~142, 391, 401~402, 404
優游厭飫 141, 158, 389, 391
優游涵泳 105, 107
우주론 101~104, 119, 205~206, 208, 300, 308~309, 323~324, 363, 401
우주의 자아화 201, 210, 213, 216~217, 220~221
우주적 가족주의 199, 261
우주적 자아 18, 47, 92, 118

위기지학 101
爲己之學 101
有我之私 133, 202
융회관통 210
融會貫通 209
意 136
義理論 99
의리학 112, 114, 117~120, 319
義理學 16, 94
義理學的 7
의미론 128
意爲心發 136
理貴氣賤 130
理氣論 116, 127, 174
이기론 128
理氣之合 129, 212, 239
이념 층위 57~58, 60, 66, 72~73, 75, 80, 83, 86, 88, 92
理到 241, 245, 247~248
理到說 311~312
이도설 312
이물관물 250
以物觀物 250, 288
理發 109, 110, 121, 223
이발 274, 277~278, 353~354, 358
已發 159, 176~177, 273, 353
理發說 13, 110~111, 135~136, 319
이발설 319, 321
理法 12, 214, 220
李叔獻 314, 336
以我觀物 287
理有體用論 187, 237~240
理의 用 174, 239
理一 209~210
理一分殊 15, 181
이일분수 51
理一分殊論 334
'理一分殊'說 49
理一分殊說 320
仁 75~78, 80, 82~83, 103, 116~118, 132, 134, 156, 170, 178, 181, 188, 202, 214~216, 219, 229, 366
人觀 175~176
人極 134, 143
仁道 255, 257, 259, 261
人論 201
仁論 101, 118
人理 366
인사 123, 168~169
人事 84, 123, 130, 193, 206, 210, 212, 351, 402
仁說 366
仁說圖 178, 224
인성 19, 63
人性 49, 103, 130, 133, 401
인성교육 301, 303, 309, 312, 318
인성론 63, 65, 102, 208, 300~311, 316, 318~319, 323
人性論 101
인식론 48, 56, 83, 103~104
인심 51, 323
人心 5, 49, 132

인욕 51, 70, 301~302, 305, 309, 315~318, 359, 363, 373, 399
人欲 47, 49, 132, 134, 140, 142~143, 209, 239, 259, 338, 359, 372~373, 380, 396
仁의 用 156
仁의 體 156~157

ㅈ

자아론 210
자아의 우주화 201, 210~213, 216~217, 220~221
작은 줄기 병통 327, 342
장재 315
張載 96, 101, 103
寂然不動 354
전이 가능성 347~348
정기 365
正氣 175, 203~204, 240, 364
正名論 16
定性書 101, 223, 225
情意·計度·造作 12
정의·계탁·조작 238
程頤 96, 101, 102
정이천 398
정자중 344, 347, 360, 362~363
정재기 357~358
靜齋記 208, 387
正坐莊訟 159
정호 315
程顥 96, 101, 223
조사경 126
操存省察 105~107
尊德性 332
존심양성 51, 319, 359, 373~374
存心養性 50, 133, 142, 201, 372
존재론 102, 119, 300, 308~309, 324
周敦頤 134, 143
主理論 118
주역 181, 187, 233~234
周易 233, 324
主一無適 386
주자대전 368
주자 독서법 97, 105, 109, 111, 114~115
주자어류 25~26, 155, 161, 370
朱子語類 22, 56, 90, 120, 160, 370
주정 358, 386
主靜 356~358, 367
주정지경 386~87, 395, 398~399, 401~404
主靜持敬 105~107, 385~386
주희 96
중용 313
中庸 85, 96, 195, 237, 313, 353
中節 360
中人 175, 364
중절 360
중정 359
中正 338

중화 351
中和 102, 351, 357, 365
中和舊說 146
중화신설 144, 146
지각 242
知覺 212
지각경험 84~88
지식 구성 80, 83, 92
進聖學十圖箚 197

ㅊ

處心制行 160, 324
天觀 173, 175~176
天道 195, 200~201, 401
天論 201
천리 19, 51, 56, 60, 123, 168~169, 302, 309, 315~318, 326, 359, 363, 373
天理 49, 56, 84, 89, 103, 123, 130, 132~133, 140, 193, 200, 204, 206, 209, 210, 212, 259, 261, 331, 372, 380, 403
天命 195
천명도설 316
天命圖說 18, 110, 173~175, 179, 182, 192, 197, 213, 240, 301, 316, 364
天命圖說後敍 192
天命圖說後序 173, 185
天命新圖 173, 185
천인관계론 195, 199, 202
天人關係論 7, 101, 179, 201
천인상위론 199
天人相違論 199
천인상응론 199
天人相應論 194
천인합일 77, 170~172, 200, 222, 228, 285~286
天人合一 15, 76, 170, 178, 188, 191, 199, 209, 222, 285
天地生物之心 80, 201
天地之性 372
天地之心 84, 89
체용론 128
體用論 110, 126, 174
體察·精察 146

ㅋ

큰 줄기 병통 327~329, 339, 342, 344, 348
큰 줄기의 병통 367

ㅌ

태극도설 181
太極圖說 134, 173, 175
太極圖說 143
통관동정 148, 161, 389, 401~403
通貫動靜 6, 105~107, 143, 161, 207, 324, 387~388
통합적인 독서법 체계 107~108, 116~

118
통합적 치료법 396, 402~404

ㅍ

偏氣 175, 203~204, 240, 365

ㅎ

下愚 175, 364
하학상달 391, 397~399, 401~404
下學上達 382, 389, 391
허령 212~213
虛靈 159, 212
虛靈不昧 351
虛心觀理 163
虛心靜看 371
현실 층위 57~58, 60, 66, 71~74, 80, 82, 86, 92
형기 197, 363
形氣 91, 197, 359
호상학 146
湖湘學 143
浩然之氣 205, 330
渾淪 139
화육사업 216
化育事業 214
廓然大公 223
확연대공 224~226
환부 치료법 385, 387, 389, 392, 394~395, 402~404
활간 12~15, 24~25, 28~34, 37~39, 44~45, 47~48, 52~54, 56, 72~76, 87~88, 90~91, 109, 114, 120~122, 128, 133, 136, 196, 207, 210, 225~226, 323, 326
活看 12, 72, 164
활간독서법 14, 16~19, 22, 48, 56, 94, 109, 111, 116~117, 120~123, 125~130, 133~134, 136~137, 143, 148~149, 164, 168~169, 207, 226~227, 299~303, 306, 308~311, 313, 318, 320, 323, 325
活看讀書法 6, 111
활간론 24~26, 28, 33, 48, 50, 55, 125
活敬 131
활리 15, 303~305
活理 15, 140, 148, 264, 289, 379, 380
활리론 300
활물 116, 190, 196~197, 303~304, 379
活物 116, 138, 142~143, 188, 211, 288, 379
활연관통 55, 91~92, 304
豁然貫通 91
황중거 337
黃仲擧 336

저자 소개

신태수

약력
- 경북대학교 대학원 국어국문학과 문학박사
  한국학중앙연구원 한국학대학원 문학석사
  영남대학교 문과대 국어국문학과 문학사
- 전 경일대학교 교육문화콘텐츠학과 교수
  현 영남대학교 기초교육대학 교양학부 교수

저서
- **전공 영역**
  『퇴계의 독서생활』, (지성인, 2013)
  『포은집의 사자성어로 본 정몽주 인성론 : 인성, 세상을 바꾸는 힘』, (보고사, 2013)
  『동양 고전독서이론 용어 해설집』, (공저, 영남대출판부, 2013)
  『대칭적 세계관의 전통과 서사문학』, (새문사, 2007)
  『한국 고소설의 창작방법 연구』, (푸른사상사, 2006)
  『하층영웅소설의 역사적 성격』, (아세아문화사, 1995)
- **교양 영역**
  『인성 오디세이』, (공저, 북코리아, 2016)
  『준봉 고종후의 수평적 리더십』, (공저, 지성인, 2015)
  『울진인의 의리정신 : 그 충과 효와 열』, (공저, 지성인, 2014)
  『LEET논술』, (태학사, 2012)
  『소단적치』, (공저, 정림사, 2011)
  『논술과 이데올로기』, (정림사, 2007)
  『실전논술 고삐잡기』, (새문사, 2007)
  『논술 다이달로스와의 약속(권1~권4)』, (공저, 한국학자료원, 2006)
  『논술 돈오점수』, (새문사, 2000)
  『인문학문의 과제와 창조적 글쓰기』, (공저, 만인사, 2000)

논문
「『三綱行實圖』<孝子篇>의 功利的 談論」, 『語文學』127, (韓國語文學會, 2015) 외 160여 편.